미래를 여는 한국어 교실:
AI로 확장되는 에듀테크 교수·학습의 혁신

미래를 여는 한국어 교실:
AI로 확장되는 에듀테크 교수·학습의 혁신

발행일 1판 1쇄 2025년 12월 5일

지은이 이해영·윤영·서진숙·최지영·노채환·김민선·
정혜선·노아실·김선영·전희정·권미경·백영경

펴낸이 박영호, 박민우

기획팀 송인성, 김선명, 김선호

편집팀 박우진, 김영주, 김정아, 최미라, 전혜련, 박미나

관리팀 임선희, 정철호, 김성언, 권주련

펴낸곳 (주)도서출판 하우

주 소 서울시 중랑구 망우로68길 48

전 화 (02)922-7090

팩 스 (02)922-7092

홈페이지 http://www.hawoo.co.kr

e-mail hawoo@hawoo.co.kr

등록번호 제2016-000017호

ISBN 979-11-6748-270-9 13710

값 27,000원

* 이 책의 저자와 (주)도서출판 하우는 모든 자료의 출처 및 저작권을 확인하고 정상적인 절차를 밟아 사용하였습니다.
  일부 누락된 부분이 있을 경우에는 이후 확인 과정을 거쳐 반영하겠습니다.

* 이 책은 저작권법에 따라 보호받는 저작물이므로 무단 전재와 무단 복제를 금지하며,
  이 책 내용의 전부 또는 일부를 이용하려면 반드시 저작권자와 (주)도서출판 하우의 서면 동의를 받아야 합니다.

미래를 여는 한국어 교실

AI로 확장되는 에듀테크 교수·학습의 혁신

이해영·윤영·서진숙·최지영·노채환·김민선·
정혜선·노아실·김선영·전희정·권미경·백영경

Hawoo Publishing Inc.

프롤로그

지난겨울 남산에 눈이 쌓이던 날, 호기심 가득한 세 사람이 한자리에 모였다. "우리, 진짜 한 번 써 볼까요?" 이 말 한마디가 시작이었다.

교실 밖에서는 멀티모달 AI가 활발하게 우리의 일상으로 들어오고 있고, 교실 안에서는 한국어 교사들이 이 변화의 한가운데 있는 학생들을 만난다. 환경이 달라지니 교실도 변화를 요구하고, 교사로서 우리의 준비도 달라져야 할 시기라는 것을 직감하게 된다. 그러나 변화를 수용하여 역동적인 교실을 만들고 싶지만, 참고할 안내서도, 물어볼 선배나 동료도 많지 않은 것이 현실이다.

어떻게 하면 교실 밖의 멀티모달 생태계를 교실 안에서도 진정성 있게 구현할 수 있을까? 교실 교육에 진심인 연구자들이라면 한 번쯤은 고민하게 되는 주제다. 결국 교실에서 한두 번은 에듀테크 도구들을 써 보기도 하고, 최신 트렌드를 따라 멀티모달 AI가 무엇인지 기웃거려 본 열두 명의 연구자가 공부하는 마음으로 집필을 시작했다.

저자들은 장과 절을 기획하고, 각자가 사용자로서 품어 온 질문들을 따라 초안을 만들었다. 미국, 홍콩, 태국, 한국에서 학생들을 가르치는 저자들이 서울에서 대면으로도 만나고, 시공간을 넘어 온라인으로 수없이 만났다. 누구는 밤에, 누구는 새벽에 만나면서 이 도전적인 과제를 즐겼다. 전체가 함께 생각을 모으고, 각 부별로 모여 토론하고 원고를 같이 읽었다. 여러 차례 윤독하고 고쳐 쓰고, 또다시 읽기를 반복하면서 생각을 모았다. 회의의 시작과 끝에는 늘 같은 물음이 있었다. 어떻게 하면 실용적인 안내서가 될까?

〈미래를 여는 한국어 교실: AI로 확장되는 에듀테크 교수·학습의 혁신〉. 그래서 이 책에는 열두 명의 경험과 시도들이 고스란히 담겨 있다. 책을 기획하고 1장으로 서막을 연 저자는 이해영, 2장은 노아실, 3장은 김선영, 4장은 노채환, 5장은 최지영,

6장은 김민선, 7장은 백영경, 8장은 정혜선, 9장은 서진숙, 10장은 전희정, 11장은 윤영, 12장은 권미경이 초안을 만들었다. 그러나 이 책의 모든 문장은, 수차례의 토론과 상호 교차 수정, 경험 기반 현장 검증을 거치며 서로의 손길을 나눠 완성된 공동의 결과물이자, 미래지향적 교실을 향한 저자들의 성장 스토리이다. 독자들은 매 장마다 저자들이 문제를 만나고 해결하는 장면과 토론하는 목소리를 보고 듣게 될 것이다.

이 책을 펼쳐든 독자는 매체 활용에 능숙한 능력자일 수도 있고, 빠른 변화를 직면하고 놀란 초심자일 수도 있다. 우리 저자들이 그랬듯이 한 걸음만 나아가면 익숙해질 수 있다는 경험과 설렘을 공유하고 싶다. 누구라도 처음 멀티모달 에듀테크를 사용하고 싶다면, 저자들의 경험을 함께 공유해 보는 마음으로 이 책을 열어 보기 바란다.

특별히 책이 나오기까지 까다로운 편집 작업을 흔쾌히 수락해 주신 도서출판 하우의 박민우 대표님과 한결같은 모습으로 든든한 지원군이 되어 주신 박우진 편집주간님께 이 자리를 빌려 감사의 말씀을 드린다.

3교를 마치면서 2000년이 되려던 무렵, 한 기업에서 한국어 교육용 CD-ROM을 만들었다는, 이제는 놀랄 것도 없는 이 소식에 가슴이 뛰던 때가 떠오른다. 이제는 홀로그램으로 접속한 열두 사람이 워크숍에서 미래의 한국어 교사와 학생들에게 에듀테크 활용법을 훈련한다는 소식이 곧 들리지 않을까? 그 장면을 상상해 본다.

1년의 즐거운 토론을 마무리하며
저자를 대표하여
이해영

차례

프롤로그 ... 4

1부
확장된 교실, 변화하는 소통 방식

1장 다중언어·멀티모달 환경과 미래를 여는 한국어교육 ... 16
  1.1. 한국어와 한국문화의 향유 방식 변화 ... 17
  1.2. 교실을 넘어선 소통: 다중언어와 멀티모달 ... 18
  1.3. 확장된 교실과 진화하는 학습 환경 ... 22
    1.3.1. 에듀테크 기반 교수·학습을 돕는 이 책의 구성 ... 22
    1.3.2. 교사의 적응과 연수의 필요성 ... 34
    1.3.3. 학습자의 반응과 학습의 효과 ... 35
  1.4. AI와 윤리: 활용을 넘어 교육적 성찰로 ... 36
  1.5. 미래를 여는 한국어교육: 연결, 경험, 공유 ... 41

2부 에듀테크 도구를 활용한 교수·학습의 혁신

2장 교실 내 상호작용을 돕는 에듀테크 도구   44

- 2.1. 교실에 들어온 기술, 에듀테크   45
- 2.2. 상호작용을 높이는 에듀테크 도구   47
  - 2.2.1. 외국어 수업을 위한 에듀테크 도구 유형   47
  - 2.2.2. 유형별 대표 도구 구성과 튜토리얼 예시   53
- 2.3. 한국어 수업에서 에듀테크 활용 전략   63
  - 2.3.1. 수업 단계별 도구 접목과 활용 전략   63
  - 2.3.2. 언어 기능별 도구 접목과 활용 전략   66
- 2.4. 에듀테크 도구를 활용한 실제 한국어 수업안   70
- 2.5. 에듀테크 도구로 수업 내 상호작용에 활기 불어넣기   73

3장 한국어 교실, 무한의 공간으로   75

- 3.1. 전통적인 교실의 정의   76
- 3.2. 교실의 변화, 새로운 패러다임으로   77
- 3.3. 새로운 교실의 등장과 무한한 확장   80
  - 3.3.1. Google Classroom   81
  - 3.3.2. MS Teams   97
  - 3.3.3. 메타버스와 ZEP   113
- 3.4. 협업을 위한 교실, 앞으로를 준비하며   128

3부 게이미피케이션과 실감형 콘텐츠로 이끄는 몰입형 학습

4장 재미와 학습 효과를 동시에, 게이미피케이션 수업 … 132

4.1. 한국어 수업, 게임처럼 즐기기 … 133
    4.1.1. 게이미피케이션의 개념과 요소 … 133
    4.1.2. 게이미피케이션의 교육적 효과 … 134
    4.1.3. 한국어교육에서 게이미피케이션 활용 가능성 … 135
4.2. 한국어 수업, 게임으로 구성하기 … 137
    4.2.1. 복습과 도입에서 게임 활용하기 … 137
    4.2.2. 제시와 설명에서 게임 활용하기 … 148
    4.2.3. 연습과 활용에서 게임 활용하기 … 150
4.3. 한국언어문화, 메타버스에서 게임으로 즐기기 … 160
4.4. 놀이와 학습의 경계를 넘어 미래 교육으로 나아가기 … 165

5장 실감형 콘텐츠(VR·AR·메타버스)를 활용한 몰입형 학습 … 167

5.1. 실감형 콘텐츠와 교육의 융합 … 168
5.2. VR 기반 한국문화 수업 … 170
    5.2.1. 한국어교육에서의 VR 활용 사례 … 172
    5.2.2. VR 기술을 활용한 한국어교육 방안 … 174
    5.2.3. 주요 VR 플랫폼 및 도구 … 175

5.3. AR 기반 상호작용 수업 … 176
    5.3.1. 한국어교육에서의 AR 활용 사례 … 177
    5.3.2. AR 기술을 활용한 한국어교육 방안 … 180
    5.3.3. 주요 AR 플랫폼 및 도구 … 181
5.4. 메타버스 기반 프로젝트 수업 … 183
    5.4.1. 한국어교육에서의 메타버스 활용 사례 … 184
    5.4.2. 메타버스 기술을 활용한 한국어교육 방안 … 188
    5.4.3. 주요 메타버스 플랫폼 및 도구 … 189
5.5. 한국어 교실에 실감형 콘텐츠 통합하기 … 191

4부 AI와 함께 만드는 활력 넘치는 한국어 교실

6장 AI를 활용한 새로운 콘텐츠 제작 … 194

6.1. AI 기술의 발전과 교육 현장의 변화 … 195
6.2. 이미지 생성 AI를 활용한 콘텐츠 제작 … 196
    6.2.1. 이미지 생성 AI의 주요 플랫폼과 사용 방법 … 197
    6.2.2. 한국어 수업에 이미지 생성 AI 활용하기 … 205
6.3. 음악 생성 AI를 활용한 콘텐츠 제작 … 213
    6.3.1. 음악 생성 AI의 주요 플랫폼과 사용 방법 … 213
    6.3.2. 한국어 수업에 음악 생성 AI 활용하기 … 217
6.4. 영상 생성 AI를 활용한 콘텐츠 제작 … 221
    6.4.1. 영상 생성 AI의 주요 플랫폼과 사용 방법 … 221

6.4.2. 한국어 수업에 영상 생성 AI 활용하기	229
6.5. AI 콘텐츠로 효과적이고 감각적인 수업으로 업그레이드하기	233

7장 AI로 시작하는 맞춤형 한국어 학습　235

7.1. AI 챗봇의 등장과 맞춤형 학습	236
7.2. 한국어 교사와 학습자를 위한 AI 챗봇 활용 방법	238
7.2.1. 교사를 돕는 AI 보조 선생님	238
7.2.2. 학습자를 지원하는 AI 튜터 챗봇	242
7.3. AI와 맞춤형 한국어 말하기 교육	245
7.3.1. 맞춤형 AI 챗봇 제작하기	245
7.3.2. AI 챗봇 활용 말하기 수업의 실제	254
7.4. AI와 맞춤형 한국어 쓰기 교육	258
7.4.1. AI 챗봇과 글쓰기 준비하기	258
7.4.2. AI 챗봇 활용 쓰기 수업의 실제	262
7.5. AI 챗봇 기반 맞춤형 한국어 학습의 미래	265

8장 텍스트와 음성을 넘나드는 AI 음성 처리 기술　268

8.1. AI 음성 처리 기술의 이해와 교육적 가능성	269
8.2. TTS 기반 오디오 제작	271
8.2.1. TTS 기술의 개념 및 특징	271
8.2.2. 한국어교육에서의 TTS 기술 적용 사례	273
8.2.3. 주요 TTS 플랫폼 및 사용 방법	274

8.2.4. TTS 기술을 활용한 한국어교육 방안 … 278
8.3. STT 기반 텍스트 변환 … 287
    8.3.1. STT 기술의 개념 및 특징 … 287
    8.3.2. 한국어교육에서의 STT 기술 적용 사례 … 288
    8.3.3. 주요 STT 플랫폼 및 사용 방법 … 290
    8.3.4. STT 기술을 활용한 한국어교육 방안 예시 … 292
8.4. AI 음성 처리 기반 한국어교육의 미래와 실천 전략 … 298

9장 AI 시대 한국어 평가의 변화와 적용 방안 … 300

9.1. 한국어 평가의 디지털 전환 … 301
    9.1.1. 전통적 평가의 한계와 교사의 고민 … 301
    9.1.2. 디지털 기술로 변화하는 한국어 평가 방식 … 303
    9.1.3. 디지털 및 AI 평가가 교실에 미치는 변화 … 305
9.2. AI 평가 원리와 한국어교육 현장에의 적용 … 307
    9.2.1. AI 평가의 작동 원리 … 307
    9.2.2. 자동채점의 개념과 적용 영역 … 309
    9.2.3. AI 개별 피드백 … 312
    9.2.4. 한국어교육 현장에서의 AI 평가 … 313
9.3. AI 평가의 수업 활용 방안 … 316
    9.3.1. AI 도구와 수업 평가 루브릭의 연계 설계 전략 … 316
    9.3.2. 평가 목적별 AI 활용 방법 … 330
9.4. AI 평가 시대, 교사의 역할 변화 … 331

5부
멀티모달 AI를 활용한 콘텐츠 창작과 공유

10장   프로젝트 수업과 공유 플랫폼 활용   334

　10.1. 멀티모달 환경과 프로젝트 기반 언어 학습   335
　10.2. 프로젝트 기반 수업의 절차   338
　10.3. 에듀테크 도구를 활용한 프로젝트 기반 수업의 실제   340
　　10.3.1. 스토리맵을 활용한 경험 재구성 프로젝트   340
　　10.3.2. e-book을 활용한 지식 공유 프로젝트   349
　　10.3.3. 블로그를 활용한 이슈 탐구 프로젝트   360
　10.4. 에듀테크가 이끄는 프로젝트 기반 수업의 미래   372

11장   멀티모달 AI를 활용한 문학 수업   374

　11.1. 한국 문학교육에서 멀티모달 AI 활용의 필요성   375
　11.2. 문학 수업에서 학습자의 창의적 활동을 돕는 AI 도구   377
　　11.2.1. 생성형 AI를 활용한 이야기 다시쓰기   378
　　11.2.2. 디지털 책 제작 도구를 활용한 오디오 그림책 창작   383
　　11.2.3. 생성형 인공지능을 활용한 패러디 시 창작   388
　　11.2.4. 멀티모달 인공지능을 활용한 시화 창작   390

11.2.5. 음악 생성 AI를 활용한 노래 창작　　392
　　11.3. 자료 공유 및 교사의 수업을 돕는 AI 도구　　394
　　　11.3.1. 상호작용과 자료 공유를 돕는 에듀테크 도구　　394
　　　11.3.2. 생성형 AI를 활용한 텍스트 재구성 및
　　　　　　 자료 창작　　397
　　11.4. AI시대, 한국 문학교육과 교사의 역할　　404

12장　드라마와 웹툰으로 배우고 나누는 한국문화　　406

　　12.1. 멀티모달 수업 속 드라마와 웹툰　　407
　　12.2. 드라마로 배우고 나누는 한국문화　　408
　　　12.2.1. 드라마와 한국어·한국문화교육　　408
　　　12.2.2. 드라마 OST와 뮤직비디오 창작　　410
　　12.3. 웹툰으로 배우고 나누는 한국문화　　421
　　　12.3.1. 웹툰과 한국어·한국문화교육　　421
　　　12.3.2. 한국 속담 네 컷 만화 창작　　423
　　　12.3.3. 상호문화 주제의 웹툰 창작　　428
　　12.4. 콘텐츠 크리에이터 학습자　　438

참고 문헌　　441
찾아보기　　457
에필로그　　466
저자 소개　　470

확장된 교실,
변화하는 소통 방식

다중언어·멀티모달 환경과
미래를 여는 한국어교육

한국어 교실 밖에서 학습자들은 웹툰을 보고 영상을 만들며 생동감 넘치는 한국어와 한국문화를 즐기고 있다. 이와 같은 변화를 마주한 우리는 흥미로우면서도 진지한 고민에 빠진다. 대체 이 에너지를 수업에 어떻게 연결할까? 교사로서 우리는 교실 밖에서 벌어지는 이 소통의 변화에 어떻게 응답해야 할까? 이 장에서는 멀티모달 소통에 능숙하며 다양한 자원을 활용해 자신을 표현하는 학습자들이 한국어와 한국문화를 어떻게 향유하고 있는지, 에듀테크와 AI가 스며든 한국어 교실에 어떤 변화가 시작되었는지 엿보게 될 것이다. 에듀테크와 AI 사용에 요구되는 윤리적 태도도 잊지 않고 생각해 본다. 이는 2장부터 시작되는 한국어 교실에서의 멀티모달 소통을 향한 대항해의 준비 단계이다. 예비 교사와 교사인 우리가 지금 이 장을 펼치는 이유도 바로 여기에 있다.

1.1. 한국어와 한국문화의 향유 방식 변화

최근 한국어 학습자들의 한국어와 한국문화 향유 방식이 변화하고 있다. 학습자들은 이제 단순히 교재를 통해 문법과 어휘를 익히는 데 그치지 않고, 웹툰이나 드라마, 영화를 감상하고, 자막 삽입은 물론, 영상까지 제작하는 등 다양한 방식으로 한국어 콘텐츠를 소비하고 생산하며, 능동적인 소통의 주체로 활동하고 있다. 한국어는 단순한 학습의 '목표'를 넘어, 다양한 사회문화적 맥락에서 의미를 구성하는 '수단'이 되고 있다.

예를 들어 보자. 해외 세종학당에서 공부하는 한국어 학습자들은 세종학당재단이 제공하는 온라인 문화콘텐츠를 시청하고 댓글을 남긴다. 또 누군가는 자신의 체험을 영상으로 제작해 공유함으로써 전 세계의 학습자들과 소통을 즐기기도 한다. 이들은 한국문화를 직접 체험한 뒤, 그 과정을 영상으로 기록해 유튜브와 같은 플랫폼에 업로드하고 의견을 나눈다.

이는 테크놀로지의 발전만이 아닌, 소통 방식 자체의 전환을 의미한다. 과거에는 주로 글이나 말과 같은 언어 형식에 의존해 의미를 전달했다면, 이제는 이미지, 소리, 영상, 제스처 등 여러 감각적 자원을 통합하는 멀티모달(multimodal) 소통이 일상화되고 있다.

더 나아가 멀티모달 생성형 AI와 실시간 음성 및 화상 통신 기술의 융합으로, 시나리오 기반 대화 시뮬레이션을 넘어 실시간 AI 화상 상호작용까지 구현이 가능하게 되었다. 학습자는 일상 대화뿐 아니라 병원 접수, 취업 면접, 민원 상담, 매장 주문 등 특정 상황을 설정하여 발음, 억양, 화용적 문제에 대한 즉각적인 피드백과 교정을 받을 수 있게 되었다.

이러한 변화는 교수·학습에서도 다양한 양식의 자료 활용과 학습자 참여 중심의 설계를 요구한다. 우리 한국어 교사들 역시 변화된 소통 생태계를 이해하고, 이를 수업에 효과적으로 반영할 교수 역량을 갖추어야 한다는 것을 인식하고 있다.

1.2. 교실을 넘어선 소통: 다중언어와 멀티모달

디지털 네이티브(digital native)는 멀티모달 소통에 익숙하다. 숏폼 동영상 플랫폼을 통해 짧은 형식의 시각 정보를 소비하고 생산하는 데도 능숙하다. 이들은 번역기와 고도화된 대화형 AI, 음성 인식과 생성형 영상 편집 등 멀티모달 AI를 활용한 최신 에듀테크 도구를 활용하여 학습에 임한다. 이러한 변화는 한국어교육에서 AI 기반의 에듀테크를 활용한 멀티모달 교수·학습 설계의 필요성을 높인다.

숙달도가 낮은 한국어 학습자들도 신나는 한국어 소통을 위해 자신의 부족한 한국어 능력을 보완할 방법을 찾아 나선다. 그 하나의 방법은 단일 언어에만 의존하지 않고, 자신이 동원할 수 있는 다양한 언어 자원을 적극적으로 활용하는 것이다. 즉, 모국어, 한국어, 제3의 언어 등 자신이 가진 다양한 언어 자원을 유연하게 활용하며 상황에 맞게 의미를 구성하고 타인과 소통한다. 이때 텍스트, 이미지, 영상, 소리, 제스처 등 다양한 표현 양식을 결합해 복합적인 방식으로 의사를 전달하면서 소통의 효과를 극대화하기도 한다.

유럽평의회(Council of Europe)는 이러한 소통 방식의 전환이 언어교육에 어떻게 반영되어야 하는지를 제시한다. 유럽공통참조기준(Common European Framework of Reference for Languages: CEFR)에서는 학습자를 단 하나의 언어만 사용하는 존재가 아니라, 다양한 언어적, 문화적 자원을 상황에 맞게 동원하고, 결합 및 조정하여 소통하는 사회적 행위자(social agent)로 규정한다(Council of Europe, 2001; 2020). 이는 CEFR이 강조하는 '다중언어주의(Plurilingualism)'의 핵심이다.[1]

여기서 중요한 것은 여러 언어 사이를 유연하게 오가며 의미를 구성하고, 타인과의 이해를 도모하기 위한 역량이다. 즉, '다중언어 능력(plurilingual competence)'과 '다중언어·다중문화 레퍼토리(plurilingual & pluricultural repertoire)'가 그것이다. 레퍼토리는 학습자가 삶의 경험 속에서 축적한 여러 언어와 방언, 사회적 맥락에 따른 다양한 언어 사용역(register), 구어나 문어 또는 수어와 같은 언어 양식, 그리고 관련 문화적 지식과 경험으로 구성된다. 이러한 자원은 맥락에 따라 유연하게 결합 및 동원되며, 불균형적(uneven)으로 발달하는 특성을 보인다.[2]

소통의 주체로서 학습자들은 언어적 코드에만 의존하지 않고, 텍스트, 이미지와 영상, 소리, 제스처나 시선, 공간 사용과 같은 다양한 표현 양식(mode)을 결합하여 의미를 구성하고 조정하면서 소통한다. CEFR에서는 이러한 통합적 활용을 수용, 산출, 상호작용, 매개 활동 전반에서 다룬다. 다양한 모드를 통합적으로 활용하는 방식은 CEFR이 말하는 멀티모달 역량(multimodal competence)의 핵심으로, 학습자의 언어 자원과 상호작용하며 소통 역량을 강화한다.

---

[1] 다언어주의(Multilingualism)는 사회나 집단 차원에서 여러 언어가 공존하는 상태를 의미하는 반면, 다중언어주의는(Plurilingualism) 개인이 언어 자원을 유연하게 활용하는 것을 말한다(조수진 외, 2021).

[2] '불균형'은 학습자의 능숙도가 언어와 활동, 문화적 역량, 사용 상황 등에 따라 다르게 발달하고 변화하는 현상을 뜻한다. 예를 들어, 어떤 학습자는 모국어에서는 학문적 글쓰기를 능숙하게 수행할 수 있지만, 한국어에서는 기본적인 의사소통은 가능하더라도 글쓰기는 초급 수준에 머물 수 있다. 교육의 초점은 이 레퍼토리를 맥락에 맞게 결합하고 동원하도록 돕는 데 있다.

그러나 현실의 언어 교실에서는 다중언어·다문화 기반의 현대 사회가 요구하는 멀티모달 소통 양상을 충분히 반영하지 못하고 있다. 실제의 멀티모달 생태계를 반영하지 않는다면, 이는 진정성(authenticity)이 결여된 것은 아닐까? 이 때문에 멀티모달 소통과 문화 간 이해를 포괄하는 역량의 중요성이 강조되어야 한다는 지적이 제기되고 있다(Mootoosamy & Aryadoust, 2024). 그렇다면 교실 수업에서는 이러한 멀티모달 역량을 어떻게 길러 줄 수 있을까?

한국어 교실에서 멀티모달 활용 교육은 생각보다 이른 시기에 도입되었다. 초기에는 만화 앱과 사진 앱을 활용하여 학습자들의 소통 능력을 높이는 활동이 시도되었고(김은영, 2021), 교재 개발에서도 학습자에게 익숙한 매체와 표현 양식을 활용하여 자연스러운 참여를 유도하려는 노력이 있었다. 가령, QR을 활용해 멀티모달 자료와 에듀테크 도구를 종이 교재와 연계하여 설계함으로써, 고정적이고 제한적인 교재에 활기를 불어넣고 풍부한 소통 환경을 지원해 주고 있다(이해영·이정란·황선영, 2021).

멀티모달 소통은 텍스트, 영상, 도표 등 양식 간 전환을 통해 의미를 재구성하고 조정하는 활동과 맞물리는데, CEFR에서는 이러한 의미 재구성, 조정 활동을 '매개(mediation)'로 설명한다. 매개는 단순한 통역이나 번역을 넘어선다. 타인의 이해를 돕기 위해 텍스트를 요약하거나 재구성하고, 문화적 맥락을 해석하며, 다양한 표현 양식을 바꾸어 표현하고 필요에 따라 함께 사용해 의미를 조정하거나 전달하는 활동을 포함한다. 또한 동일한 언어 내에서 의미를 조정하는 활동뿐 아니라, 언어 간 의미 전달, 문화적 차이의 조율까지 포괄하는 넓은 개념이다. 이러한 매개 활동을 하는 과정에서, 학습자는 다양한 표현 양식을 결합하는 멀티모달 소통 전략을 활용하게 된다. 예를 들어, 학습자가 하나의 텍스트를 읽고 이를 카드뉴스나 영상 요약 자료로 재구성하거나, 낯선

문화 개념을 시각 자료나 모국어를 활용해 설명하는 활동은 멀티모달 자원을 활용한 매개의 대표적 사례라 할 수 있다.

이와 같은 매개 활동은 교실에서도 다양한 방식으로 실현될 수 있다. 학습자의 언어적 제약을 보완하면서, 다중언어·다중문화 자원을 활용해 타인의 이해를 도울 수 있는 멀티모달 매개 활동의 구체적인 예를 생각해 보자.

> **생각해 보기**
>
> **한국어 실력과 문화 정보가 부족한 학습자들의 소통을 돕는 이것은!**
>
> 한국어 실력이 아직 부족하거나, 문화적 배경 지식이 없다면 어떻게 소통할 수 있을까? 이럴 땐 다음의 방식이 어떨지 생각해 보자.
>
> - ☐ 동영상 내용을 요약해 SNS 카드뉴스로 만들어 보여 주기
> - ☐ 낯선 개념을 AI 이미지로 시각화해 보기
> - ☐ 여러 언어 댓글을 모아 다국어 요약본 만들기
> - ☐ 텍스트를 읽고 온라인 발표 자료로 재구성하기
>
> 위와 같은 활동들은 CEFR에서 설명하고 있는 매개 능력을 기르는 데 도움이 되는 활동이다. 학습자들은 다양한 매체를 활용해 복잡한 정보를 요약하고 시각화함으로써, 언어와 문화가 다른 사람들과 효과적으로 소통하는 방법을 익히게 된다.

위의 생각해 보기 에 제시된 활동은 학습자의 언어적 한계를 보완해 주는 유용한 방안이 될 것이다. 다중언어·다중문화 자원을 활용한 멀티모달 매개 활동은 학습자의 상호 이해 촉진과 소통 능력을 높이는 효과적인 교수 전략이다.

1.3. 확장된 교실과 진화하는 학습 환경

1.3.1. 에듀테크 기반 교수·학습을 돕는 이 책의 구성

매체를 바라보는 관점은 어떻게 변화했을까? 초기에는 학습자의 흥미를 돋우는 보조적 수단으로 이해되었지만, 오늘날에는 교수·학습을 직접 이끄는 핵심 자원으로 자리 잡았다. AI 기반의 에듀테크는 한국어 교실을 온·오프라인을 넘나드는 유연한 학습 공간으로 전환시키며 새로운 가능성을 열어 가고 있다. 또한 학습자들은 줌과 같은 동시성(synchronous) 도구를 통해 실시간 상호작용을 경험하고, 블렌디드 러닝(blended learning)이나 플립 러닝(flipped learning)에 능동적으로 참여한다. 나아가 실시간 쌍방향 강의와 동영상 강의가 결합된 바이크로너스(bichronous) 수업은 몰입도와 만족도가 높은 수업을 가능하게 해 준다(이해영·정혜선, 2021).

그러나 이러한 변화는 하루아침에 이루어진 것이 아니다. 한국어교육에서 멀티모달 자료 활용에 대한 논의는 최근에 본격화되었지만, 그 출발은 2000년대 초반으로 거슬러 올라간다. 당시 학습자들은 수준과 흥미에 맞게 자료를 탐색하고 상호작용하면서 그 가능성을 보여 주었다(이해영, 2000a; 2000b; 2001). 이러한 초기의 의미 있는 시도들은 기술 발전과 맞물려 오늘날의 풍부한 멀티모달 학습 환경으로 이어졌고, 학습자들에게 자율성과 창의성을 발휘하며 다양한 소통 역량을 제고할 기회를 제공하게 되었다.

예를 들어, 세종학당재단이 2022년에 출시한 메타버스 기반 '방탈출 게임'은 학습자들이 현실과 유사한 발화 상황에서 몰입형 학습을 경험하도록 한다. AI 캐릭터와의 대화, 음성 인식 기술을 통한 발음 피드백, ChatGPT 기반 화용 연습 등은 학습자의 자율성과 실시간 상호작용 경험을 강화한다. 교실 현장에서는 Kahoot!, Padlet과 같은 에듀테크 도구나 멀티모달 교정 피드백이 학습 분위기를 역동적으로 만들어 주고, 지역 안내 소책자 제작이나 UCC 공모전과 같은 프로젝트는 의미 조정과 매개 활동을 촉진한다. 이러한 활동들은 학습자들이 언어를 배우면서 타문화와의 소통 능력을 키우는 데에도 도움을 준다(Anis & Khan, 2023).

변화는 이제 멀티모달 생성형 AI 기반 화상 대화로 이어지고 있다. 멀티모달 생성형 AI 모델은 영상 정보까지 통합적으로 처리하여 상호작용을 지원하며, 학습자의 발화에 즉각적이고 유연하게 반응하면서 실시간 소통을 가능하게 한다. 이는 학습자에게 교정을 제공하는 가상의 한국어 대화 상대자가 생긴 것과 같다.

새로운 한국어 학습 생태계는 흥미로우면서도 때로는 당혹스럽게 다가온다. 이러한 변화에 적응하고 효과적인 교수 전략을 설계할 수 있도록, 이 책은 다양한 에듀테크 도구와 AI의 핵심 기능과 적용 절차를 제시하고, 수업 설계와 실행을 위한 단계별 방법을 제공한다. 아래에서는 이 책의 각 장에서 다루는 도구의 특징과 사용법을 사전 안내함으로써, 도구의 친숙도와 각 장에 대한 기대를 높이고자 한다.

에듀테크 도구를 활용한 교수·학습의 혁신

2부에서는 교실 내 상호작용과 협업 기반 학습을 지원하는 다양한 에듀테크 도구를 소개한다. 2장에서는 한국어 수업에 바로 적용할 수 있는 도구들의 기능과 활용법을 구체적으로 안내한다. 교사들은 자신 있게 수업을 설계하고 실행할 수 있는 실전 중심의 사례와 전략을 제공받게 된다. 〈그림 1-1〉은 교실 내 상호작용을 도와줄 수 있는 Animaker로, 2장에서 자세한 사용 방법이 제공된다.

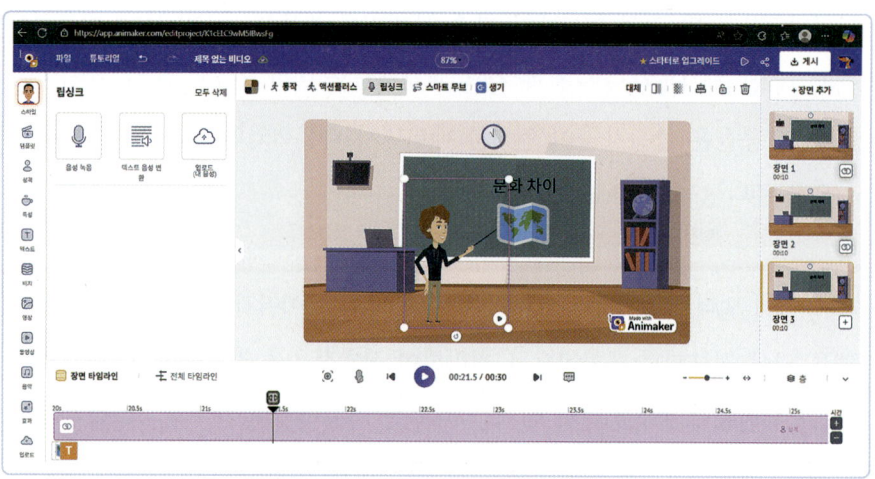

<그림 1-1> 교실 내 상호작용을 돕는 Animaker

 3장에서는 전통적인 교실 개념을 넘어, 시간과 공간을 초월한 한국어 학습 환경을 구축하는 방법을 소개한다. 학습자의 자율성과 몰입도를 높이고 교사의 역할을 학습 경험 설계자로 확장하는 하이브리드 스마트 교실 모델을 제시한다. 〈그림 1-2〉는 Google Classroom의 수업 화면으로, 과제 배포와 제출, 피드백, 공지, 그리고 자료 아카이브 기능이 수업의 시간과 공간을 어떻게 확장하는지 경험하게 될 것이다.

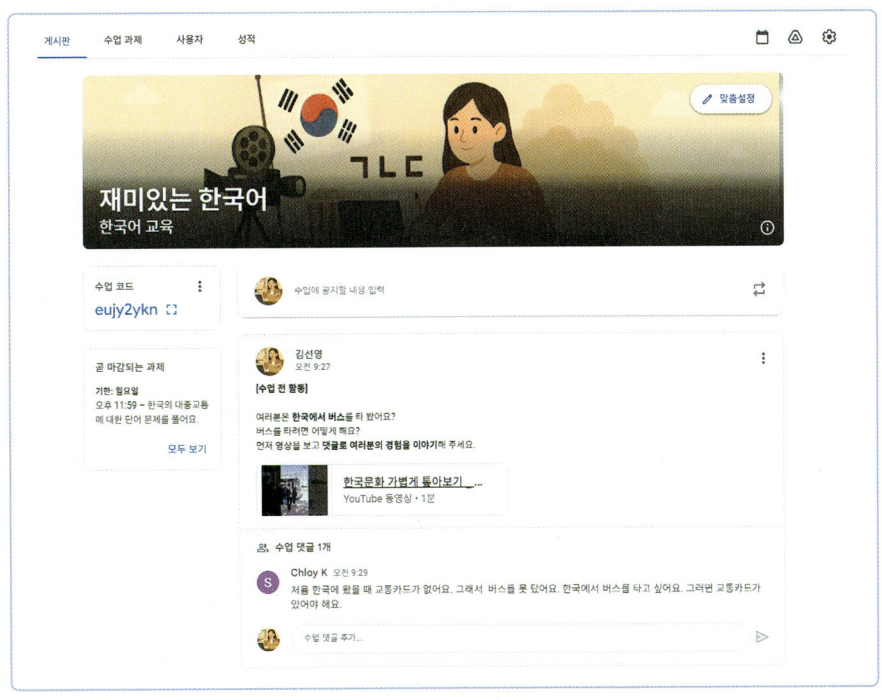

<그림 1-2> Google Classroom의 수업 관련 게시 화면

게이미피케이션과 실감형 콘텐츠로 이끄는 몰입형 학습

다음으로는 이 책의 3부에서 다루게 될, 게임 요소를 접목한 활동과, 가상현실이나 증강현실을 활용한 실감형 학습 사례를 살펴보자. 4장에서는 수업에 게임적 요소를 접목하는 게이미피케이션(gamification)에 대해 살펴본다. 한국어교육 현장에서 게이미피케이션이 어떻게 학습자의 몰입과 즐거움을 높이고, 교실을 더욱 흥미로운 공간으로 변화시킬 수 있는지 알아본다. 〈그림 1-3〉은 Kahoot!을 활용하여, 초급 학습자가 반의어를 익힐 수 있도록 설계된 게임형 학습 콘텐츠로 이 책의 4장에서 자세히 소개된다.

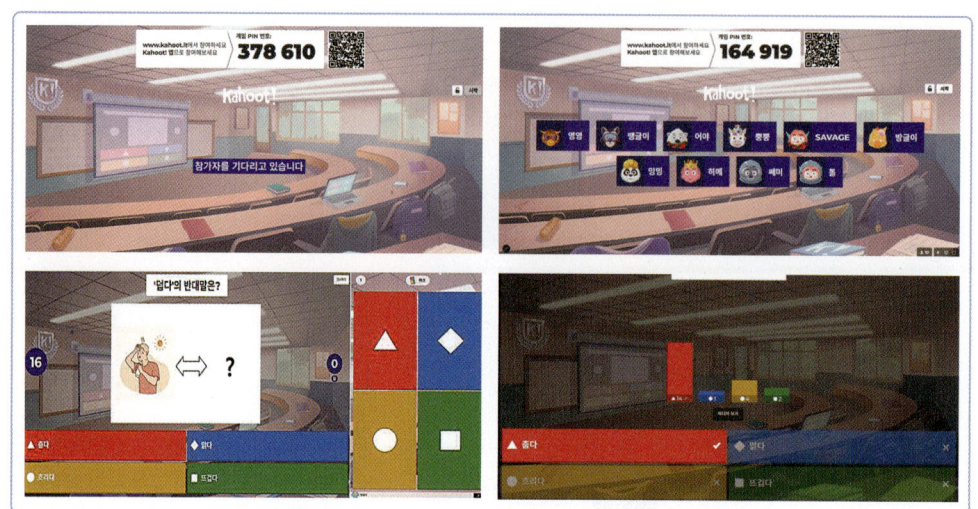

<그림 1-3> Kahoot! 활용 초급 수업용 게임 콘텐츠

　5장에서는 학습자가 언어와 문화를 더 깊이 체험하고 상호작용할 수 있도록, 실감형 콘텐츠를 수업에 적용하는 구체적인 방법을 제시한다. 〈그림 1-4〉는 스마트폰에서 생성한 AR 캐릭터로 학습자가 얼굴 노출에 대한 부담 없이 말하기 활동에 참여할 수 있게 하는 유용한 도구이다. 스마트폰만으로 쉽게 구현 가능하다는 점에서 접근성이 좋고 학습자의 몰입감과 참여도를 높이는 데 효과적이다.

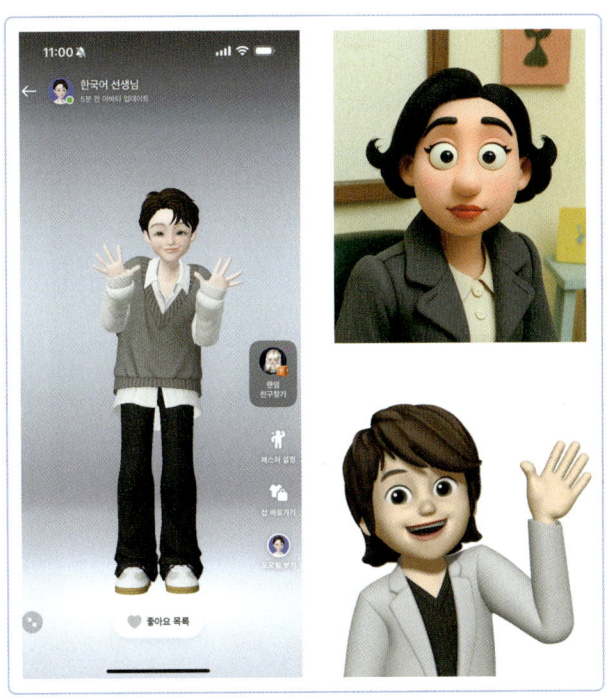

<그림 1-4> 스마트폰을 이용해 만든 캐릭터

AI와 함께 만드는 활력 넘치는 한국어 교실

4부에서는 AI 기반 콘텐츠 제작, 음성 인식 기술, 맞춤형 AI 교사와 평가, 자동 채점 등 한국어교육과 AI의 융합 현장을 탐구한다. 6장은 이미지, 음악, 영상 생성 AI 기술을 한국어 교수·학습 맥락에 어떻게 활용하면 좋을지 구체적이고도 실제적으로 제안한다. 〈그림 1-5〉는 Veo 3 모델을 사용하는 Gemini로 생성한 화용 교육 영상의 그림이다. 제작 단계와 프롬프트 구성은 6장에서 단계별로 안내한다. 독자들은 AI 콘텐츠를 제작하여 수업의 몰입도와 상호작용을 높일 방법을 찾게 될 것이다.

<그림 1-5> Veo 3 모델을 사용하는 Gemini로 생성한 화용 교육

 7장에서는 AI 챗봇을 활용하여 맞춤형 한국어 학습을 구현하는 방법을 소개한다. 학습자의 관심사와 학습 목표, 수준과 같은 특성을 반영하는 맞춤형 챗봇을 설계하고 제작하는 방법을 소개하며, 수업 및 자기주도 학습에 바로 사용할 수 있는 프롬프트도 제공한다. 〈그림 1-6〉은 화용 교육을 위해, 챗봇이 어떻게 사용되는지 보여 준다.

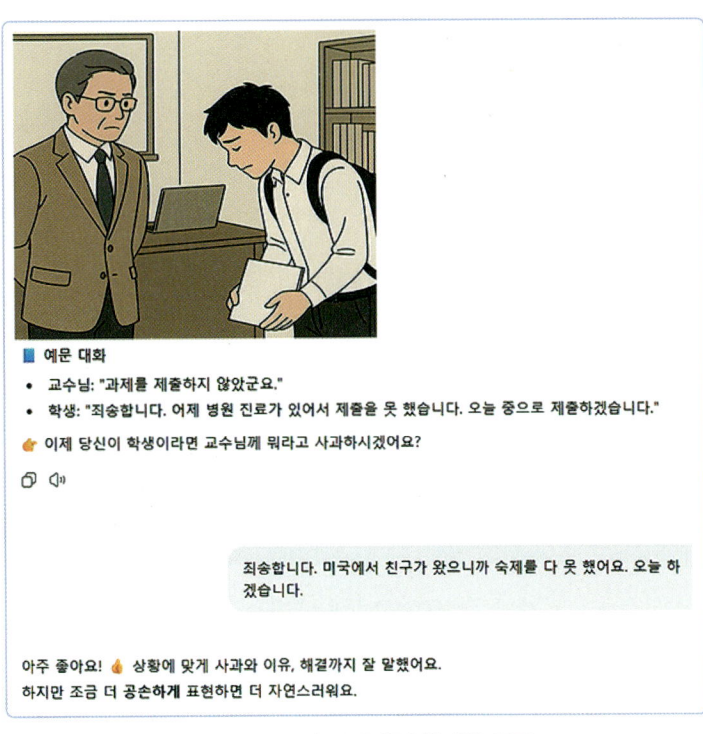

<그림 1-6> AI 챗봇을 활용한 화용 교육

    8장은 AI 음성 처리 기술을 중심으로 TTS(Text-to-Speech)와 STT(Speech-to-Text)를 통합해, 소리와 글을 상호 변환하는 과정이 한국어교육에 어떻게 적용될 수 있는지를 제시한다. 텍스트와 음성, 시각 자료를 결합한 멀티모달 학습 환경을 구축하여 수업의 효율성과 다양성을 제공하고자 한다. 〈그림 1-7〉은 텍스트를 목소리로 변환해 주는 CLOVA Dubbing의 보이스 검색 화면이다. 교사는 캐릭터의 목소리를 들어본 후 본인이 생성하고자 하는 콘텐츠에 맞는 보이스를 선택할 수 있다.

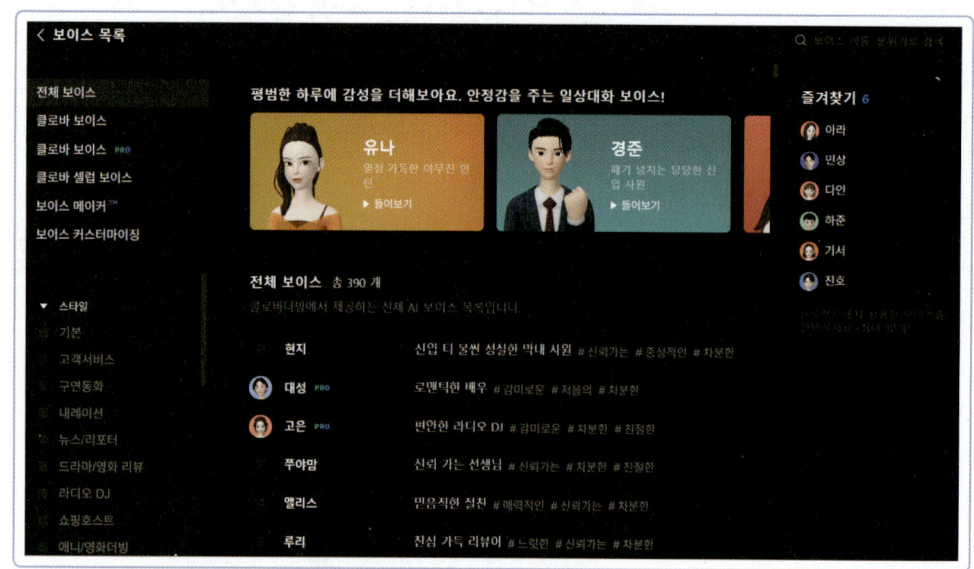

<그림 1-7> CLOVA Dubbing 보이스 검색 화면

    4부의 마지막 장인 9장에서는 이론과 실제, 기술과 교육을 유기적으로 연결해 AI 환경에서 한국어 평가의 방향성과 적용 가능성을 균형 있게 제시한다. 독자들은 9장을 통해, 생성형 인공지능을 활용한 평가의 세계에 입문하게 될 것이다. 〈그림 1-8〉은 초임 교사들을 위한 평가 설계, 채점 지원 AI의 예시이다. 루브릭 기반 프롬프트 입력이 채점 기준 명료화와 자기 점검을 가능하게 해 줄 것이다. 상세한 내용은 9장에서 상세하게 안내된다.

1. 너는 교사야.
2. 아래 3번에 있는 외국인 학생의 글 " "을 읽고, **초급1** 학생의 수준에 맞게 평가해 줘. **전체 평가**와 루브릭에 따른 **세부 평가**도 진행해 줘.
3. "안녕하세요, 제 이름은 수자 이라고 합니다. 나는 방글라데시 사람 입니다 방글라데시에서 한국에 일하기 때문에 4년 전에 오셨어요. 나는 한국에서 한국어 많이 배우고 싶은데요. 나는 경희사이버 대학교 한국어 학생입니다 만나서 반갑습니다. 감사합니다"
4. **평가 루브릭**은 다음과 같아. '1. 내용의 완성도, 2. 구조, 3. 문법과 어휘의 정확성, 4. 사교성' 이렇게 4개야.
5. 각각 기준에 따라서 **5점 만점**으로 평가하고, **학습자가 볼 수 있게 피드백**도 해 줘.
6. **수정한 글**도 제시해 줘.
7. 학생이 피드백을 이해할 수 있도록 추가로 **방글라데시어로 피드백**을 제시해 줘.

<그림 1-8> 평가 루브릭의 프롬프트 입력 화면

멀티모달 AI를 활용한 콘텐츠 창작과 공유

5부는 프로젝트 기반 수업을 통해 학습자가 자신만의 창작물을 제작하고 공유하는 활동을 다룬다. 10장은 프로젝트 기반 수업에서의 멀티모달 학습의 가능성에 주목한다. 스토리맵, e-book, 블로그 등을 통해서 교실은 디지털 공간으로 확장되고, 학습자는 언어를 다양한 방식으로 탐구하고 표현하며, 창의적 산출물을 생산하고 공유하게 된다. 이 과정에 에듀테크 도구가 기획, 제작, 공유, 피드백 전 과정에 통합적으로 활용된다. 이러한 활동을 통해서 언어 학습은 소통과 협력 중심의 실제적 경험으로 연결된다. <그림 1-9>는 협력적 블로그 작성 프로젝트에 Google Sites가 활용된 예이다.

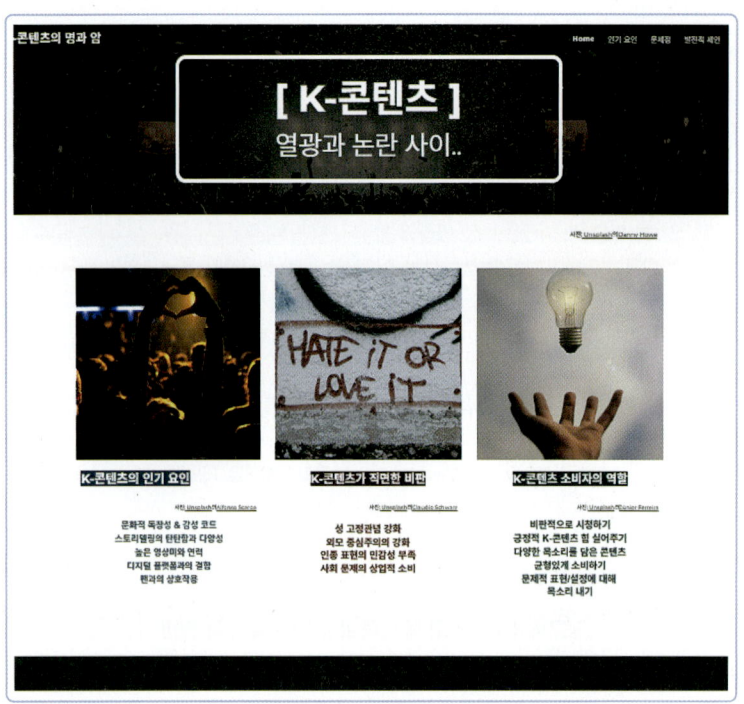

<그림 1-9> Google Sites를 활용한 블로그 만들기 프로젝트

　11장에서는 멀티모달 인공지능을 활용하여 문학에 대한 이해를 심화시키면서, 아울러 학습자의 창의적 활동 및 학습자 간 상호작용을 높이는 방법을 제안하였다. 문학 감상 후 AI와 협업하여 원작을 재구성하고, 산출물을 오디오 그림책이나 동영상, 시화, 노래 등의 매체로 개발하는 방법과 절차를 구체적으로 보여 줌으로써 현장에의 적용 가능성을 높였다. 〈그림 1-10〉은 시조 창작 후 생성형 인공지능을 활용해 만든 시화의 예시다. 교실에서의 상세한 단계별 활동은 11장에서 구체적으로 안내될 것이다.

<그림 1-10> 시조 창작 후 생성형 인공지능을 활용해 만든 시화

    5부의 마지막 장인 12장은 전 세계 한류 팬들에게 인기를 얻고 있는 한국 드라마와 웹툰을 한국문화교육에 활용하는 방안을 제안한다. 특히 생성형 AI를 활용하여 학습자가 직접 한국 문화콘텐츠를 창작하는 활동을 경험할 수 있도록 하였다. <그림 1-11>은 Tooning으로 제작한 가상 웹툰 표지이다. 학생 참여와 숙련도 향상을 위한 구체적 활용 절차는 12장에서 제시한다.

<그림 1-11> Tooning으로 제작한 가상 웹툰의 표지

1.3.2. 교사의 적응과 연수의 필요성

멀티모달 소통 역량을 갖춘 한국어 학습자의 등장은 한국어 교사에게 도전적인 과제가 되고 있으며, 교사에게 요구되는 전문성 역시 새롭게 정의되고 있다. 그러나 교사로서 우리는 요구되는 변화에 얼마나 준비되어 있을까? 교사들은 필요성과 변화 가능성에 대해서 어떻게 생각하고 있을까?

테크놀로지와 관련하여 교사에게 요구되는 핵심 역량의 하나가 TPACK(Technological Pedagogical Content Knowledge)이다. 이는 교사가 효과적인 교수·학습 활동을 위해, 테크놀로지(Technology), 교수법(Pedagogy), 내용(Content)에 대한 지식을 통합적으로 활용하는 능력을 의미한다. 테크놀로지 활용 경험이 부족한 국외 한국어 교원들을 대상으로 한 TPACK 기반 연수 프로그램에 참여한 교사들은, 연수를 통해서 테크놀로지 지식(TK) 및 테크놀로지 내용교수지식(TPACK) 역량이 가장 높게 향상되었다고 응답하였다(이해영·김수현·정혜선, 2020:163). 이는 연수를 통해 교사의 TPACK 역량, 즉 교사의 테크놀로지, 내용, 교수 지식의 통합적 설계 능력이 효과적으로 향상될 수 있음을 보여 준다.

매체에 대한 교사들의 요구는 메타버스 활용과 관련한 연구 결과에서도 나타난다(이해영·정혜선, 2022:134-135). 실제 메타버스를 수업에 활용해 본 경험이 없고 사용에 대한 용이성이나 효능감이 낮은 교사들조차도 메타버스를 활용해 보고자 하는 의지를 강하게 나타냈다. 결국 메타버스를 경험한 교사들과 그렇지 않은 교사들 모두에게 메타버스는 자신들의 수업에 적용해 보고 싶은 교육 플랫폼이었다.

다만, 메타버스를 효과적으로 활용하기 위해서는 일정한 준비가 필요하다. 교사들은 자신의 역량 부족을 해소하기 위해, 교사 대상의 전문 연수와 기관 차원의 지원이 필수적이라고 응답했다. 가령, 메타버스 플랫폼을 활용한 교수 설계 방안이나 교육 사례 공유, 다양한 플랫폼의 사용 방법 전반에 걸친 내용이 포함되어야 한다고 강조한다. 이러한 교사들의 요구는 교원 양성 과정과 재교육 과정에 적극 반영되어야 할 것이다.[3] 더 나아가 1.4.에서 다룰 책임 있는 활용 능력과 윤리적 판단력도 새롭게 요구되는 역량이다.

1.3.3. 학습자의 반응과 학습의 효과

멀티모달 학습 환경이 확대되면서, 학습자들은 이 새로운 방식에 대해 어떤 반응을 보일까? 학습의 만족도는 어떨까? 흥미롭기만 할까? 변화에 어려움은 없을까?

최근 세종학당재단이 발간한 우수 학습자 사례집 『꿈』(2023)을 보면, Z세대와 알파 세대에 속한 한국어 학습자들은 이미 멀티모달 소통 역량을 활발히 발휘하고 있다. 이들은 한국어를 매개로 온라인 잡지를 운영하거나, 유튜브 콘텐츠를 제작하고, 교육용 인스타그램 계정을 운영하며, 음악 스트리밍 플랫폼에서 팟캐스트를 진행하는 등 다양한 멀티모달 플랫폼에서 창의적 활동을 이어가고 있다. 학습자들은 다양한 표현 양식을 결합해 의미를 구성하는 과정에 깊이 몰입하며, 창의성과 자율성을 발휘하면서 학습에 있어 높은 만족감을 느낀다. 예를 들어, 텍스트, 이미지, 음성, 음악 등을 융합한 디지털 스토리텔링 과제는 학습자에게 몰입의 경험을 제공한다. 그러나 이와 동시에 전통적인 과제보다 더 많은 정신적 에너지와 노력이 요구되어 부담을 느끼는 학습자도 있다(정선주, 2021).

---

3   Accenture가 2019년 발표한 보고서 'Waking up to a new reality'를 보면, 산업별 메타버스 적용 비율이 나온다. 다른 주요 산업과 유사하게 메타버스는 교육에서도 적극적으로 적용되고 있다.

그렇다면 멀티모달 활용 능력을 갖춘 학습자들이 점점 늘어나는 상황에서, 그들이 효과적으로 적응하고 몰입하도록 돕는 데 필요한 것은 무엇일까? 멀티모달 학습 환경에서 학습자의 적응과 몰입을 유도하기 위한 핵심 요소는 매체에 대한 긍정적 태도, 매체 효능감(media self-efficacy), 그리고 수업 내 실재감(presence)이다. 실시간 온라인 수업에서는 매체 효능감이 높을수록 학습자의 수강 만족도와 학업 성취도 역시 유의미하게 상승하고, 학습자가 자신을 수업의 일원으로 인식하는 인지적 실재감 역시 수업 만족도에 영향을 미친다(이해영·하지혜·정혜선, 2018). 이는 매체에 대한 자기 효능감이 높을수록 학업 성취도가 향상된다는 주장(Johnson & Johnson, 1996)이나, 실재감의 수준이 학습 결과에 긍정적 영향을 미친다는 결과(Picciano, 2002)와도 일치한다.

따라서 멀티모달 활용 수업의 효과를 극대화하기 위해서는 단지 테크놀로지를 도입하는 것을 넘어서, 학습자의 심리적 몰입과 매체에 대한 친숙도, 그리고 자기 효능감과 실재감을 함께 고려하는 통합적 설계가 필요하다.

1.4. AI와 윤리: 활용을 넘어 교육적 성찰로

AI는 한국어 교실에 역동성을 가져오는 동시에, 새로운 윤리적 고민을 불러일으켰다. 특히 교육 현장에서 교사가 학습 활동을 설계하거나, 학습자가 과제를 수행하고 창작물을 공유하는 상황에서라면 윤리적 점검은 필수적이다. 개인정보 보호, 저작권 및 출처 명시, 그리고 알고리즘 편향 문제 등은 모두 실제 수업 현장에서 직면할 수 있는 대표적인 윤리적 쟁점이다. 그렇다고 교사로서 우리는 학생들이 과제를 작성할 때 AI를 사용하지 못하게 해야 할까? 이와 관련된 윤리적 판단 능력은 테크놀로지 활용 역량 못지않게 중요한 교사의 전문성이 되었다.

예를 들어, 음성과 영상 기반 활동에서는 얼굴, 목소리 등 민감한 정보가 수집될 수 있으며, AI가 생성한 콘텐츠는 문화적 오해나 부정확한 표현을 담을 수도 있다. 교사와 학습자 모두 이러한 위험을 인식하고, 사전 동의, 정보의 투명한 활용, 비판적 검토 등의 태도를 갖춰야 한다. 또한 교사나 학생이 만든 수업 자료나 결과물에 타인의 창작물이 포함될 경우, 그 출처와 사용 방식에 대한 윤리적 기준 역시 함께 교육되어야 한다. 문제는 한국어 교실의 이와 같은 역동적 변화를 윤리적 지침과 사용자의 인식이 뒤따르지 못하고 있는 현실에 있다. AI 활용이 활발해지는 교육 환경 속에서, 교사와 학습자가 함께 고민해야 할 윤리적 쟁점들에 대한 민감성을 높여야 할 때이다.

이에 관한 문제의식은 UNESCO(2021; 2023)와 OECD(2024)[4]에 잘 드러나 있다. UNESCO는 인권, 존엄성, 환경, 다양성 등의 가치를 중심으로 한 철학적 접근을 강조하며, AI 기술이 인간의 권리와 기본적 자유에 위협이 될 수 있다고 경고한다. 이에 따라 AI를 교육적, 사회적 맥락과 가치 기반의 윤리적 틀 안에서 사용하기를 권고하고 있다. OECD도 실천적이고 정책 중심적인 시각에서 AI 도입에 따른 교육 현장의 변화를 다루며, 포용적 성장과 지속 가능한 발전 및 웰빙, 인간 중심 가치 및 공정성, 투명성과 설명 가능성, 견고성과 보안 및 안전, 책임성 등의 윤리 원칙의 중요성을 강조한다. 두 기관 모두 공통적으로 권리 침해, 편향과 차별, 낮은 설명 가능성, 환경의 영향, 디지털 격차 등의 위험을 지적한다.

특히 교육 맥락에서 인간 능력의 약화, 사회적 상호작용과 정신건강에 대한 우려,

---

[4] OECD 인공지능 권고는 2019년에 채택되었고, 2023년 11월 8일 'AI 시스템' 정의가 업데이트되었으며, 2024년 5월 3일 권고 본문이 개정되었다. UNESCO는 2021년 「인공지능 윤리 권고」를 채택하고, 2023년에 「교육·연구를 위한 생성형 AI 가이드」를 발표하였다.

시민성과 문화 다양성의 훼손, 비판적 사고의 위축, 교사의 업무 과중 등의 문제도 함께 논의한다. 결국 AI와 에듀테크는 교육 혁신의 강력한 수단이 될 수 있지만, 테크놀로지가 인간의 권리와 교육의 본질을 침해하지 않도록 윤리적 가이드라인과 사회적 감시 체계가 반드시 병행되어야 하며, 교실 적용 단계에서는 OECD-Education International(2023)과 UNESCO(2023)의 교육·연구를 위한 생성형 AI 가이드를 함께 참조할 필요가 있다.

그렇다면 한국어 교실에서 AI와 에듀테크를 활용하기 전에, 교사와 기관이 점검해야 할 윤리적 고려 사항은 무엇일까? 한국어 교사로서 우리는 학생들에게 어떤 내용을 안내하고 지도해야 할지 고민해야 한다. OECD(2023), UNESCO(2021, 2023), OECD-Education International(2023)을 준거로, 교육에서 AI를 활용하기에 앞서 무엇이 요구되는지 아래 체크리스트를 바탕으로 생각해 보자. 또한 필요한 추가 내용이나 실제 적용상의 어려움은 없는지도 함께 토론해 보자.

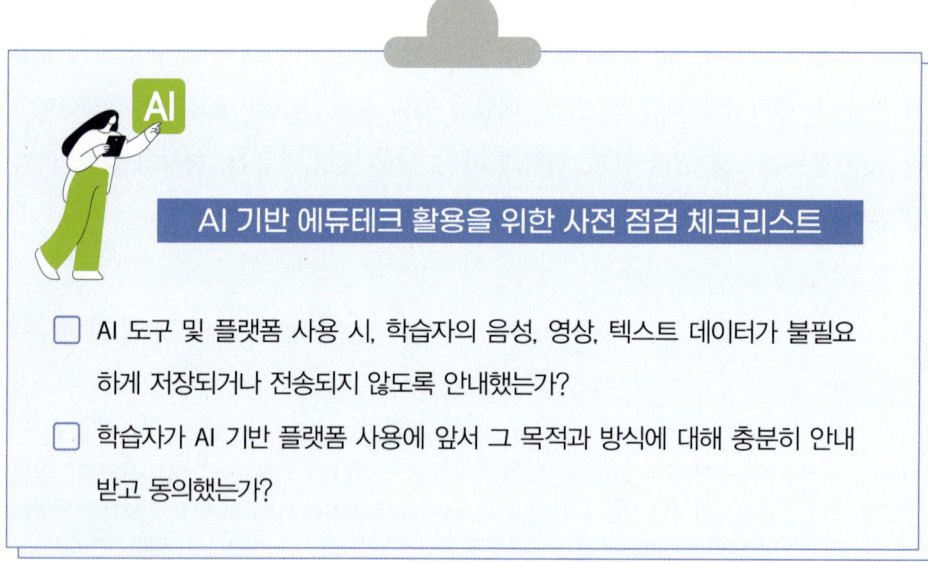

- ☐ 학습자가 AI로 생성한 글이나 아이디어를 과제에 활용할 경우, 출처와 편집 과정, 핵심 프롬프트를 명시하도록 지도했는가?
- ☐ AI가 생성하는 콘텐츠는 편향이나 문화적 오정보나 환각이 있을 수 있음을 학습자에게 사전에 안내했는가?
- ☐ 학습자가 AI 결과물을 그대로 복사하지 않고 자신의 언어로 재구성하고 근거 제시와 사실 확인을 하도록 지도했는가?
- ☐ 수업 중 AI의 장점과 한계, 신뢰성에 대해 학습자와 함께 토론하고 성찰할 기회를 마련했는가?
- ☐ 수업에서 AI 도구의 활용 목적(보조, 참고 등)과 한계를 명확히 설명했는가?
- ☐ 평가 반영 범위와 입력 금지 항목(개인정보, 시험 문항 등)도 고지했는가?
- ☐ AI 활용을 디지털 시민성, 공정성, 저작권에 대한 인식을 고양할 수 있도록 지도했는가?[5]
- ☐ 학습자가 AI 도구 사용 여부를 선택하거나 자신의 학습 방식에 맞게 조절할 수 있는 자율성이 보장되었는가?
- ☐ AI에 익숙하지 않은 학생에게 AI 없이도 참여할 수 있는 내용을 함께 제공했는가?

한국어 수업에서 학생들이 AI를 사용하여 쓰기 숙제를 하려고 한다고 가정해 보자. 우리 교사는 학생들에게 어떤 태도와 가치관을 갖도록 안내해야 할까? 이찬규 교수는

---

[5] 디지털 시민성(Digital Citizenship)은 디지털 환경에서의 책임 있는 정보 활용, 공정성, 저작권 인식, 온라인 참여 태도, 기술 윤리 의식 등을 포괄한다. 특히 AI, 메타버스, SNS 등 신기술 기반 학습이 확대되는 현시점에서, 디지털 시민성은 학습자와 교사 모두에게 요구되는 핵심 역량으로 강조된다.

"아이디어는 먼저 스스로 고민한 뒤, AI의 도움을 받고, 마지막에 비판적으로 검토하고 수정해야 한다"라고 강조했다(김응열, 2025).

아래  활동은 학습자가 자신의 태도를 성찰하고, 책임 있는 활용 능력과 윤리적 판단력을 기를 수 있도록 구성한 것이다. 함께 생각해 보자.

생각해 보기

쓰기 과제와 AI: 우리는 AI를 어떻게 활용해야 할까?

교사로서 우리는 학생들이 쓰기 과제를 작성할 때 AI를 아예 사용하지 못하게 해야 할까? 아니면 비판적 태도를 견지하면서 전략적으로 AI를 활용할 수 있도록 지도하는 것이 더 중요할까?

사용 준비 단계
- ☐ AI는 어디까지 활용하고, 어디부터 내가 주도해야 할까요?
- ☐ AI를 활용하기 전, 나는 어떤 고민을 했나요?
- ☐ 입력하면 안 되는 개인정보, 비공개 자료 등은 무엇인지 확인했나요?
- ☐ AI 없이도 해결할 수 있는 부분은 무엇이며, 왜 그렇다고 생각하나요?

사용 단계
- ☐ 나는 AI에 어떤 질문을 입력해야 할까요?
- ☐ AI에게 지시하는 프롬프트는 구체적이되 편향을 강화하지 않도록 설계했나요?
- ☐ AI가 제안한 주장, 사실의 근거와 출처를 요구하고 확인했나요?
- ☐ 환각, 문화적 오류, 편향 가능성 등 도구의 한계를 인지하고 있나요? 이를 막는 방법을 생각해 보았나요?
- ☐ 두 개 이상의 신뢰 가능한 자료로 주요 사실을 교차 확인했나요?
- ☐ AI 도움을 받은 부분과 스스로 작성한 부분을 구분해 설명할 수 있나요?

> **사용 후 단계**
> ☐ 결과물은 내 생각을 제대로 담고 있나요?
> ☐ AI가 제안한 내용을 수정해야 한다면, 그 이유는 무엇인가요?
> ☐ 출처와 편집, 검증 과정, 핵심 프롬프트를 과제 말미에 명시했나요?
> ☐ 텍스트, 이미지, 표, 음원과 영상 등의 사용에 있어서 표절이나 저작권 위반이 없는지 점검했나요?
> ☐ 온라인에 공유한다면 익명 처리, 초상권 사용, 음성 사용 동의를 확보했나요?

1.5. 미래를 여는 한국어교육: 연결, 경험, 공유

에듀테크와 AI의 도입은 단순한 도구 활용 차원을 넘어, 교사와 학습자 간의 관계를 새롭게 구성하고, 세계와 연결되는 새로운 교육 생태계를 형성하고 있다. 교실은 물리적 경계를 넘어, 디지털과 현실이 공존하는 확장된 학습 공간으로 진화하고 있으며, 그 안에서 교사와 학습자는 새로운 방식으로 서로를 만나고 있다.

멀티모달 학습 도구, 게이미피케이션과 실감형 콘텐츠, 실시간 AI 화상 대화를 활용하는 상호작용적 학습 활동은 지식 전달 중심에서 체험 중심 학습의 가능성을 열어준다. 이러한 학습 환경의 변화는 학습자의 지속적인 참여를 유도하고, 자기 주도성과 창의성을 촉진해 줄 것이다.

나아가 문학과 드라마, 그리고 웹툰과 같은 한국 문화콘텐츠를 기반으로 한 멀티모달 AI 활용 수업은, 학습자들이 자신만의 시선으로 한국문화를 재해석하고 표현하며, 그 결과물을 타인과 나누는 의미 있는 소통과 공유의 과정으로 이어지고 있다는 점에서 주목할 만하다. 학습자가 만든 콘텐츠를 온라인에 공유하고, 타인과 상호 피드백을 주고받는 과정을 통해 학습 결과를 개인의 성취를 넘어 공동의 지식 자원으로 발전시킨다.

테크놀로지는 이제 두렵거나 따라가기에 버겁기만 한 존재가 아니다. 지금 우리 앞에는 흥미롭고 새로운 도구와 환경이 주어져 있다. AI를 비롯한 에듀테크 도구는 교사와 학습자 사이의 소통을 재구성하고, 수업을 더욱 창의적으로 만들어 줄 것이다. 앞으로의 한국어교육은 연결과 경험, 공유를 중심에 두고, 한국어를 통해 타인과 관계를 맺으며 문화를 이해하고, 의미를 함께 구성하는 방향으로 자연스럽게 확장될 것이다. 한국어교육은 점차 문화적 표현과 사회적 참여가 활발히 이루어지는 역동적인 소통 생태계로 진화하게 될 것이다.

이 책이 혁신적인 멀티모달 AI와 같은 에듀테크를 도구 삼아 '연결하고, 경험하고, 나누는' 학습자들의 항해를 도와주는 교사와 예비교사들을 위한 길잡이가 될 수 있기를 바란다. 테크놀로지는 교사와 학습자가 함께 성장할 수 있도록 돕는 든든한 동반자가 될 것이다. 자, 이제 새로운 항해를 시작할 시간이다.

에듀테크 도구를 활용한 교수·학습의 혁신

교실 내 상호작용을 돕는 에듀테크 도구

요즘 교실에서 만나는 다수의 학습자는 디지털 기술과 함께 자란 디지털 네이티브다. 종이책보다 영상이나 앱을 선호하고 다양한 도구 사용 경험도 풍부하다. 이런 학습자들이 수업에서 수동적이거나 집중이 흐트러진다면, 이제 수업 방식을 다시 살펴볼 때다. 에듀테크는 단순한 재미를 넘어 참여를 깨우고 언어 기능별 활동을 넓히는 실천적 도구다. 이 장에서는 대표적인 에듀테크 도구를 소개하고, 단계별 전략과 기능별 전략, 그리고 실제 수업안을 살펴본다. 이를 통해 교사와 학습자, 동료 간의 상호작용을 풍부하게 하고, 학습자의 부담은 줄이며 호기심을 자극하는 수업 운영 방안을 제안한다. 독자는 이 장에서 소개하는 내용을 따라 한두 가지 도구부터 가볍게 시도해 보는 것만으로도 오늘의 수업을 한층 새롭게 바꿀 수 있을 것이다.

2.1. 교실에 들어온 기술, 에듀테크

교사들은 학습자가 한 단어라도 더 말하게 하고 수업에 몰입하게 만들고자 노력한다. 하지만 다양한 언어 학습 자질을 가진 학습자들이 함께하는 교실에서 모두의 참여를 끌어내기란 쉽지 않다. 이때 수업의 판도를 바꿔 줄 수 있는 것이 바로 에듀테크[1]다.

에듀테크는 교수·학습 활동에 디지털 기술을 접목함으로써 학습 효과를 높이고 교사의 수업 설계를 혁신할 수 있는 방법과 도구, 나아가 교육 환경을 의미한다. 에듀테크를 활용한 교수·학습은 단순한 도구의 사용을 넘어 학습자 중심의 상호작용적 학습을 이끌어 내고 개별화된 학습 경로를 제공하며 실제적인 과제 기반 학습의 확장을 가능하게 한다. 이러한 이유로 에듀테크는 최근 교육의 핵심 전략 중 하나로 자리매김하고 있다.

외국어 교육에서는 특히 언어의 네 기능(말하기, 듣기, 읽기, 쓰기)을 통합적으로 기르는 것을 중요한 목표로 삼는데 실제 의사소통 상황에 가까운 환경 속에서 학습이 이루어질 때 더 효과적인 것으로 알려져 있다. 그러나 기존 방식의 교실 수업만으로는 이러한 환경을 충분히 구현하기 어렵고 학습자의 수준과 관심, 참여도를 다각적으로 반영하는 데에도 한계가 있다. 이때 에듀테크는 언어 학습의 '실제성(authenticity)'과 '즉시성(immediacy)'을 보완할 수 있는 강력한 도구로 기능한다.

---

[1] '에듀테크'는 교육(Education)과 기술(Technology)의 합성어로 영어권에서는 일반적으로 'EdTech'로 표기한다. 국립국어원은 2022년에 '에듀테크'의 우리말 대체어로 '교육 정보 기술'을 선정해 발표했지만 실제 교육 현장과 연구에서는 '에듀테크'라는 용어가 더 보편적으로 쓰이고 있다.

에듀테크 도구의 교육적 효과는 여러 측면에서 나타난다. 첫째, 실시간 반응 수집과 피드백 제공이 가능하여 학습자의 이해도와 반응을 즉각적으로 파악하고 수업의 흐름을 탄력적으로 조정할 수 있다. 예를 들어 Slido나 Mentimeter를 이용하면 학습자들은 손을 들거나 눈치를 보는 대신 스마트폰으로 자신의 생각을 표현할 수 있다. 자신의 의견이 실시간으로 반영되는 것을 보면서 수업의 일부가 된다고 느끼고, 이는 자연스러운 집중과 몰입으로 이어진다. 둘째, 수업이 교사 주도의 일방향성으로 흐르지 않도록 실시간 상호작용을 통해 학습자의 참여를 활성화한다. 대표적으로 Padlet이나 Miro와 같은 협업형 도구는 학습자들이 자신의 생각을 시각적으로 공유하고 토론할 수 있는 환경을 만들어서 수업을 심화하고 확장시킬 수 있다.

이밖에 게임 요소나 시각 자료를 활용한 도구도 학습자의 내적 동기를 자극하고 집중도를 높여 준다. Quizlet, Wordwall 등은 재미있게 반복하고 적용해 보도록 설계되어서 반복 학습과 맞춤형 과제 수행에 특히 효과적이다. 수업 외 활동과도 연계하기 쉬워서 교실 밖에서도 학습이 지속되고 확장되도록 돕는다. 또한 영상 제작 도구나 음성 녹음 플랫폼을 활용한 과제는 학습자의 언어 생산력을 높이는 동시에 자율성과 창의성도 함께 길러 준다. 에듀테크 앱의 활용, 특히 게이미피케이션이 학습자의 흥미를 유발하여 학습 효과를 높이고 지속적인 학습을 가능하게 한다는 점은 여러 연구에서도 확인되었다(장지영, 2022; 김참이, 2023; Tran, Duong, & Nguyen, 2023).

이처럼 에듀테크는 단순히 도구를 넘어서 교실 안팎에서의 학습 경험을 풍부하게 하고 교사의 역할을 다면화함으로써 학습자의 언어 습득 과정을 보다 입체적이고 의미 있는 방향으로 이끄는 데 기여한다. 따라서 한국어교육 현장에서 에듀테크의 적극적인 도입과 활용은 단순한 선택이 아닌, 교육의 질을 향상시키기 위한 필수 전략으로 이해되어야 한다. 이 장에서는 우리 교사들이 수업에서 에듀테크를 쉽고 효과적으로 활용할 수 있는 방법을 안내할 것이다.

2.2. 상호작용을 높이는 에듀테크 도구

2.2.1. 외국어 수업을 위한 에듀테크 도구 유형

외국어 수업에 활용가능한 에듀테크 도구들은 그 목적과 사용 방법에 따라 참여와 피드백, 협업과 소통, 표현과 창작의 세 가지 유형으로 나눌 수 있다.

(1) 참여와 피드백 중심 도구

이 유형의 도구들은 학습자들의 즉각적인 반응을 수집하고 참여를 유도해 내며 학습 내용을 효율적으로 점검할 수 있도록 설계되었다. 수업의 도입부나 마무리 단계, 또는 주의를 환기시키고자 할 때 유용하다.

① Kahoot!

Kahoot!은 실시간 퀴즈 기반 학습 게임이 주가 되며 경쟁 요소가 강해서 학습자들의 몰입도가 높고, 게임 디자인이 시각적으로 흥미롭고 직관적이다. 학습자 참여율이 높고 수업 분위기를 활기차게 전환할 수 있다는 장점이 있지만, 정답을 빠르게 선택하는 속도가 중시되고 알고 있는 지식을 확인하는 데 그치고 있어서 교육적 측면에서 한계를 가진다.

② Mentimeter

Mentimeter는 실시간 설문, 투표, 퀴즈 등을 통해 학습자의 의견을 수집하고, 이를

Word Cloud, 막대그래프, 순위형 결과 등 다양한 시각적 방식으로 보여 주는 도구이다. 수업 중 학습자의 생각을 즉각적으로 반영하거나 흥미로운 의견을 수업 흐름 안에 통합할 수 있다. 익명 응답이 가능해서 학습자의 심리적 부담을 줄이고 다양한 형식으로 표현할 수 있다는 장점이 있지만 한글 입력 시 띄어쓰기의 민감도가 높지 않고 무료 계정에서 생성할 수 있는 슬라이드 수가 제한되어 있는 점 등은 제약이 될 수 있다.

③ Quizlet

Quizlet은 단어와 개념 학습에 최적화된 디지털 플래시카드 기반 도구로, 학습자가 어휘나 표현을 반복 학습할 수 있도록 다양한 학습 모드(카드, 쓰기, 매칭 게임, 테스트 등)를 제공한다. 학습자가 직접 카드 세트를 만들 수 있어 자기주도적 학습을 유도할 수 있다는 장점이 있지만 단순 반복 학습에 그칠 수도 있다는 한계도 지적된다.

④ Slido

Slido는 실시간 설문, 퀴즈, Q&A 세션 등을 통해 학습자의 반응을 빠르게 수집하고 시각적으로 표현할 수 있는 상호작용적 피드백 도구이다. 특히 익명으로 질문을 입력하거나 투표에 참여할 수 있는 기능이 있어 수업 중 질문하기를 어려워하는 학습자들에게도 발화의 기회를 제공한다. 수업 슬라이드에 Slido를 직접 삽입할 수 있기 때문에 수업 흐름을 끊지 않고 중간중간 학습자의 이해도를 점검하거나 생각을 시각화하는 데 유용하다. 퀴즈 기능 면에서는 Kahoot!처럼 게임형 요소가 강한 도구에 비해 단순하고, 한국어 교사가 활용하는 데에 영어 중심의 UI가 다소 진입 장벽으로 작용할 수 있다.

(2) 협업과 소통 중심 도구

이 도구들은 학습자들이 함께 작업하고 생각을 나누는 과정을 중심에 둔다. 협업 작문, 토론, 아이디어 정리 등 학습자 간 상호작용을 강화하는 데 유용하다.

① Padlet

Padlet은 디지털 게시판 형식으로 학습자들이 텍스트, 이미지, 영상, 링크 등을 자유롭게 게시하고 댓글이나 반응을 통해 소통할 수 있는 협업 도구이다. 학습자들이 공동으로 결과물을 정리하거나 생각을 나누는 활동을 할 수 있으며, 수업 전 배경지식 점검, 수업 중 협업 정리, 수업 후 피드백 수렴 등 다양한 방식으로 적용할 수 있다. 실시간 상호작용은 물론 비동기 활동에도 잘 맞고 사용법이 직관적이라는 장점이 있지만 게시물이 많아지면 시각적으로 복잡해지고 무료 버전에서는 보드 개수 제한이 있어 활용의 유연성이 다소 떨어질 수 있다.

② Watch2Gether

Watch2Gether는 유튜브, Vimeo[2] 등 영상 콘텐츠를 실시간으로 여럿이 함께 시청하고 의견을 나눌 수 있는 도구로 듣기 활동과 토론 활동을 연결하는 데 효과적이다. 문화 영상 감상, 인터뷰 분석, 광고 비교 등 다양한 활동에 적용할 수 있고 별도의 회원 가입 없이 바로 사용할 수 있다는 점에서 진입 장벽이 낮다. 다만, 음성 기반 토론 기능은 내장돼 있지 않고 광고 노출이나 연결 문제 등 외부 플랫폼 의존성이 다소 있다는 점은 수업에 적용할 때 고려해야 한다.

---

2   Vimeo(비메오)는 사용자가 직접 제작한 동영상을 업로드하고 공유하며 시청할 수 있는 동영상 공유 플랫폼이다. 최근에는 자동 자막 생성과 텍스트 전환, 영상 요약, 자동 편집 등 AI 기반 기능이 추가되었다. 고화질 영상을 광고 없이 시청할 수 있다는 장점이 있지만, 무료 요금제만으로는 업로드 용량과 기능에 제한이 있어 활용에 제약이 따른다. 대중적인 유튜브와 비교하면, 교육 현장에서 학습자 영상 과제 관리나 강의 영상 제공처럼 콘텐츠 품질과 공유 통제가 중요한 경우에 더 적합한 도구라고 할 수 있다.

(3) 표현과 창작 중심 도구

학습자들이 목표 언어를 시각적, 창의적으로 직접 표현하는 활동 중심의 도구들이 이 유형에 해당된다. 표현 영역인 쓰기와 말하기, 특히 발표와 같은 생산 중심 과제를 수행하는 데 효과적이다.

① Animaker

Animaker는 텍스트와 캐릭터, 배경, 음성 등을 조합해 애니메이션 영상을 제작할 수 있는 클라우드 기반 콘텐츠 제작 도구이다. 영어 UI가 기본이지만 한국어도 제공되며 아이콘 중심의 직관적인 설계로 초보자도 비교적 쉽게 사용할 수 있다. 한국어 수업에서 영상 중심 표현 과제, 문화 설명, 상황극 구성 등에 효과적으로 응용할 수 있다. 캐릭터를 활용한 쓰기-말하기 통합 활동이나 팀별 영상 프로젝트 등에도 활용 가능하지만, 무료 버전의 경우 저장과 다운로드에 제한이 있고 고화질 영상 제작이나 일부 캐릭터 사용에 대해서는 유료 계정이 필요하다.

② Pixton

Pixton은 학습자가 자신만의 캐릭터를 만들고 배경, 말풍선 등을 활용하여 디지털 만화를 제작할 수 있는 도구이다. 쓰기 수업에서 대화문 만들기, 상황극 재구성, 문화 비교 만화 제작 등으로 활용할 수 있고 발표나 말하기 연습으로 확장할 수도 있다. 학습자가 시각적으로 표현하는 과정에서 흥미를 느끼고 표현 부담이 낮아진다는 점은 긍정적이지만 실제 한국어 수업에서 활용할 때는 UI가 영어 중심인 점, 유료로 사용해야 한다는 점 등이 부담이 될 수 있다.[3]

---

3 Pixton은 외국어 수업에서 만화 기반 활동을 위해 주목받았던 도구지만 무료 체험이 끝나고 나면 기능이 극도로 제한되고 로그인 유지나 저장 기능도 제약이 커서 수업용 도구로서의

③ MiriCanvas

MiriCanvas는 포스터, 카드뉴스, 프레젠테이션, 인포그래픽 등 다양한 시각 자료를 쉽게 제작할 수 있도록 설계된 국내형 디자인 플랫폼이다. 직관적인 인터페이스와 풍부한 한글 폰트, 템플릿 제공이 강점이다. 특히 자기소개 포스터, 문화 비교 카드, 스토리보드 제작 등의 과제에 활용도가 높으며, 결과물을 공유하고 발표 수업으로 확장하기에도 용이하다. 완전한 한글 인터페이스로 사용 진입 장벽이 낮고 시각적 완성도가 높다는 점은 큰 장점이지만 공동 편집 기능은 Canva[4]에 비해 상대적으로 약하며 일부 고급 템플릿은 유료라는 제한이 있다.

④ Flip

Flip은 학습자가 말하기 영상을 직접 녹화하고 제출할 수 있는 영상 기반 학습 도구로, 특히 발표나 인터뷰 등 자기 표현 활동에 적합하다. 반복 녹화가 가능해 말하기 부담을 낮춰 주고 다양한 배경과 효과로 표현력을 확장할 수 있다는 것이 장점이다. 말하기 과제 외에도 포트폴리오나 문화 소개 영상 제작 등에 다양하게 쓰일 수 있다. 다만, 2024년에 MS Teams 내 기능으로 통합되어 독립 도구로서 접근성이 다소 떨어졌다.[5]

활용도는 다소 떨어진다. 학습자들이 자율적으로 사용할 수 있는 수준이 아니며, 교사가 유료 요금제를 선택할지 고민해야 하는 상황이 많아졌다.

4 Canva는 프레젠테이션·포스터·인포그래픽·소셜미디어 이미지 등 시각 자료를 손쉽게 제작할 수 있게 해 주는 웹 기반 디자인 플랫폼으로 이미 잘 알려져 있다. 초보자도 쉽게 사용할 수 있으며, 실시간 공동 편집과 댓글 작성 등 협업 기능도 지원한다. 수업에서는 쓰기 활동으로 포스터나 안내문을 제작하거나 프로젝트 발표 자료를 만드는 데 활용할 수 있고, 소그룹 공동 작업에도 유용하다. 시각적 성취감을 높이고 창의성을 자극하여 언어 교실을 비롯한 다양한 교육 현장에서 협업 도구로 널리 활용되고 있다.

5 많은 교사와 학습자들이 애용했던 Flipgrid는 2022년 중반부터 Microsoft에 통합되어 'Flip'이라는 이름으로 리브랜딩되었다. 기능 자체는 유지되었지만 인터페이스 변화와 함께

<표 2-1> 유형별 대표적인 에듀테크 도구와 특징

유형	대표 도구	주요 기능과 특징	교육적 활용
참여와 피드백 중심 도구	Kahoot! Mentimeter Quizlet Slido QuizN Wordwall	실시간 퀴즈, 투표, 설문을 통해 학습자의 반응을 빠르게 수집하고, 학습 흥미를 높임	• 단어와 문법 복습 • 수업 도입 전 이해 점검 • 게임형 평가 활동
협업과 소통 중심 도구	Padlet Watch2Gether Mentimeter의 'Word Cloud' Slido의 'Q&A'	게시판, 화이트보드, 영상 등 다양한 매체를 매개로 학습자 간 의견 공유, 토론, 협동 작업, 실시간 상호작용을 지원함	• 협동 작문 활동 • 소그룹 토론 정리 • 영상 기반 감상과 토론 활동
표현과 창작 중심 도구	Animaker Pixton MiriCanvas Flip Comic Life Canva Mangoboard	말하기 영상, 디지털 스토리텔링, 시각 자료 제작 등 표현 중심의 과제를 가능하게 함	• 자기소개 영상 • 상황극이나 역할극 구성 • 스토리북, 포스터, 발표자료 제작

Microsoft 계정 의존도가 높아졌고, 로그인 요구가 강화되고 피드백 기능이 간소화되는 등 접근성 및 사용 편의성 저하가 지적되었다. 이로 인해 사용이 감소하는 경향을 보이며 대체 혹은 보완 도구로서 Canva, Loom 등의 사용이 증가하고 있는 추세다.

더 알아보기

에듀테크 도구의 변화와 발전

다양한 에듀테크 도구들은 지금 이 순간에도 계속 변화하고 발전하고 있다. 최근에는 사용 빈도가 줄어들거나 서비스 방식이 바뀐 도구가 있는가 하면 기능을 강화해 업그레이드되는 도구나 새로운 대체 도구가 등장하기도 한다.

비디오 기반 과제 설계 도구인 Edpuzzle은 최근 AI 기반 요약 기능, 자동 질문 생성, 진도 추적 기능이 강화되면서 다시 주목받고 있다. 특히 유튜브 영상을 수업용으로 재가공할 수 있어 수업을 확장하고 과제를 개별 학습자의 수준에 맞춰 설계하는 데 유리하다. 또 최근 빠르게 확산 중인 AI 리소스 생성 도구 Diffit은 텍스트 자료를 읽기 수준에 맞게 조정해 주고, 퀴즈나 정리 자료, 어휘 카드 등을 자동으로 생성해 주는 기능이 있어 교사들 사이에서 큰 주목을 받고 있다. 아직 인터페이스는 영어 기반이지만 한국어도 적용 가능하고 교사용 자료 준비 시간을 단축하는 데 도움이 된다.

교사들은 이러한 변화의 흐름을 놓치지 않고 살피면서 적절한 도구를 발빠르게 수용하고 교실에 적용해 보는 것이 필요하다. 이때 실제 수업에서 충분히 검증하고 한국어 수업 환경에 적합한지 확인하는 과정을 거쳐야 한다. 또한 무료 버전인지 유료 버전인지에 따라 제공되는 기능의 종류와 범위가 달라지기 때문에 교사는 수업의 목적과 필요를 고려해서 알맞은 도구를 선택하는 것이 중요하다.

2.2.2. 유형별 대표 도구 구성과 튜토리얼 예시

(1) 참여와 피드백 중심 도구 예시 – Mentimeter

Mentimeter는 실시간 퀴즈, 설문, Word Cloud 등을 활용하여 학습자와의 상호작용을 극대화할 수 있는 프레젠테이션 도구이다.

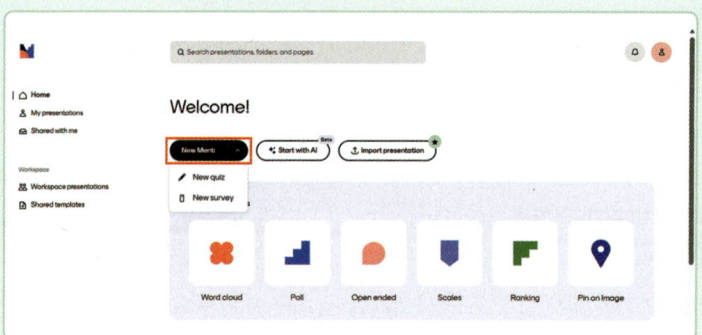

① 홈 화면과 구성 이해하기
- https://www.mentimeter.com에 접속하여 계정 가입 또는 로그인한다. 구글 계정으로 쉽게 가입할 수 있다.
- 대시보드(My Presentations)에서 New Menti 버튼을 클릭하면 새 프레젠테이션이 생성된다.
- 드롭다운 화살표를 클릭하면 바로 퀴즈, 설문 등 템플릿 기반 생성도 가능하다.

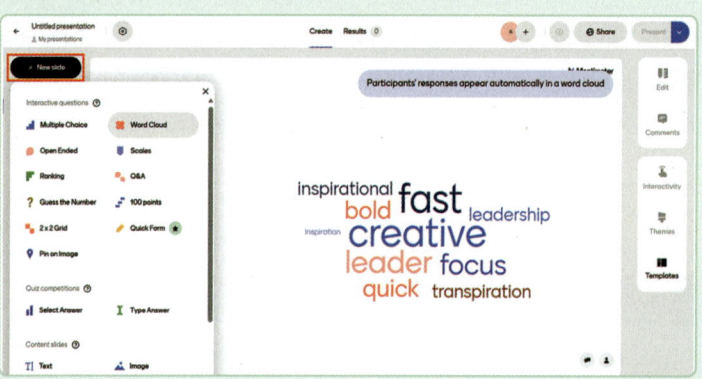

② 질문 유형 선택하기
- 편집 화면의 왼쪽 상단에 있는 +New slide 버튼을 클릭하면, 다양한 슬라이드 유형이 나타난다.
- Word Cloud는 어휘 활성화 활동, 연상 단어 수집, 감정 표현 등에 특히 유용하다.

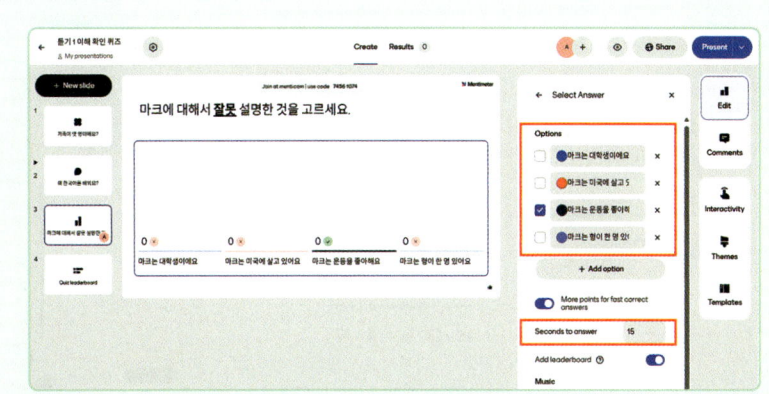

③ 퀴즈 만들기 (Quiz Competition의 'Select Answer' 예시)

- **+ New slide** → Quiz Competition에서 객관식/주관식 유형을 선택한다.
- 슬라이드에 질문 문장을 입력하고, 보기를 클릭하면 오른쪽에 나타나는 툴바에서 객관식 선택지를 최소 2개 이상 입력한다.
- 선택지 옆에 체크 표시를 눌러 정답을 설정한다.
- 필요에 따라 타이머를 설정하여 제한 시간을 조절할 수 있고, 유료 버전에서는 우측 메뉴에서 슬라이드 색상, 이미지 삽입 등 편집도 가능하다.

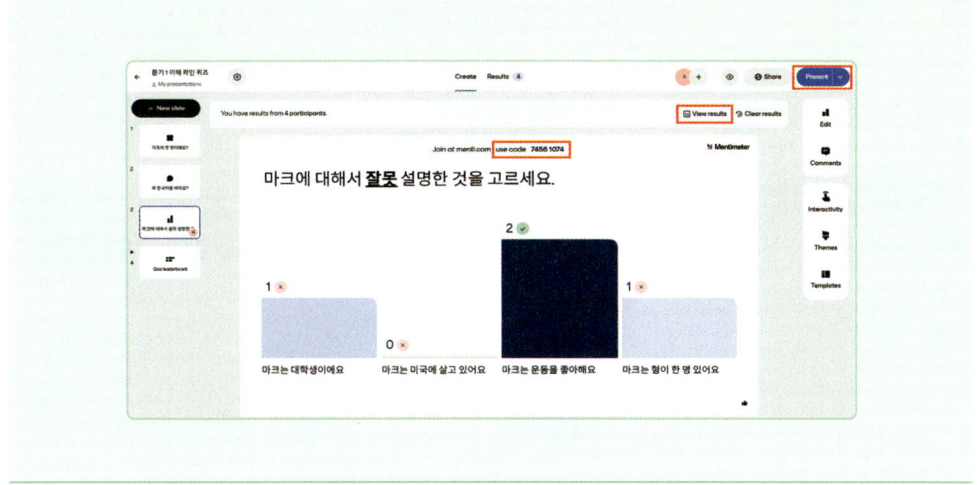

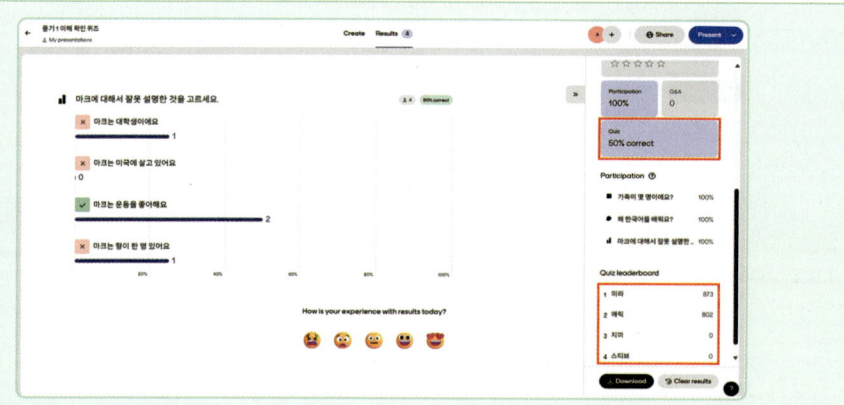

④ 퀴즈 실행하고 결과 확인하기
- 모든 슬라이드를 만들고 나면 상단의 Present 버튼을 클릭한다.
- 학습자들은 화면 상단에 표시된 코드를 입력하여 참여할 수 있다. (menti.com + 6자리 코드)
- 제한 시간이 끝나면 바로 정오를 확인할 수 있고, 응답은 실시간으로 집계되어 막대그래프, 클라우드, 순위표 등으로 시각화된다.
- 결과는 자동으로 업데이트되며 View results 를 클릭하면 정답률, 순위(Leaderboard) 등 퀴즈 결과를 확인할 수 있다.

<그림 2-1> Mentimeter 사용 방법

(2) 협업과 소통 중심 도구 예시 – Watch2Gether

Watch2Gether는 동영상을 여러 사람이 동시에 시청하고 채팅할 수 있도록 지원하는 실시간 협업형 시청각 플랫폼이다. 화상 수업, 듣기 활동, 문화 비교 활동, 의견 나누기 과제 등에 활용하기 좋다.[6]

---

6 플랫폼 자체에는 기능이 없지만 아래와 같은 방식으로 외부 도구를 활용하여 퀴즈나 과제를 연동할 수 있다.
- 영상 시청 도중, 채팅창에 Google Form이나 Kahoot! 링크 공유
- 학습자가 영상의 특정 장면을 보고 퀴즈 풀기 또는 감상 소감 작성

① 홈 화면 접속과 방 만들기
- https://www.Watch2Gether.com에 접속한 후 Create your room 버튼을 클릭하면 즉시 시청 방이 생성된다. 별도의 계정이나 로그인 절차가 필요없다.
- 생성된 방은 수업 참여자들에게 고유 링크(URL)로 공유할 수 있다.

② 영상 추가하기
- 검색창에 키워드를 입력하거나 유튜브 등 영상 플랫폼의 URL을 복사하여 붙여 넣은 후 검색된 영상 목록(Search results)에서 원하는 영상을 골라 재생한다.
- 영상은 실시간 동기화되며 채팅창을 통해 의견 교환이 가능하다.

- Flip이나 Padlet에 답변을 제출하도록 과제 확장 가능

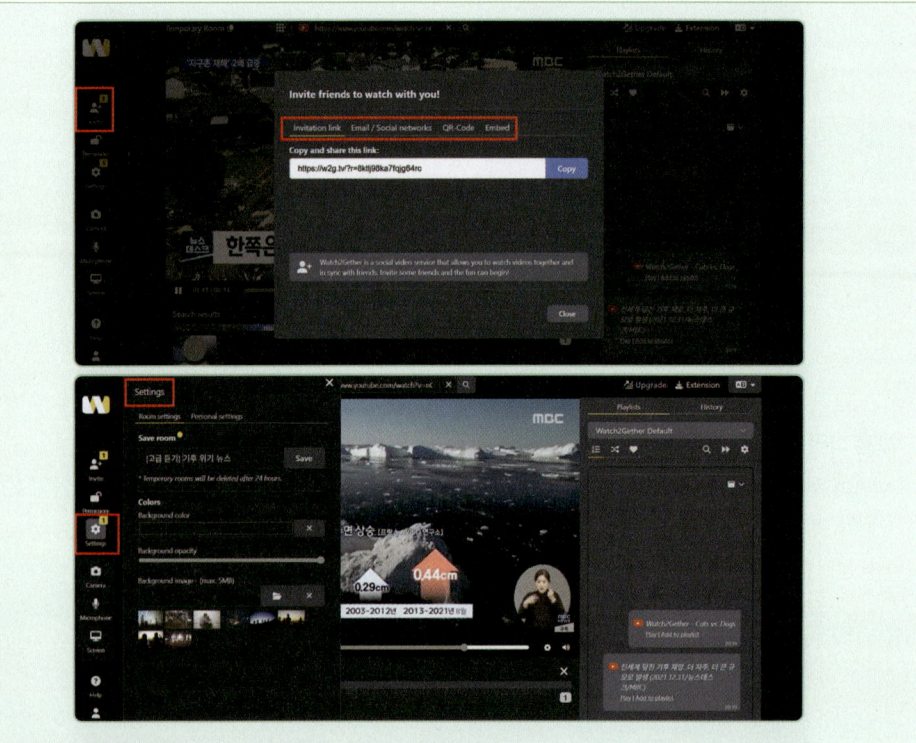

③ 공유하기와 설정하기
- Invite 버튼을 클릭하고 초대 링크를 복사해 공유하거나 QR 코드를 제공한다.
- Settings 메뉴에서는 방 이름, 비공개 설정, 사용자 권한 등을 변경할 수 있다.
- 교사는 수업 전 미리 방을 만들고, 링크를 공유해 학습자들이 입장할 수 있도록 한다.
- 로그인을 하면 만든 방이 저장되어 나중에 다시 사용할 수 있다.

<그림 2-2> Watch2Gether 사용 방법

(3) 표현과 창작 중심 도구 예시 – Animaker

　Animaker는 직관적인 조작을 통해 쓰기와 말하기 활동에 효과적으로 활용할 수 있는 대표적인 영상 제작 플랫폼이다.[7]

7　한국어 UI를 제공하고 있지만 자연스럽지 않은 번역투의 용어가 다수 포함되어 있다. 예를 들어,

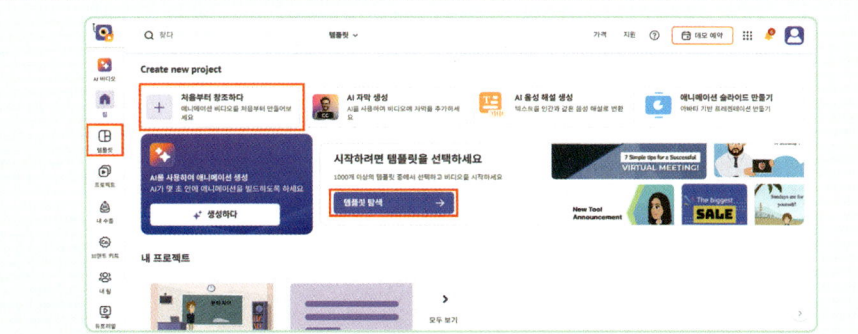

① 새 프로젝트 시작하기

- https://www.animaker.kr에 접속하여 회원 가입하거나 로그인한다. 구글 계정으로 쉽게 로그인이 가능하다.
- 첫 화면 대시보드(Create New Project)에서 처음부터 창조하다(Create from Scratch) 를 클릭해 빈 프로젝트를 시작한다. 왼쪽의 패널의 템플릿 이나 템플릿 탐색 을 누르면 원하는 템플릿을 고를 수도 있다.

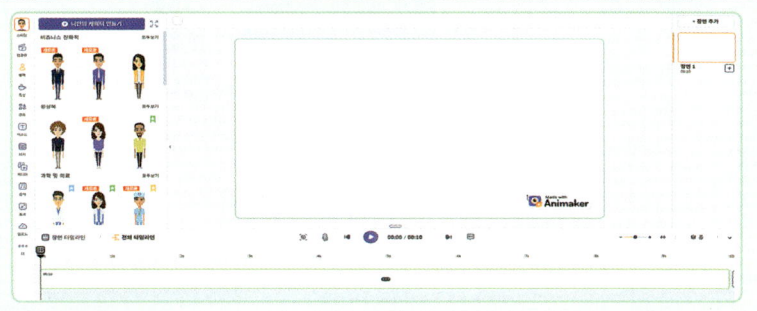

② 인터페이스 구성 이해하기

- 왼쪽 패널 – 성격(Characters), 소품(Property), 텍스트(Text), 비지(BG, 배경), 영상(image) 등
- 중앙 작업 공간 – 미리보기와 편집 화면
- 하단 타임라인 – 각 요소의 시간 조절과 배치
- 오른쪽 패널 – 장면 추가, 복제, 삭제, 애니메이션 설정 등
- 상단 툴바 – 미리보기, 저장, 공유, 음성 추가, 설정 등

Animation은 '이행' 또는 '생기'로, Enter와 Exit는 '입력하다'와 '출구'로 표기되어 있다. 사용하는 데 다소 혼란스러울 수 있으나 어색한 단어들이 조금씩 수정되면서 업데이트되고 있다.

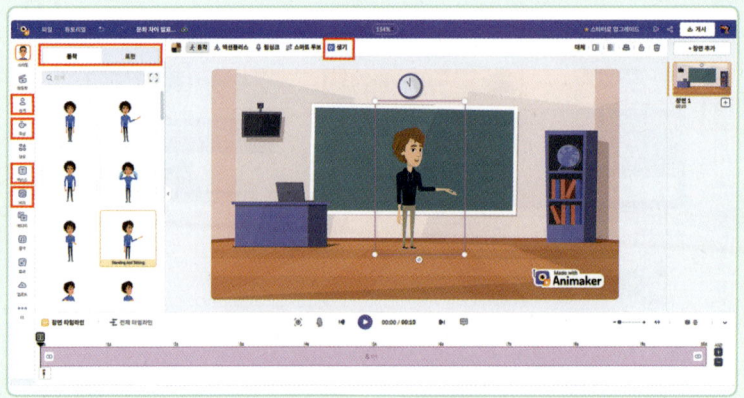

③ 애니메이션 제작 흐름

- 배경 삽입: 왼쪽 패널의 ≋ 비지 메뉴에서 테마를 선택한다. 원하는 배경을 검색할 수도 있다.
- 캐릭터 추가와 설정: 👤 성격 메뉴에서 기본 캐릭터를 클릭한 후 원하는 동작(Actions)과 표정(Expressions)을 선택한다. 만들어진 캐릭터를 클릭하면 상단 메뉴에서 동작과 표정을 추가하거나 수정할 수 있다.
- 텍스트 삽입: T 텍스트 메뉴에서 제목/본문 등을 넣는다.
- 상단에 🌀 생기(Animation) 메뉴를 클릭하면 앞에서 만든 캐릭터와 텍스트에 다양한 애니메이션 효과를 넣을 수 있다.
- 소품 추가: 🍜 특성(Property) 메뉴에서 아이콘/소품을 검색해 넣을 수 있다. 타임라인에서 해당 아이템의 노출 시간 조절도 가능하다.

④ 장면 복제와 편집, 타임라인 조정하기
- 오른쪽 상단의 [+ 장면 추가]를 클릭하거나 장면 하단의 + 버튼을 눌러 간단하게 장면을 추가, 복제, 삭제할 수 있다. 장면을 복제하면 캐릭터, 배경, 텍스트 등을 수정하여 연속된 흐름으로 구성할 수 있다.
- 타임라인에서 재생 시간을 조정하거나 애니메이션 효과를 설정할 수 있다.

⑤ 음성이나 음악 삽입하기
- 캐릭터를 클릭하여 [립싱크] 옵션을 선택하면 음성 녹음, 텍스트 음성 변환, 음성 업로드 등이 가능하다.
- [♩ 음악] 메뉴에서 배경음악을 선택하거나 재생 시간을 조절할 수 있다.

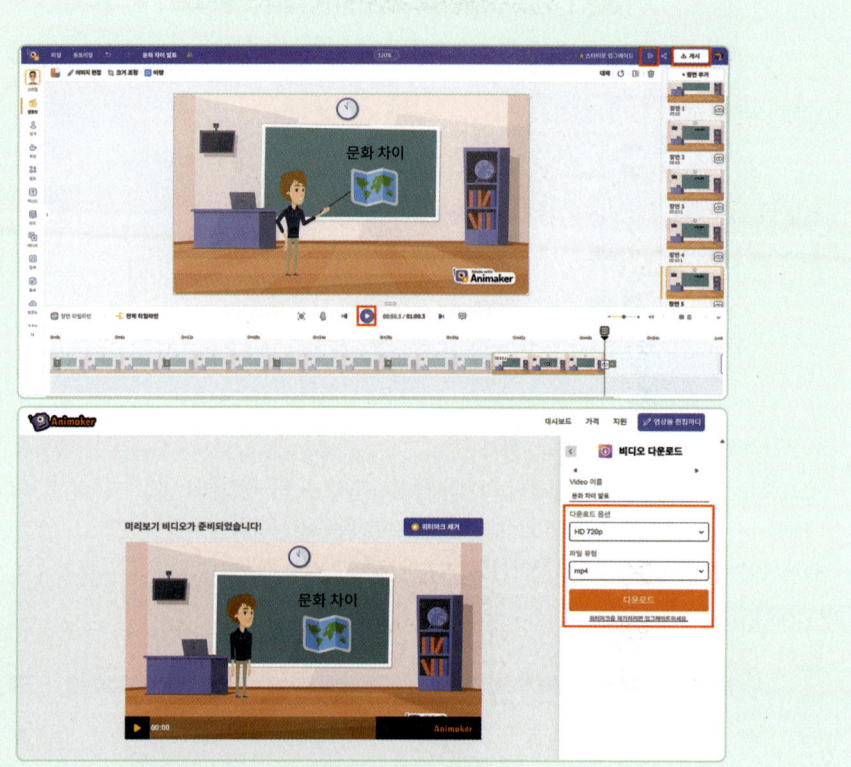

⑥ 미리보기와 결과물 출력하기
- 오른쪽 상단의 ▶ [미리보기] 버튼을 눌러 전체 영상을 보며 확인한다.
- 오른쪽 상단의 ⬇ [게시](Publish) 버튼을 눌러 동영상(.mp4) 또는 링크 형태로 결과물을 출력할 수 있다. 워터마크를 제거하거나 고화질 다운로드 또는 다른 파일 확장자를 선택하는 등의 기능은 유료 버전에서만 가능하다.

<그림 2-3> Animaker 사용 방법

2.3. 한국어 수업에서 에듀테크 활용 전략

2.3.1. 수업 단계별 도구 접목과 활용 전략

(1) 도입 단계 – 관심 유도와 배경지식 활성화

수업의 첫 단계인 도입에서는 학습자의 관심과 흥미를 유발하고 수업 주제와 관련된 기존 배경지식을 연결하여 학습 목표에 대한 인식을 형성하는 것이 핵심이다. 이때 Mentimeter나 Slido와 같은 실시간 설문이나 피드백 도구를 활용하면 효과적이다. 예를 들어, Mentimeter의 Word Cloud 기능을 사용해 주제 관련 질문을 던지면 학습자들의 자유로운 연상이 시각화되어 강력한 인지적 자극이 된다. Slido에서는 간단한 OX 문제나 퀴즈로 학습자의 기존 지식 수준을 진단하거나 주제와 관련한 궁금증을 익명으로 받아 수업의 초점을 명확히 할 수 있다. Kahoot!이나 QuizN과 같은 게임형 퀴즈 플랫폼도 도입 단계에서 학습자의 참여를 유도하고 학습 분위기를 북돋우는 데 도움이 된다. 또한 Watch2Gether를 통해 짧은 영상이나 광고, 상황극을 함께 시청하면서 학습자 간 대화를 유도하면 수업의 몰입도를 높일 수 있다.

(2) 제시와 설명 단계 – 시각화된 입력 제공과 내용 이해

이 단계에서는 새롭게 배울 어휘, 표현, 문법 요소 등을 명확하고 풍부하게 제시하는 것이 중요하다. 시청각 자료를 통해 언어 입력을 시각화하면 학습자의 이해도를 크게 높일 수 있다. 예를 들어 Watch2Gether나 Edpuzzle을 활용해 교사가 미리 선정한 영상 클립을 시청하고, 그 안에 등장하는 표현이나 문장을 분석하거나 퀴즈를 삽입해 실시간으로 이해 여부를 점검할 수 있다. Edpuzzle은 유튜브 영상을 바탕으로 중간에 퀴즈를 삽입하고 학습자 개별 진도와 응답을 기록할 수 있다는 점에서 학습자 중심 수업에 활용해 볼 수 있다. Canva나 MiriCanvas는 표현 정리용 인포그래픽이나 카드뉴스 형식의 학습 자료 제작에 유용하며, 교사는 이를 통해 시각적이고 직관적인 방식으로 설명 내용을 정리해 전달할 수 있다. 이밖에도 Padlet을 활용하면 어휘 분류, 문장 배열 활동 등을 통해 학습자와의 상호작용을 유도하면서 설명의 흐름을 보다 유연하게 구성할 수 있다.

(3) 연습과 활동 단계 – 생산적 기술 활용과 상호작용 확장

제시된 학습 내용을 바탕으로 학습자가 직접 배운 것을 사용해보는 활동 중심 단계이다. 이 단계에서는 말하기, 쓰기와 같은 생산적 언어 기능을 강화하고 쌍방향 또는 그룹 활동을 통해 실제 사용 경험을 제공하는 것이 중요하다. Padlet은 개별 학습자의 짧은 글쓰기를 공유하거나 댓글을 통해 상호 피드백을 주고받는 데 유용하다. Flip은 학습자가 자신의 말하기 영상을 촬영해 제출하고 다른 학습자의 영상에 반응을 남기게 함으로써 말하기 연습과 자기표현 기회를 제공한다. QuizN이나 Kahoot!은 이 단계에서도 문법 연습이나 표현 사용을 점검하는 활동에 사용할 수 있는데 게임적 요소를 통해 반복 학습의 부담을 줄이고 몰입도를 높일 수 있다. Animaker나 Pixton은 학습자들이 자신이 만든 대화문이나 상황극을 애니메이션이나 만화 형식으로 시각화하는 데 효과적이며, 스토리텔링 기반의 말하기·쓰기 활동으로 확장할 수 있는 좋은 도구가 된다. Canva 역시 그룹 활동이나 조별 프로젝트로 포스터나 시나리오 자료 등을 제작할 수 있어 표현력과 협업 소통 능력을 동시에 기를 수 있다.

(4) 마무리와 평가 단계 – 정리, 피드백, 반성적 사고 촉진

수업의 마지막 단계에서는 학습한 내용을 정리하고 내재화하는 것이 중요하다. 또한 교사는 학습자의 이해 수준을 확인하고 학습자 스스로 자가 점검을 하고 상호 피드백을 주도록 유도한다. Padlet은 학습자가 오늘 배운 표현을 활용해 간단한 문장을 써서 공유하거나 서로의 글에 댓글을 달며 피드백하는 형식으로 활용될 수 있다. Flip에서는 말하기 과제를 활용하여 '오늘 배운 표현 중 가장 유용했던 것은 무엇입니까?' 또는 '오늘 수업을 마치며 느낀 점'과 같은 주제로 짧은 말하기 영상을 제출하게 하면 효과적인 자기 표현과 복습 활동이 된다. Slido와 Mentimeter는 마무리 퀴즈나 익명 피드백 수집에 적합하며 학습자의 이해도 확인과 다음 수업 설계의 자료로도 활용 가능하다. QuizN이나 Kahoot!을 활용해 수업 전체 내용을 복습 퀴즈 형식으로 정리하면 재미와 학습 효과를 동시에 얻을 수 있다. Canva는 학습자들이 표현이나 문법 정리 포스터를 제작하여 정리 활동으로 활용하거나 학습 노트 형식의 과제로 연결할 수 있다. 마지막으로 Edpuzzle을 통해 보충 학습용으로 과제를 부여하거나 자기주도 복습 자료로 활용할 수도 있다.

<표 2-2> 수업 단계별 도구 활용 예시

수업 단계	도구	활용 예시
도입	Mentimeter	• Word Cloud – "'여행' 하면 떠오르는 단어가 뭐예요?" • 설문 (예 / 아니요) – "한국 드라마나 영화를 본 적이 있나요?"
	Slido	• 익명 질문 – "오늘 한국 역사에 대해 배울 거예요. 궁금한 점을 먼저 말해 볼까요?" • 퀴즈 모드 – "일제강점기는 언제부터 언제까지일까요?"
	Kahoot!/QuizN	• 선지 선택형 퀴즈 – "이 말은 어느 나라 인사일까요?", "다음 중 한국 고유 음식이 아닌 것은 무엇일까요?"
	Watch2Gether	• 수업 주제와 관련된 짧은 영상 (예 '한국의 인사 예절' 관련 드라마 클립) 시청 후 자유 토론 유도
제시와 설명	Watch2Gether	• 유튜브 영상 공동 시청 후 표현 분석, 내용 이해 퀴즈 풀기 (예 듣고 빈칸 채우기)
	Edpuzzle	• 영상 중간중간에 자동으로 선택형 / 단답형 질문을 넣어 학습자 이해 점검
	Canva/MiriCanvas	• 표현 정리용 인포그래픽 슬라이드 제작 (예 '길묻기 표현 한눈에 보기')
	Padlet	• 단어 개념 연결 활동 (예 주제별 어휘 분류하기, 이미지와 표현 연결하기)
	Mentimeter	• 표현 설명 후 즉시 이해 질문으로 확인 → 실시간 반응 수집

	Padlet	• '하루 일과 소개하기'를 주제로 짧은 글 쓰기 / 다른 학습자의 글에 댓글 달기
연습과 활동	Flip	• 말하기 연습 활동 – '배운 표현을 사용해 나의 경험 이야기하기' 영상 녹화
	Kahoot!/QuizN	• 문법 구조 연습 퀴즈 – 문장 완성, 틀린 문장 고르기
	Animaker/ Pixton	• 대화문 또는 역할극을 애니메이션이나 만화로 재구성하기
	Canva/ MiriCanvas	• 소그룹 활동 – 대화 시나리오 포스터 만들기, 광고 만들기 (예) '나의 인생 드라마 소개')
마무리와 평가	Padlet	• 배운 표현으로 문장 쓰기 후 공유 → 동료 피드백과 반응 보이기
	Flip	• 오늘 배운 내용을 활용한 짧은 말하기 영상 제출 (예) '오늘 수업을 마치며 느낀 점')
	Slido/ Mentimeter	• exit quiz – 오늘 배운 표현 중 가장 유용한 것 선택하기 • Word Cloud – "오늘 배운 것을 한 단어로 요약해 보세요."
	Kahoot!/QuizN	• 수업 전체 복습 퀴즈, 팀 대항 퀴즈 대회
	Canva/ MiriCanvas	• 학습 정리 포스터 만들기 (예) 오늘의 문법 요약 카드, 표현 정리 마인드맵)
	Edpuzzle	• 보충 과제로 영상 기반 퀴즈 과제 부여 (자기주도 복습 용도)

2.3.2. 언어 기능별 도구 접목과 활용 전략

(1) 말하기 – 표현력 강화와 발화 기회 확대

말하기는 학습자가 가장 어려움을 느끼는 영역이다. 말하기 학습에 에듀테크 도구를 활용하면 학습자별 말하기 시간 확보, 자기 녹음 피드백, 창의적 표현 활동 등이 훨씬 수월해질 수 있다. Flip으로 학습자가 주어진 주제에 대해 짧은 영상을 녹화하고, 서로의 영상을 시청하며 댓글이나 반응을 주고받을 수 있다. 예를 들어 '나의 하루 소개하기'나 '내가 좋아하는 장소 설명하기'와 같은 주제로 개별 영상을 제출하게 하면 학습자의 발화 기회를 확대할 수 있다. Animaker나 Pixton과 같은 영상·만화 제작 도구도 말하기 수업에서 유용하게 활용된다. 학습자는 스토리보드를 작성하고 캐릭터를 설정하며 자신만의 상황극을 만들고, 이를 기반으로 음성 녹음(Text to speech 또는 직접 녹음)을 하면서 자연스럽게 대화 연습을 할 수 있다. Padlet을 활용해 발표 주제를 제시하고 각자의 영상을 업로드하거나 대본 초안을 공유하며 피드백을 주고받는 활동도 효과적이다. 이를 통해 발표 전후의 말하기 연습 과정을 체계화할 수 있다.

(2) 듣기 – 실제 청취 자료와 상호작용적 이해

듣기 수업에서는 학습자의 이해도를 높이기 위해 영상이나 오디오 자료의 반복 청취와 이해 확인 활동이 중요한데, 이를 위해 다양한 에듀테크 도구를 활용할 수 있다. Watch2Gether로 짧은 드라마 장면, 광고, 뉴스 영상 등을 활용해 실시간 듣기 활동을 진행할 수 있다. 학습자 간 채팅창을 활용한 표현 예측, 내용 정리 등의 활동을 곁들이면 상호작용성이 높아진다. Edpuzzle은 듣기 학습에 매우 특화된 도구로 유튜브 영상 중간에 퀴즈를 넣을 수 있고, 자동 채점이 가능하여 학습자의 이해 정도를 확인할 수 있다. 듣고 빈칸 채우기, 내용 선택, 문장 배열 등의 문제가 가능하며 자기주도 학습이나 듣기 후 단계나 과제로도 활용 가능하다.

(3) 쓰기 – 아이디어 정리에서 구조적 표현으로

쓰기 기능은 생각을 조직하고 정확하게 표현하는 능력을 길러야 하는 영역이다. 이를 지원하는 에듀테크 도구는 개별 작성 공간 제공, 피드백 유도, 시각적 표현 강화에 중점을 둔다. Padlet으로 일기 쓰기, 의견 제시하기, 묘사글 작성 등 다양한 글쓰기 활동을 진행할 수 있으며 교사와 학습자들은 실시간으로 모든 글을 확인하며 서로 피드백을 줄 수 있다. Canva, MiriCanvas, Mangoboard 등의 시각 디자인 도구는 광고, 뉴스, 소개글 등의 정보전달형 글쓰기에 활용할 수 있다. 예를 들어 학습자가 도구를 활용해 여행지를 소개하는 포스터를 만들면서 문장 구성과 정보 정리 능력을 함께 기를 수 있다. Animaker나 Pixton은 학습자의 창의적 글쓰기에 잘 어울린다. 대화문 구성, 상황극 스크립트 작성 등 스토리텔링 기반의 활동에 적합하며 시각적 요소를 더함으로써 문맥에 맞는 표현을 더 정교하게 선택할 수 있도록 한다.

(4) 읽기 – 의미 추론과 정보 파악

읽기 수업은 텍스트에 대한 전반적 이해, 중요 정보 식별, 어휘 추론 등을 중심으로 구성되며 이를 도와주는 도구로는 Diffit, Canva, Padlet 등을 활용할 수 있다. Diffit은 긴 원문 텍스트를 학습자의 수준에 맞춰 조정하고 그에 따라 독해 질문, 어휘 카드, 요약문 등을 자동으로 생성해 준다. 또한 Canva를 활용하면 학습자에게 시각화된 정보를 함께 제시할 수 있다. 예를 들어 신문 기사 형태의 읽기 텍스트를 이미지와 함께 구성하거나 도표를 기반으로 한 정보 파악 활동 등을 설계할 수 있다. Padlet은 독서 후 생각을 공유하거나 특정 문장에 대한 자신의 해석을 올리는 등 비판적 읽기 활동에 활용할 수 있다.

(5) 문법 – 규칙이나 제약의 인식과 반복 적용

문법 학습은 일반적으로 형태적 지식과 실제 사용 능력을 연결하는 데 어려움이 많은데 에듀테크 도구를 활용하면 반복 연습, 오류 인식, 게임화된 학습이 가능해진다. QuizN이나 Kahoot!은 시제, 조사, 문법 활용 등 다양한 문법 요소를 퀴즈 형태로 연습하는 데 적합하다. 학습자들이 실시간으로 정답을 맞히면서 즉각적인 피드백을 받을 수 있고, 팀별 대결 등 게임 형식으로도 활용할 수 있다. Mentimeter는 '다음 중 문법 사용이 올바른 문장은 무엇입니까?'와 같은 질문으로 학습자 응답을 수집하고 결과를 시각화하여 자연스럽게 문법 설명과 피드백을 연결할 수 있게 해 준다. Padlet을 활용하면 문법 구조를 바탕으로 예문을 만들어 공유하는 활동도 가능하다.

(6) 어휘 – 반복 노출과 문맥 속 학습

어휘 학습에서는 반복 연습, 시각적 연상, 문맥 기반 사용에 중점을 두는데, 이를 위한 도구로는 Quizlet, Canva, Mentimeter 등을 들 수 있다. Quizlet은 단어-뜻 연결하기, 철자 쓰기, 게임형 퀴즈 등 다양한 활동이 자동 제공된다. 교사가 직접 단어장을 만들어 공유할 수 있으며 학습자는 손쉽게 모바일에서도 복습할 수 있어 지속적 반복 학습이 가능하다. Canva를 활용하면 이미지+단어 조합 포스터나 테마별 단어 카드를 만들어 시각적으로 어휘를 정리할 수 있다. Mentimeter의 Word Cloud 기능은 주제별 어휘에 대한 사전 지식을 확인하거나 수업 전후를 비교할 수 있기 때문에 학습자의 어휘 활성화 과정에 도움이 된다.

<표 2-3> 언어 기능별 도구 활용 예시

언어 기능	도구	활용 예시
말하기	Flip	• 주제에 따라 말하기 영상 녹화 후 제출 (예) '내가 좋아하는 장소 소개하기')
	Animaker	• 캐릭터 애니메이션 제작 + 음성 녹음으로 상황극 구성
	Pixton	• 만화 형식의 대화문 만들기 → 말하기 대본 활용
	Padlet	• 발표 주제나 대본 공유 → 학습자 간 피드백 교환
듣기	Watch2Gether	• 유튜브 영상 공동 시청 + 주요 표현 실시간 채팅 토론
	Edpuzzle	• 영상에 듣기 퀴즈 삽입 → 중간에 멈추고 정답 선택 또는 단답형 응답
쓰기	Padlet	• 일기, 의견 쓰기, 묘사글 게시 후 피드백 교환
	Canva/MiriCanvas	• 여행지 포스터, 광고 글쓰기 등 정보 전달형 글 구성
	Animaker/Pixton	• 상황극, 짧은 이야기 구성 → 쓰기 기반의 창작 활동으로 연계

읽기	Diffit	• 주어진 긴 글을 학습 수준에 맞춰 자동 요약, 독해 문제 생성
	Padlet	• 읽은 내용에 대한 의견 쓰기, 줄거리 정리, 인상 깊은 문장 공유
	Canva	• 시각 자료와 함께 읽기 텍스트 구성 (예 뉴스, 광고, 블로그 포스팅 등)
문법	Kahoot!/QuizN	• 문법 퀴즈 – 문장 배열, 오류 수정, 틀린 문장 찾기 등
	Mentimeter	• '다음 중 맞는 것은?' 등의 선다형 질문으로 실시간 반응 수집
	Padlet	• 문법 구조를 활용한 창의적 문장 만들기 → 공유, 수정 활동
어휘	Quizlet	• 플래시카드 만들기, 짝맞추기 게임, 철자 쓰기 연습 등 반복 학습
	Mentimeter	• 주제 관련 배경 어휘 떠올리기 → 수업 전후 비교 분석
	Canva/MiriCanvas	• 단어 이미지 카드, 어휘 정리 포스터 만들기

2.4. 에듀테크 도구를 활용한 실제 한국어 수업안

실제 한국어 수업에서 에듀테크 도구를 어떻게 활용하고 수업을 어떻게 진행할 수 있을까? 〈세종한국어〉 교재를 사용하는 중급 듣기 수업안을 통해 살펴보자.

활동 1 **여가 활동의 좋은 점**

1. 시간이 있을 때 주로 뭘 해요? 마리 씨와 재민 씨가 여가 활동에 대해 이야기해요. 다음을 잘 듣고 질문에 답하세요.

   마리: 재민 씨, 책상에 있는 그 그림 정말 멋지네요.
   재민: 이거요? 요즘 주말에 그림을 배우는데 제가 직접 그린 거예요.
   마리: 주말에 그림을 배우러 다녀요? 재민 씨는 주말에도 바쁘게 사네요. 저는 요즘 일이 많아서 주말에는 집에서 쉬는 게 좋더라고요.
   재민: 쉬는 것도 좋은데 새로운 걸 배우다 보면 오히려 생활에 활기가 생기는 것 같더라고요. 그래서 시간이 있을 때 이것저것 배우는 걸 좋아해요.
   마리: 그래요? 저도 예전에는 이것저것 배우러 다녔는데…. 다시 배울 것을 좀 찾아봐야겠어요.
   재민: 네. 요즘 직장인을 위한 수업이 많으니까 재미있는 것을 한번 찾아보세요.

   1) 재민 씨는 여가 활동을 해서 어떤 점이 좋다고 이야기했어요?

   2) 들은 내용과 같으면 O, 다르면 × 표시를 하세요.

      ① 재민 씨는 주말에 그림을 배우러 다녀요. (   )
      ② 직장인을 위해 일을 가르쳐 주는 수업이 많아요. (   )
      ③ 마리 씨는 주말에 집에서 쉬는 걸 좋아하지 않아요. (   )

2. 주로 하는 여가 활동에 대해 이야기해 보세요.

   시간이 있을 때 보통 뭘 해요?   저는 보통 게임을 해요.
   그래요? _____?

		나	친구
주로 어떤 여가 활동을 해요?	게임을 하다		
그 여가 활동을 하게 된 이유가 뭐예요?			
그 여가 활동의 좋은 점은 뭐예요?			

<그림 2-4> '세종한국어 3A'의 11과 활동 1

<표 2-4> 에듀테크 도구를 활용한 수업안

수업 단계	교수·학습 과정	활용 도구	활동 목적
수업 개요	• **수업 목표** 　1. '여가 생활'과 관련된 어휘와 표현을 듣고 이해한다. 　2. 듣기 대화를 듣고 대화 상황과 내용을 이해한다. 　3. 자신의 여가 활동에 대해 소개하고 친구와 비교한다. • **교재:** 세종한국어 3A '11과 주말에는 집에서 쉬는 게 좋더라고요.'의 활동1 (98쪽) • **시간:** 50분 • **언어 기능 통합:** 듣기 + 말하기 + 어휘 • **활용 도구:** Mentimeter, QuizN, Padlet		
도입 - 듣기 전 (10분)	• 수업의 주제와 목표를 간단히 소개한 후, 주제 관련 질문을 던지고 학습자들의 대답과 생각을 간단히 공유한다. 　1) 교사는 'Word Cloud'로 "여가 시간에 보통 무엇을 하나요?"라는 질문을 제시한다. 　2) 학습자들은 스마트폰이나 태블릿으로 참여하며 자신의 대답을 개별 입력한다. 　3) 학습자들의 대답이 실시간으로 수집되어 화면에 시각화된다. 　4) 다수 응답 (화면에 가장 크게 표시됨), 특이한 응답을 함께 확인하고 의견을 나눈다.	Mentimeter	주제 도입과 배경지식 활성화, 참여 유도와 흥미 자극
제시 - 듣기 중 (15분)	• 교재 듣기 – 대화문을 보지 않고 듣고 대화 주제와 들은 어휘 등을 확인한다. 다시 듣고 내용 확인 문제에 대해 답하도록 한다. 교재 질문과 함께 교사가 질문을 추가할 수 있다. 　1) 교사는 수업 전에 퀴즈 질문을 만든다. OX, 객관식, 단답형 등 문제 유형을 설정할 수 있다. 　2) 수업 중 학습자들은 스마트폰이나 태블릿으로 '퀴즈쇼'에 참여하고, 실시간으로 정오 판단, 점수 집계, 순위 확인을 할 수 있다. 　3) 대화 이해에 필요한 중요 정보나 표현과 문법 등을 다시 한번 짚어준다. *교재 듣기와 관련된 추가 듣기 활동도 가능하다. 여가 생활에 대해 이야기 나누는 1~2분 길이의 영상/음성을 듣고 (유명인 인터뷰, 소개팅 대화 등) 내용 이해를 위한 실시간 퀴즈도 진행할 수 있다.	QuizN	핵심 내용 파악, 집중도 향상과 상호작용 증진

연습과 활동 - 듣기 후 (20분)	• 교재 말하기 – 학습자들에게 자신이 즐기는 여가 활동에 대해 말하고 짝과 의견을 나누게 한다. 활동이 끝난 후 교실 전체적으로 공유한다. 1) 배운 문법과 어휘를 사용하여 친구와 여가 생활에 대해 이야기하도록 한다. 이때 교재의 표에 간단히 메모하게 한다. 2) 팀별로 대화한 내용을 요약·정리 후 Padlet에 게시한다. 개별적으로 친구의 여가 활동에 대해 정리해서 게시하게 할 수도 있다. 3) 다른 친구/팀의 글을 읽고 댓글을 달거나 이모티콘 반응을 보이며 피드백을 주고받는다.	Padlet	듣기–말하기 연계, 표현력과 요약 능력 강화, 동료 피드백 유도
마무리와 확장 (5분)	• 배운 내용을 정리하고 이해도를 확인한 후 과제를 제시한다. 1) Mentimeter로 복습 퀴즈를 진행하거나 익명 피드백을 수집한다. *수업 후 2) Flip이나 Animaker를 활용해 '나의 여가 활동 소개하기'를 영상으로 제출하게 한다. 3) 확장 활동으로 Canva를 활용해 '여가 생활 추천 포스터'를 제작하게 한다.	Mentimeter	수업 정리와 피드백 수집, 말하기 연습 기회 확대

2.5. 에듀테크 도구로 수업 내 상호작용에 활기 불어넣기

오늘날의 교실은 더 이상 칠판과 교과서만으로 구성되지 않는다. 특히 외국어 교육 현장에서는 학습자가 능동적으로 수업에 참여하고 의미 있는 상호작용을 하는 것이 효과적인 언어 학습을 이루는 핵심 요소로 강조되고 있다. 여기에 에듀테크 도구는 수업의 흐름을 바꾸고 학습자들의 반응과 참여를 이끌어 내는 강력한 촉매제가 될 수 있다.

그러나 단순히 도구를 '사용하는 것'만으로 수업이 변화하지는 않는다. 진정한 변화는 교사가 수업 목표, 교수 단계, 학습자 특성, 과제 유형에 따라 적절한 도구를 선택하고, 그것을 수업 맥락에 맞게 설계하고 통합할 수 있을 때 가능하다. 즉, 교사에게는 에듀테크 도구의 기능적 이해와 함께 이를 언어교육적 의미로 전환할 수 있는 실천 역량이 요구되는 것이다.

결국 에듀테크는 교사를 대체하는 도구가 아니라 교사의 수업을 더 정교하고 풍부하게 만들어 주는 동반자이다. 교실에 활기를 불어넣고 학습자가 수업에 적극적으로 참여하도록 이끄는 힘도 이 도구들에서 나온다. 각자의 수업 환경에 맞는 도구를 하나씩 탐색하고 작은 시도들을 이어 가면서 익숙해지는 과정을 통해 우리 교사들은 참여 중심의 상호작용적인 한국어 수업으로 한걸음 더 나아갈 수 있다.

3장

한국어 교실, 무한의 공간으로

익숙한 한국어 교실을 떠올려 보자.
칠판, 책상, 교과서가 중심인 그 모습은 앞으로도 지속될까?
기술의 발전과 함께 수업 방식과 도구 역시 빠르게 진화하고 있다. 멀티모달 시대의 한국어 교실은 물리적 경계를 넘어 온라인 협업 공간과 메타버스로 확장해 나가며, 학습과 소통 방식을 다양하게 변화시키고 있다. 교실은 물리적인 공간에서 시작해 영역을 넓혀가고 있으며, 학습은 플랫폼과 프로젝트, 데이터로 이어진다. 또한 교사는 설계자로, 학습자는 창작자로 역할이 확장되고 있다. 낯설 수 있지만 원리는 단순하다. 목표를 세우고, 도구를 고르고, 활동을 연결하면 된다. 이 장에서는 전통적 교실의 정의를 점검하고 변화의 흐름을 짚어 본다. 그리고 마침내 Google Classroom, MS Teams, ZEP 등으로 확장된 새로운 교실로 안내한다.

3.1. 전통적인 교실의 정의

오랜 기간 한국어 수업에 있어 교실은 교사와 학생이 대면해서 만나는 곳으로 효과적인 학습을 가능하게 해 주는 물리적인 공간으로 활용되어 왔다. 그렇지만 국립국어원의 표준국어대사전에서는 교실을 다음과 같이 정의하고 있다.

- 유치원, 초등학교, 중고등학교에서 학습 활동이 이루어지는 방
- 대학의 연구실. 또는 교수가 소속되어 있는 방
- 주로 대학에서 일정한 분야를 연구하는 모임
- 어떤 것을 배우는 모임

사전적 정의에 따르면 교실은 학습 활동이 이루어지는 물리적인 공간만을 의미하는 것이 아니라 학습이 이루어지는 모임까지도 통칭하고 있음을 알 수 있다. 즉, 사면으로 둘러싸인 건물의 작은 공간 안에서 교사는 칠판 앞에 서서 가르치고 학생은 의자에 앉아 책상에 교재를 놓고 배우는 전통적인 형태의 '교실'만이 우리가 알고 있는 '교실'은 아닌 것이다.

<그림 3-1> 전통적인 교실의 형태

교육 현장에서 이러한 '교실'에 대한 개념의 변화와 확장은 언어 학습 유형에 따른 교실 형태가 변화함에 따라 자연스럽게 받아들여져 왔다.

3.2. 교실의 변화, 새로운 패러다임으로

전통적인 언어 교수법인 '문법-번역식 교수법'과 '청화식 교수법'을 언어 교육의 일반적인 방법으로 채택했던 19세기~20세기 초의 교실은 〈그림 3-1〉에서처럼 정면 고정형이면서 일렬형으로 공간을 활용하였다. 이때 교사는 지식 전달자이자 훈련자로서 일방향으로 수업을 진행했기 때문에 이와 같은 구조가 수업을 진행하기에 가장 효율적인 교실 형태일 수밖에 없었다. 그렇지만 1970년대에 의사소통 중심의 교수법이 등장하면서부터 교실의 형태는 점점 변화하기 시작하였다. 수업은 학생 활동 중심으로 변하기 시작했고, 책상 배치는 팀 활동에 유리한 그룹형 배치로 바뀌었다. 점점 유연한 모습으로 교실의 형태가 변화하기 시작한 것이다. 이후 등장한 과업 중심의 학습법은 학생이 주도적으로 수업에 참여하는 형태로 교실 공간을 보다 자유롭게 활용할 수 있도록 만들어 주었다. 교사의 역할 역시 촉진자에서 안내자로 점점 축소되었다.

2000년대에는 교실 형태의 패러다임이 완전히 바뀌었다. 디지털 매체가 교육에 본격적으로 활용되기 시작하면서부터 교실은 스마트해졌고, 태블릿PC나 노트북을 활용한 수업이 일반화되었다. 블렌디드 러닝 교수법이 등장하면서부터 교실은 건물 안의 작은 공간에서 나아가 온라인 세계로 무한 확장되기 시작했다. 교사는 수업을 디자인하는 역할을 담당하고 학생이 자기주도적으로 수업을 이끌어 가면서 수업을 진행하는 데 있어 교사와 학생, 학생과 학생 간의 '의사소통'은 아주 중요한 화두로 떠오르게 되었다. 이러한 흐름에 따라 온라인상에서 교사와 학생, 학생과 학생이 효율적으로 소통하며 학습할 수 있는 다양한 도구가 개발되었다.

블렌디드 러닝에서의 오프라인 교실과 온라인 교실은 그 성격에 따라 형태와 역할이 분명하게 나뉘어 있다. 오프라인 교실은 교사와 학생이 직접 만나 자율적인 학생 주도 학습을 진행하는 물리적인 공간으로 활용되고, 온라인 교실은 교사가 이론을 전달하는 영상 수업을 들을 수도 있고, 과제를 올리거나 사전·사후 토론을 진행하는 등의 공간으로 널리 사용되고 있다. 2015년에 등장한 Google Classroom Google[1]은 이러한 온라인 교실의 대표적인 도구로 널리 사용되었다. Google Classroom 이전에도 LMS(학습관리시스템) 기반의 초기 온라인 교실 모델이 있었지만, 주로 대학 중심의 폐쇄적 환경에서 사용하였으며, 강의자료나 과제를 업로드하거나 평가를 진행하는 간단한 정도의 기능만을 탑재하고 있었다. 하지만 Google Cloud를 기반으로 한 Google Classroom은 온라인에서 학생과 교사 간의 원활한 양방향 소통이 가능한 데다 실시간 수업도 가능해 온오프라인이 혼재하는 새로운 교육 형태의 흐름에 최적화된 온라인 교실로 전 세계 교육 현장에서 널리 사용되기에 이르렀다.

코로나19가 전 세계를 휩쓴 2020년에는 오프라인 수업이 전면 금지되면서 온라인 수업이 보편화되었고, 교사와 학생은 모두 이를 활용할 수 있는 기술을 다루는 역량을 갖춰야만 했다. 이에 따라 어려움을 호소하는 교사와 학생이 늘어나는 등 디지털 역량 격차가 발생하였지만(이현아·김주희·김미연 외, 2021), Zoom이나 Google Classroom 등과 같이 비교적 활용도가 높고 다루기 쉬운 온라인 수업용 도구가 무료로 배포되면서 이러한 어려움에 해결책을 제시하였다.

한국어 교육 분야에서는 국내 거주 학습자의 오프라인 수업이 어려워짐은 물론 국외 거주외국인 학습자의 입국도 어려워짐에 따라 온라인 수업에 대한 연구(이주란, 2020; 노채환, 2021; 송창경, 2022; 김현주, 2022; 고혜민·조현용, 2023; 이은경·이원희, 2024)가

---

[1] Google에서 2015년 1월 14일에 출시한 온라인 학습 관리를 위한 시스템.

활발히 이루어졌다. 또한 온라인 교실 구축의 활성화와 보편화를 위해 교육부에서는 예비 교원의 온라인 교육 역량 강화를 위해 기반 시설 구축 및 강화, 멘토링 지원 등의 사업을 시행하였다. 이는 메타버스와 같은 가상 세계로까지 교실의 영역을 확대시키는 데 일조하였다. 이렇듯 코로나19라는 위기의 시대를 지나며 교육 분야에서 기술은 더욱 속도를 내며 빛을 발휘하였다. 그리고 2020년대 이후에는 AI를 기반으로 하는 학습자 맞춤형 학습까지 등장하기에 이르렀다. 이에 하이브리드형 교실 시스템의 확대가 더욱 요구되고 있다(김태환·정윤우·조형준 외, 2021). 그러므로 전 세계인이 학습자인 한국어 교육에서는 이러한 시대의 흐름에 발맞추어 학생과의 원활한 의사소통과 효과적인 한국어 학습 지도를 위해 보다 효율적인 학습 공간 구축에 앞장서야 할 필요가 있다.

다음 절에서는 효과적인 하이브리드 교실 시스템 활용을 위하여 온라인 한국어 교실을 구축하는 방법에 대해 자세히 알아보자.

 **정리하기**

시대에 따른 학습 유형과 교실의 변화

시대	학습 유형	교사 역할	학습자 활동	도입 기술	교실 형태 및 특징
19세기~20세기초	문법 번역식 학습	지식 전달자	문법 암기, 번역	칠판	고정형 책상, 교사 중심 강의실
1940~1960	청화식 학습	훈련자	반복, 모방, 발음 교정	오디오	고정형 책상, 오디오 장비
1970~1980	의사소통 중심 학습	촉진자	의미 전달, 역할극, 협동 과제		소그룹 책상, 활동 공간
1990~2000	과업 중심 학습	안내자	문제 해결, 프로젝트 수행		자유로운 책상 배치, 발표 공간
2000년대 이후	블렌디드 러닝, 디지털 학습	학습 디자이너	온라인 활동, 플랫폼 기반 과제	스마트 보드, 디지털 기기	스마트 교실, 태블릿·노트북 활용
2020년대 이후	인공지능 기반 맞춤 학습	학습(인공지능) 설계자	인공지능과 상호작용, 개인 맞춤 학습	인공지능 플랫폼	가상 교실, 메타버스, 하이브리드 수업

3.3. 새로운 교실의 등장과 무한한 확장

온라인 교실은 교사와 학생이 서로 다른 공간에 있지만 매체를 활용해 원격으로 수업을 진행할 수 있도록 해 주는 온라인 상의 공간을 말한다. Belanger & Jordan(1999)은 상호작용의 동시성 여부에 따라 원격 수업을 실시간과 비실시간으로 구분하였는데, Keegan(1995)과 Simonson(2002)은 온라인 교실에서의 원격 수업 역시 전통적인 수업 방식과 동일하게 교사와 학생, 학생과 학생 간의 상호작용이 원활히 이루어져야 함을 강조했다. 이에 실시간이든 비실시간이든 상호작용의 용이성은 온라인 교실이 반드시 갖추고 있어야 할 기능이라고 할 수 있다. 이렇듯 교사와 학생, 학생과 학생 간의 원활한 소통과 다양한 형태의 원격 수업이 가능한 온라인 교실 플랫폼을 구축하고 적극 활용하는 것은 급변하는 교육 혁명 시대에 한국어 교사가 갖추어야 할 능력 중 하나일 것이다. 이를 위해 이번 장에서는 실시간·비실시간 수업이 가능하며, 의사소통이 용이하고, 다양한 기능을 갖추고 있는 온라인 교실 플랫폼을 소개하며 활용 방안까지 안내하고자 한다.

더 알아보기

유료 버전과 무료 버전

본 장에서 소개하는 프로그램은 누구나 무료로 사용할 수 있으나 Education 등과 같은 버전을 학교에서 일괄 구입해서 배포하거나 개인별로 유료 버전을 구매해서 사용할 시에만 학습 관리나 기능 호환이 용이한 형태로 사용할 수 있는 경우가 많다. 이에 본 장에서는 무료 버전을 기준으로 효율적으로 사용할 수 있는 방법에 대해 소개하고자 한다.

3.3.1. Google Classroom

초기의 LMS는 교사와 학생 간의 수업 자료 공유나 과제 제출에 초점을 맞춘 형태였기 때문에 수업 관리용 정도의 기능에서 크게 벗어나지 못했다. 이는 자료 유형의 제한이나 시스템 오류, 비즉각적인 상호작용 등의 불편함을 초래했다. Google Classroom은 이러한 문제점을 보완한 클라우드 기반의 온라인 교실로 나아가 Google에서 제공하는 다양한 도구를 연동해 활용할 수 있다. 실시간 수업은 물론 스케줄 관리, 과제 제출 및 확인, 시험 등 전통적인 수업 방식을 온라인 교실에 구현할 수 있으며, 보다 편리하게 교육을 진행할 수 있도록 다양한 서비스를 제공하고 있다. 이에 대한 다양한 연구(권은미·강문구, 2019; 노영, 2019; 김서영·임병빈·김정희, 2020; 하명정, 2020; 권영숙, 2021; 이종기·이병원, 2021; 박종호, 2023)는 Google Classroom이 교사와 학생에게 효율적인 온라인 수업을 제공하고 있으며 높은 학습 만족도를 나타내고 있음을 보여 준다.

한국어 교육에서도 Google Classroom을 활용한 연구를 통해 교사 및 학습자의 만족도를 조사하였다.

Google Classroom에서 〈그림 3-2〉와 같이 다양한 Google 도구를 활용한 과정 중심의 한국어 쓰기 수업 사례를 조사한 연구(장지영, 2021)와 Google Classroom을 기반으로 설계한 교양 한국어 수업에서 학습자를 대상으로 만족도를 조사한 연구(김선영, 2022)에서는 공통으로 학습자의 흥미도, 만족도가 상당히 높게 나타나고 있음을 밝히고 있다. 특히 자기주도적 학습과 교사와의 상호작용 및 과제 제출이 용이했다는 부분에서 학습자가 긍정적으로 평가하였다.

<그림 3-2> Google Classroom과 연동 가능한 다양한 도구

이렇듯 온라인 학습 도구로써 만족도가 높은 Google Classroom을 구축하는 방법 및 활용 방안을 함께 알아보자.

 **더 알아보기**

먼저 Google 계정을 만들자!

Google Classroom을 만들기 위해서는 반드시 Google 계정이 있어야 한다. Google 계정은 무료로 제공되며, 간단한 절차를 거쳐 누구나 쉽게 여러 개의 Google 계정을 만들 수 있다. 일부 교육 기관에서는 학교 이메일 주소를 통해 Google Workspace for Education 계정을 부여받을 수도 있다.

① 구글 계정 만들기 사이트(accounts.google.com)에 접속 후 계정 만들기 클릭
② 이름, 생년월일, 성별 등 기본 정보 입력
③ 사용자 이름(이메일 주소), 비밀번호 입력
④ 문제 발생 시 연락받을 복구 이메일 주소 입력
⑤ Google 서비스 약관 및 개인정보처리방침 동의에 체크
⑥ 계정 생성 완료!

(1) Google Classroom 만들기

① 새 클래스 만들기

Google 계정을 만들었으면 로그인 후 Google Classroom에 접속하여 수업의 목적 및 방향성에 맞게 자신만의 새 교실을 구축한다.

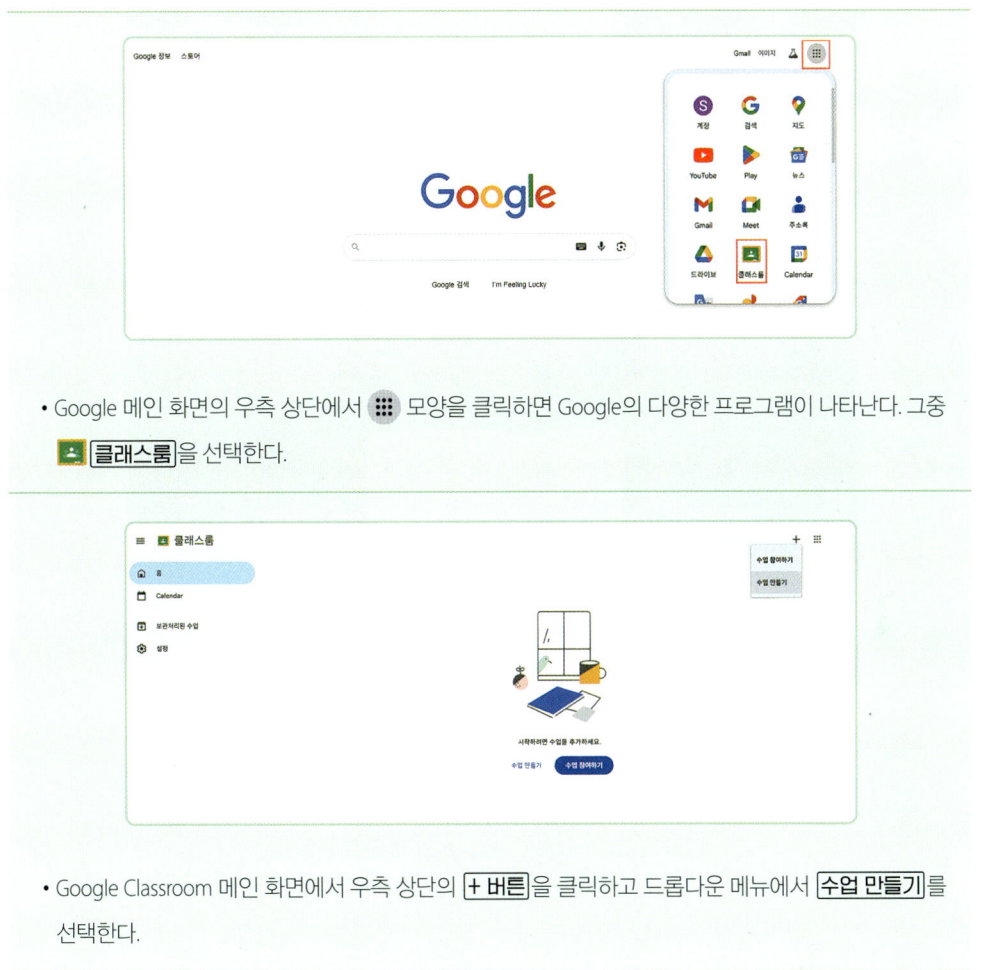

- Google 메인 화면의 우측 상단에서 ⋮⋮⋮ 모양을 클릭하면 Google의 다양한 프로그램이 나타난다. 그중 클래스룸 을 선택한다.

- Google Classroom 메인 화면에서 우측 상단의 + 버튼 을 클릭하고 드롭다운 메뉴에서 수업 만들기 를 선택한다.

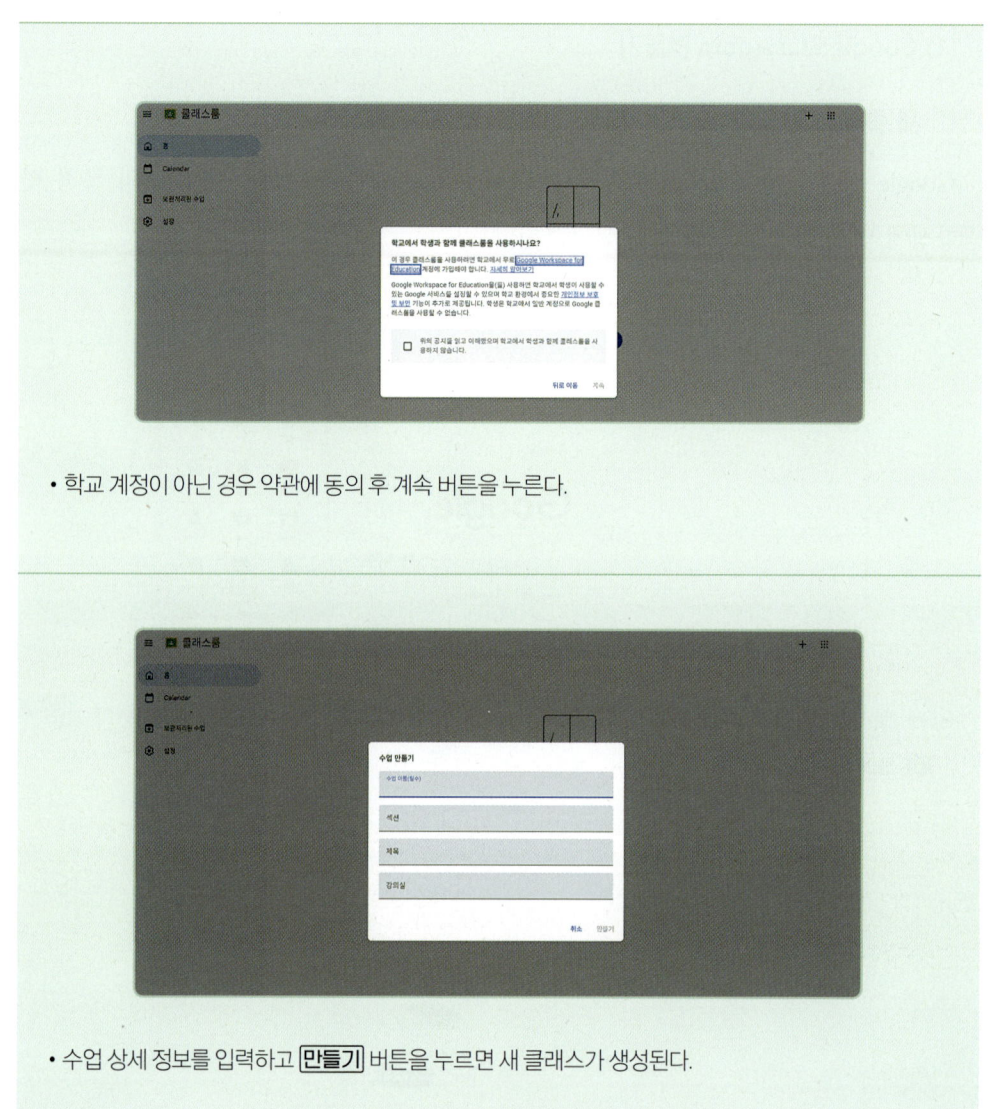

- 학교 계정이 아닌 경우 약관에 동의 후 계속 버튼을 누른다.

- 수업 상세 정보를 입력하고 만들기 버튼을 누르면 새 클래스가 생성된다.

<그림 3-3> Google Classroom의 새 교실 만들기

② 수업 메인 화면 구성

〈그림 3-4〉와 같이 새 클래스를 만들면 좌측과 상단에 다양한 탭이 자동으로 생성되며, 각 탭은 아래와 같은 기능을 가지고 있다.

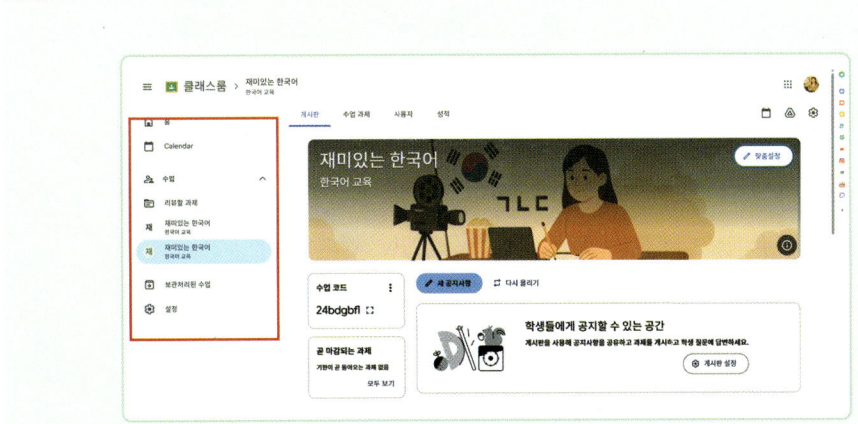

- 🏠 홈 : 클래스룸의 가장 첫 화면으로 돌아간다. 생성한 모든 수업이 카드로 표시된다.
- 📅 Calendar : Google에 저장한 일정이 표시되며 수업에 참여하는 학생들과 일정을 공유할 수도 있다.
- 👥 수업 : 생성한 모든 수업을 드롭다운 형태로 볼 수 있다.
- 📁 리뷰할 과제 : 모든 수업의 과제 및 기타 과제물을 검토할 수 있으며 검토한 과제는 '검토함'에 자동으로 표시되어 따로 관리할 수 있다.
- 📥 보관 처리된 수업 : 수업이 끝나면 수업을 보관처리할 수 있는데, 보관처리를 하면 클래스룸 메인에서 수업이 삭제된다. 그렇지만 Google Drive폴더에 있는 수업 자료에는 계속 액세스할 수 있다.
- ⚙️ 설정 : 개인 프로필을 변경하거나 새 과제, 댓글, 제출 알림 등을 이메일로 전송해 주는 기능 등을 설정할 수 있다.

- 게시판 : 공지를 올리거나 학생들과 게시글이나 댓글로 소통을 할 수 있다.
- 수업 과제 : 과제나 퀴즈, 질문을 만들어 수업에 활용할 수 있다.
- 사용자 : 학생을 관리할 수 있다.
- 성적 : 과제 제출 및 채점 등 성적 산출을 위한 현황을 관리할 수 있다.

<그림 3-4> 첫 화면에 등장하는 각 탭의 기능

 Google Classroom의 첫 화면에 보이는 게시판은 본 수업에 대한 기본적인 정보와 공지글을 게시할 수 있는 공간이다. 〈그림 3-5〉와 같이 수업에 공지할 내용을 직접 입력할 수도 있고, 댓글을 통해 학생들과 소통을 할 수도 있다. 또한 〈그림 3-6〉처럼 게시판 설정 으로 들어가 게시물의 공개 여부를 지정할 수도 있다.

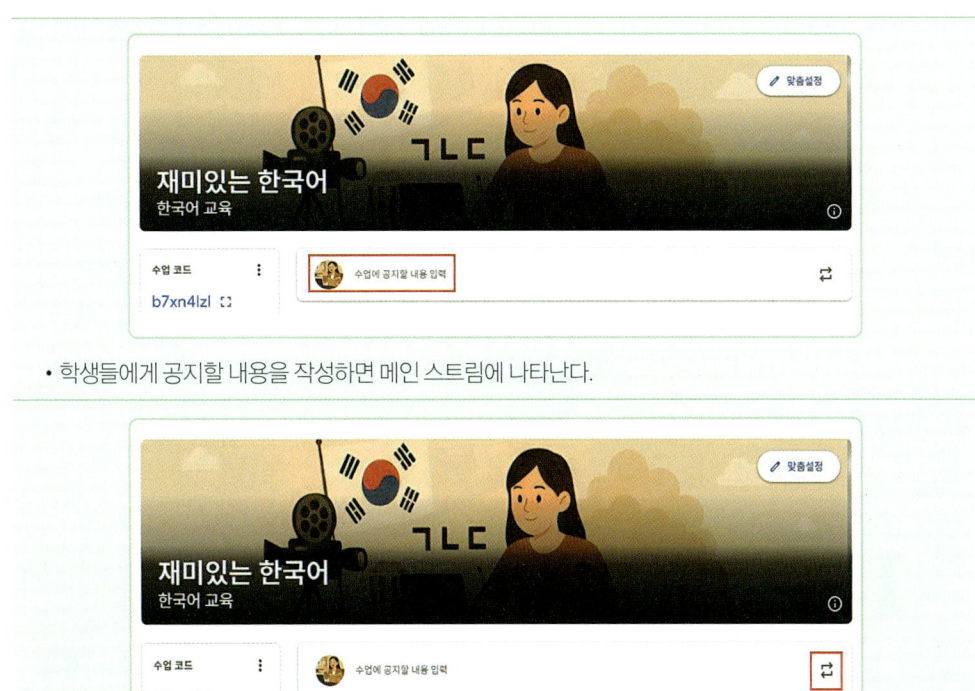

- 학생들에게 공지할 내용을 작성하면 메인 스트림에 나타난다.

- 게시물을 재사용할 수 있다.

<그림 3-5> 첫 화면에 글쓰기

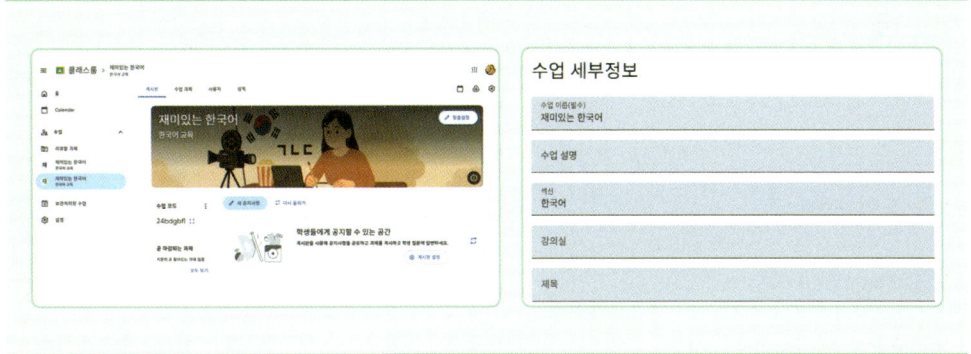

<그림 3-6> 수업 정보 수정하기

〈그림 3-6〉처럼 새 클래스를 처음 만들었을 때 나타나는 화면의 게시판 설정 으로 들어가면 수업의 정보 및 일반 기능, 평가와 관련된 사항을 수정할 수 있다.

〈그림 3-7〉처럼 '일반'에서는 초대 코드를 관리하고 댓글 작성의 범위, 게시판의 수업 과제 표시 범위 등 게시물 관련 기능을 설정할 수 있다. '평가'에서는 학습자의 과제를 관리할 수 있는데, 미제출이나 누락의 경우에 임시로 성적을 부여할 수 있으며, 세부 카테고리 설정도 가능하다. 성적 공개 여부를 설정할 수 있으며, 교사가 입력한 성적은 자동으로 계산되기 때문에 편리하게 이용할 수 있다.

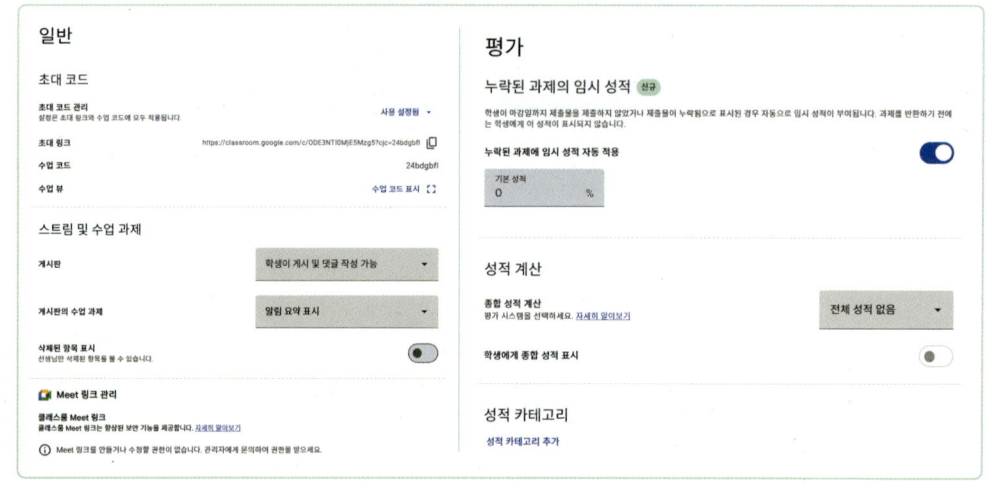

<그림 3-7> 일반 및 평가 설정

③ 수업 진행

▼ 학생 초대

Google Classroom의 기본 설정을 마쳤으면, 〈그림 3-8〉에 제시한 방법 중 선택해서 학생을 초대할 수 있다.

1. 첫 화면에 있는 수업 코드 를 복사해서 학습자에게 배포하여 수업에 초대할 수 있다.

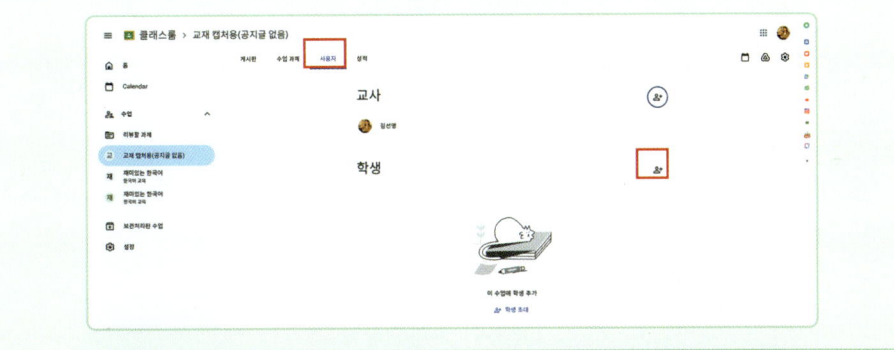

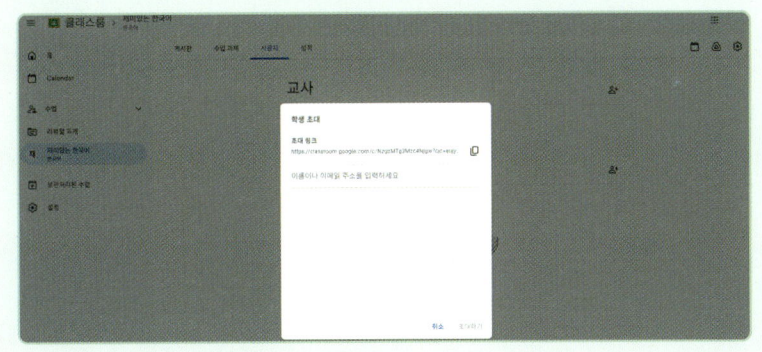

2. 상단의 사용자 탭에서 '학생' 옆에 있는 +사람 모양 아이콘을 클릭하고, 학생의 이메일 주소를 입력한 다음 초대하기 버튼을 누른다. 초대 링크를 복사해서 직접 전달해도 된다.

<그림 3-8> 학생 초대 방법

🔻 **수업 자료 및 과제 관리**

수업을 진행하기 위한 다양한 자료를 Google Classroom에 업로드를 하려면, 메인 화면의 상단에 있는 수업 과제 탭을 활용하면 된다.

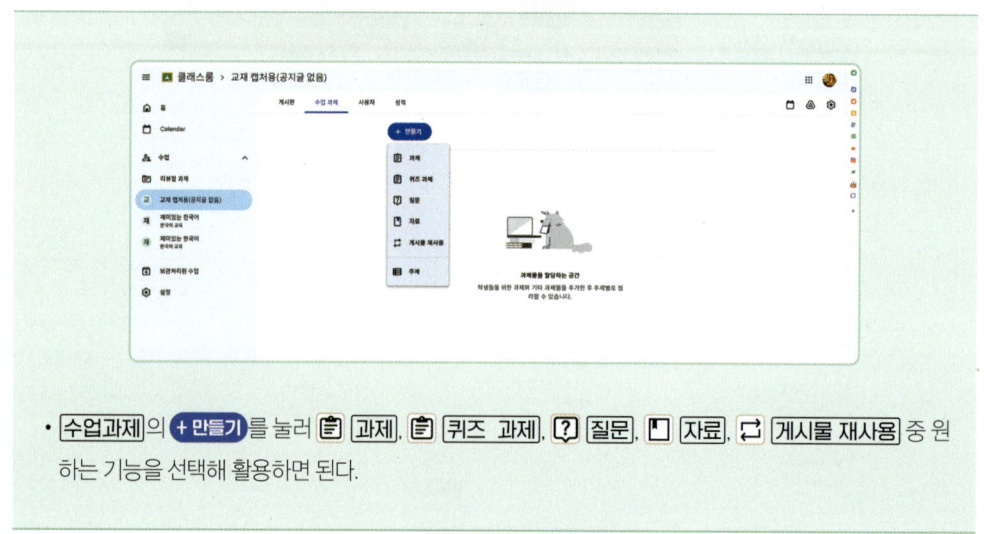

- 수업과제의 +만들기를 눌러 과제, 퀴즈 과제, 질문, 자료, 게시물 재사용 중 원하는 기능을 선택해 활용하면 된다.

<그림 3-9> 과제 만들기

〈그림 3-10〉을 보며 과제나 퀴즈를 만들고 채점용 기준표를 만드는 방법을 알아보자.

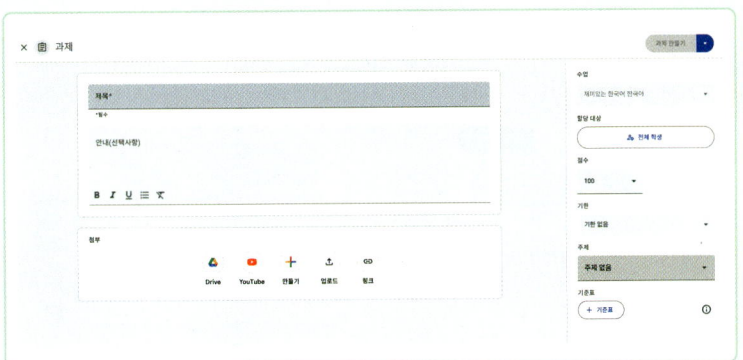

- '주제'는 자료나 과제의 성격이나 단계, 과정을 구분해서 업로드하고 싶을 때 지정하면 되며, 주제에 따라 자료나 과제를 묶어서 게시할 수 있다. 과제는 전체 학생이나 일부 학생을 할당 대상에서 선택해 부여할 수 있으며, 할당 점수나 제출 기한 설정도 가능하다. 앞서 주제를 설정했으면 해당하는 주제를 선택하면 되며, 주제를 설정하지 않았다면 바로 작성도 가능하다.

- 첨부 파일의 경우, Google Drive에 업로드한 파일을 게시물로 불러 올 수 있다. 직접 촬영한 수업 영상을 업로드하고 싶은 경우에는 해당 영상을 Google Drive에 먼저 업로드하고 첨부로 불러 오면 된다. 유튜브 링크나 모든 형식의 파일 첨부가 가능하며, 만들기 버튼을 누르면 Google에서 제공하는 다양한 도구를 첨부해 게시할 수 있다.

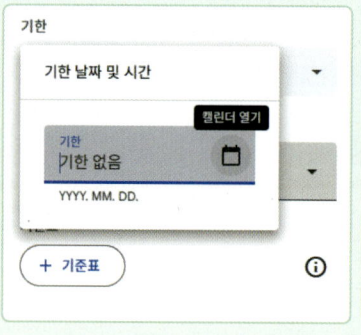 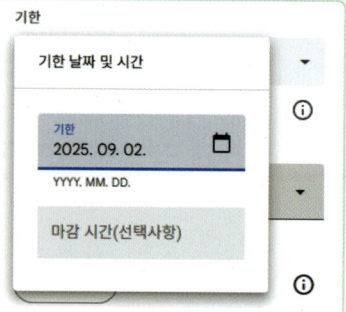

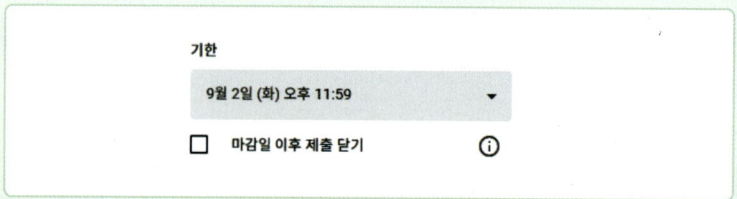

- 기한은 기한 없음 을 선택해서 무기한으로 과제를 받거나 특정 날짜 내지는 시간을 지정해서 과제를 받을 때 사용하는 탭이다. 기한의 ▼ 아이콘을 누르면 날짜를 캘린더 형태로 설정할 수 있으며, 시간도 지정할 수 있다.
- 보통 마감일 전까지는 학생이 일부 첨부파일을 수정할 수 있는데, 마감일 이후 제출 닫기 를 설정하면 설정해 놓은 마감일 이후에는 수정할 수 없다.

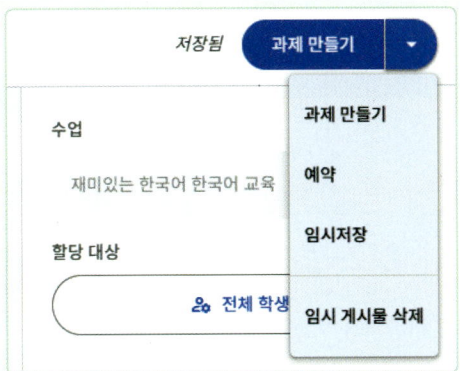

- 과제 내용을 모두 입력한 다음, 우측 상단의 과제 만들기 ▼ 버튼을 눌러 새로운 과제를 생성한다. ▼ 아이콘을 클릭하면 과제 만들기, 예약, 임시 저장, 임시 게시물 삭제 탭이 나타난다.

- 과제 만들기 : 학습자에게 과제를 즉시 공개됨
- 예약 : 과제 공개 날짜와 시간을 설정할 수 있는 팝업창이 열리며, 설정한 시간에 학습자에게 자동으로 과제가 노출됨
- 임시 저장 : 추후에 과제를 수정하거나 보완하기 위해 학습자에게 공개하지 않은 상태로 저장만 하는 기능
- 임시 게시물 삭제 : 과제 초안을 삭제하는 기능

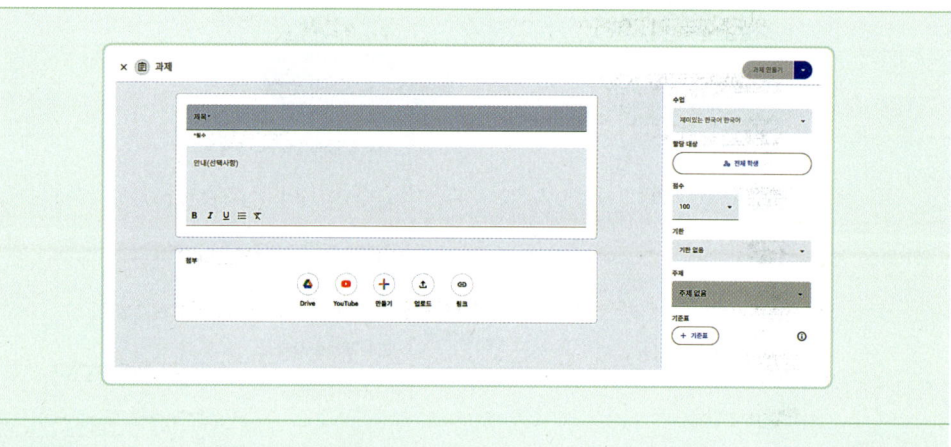

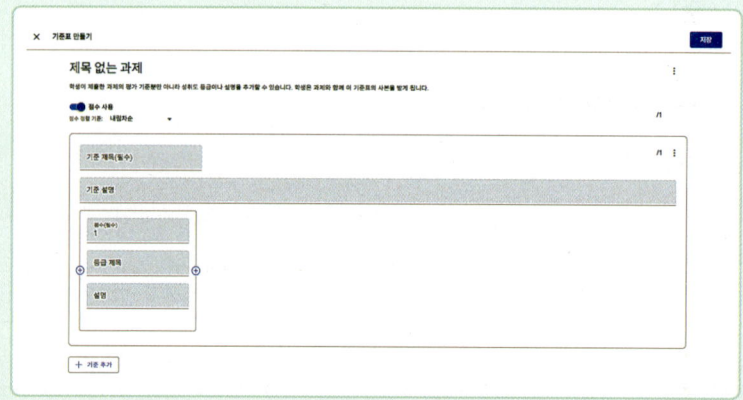

- 과제나 퀴즈를 게시할 때 우측 하단의 (+ 기준표)를 누르면 기준표를 만들 수 있는 창이 뜬다. 교사가 정한 채점 기준에 따라 기준표를 만들면 자동으로 채점이 이루어지는 것은 물론 등급까지 매겨지게 된다.

<그림 3-10> 채점 기준표 만들기

❼ 출결 관리

Google Classroom에는 〈표 3-1〉과 같은 방법으로 출석 체크를 할 수 있다.

• Google Forms 활용

<표 3-1> Google Forms를 활용한 출결 관리

방법	① [수업 과제]에서 [+ 만들기] 선택
	② [퀴즈 과제] 선택
	③ 제목에 '출석 체크'라고 쓰고 본문에 출석을 체크할 날짜 작성
	④ 자동으로 삽입되어 있는 Google Forms 선택
	⑤ Google Forms 작성
	  • Blank Quiz라고 되어 있는 부분에 제목을 씀
	  • 이름을 입력하는 칸 만들기 (단답형 설정)
	  • 학번이나 연락처를 입력하는 칸 만들기 (단답형 설정)
	  • 출석 체크를 할 칸 만들기 (객관식 질문)
	  • "오늘 수업에 참석했습니까?" (예 / 아니요 선택지 제시)
	⑥ Google Forms에서 응답 설정하기
	  • Google Forms의 상단에 있는 설정 클릭
	  • [응답]에서 '응답 횟수 1회 제한' 활성화
	  • [기본값]에서 '기본적으로 이메일 주소 수집'에서 [응답자 입력] 선택
	⑦ Google Classroom 게시 화면으로 돌아와서 [과제 만들기]를 눌러 생성

장점
- 응답은 자동으로 Google Sheets에 저장되어 한꺼번에 다운받을 수 있음
- 기본적으로 응답 시간이 자동으로 저장되기 때문에 무단 지각이나 결석을 판단할 수 있음
- 매주 Google Forms를 새로 만들거나 폴더에 날짜별로 관리
- 과제 생성 시, 날짜나 시간을 설정할 수 있고 과제물 복사도 가능하므로 미리 출석 체크 게시글을 만들어 놓을 수 있음

💬 질문 기능 활용

<표 3-2> 질문 기능을 활용한 출결 관리

방법	① `수업 과제`에서 `+만들기` 선택
	② `질문` 선택
	③ 제목에 '오늘 수업에 참석했습니까?'라고 쓰고, 질문 유형을 `객관식`으로 설정
	④ 옵션에서 `+옵션 추가`를 눌러 '예 / 아니요' 만들기
	⑤ 설정
	   제출 기한과 시간 설정
	   '학생이 클래스 개요를 볼 수 있음' 탭 해제(프라이버시 보호)

💬 댓글 활용

<표 3-3> 댓글 기능을 활용한 출결 관리

방법	① 첫 화면의 게시판에 '오늘 수업 출석 댓글로 "출석합니다"를 남겨 주세요.'와 같이 출석 공지글을 작성 ② 학생이 댓글로 "출석합니다"를 입력하면 댓글을 입력한 시간이 자동으로 기록
단점	출석 공지글을 매번 입력해야 하고 내용을 일일이 확인해야 하므로 데이터로 만들기 어려움

- 실시간 수업에서 Google Meet 출석용 확장 프로그램 활용

<표 3-4> Google Meet를 활용한 출결 관리

방법	① Google Meet Attendance, Meet Attendance Collector 등 Chrome 확장 프로그램을 설치 ② 실시간 수업에서 Google Meet 입장 시간 및 퇴장 시간 자동 기록 ③ Google Sheet로 출석 데이터 자동 정리

생각해 보기

Google Classroom을 더 똑똑하게 쓰려면!

Google Classroom과 연동이 가능한 플랫폼이나 도구에는 어떠한 것들이 있는지 찾아보고 각각의 특징을 정리해서 비교해 보자.

플랫폼	특징
Padlet	
띵커벨	
Canva	

3.3.2. MS Teams

MS Teams는 MS에서 개발한 기업용 협업 도구다. 현재는 Microsoft365로 이름이 바뀐 기존의 Office365 서비스와 통합하여 엑셀이나 워드, 파워포인트와 같은 오피스 프로그램들과의 연동을 강화하고, 기존의 비즈니스용 커뮤니케이션 플랫폼인 Skype for Business를 대체하기 위해 화상 회의나 채팅, 통화 기능 등을 MS Teams에 통합시켰다. 2017년 3월에 정식으로 출시했으며, 코로나19 유행 시기를 거치며 폭발적인 성장을 이룬 MS Teams는 기업 협업 시장의 주요 플랫폼으로 자리 잡게 되었다.

이러한 MS Teams는 업무에서의 활용 외에도 온라인 학습 관리 시스템으로서의 활용도 가능하도록 설계되어 있다. MS에서는 교육용 MS Teams로 분류해 운영하고 있으며, 교사와 학생 간의 대화, 콘텐츠와 앱을 한 곳에서 함께 제공하며 디지털 허브로서의 역할을 톡톡히 하고 있다. 또한 교육자를 위한 프로그램도 제공하고 있어 온라인으로 수업을 시작하려는 교사가 프로그램을 보다 효율적으로 사용할 수 있도록 돕고 있다. 또한 클라우드로 5G의 저장 공간을 무료로 제공하고 있다.

<그림 3-11> MS Teams의 교육자 센터

코로나19로 인해 MS Teams나 Zoom을 활용하여 비대면으로 진행한 예비교사들의 교육실습 경험과 인식을 조사한 이선(2020)의 연구에서는 MS Teams로 실습학교 교사와 온라인 협의, 수업 자료 공유, 학생 실시간 수업 참여 등을 실시한 내용을 다루고 있다. 또한 MS Teams를 사용했을 때 갑작스러운 도입에도 불구하고 향후 교직에서 온라인 수업이나 교류에 대비할 수 있는 좋은 기회로 인식이 되었다는 점이나 실시간 소통의 용이함과 협의회의 원활한 진행을 장점으로 언급하였다. 그렇지만 네트워크의 불안정함과 화면 공유의 어려움 등 시스템상의 개선이 필요하다고 지적하였다. 또 다른 연구인 서재이·안선주·최정일(2022)를 살펴보면 비대면 교육 환경에서 온라인 협업툴의 사용 의도에 영향을 미치는 요인을 학습자 관점에서 연구하였으며, MS Teams뿐만 아니라, Zoom, Webex 등을 실시간 원격 교육에 활용되는 화상 회의 플랫폼의 예시로 언급하였다. 이러한 온라인 협업툴은 시스템 품질의 신뢰성, 서비스 품질의 공감성, 콘텐츠 품질의 유희성과 정보성이 성과 기대에 긍정적인 영향을 미치는 것으로 나타났다고 보고하고 있다.

MS Teams는 점점 효율적인 교육 플랫폼으로 급부상하고 있다. 무엇보다 문서를 작성하거나 발표를 할 때 주로 사용하는 프로그램인 워드프로세서나 파워포인트를 연동해서 사용할 수 있다는 것이 교육을 진행하는 데 큰 장점으로 활용되고 있다. 현재 MS Teams는 인증 교육 기관에 오피스 도구들을 무료로 제공하고 있다.

기관에 소속되어 있는 교사와 학생이라면 교육 기관임을 인증하는 이메일로 접속해서 다양한 확장 프로그램을 자유롭게 사용할 수 있다. 비영리 조직이나 교육청 단위로도 유사한 혜택을 제공하고 있기 때문에 각 교육청 사이트에 들어가 별도의 인증 절차를 거친 후 사용 여부를 확인하면 된다.

<그림 3-12> 서울특별시 교육청 Microsoft365 홈페이지 (https://o365.sen.go.kr/)

<그림 3-13> MS Teams와 연동이 가능한 다양한 도구

그럼, 지금부터 효과적인 온라인 한국어 수업을 위한 MS Teams 교실을 구축하는 방법을 알아보자.

먼저 MS Teams계정을 만들자!

MS Teams 교실을 만들기 위해서는 MS 계정을 만들어야 한다. 계정은 무료로 제공된다. 생성한 계정이 교육용일 경우에는 Microsoft365 프로그램을 무료로 이용할 수 있다.

① MS 계정 만들기 사이트(signup.live.com)에 접속 후 〔계정 만들기〕 클릭
② 개인 정보 수집 및 이용, 제공 약관에 동의
③ 새로운 outlook.com 주소를 생성하거나 기존 이메일 주소 사용
④ 원하는 비밀번호 설정
⑤ 지역, 생년월일, 이름과 같은 기본 정보 입력
⑥ 인증 단계를 거쳐 다양한 로그인 방법 설정
⑦ 계정 생성 완료!

(1) MS Teams 교실 만들기

① 새 MS Teams 만들기

MS 계정을 만들었으면 Microsoft365 Copilot에 접속하여 로그인 후 수업의 목적 및 방향성에 맞게 MS Teams 교실을 구축한다.

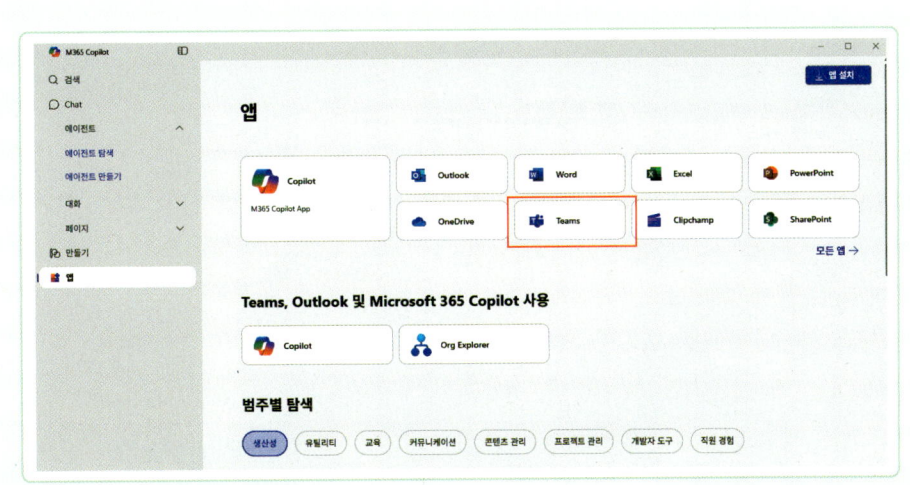

- Microsoft365 Copilot에서 좌측의 앱을 선택하면 Copilot에서 사용할 수 있는 다양한 프로그램이 나타난다. 그중 Teams 를 선택한다.

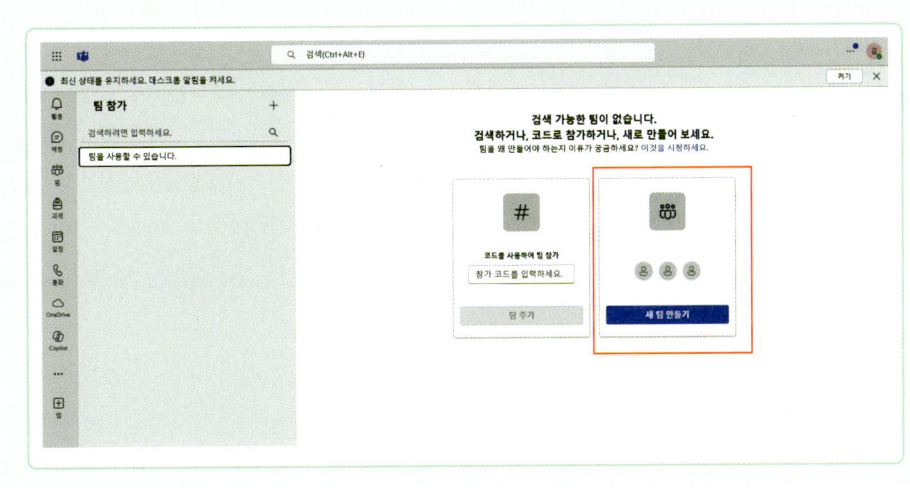

- 새 팀 만들기 로 들어간다.

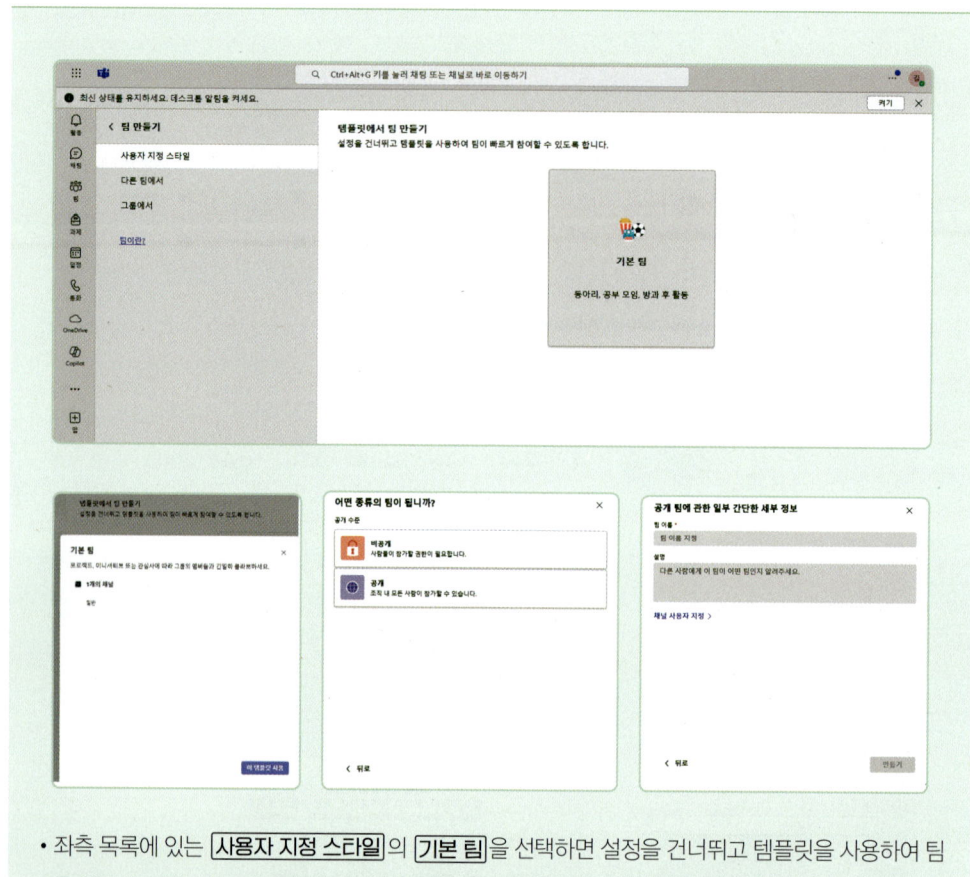

- 좌측 목록에 있는 사용자 지정 스타일 의 기본 팀 을 선택하면 설정을 건너뛰고 템플릿을 사용하여 팀을 만들 수 있다. 기본 팀을 선택하면 설정을 건너뛰고 템플릿을 사용하여 팀을 만들 수 있다.

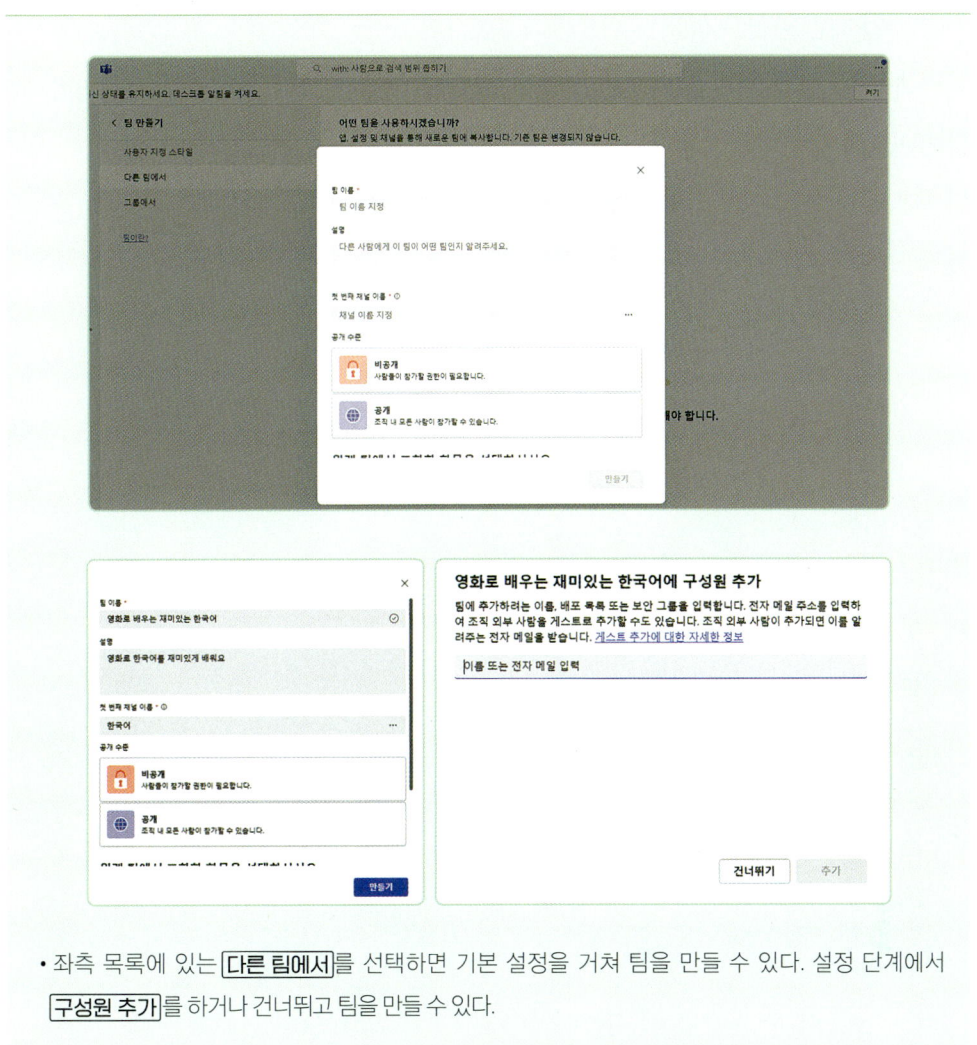

- 좌측 목록에 있는 다른 팀에서를 선택하면 기본 설정을 거쳐 팀을 만들 수 있다. 설정 단계에서 구성원 추가를 하거나 건너뛰고 팀을 만들 수 있다.

<그림 3-14> MS Teams의 새 교실 만들기

② 수업 메인 화면 구성

아래와 같이 새 팀즈를 만들면 좌측과 상단에 다양한 탭이 자동으로 생성되며, 각 탭은 아래와 같은 기능을 가지고 있다.

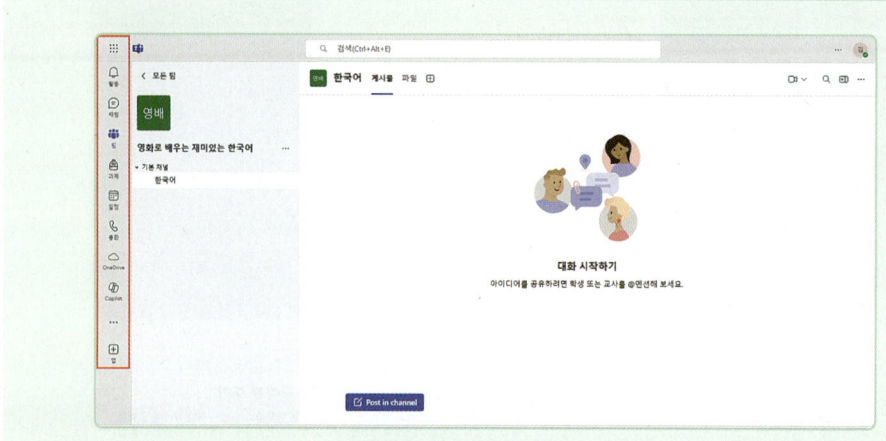

- ⋮⋮⋮ : 오피스앱의 시작 관리자를 열 수 있다.
- 🔔 활동 : @멘션, 반응 및 기타 알림을 확인할 수 있다.
- 👥 팀 : 내가 생성하거나 소속된 MS Teams의 목록을 확인할 수 있으며, 선택한 MS Teams의 메인 화면이 우측에 뜬다.
- 🎒 과제 : Office 365 Education 버전에서 사용할 수 있다. 과제 관리에 용이하다.
- 📅 일정 : 저장한 일정이 표시되며 수업에 참여하는 학생들과 일정을 공유할 수도 있다.
- 📞 통화 : 저장한 연락처에 전화를 걸 수 있다. '연락처 보기'를 통해 팀즈와 Outlook에서 저장하고 관리할 수 있다.
- ☁️ OneDrive : Microsoft365 프로그램을 사용해 각종 파일을 만들거나 이미 제작한 파일을 업로드할 수 있다. 다른 사람과 공유도 가능하다.
- Copilot : Copilot Chat을 할 수 있다.
- ⋯ : MS에서 제공하는 다양한 앱을 다운받거나 접속할 수 있다.
- ➕ 앱 : MS에서 제공하는 다양한 앱을 검색하거나 관리할 수 있다.

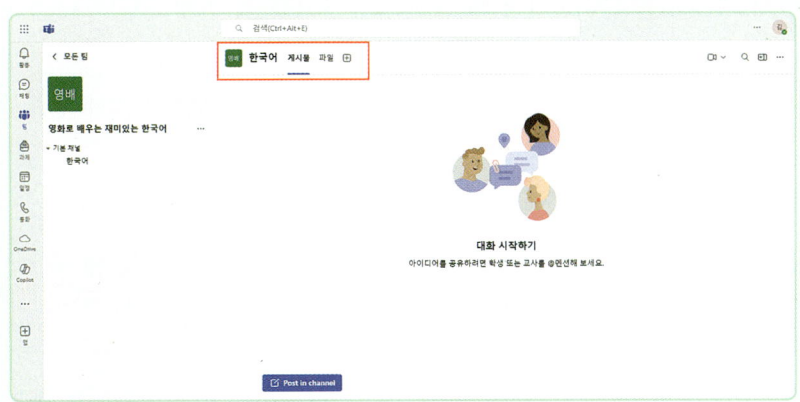

- 게시물 : Post in Channel 을 눌러 수업에 필요한 다양한 게시물을 올릴 수 있다.
- 파일 : Microsoft365에서 제공하는 프로그램으로 문서를 새로 만들거나 이미 만든 파일 등을 업로드할 수 있다.
- ➕ : 상단에 노출할 새 탭을 추가할 수 있다.

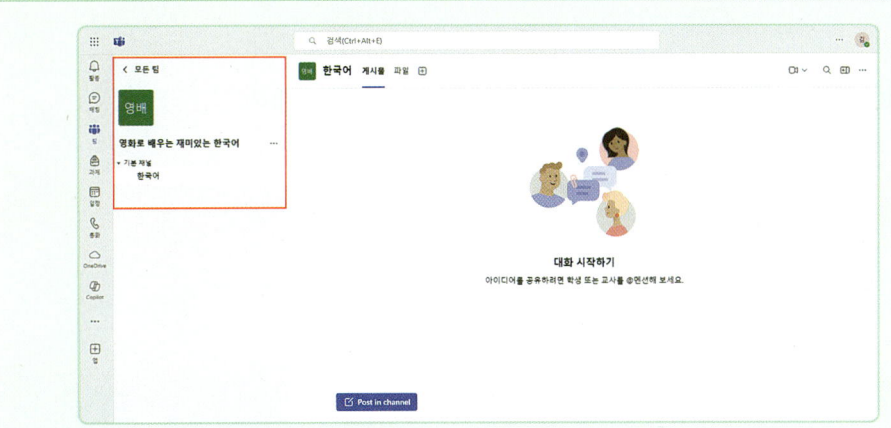

- <모든 팀 : 내가 소속되어 있는 모든 팀을 카드 형태로 보여 준다.
- ⋯ : 팀 관리나 멤버 추가, 팀 삭제 등의 기능을 사용할 수 있다.
- 기본 채널 : 제작한 채널을 관리할 수 있다.

<그림 3-15> 첫 화면에 등장하는 각 탭의 기능

생성한 MS Teams를 관리하기 위해서는 〈그림 3-15〉 세 번째 그림의 ⋯를 선택하고 팀 관리로 들어가면 된다.

- 채널 : 조 활동을 용이하게 하기 위해 +추가 를 눌러 여러 개의 채널을 만들고 관리할 수 있다.

- 멤버 : 멤버를 추가하거나 역할을 부여하는 등 생성한 MS Teams 교실 구성원을 관리할 수 있다.

- 설정 : 생성한 MS Teams의 다양한 기능을 설정할 수 있다.

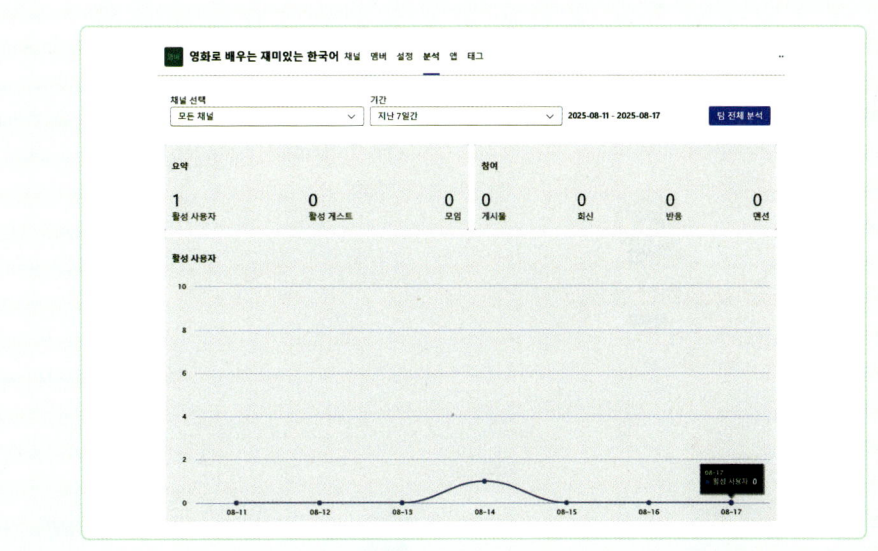

- 분석 : MS Teams의 사용과 관련한 다양한 내용을 분석해 놓은 자료를 확인할 수 있다.

- 앱 : MS에서 제공하는 다양한 앱을 다운받거나 업로드할 수 있다.

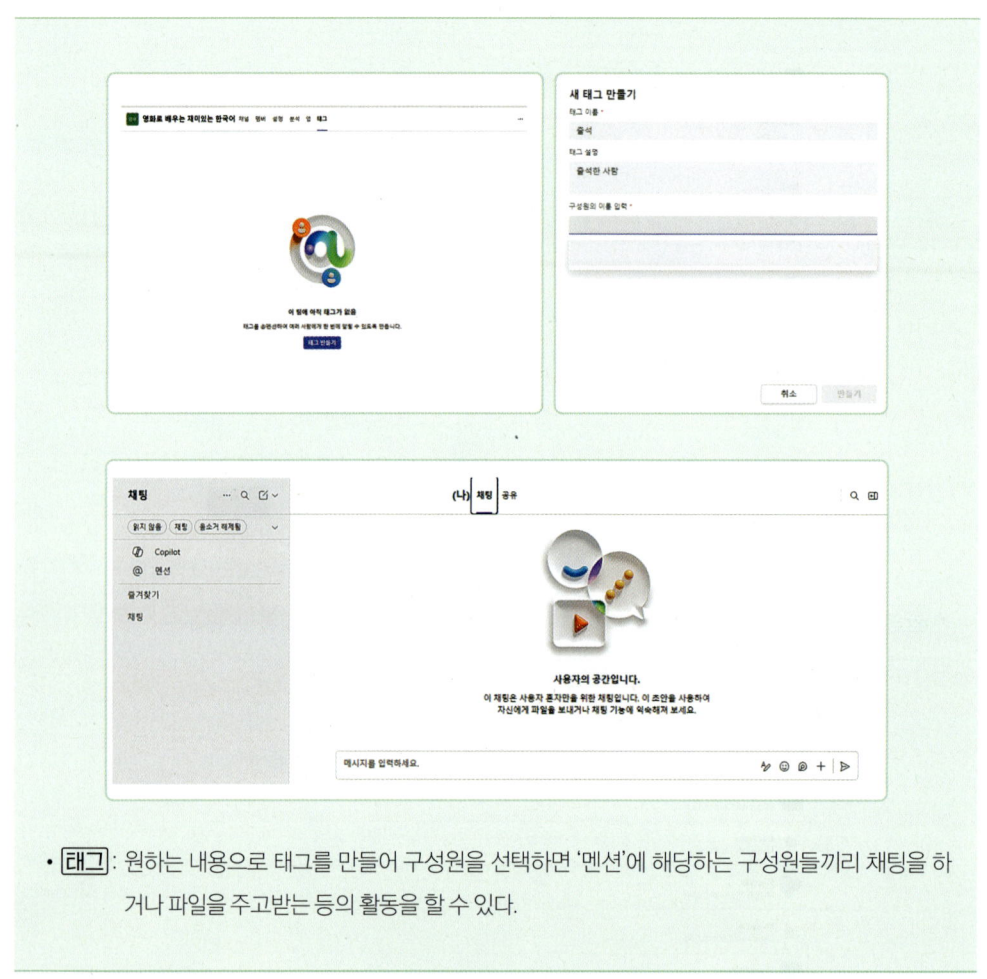

- 태그 : 원하는 내용으로 태그를 만들어 구성원을 선택하면 '멘션'에 해당하는 구성원들끼리 채팅을 하거나 파일을 주고받는 등의 활동을 할 수 있다.

<그림 3-16> MS Teams 관리 방법

③ 수업 진행

🔻 학생 초대

MS Teams 교실의 기본 설정이 끝났으면 다음과 같은 방법으로 학생을 초대한다.

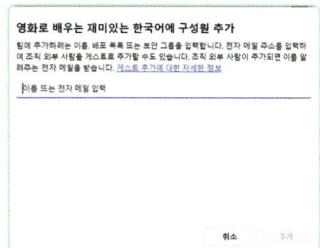

- 메인 화면의 ···를 누르면 드롭다운 메뉴가 뜨는데, 멤버 추가를 누르면 학생을 초대할 수 있다.

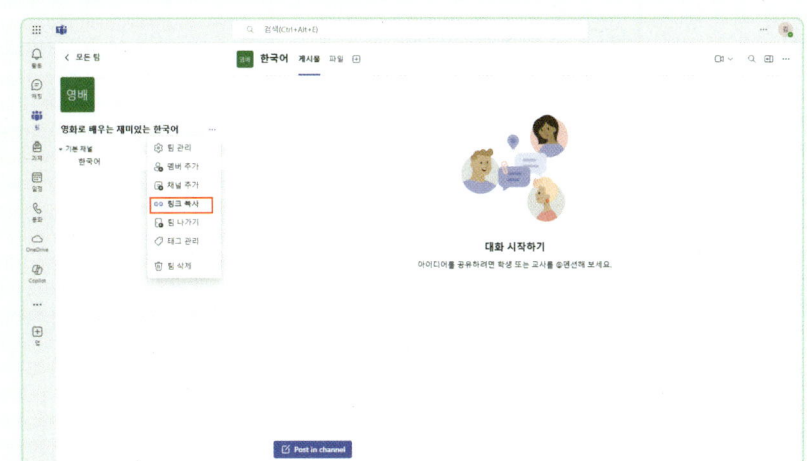

- 메인 화면의 ···를 누르면 드롭다운 메뉴가 뜨는데, 링크 복사를 누르면 해당 MS Teams의 링크를 직접 전달해 학생을 초대할 수 있다.

<그림 3-17> 학생 초대하기

🔽 수업 자료 및 과제 관리

수업을 진행하기 위한 다양한 자료를 MS Teams에 업로드하려면, 메인 화면의 상단에 있는 게시물이나 파일 탭을 활용하면 된다.

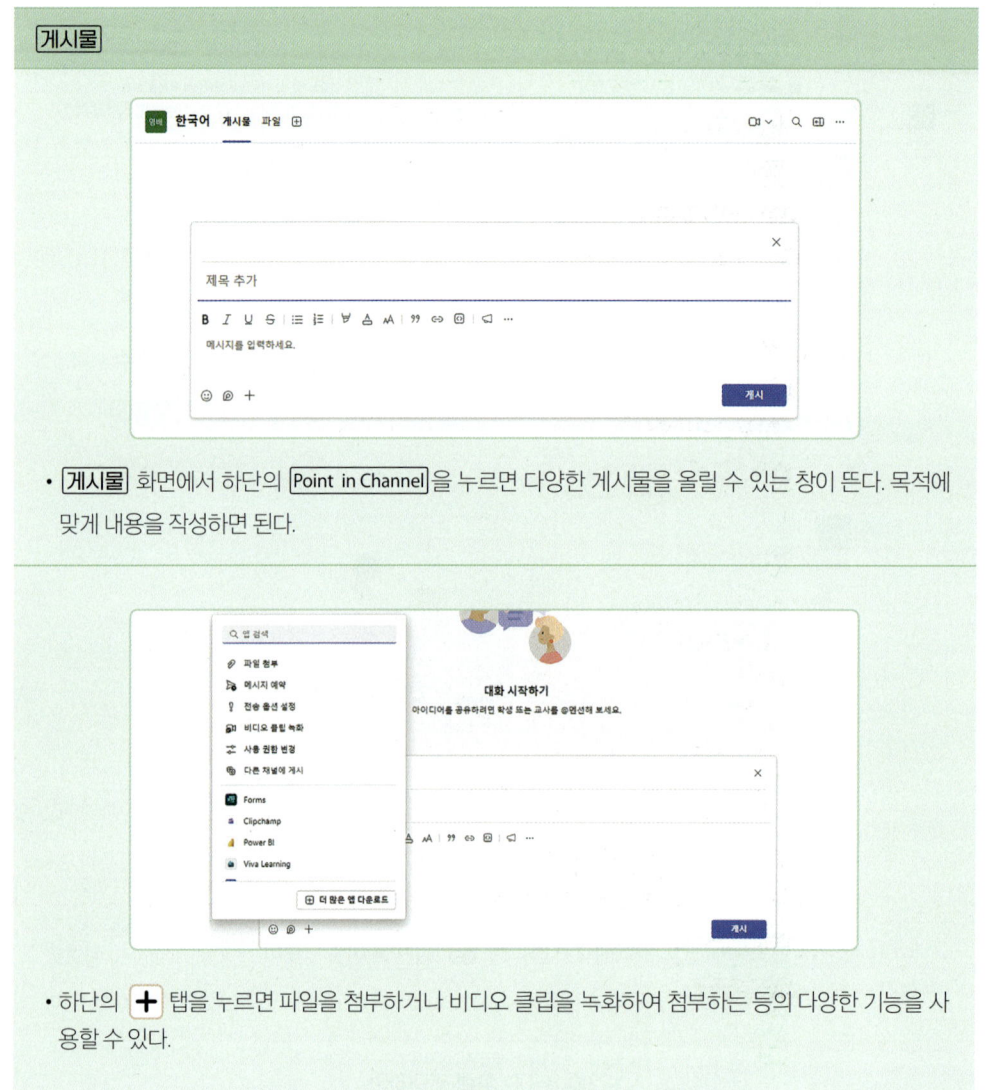

- 게시물 화면에서 하단의 Point in Channel 을 누르면 다양한 게시물을 올릴 수 있는 창이 뜬다. 목적에 맞게 내용을 작성하면 된다.

- 하단의 ➕ 탭을 누르면 파일을 첨부하거나 비디오 클립을 녹화하여 첨부하는 등의 다양한 기능을 사용할 수 있다.

- 하단의 ⓘ 탭을 누르면 Loop 기능을 사용할 수 있다. 아이디어를 공유하거나 투표, Q & A, 팀별 진행률 추적 등 다양한 기능을 활용하여 수업을 진행하고 관리할 수 있다.

파일

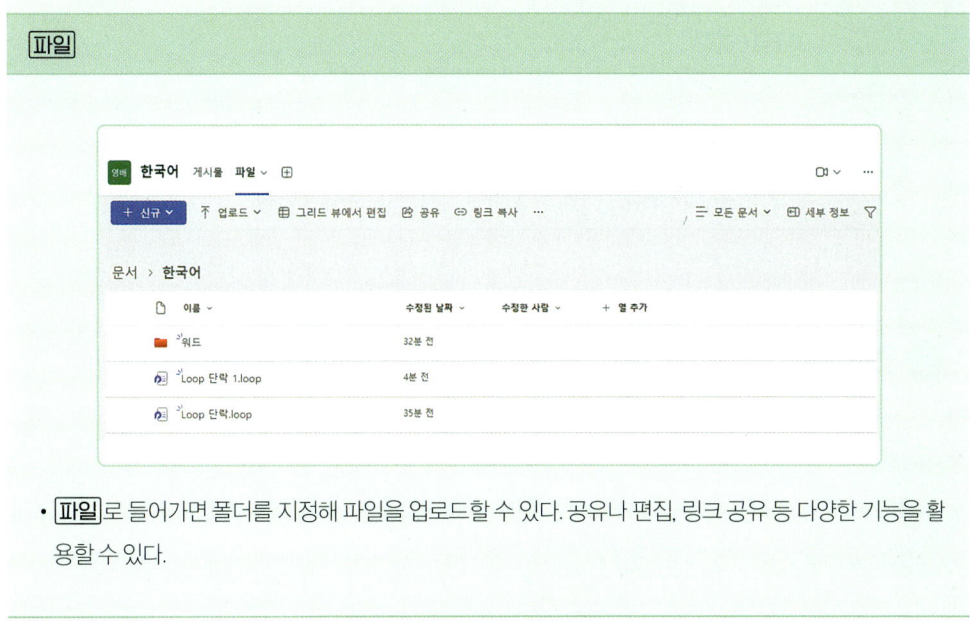

- 파일로 들어가면 폴더를 지정해 파일을 업로드할 수 있다. 공유나 편집, 링크 공유 등 다양한 기능을 활용할 수 있다.

<그림 3-18> 게시물 관리하기

🔻 출결 관리

MS Teams의 무료 버전에는 출결 관리 전용 기능이 없지만, 아래와 같은 방법을 활용해 효과적으로 출석을 확인할 수 있다.

💬 Polls 활용

<표 3-5> Polls 기능을 활용한 출결 관리

방법	① 앱에서 'Polls'를 다운받아 사용 ② 질문 만들기 　"오늘 수업에 참석했습니까?" ③ 옵션 만들기 　예 / 아니요 ④ 응답 설정 　- 응답자의 기록 이름(작성자에게만 표시됨) 선택
게시	게시물의 Post in Channel 선택
	하단의 ➕ 에서 Polls 선택 후 출석부 작성 하여 보내기 선택

💬 댓글 활용

<표 3-6> 댓글 기능을 활용한 출결 관리

방법	① 게시판에 출석 공지글 작성 　예 오늘 수업 출석 댓글로 "출석합니다"를 남겨 주세요. ② 학생이 댓글로 "출석합니다" 입력

▼ 실시간 수업인 MS Teams 모임 활용

<표 3-7> 실시간 수업에서의 출결 관리

방법	① 메인 화면 우측 상단의 📷 아이콘을 선택해서 MS Teams 모임 실행 ② 실시간 수업으로 출결 확인

생각해 보기

MS Teams를 더 똑똑하게 쓰려면!

MS Teams와 연동이 가능한 플랫폼이나 도구에는 어떠한 것들이 있는지 찾아보고 각각의 특징을 정리해서 비교해 보자.

플랫폼	특징
Asana	
Miro	
Polly	

3.3.3. 메타버스와 ZEP

메타버스(Metaverse)는 '메타(meta, 초월)'와 '유니버스(universe, 세계)'의 합성어로, 현실을 초월하여 확장된 디지털 세계를 말한다. 이 개념은 닐 스티븐슨이 1992년에 출간한 공상과학 소설인 스노우 크래시(Snow Crash)에서 처음 제시되었는데, 이후 가상현실, 증강현실, 혼합현실과 같은 기술의 발전과 함께 더욱 깊이 있게 논의되기 시작하였다. 메타버스는 현실의 사회·문화·경제적 활동을 디지털 세계로 확장한 플랫폼으로, 아바타로 상호작용을 하면서 사회적 관계를 형성하고 경제적 활동까지 할 수 있는 가상 공간이다. 또한 블록체인과 같은 기술이 접목되어 있으며, 교육, 비즈니스, 엔터테인먼트 등 다양한 영역에서 활용되고 있다. 따라서 메타버스는 차세대 인터넷 기반의 통합적 생태계로서 현실과 가상이 결합된 몰입형 디지털 환경이라고 할 수 있다.

이러한 측면에서 메타버스는 효과적인 몰입형 학습 도구로서 학습자에게 현실을 기반으로 한 학습 환경 및 시간과 공간을 초월한 한국어 교실을 제공하고, 이를 기반으로 참여형 활동이나 문화 체험을 효율적으로 할 수 있도록 만들어 준다.

메타버스를 활용한 한국어 수업에 대한 연구를 살펴보면, 공통적으로 메타버스가 새로운 한국어 교육의 패러다임으로서의 가능성을 보여 주고 있다는 것을 증명하고 있다. 이해영·정혜선(2022)과 장준영(2023)은 교사 인식과 적용에 관해 연구하여 긍정성을 증명했으며, 이바른·최은경(2022), 이선빈(2024), 장지영·박진철(2024), Cheng Linzi·김성주(2025)는 메타버스가 기존의 온라인 수업과 대면 수업의 한계를 보완하는 효과적인 대안임을 강조하였다. 정유진(2022), 심지연·류선숙·김민경(2023), 박은미(2025)는 아바타를 활용한 상호작용과 실제와 유사한 상황적 맥락을 바탕으로 한 수업 설계로 몰입 학습과 학습자 중심의 수업이 가능함을 강조하였고, 양은별·류지헌(2021), 공하림·김윤희(2022), 김민경·심지연·류선숙(2022), 추가영·주수언(2023)은 학습 실재감이나 학생들의 인식, 만족도 및 효과에 있어 긍정적 결과가 나타났음을 결과로 제시하였다.

세종학당에서는 폭발적으로 증가하고 있는 한국어 학습 수요에 대응하고, 언제 어디서든 한국어를 배우고 말할 수 있도록 2023년부터 ZEP을 기반으로 한 메타버스 세종학당 캠퍼스를 운영하고 있다. 이러한 온라인 플랫폼은 종종 기술 기반이 취약한 국가의 학습자들이 접근하기 어려운 경우가 많은데, 세종학당에서는 이를 해결하기 위하여 웹 기반의 2D 플랫폼을 활용하는 ZEP에 메타버스 세종학당을 개설하여 국가 간 격차를 최소화하였다. 또한 학습자 중심의 다양한 문화 체험 교육과 말하기 수업의 강화를 위해 한국의 다양한 공간을 메타버스에 재현한 것은 물론 아바타를 활용한 회화 수업을 운영하는 등 즐겁게 한국어를 학습할 수 있는 환경을 제공하고 있다.

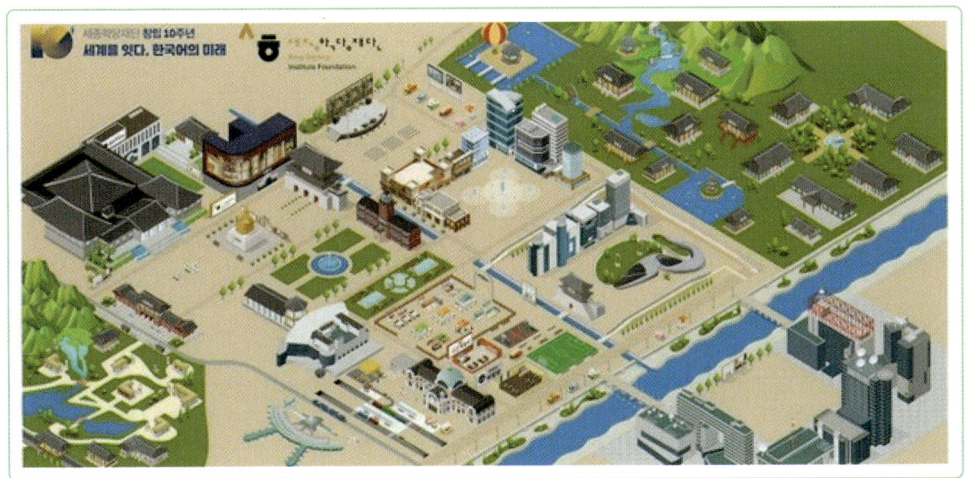

<그림 3-19> 메타버스 세종학당

그럼, 세종학당에서 활용하고 있는 ZEP을 기반으로 한 한국어 교실을 구축하는 방법에 대해 알아보자.

 **더 알아보기**

먼저 ZEP 계정을 만들자!

ZEP에 교실을 만들기 위해서는 ZEP 사이트에 접속해 로그인 계정을 만들어야 한다. 계정은 무료로 제공된다. 무료 계정으로 사용해도 기본적인 교실 구성과 운영이 가능하지만 동시 접속 가능 인원이 10명 이하로 제한 등의 제약이 있다. 유료로 가입 시에는 더 많은 기능을 사용할 수 있다.

① ZEP에 접속
https://zep.us
무료로 시작하기 선택

② 구글로 로그인 이나 웨일 스페이스로 로그인, 또는 이메일로 로그인 중 한 가지를 선택해서 로그인

③ 계속 클릭

(1) ZEP에 새 교실 만들기

① 새 스페이스 만들기

- 메인 화면의 우측 상단에서 +스페이스 만들기 를 선택한다.

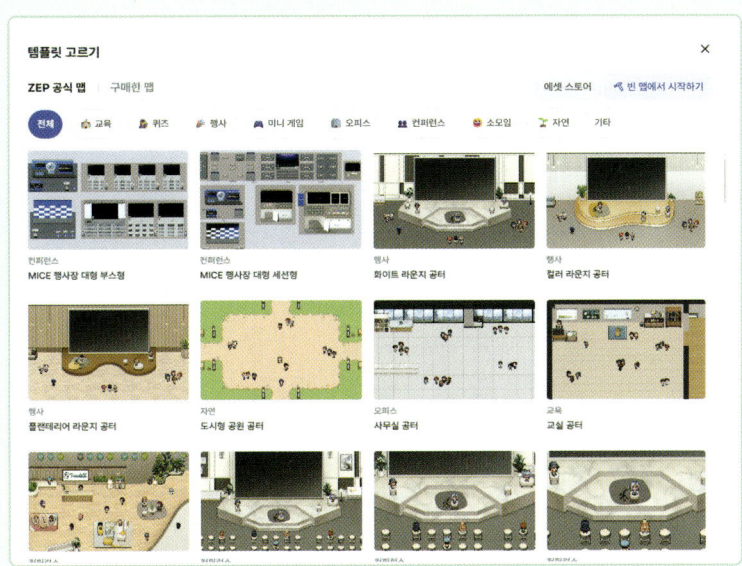

- 무료로 제공되는 ZEP의 템플릿을 선택해도 되고 빈 맵에서 시작하기 를 눌러 맵 에디터 를 활용해 직접 맵을 구축해도 된다.

※ 활용의 용이성을 위해 본 장에서는 제공되는 템플릿을 활용하여 공간을 구축하는 방법을 제시한다.

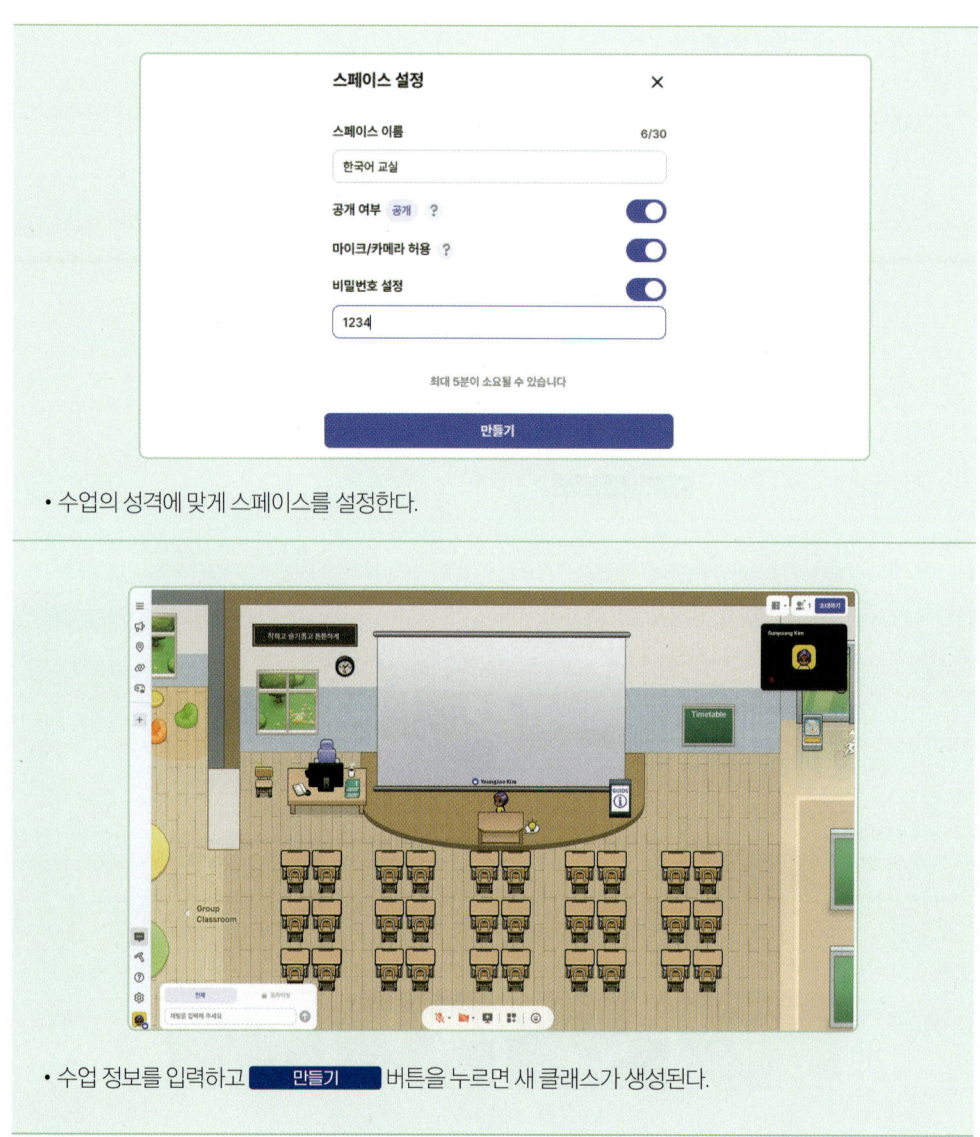

- 수업의 성격에 맞게 스페이스를 설정한다.
- 수업 정보를 입력하고 [만들기] 버튼을 누르면 새 클래스가 생성된다.

<그림 3-20> ZEP에 새 교실 만들기

② 교실 메인 화면 구성

- ☰ 메뉴 : 교실에 초대하거나 체크리스트, 기본 조작 방법, 다양한 가이드, 스크린숏 등을 사용할 수 있다.
- 📢 공지 : 공지 내용을 입력할 수 있다.
- 📍 이동 : 위치를 추가해서 주요 위치로 빠르게 이동할 수 있다.
- 🔗 링크 : 링크를 추가해서 새 창을 열 수 있다.
- 🎮 미니 게임 : 다양한 게임을 다운받아 실행할 수 있다.
- ➕ 앱 추가 : 스토어에서 앱을 다운받아 다양하게 활용할 수 있다.
- 💬 채팅 : 같은 맵에 있는 구성원들과 자유롭게 대화를 나눌 수 있다. 구성원 전체나 일부 구성원을 선택해서 대화를 나눌 수 있다.
- 🛠 맵 에디터 : 내가 원하는 모양으로 맵을 편집할 수 있다. 그렇지만 ZEP에서 제공하는 템플릿은 수정이 어렵다.
- ❓ 가이드 : ZEP 활용 방법을 안내받을 수 있다.
- ⚙ 설정 : 교실(스페이스)의 정보나 URL, 썸네일 등을 설정할 수 있다.

- ▫ : 실시간으로 참여하는 구성원의 비디오 레이아웃을 설정할 수 있다. 비디오 화면은 그림의 빨간색 박스와 같은 형태로 제공된다.
- 초대하기 : 입장 코드나 URL, QR 코드를 복사한 후 배포해서 학생을 초대할 수 있다.

- 마이크 : 마이크를 켜거나 끌 수 있다.
- 카메라 : 카메라를 켜거나 끌 수 있다.
- 화면 공유 : 내 화면을 공유할 수 있다.
- 미디어 추가 : 사진이나 유튜브, 화이트 보드나 파일, 다른 맵으로 이동할 수 있는 포털 등 다양한 미디어를 추가할 수 있다.
- 리액션 : 이모티콘을 활용해 다양한 반응을 보일 수 있다.

- 내 아바타를 누르면 이름을 변경하거나 아바타를 꾸밀 수 있다.
- 일반적으로 ZEP은 근처 사람이 있는 경우 영역이 표시되며 그 안에 있는 사람들과만 대화를 할 수 있는데, 스포트라이트 존에 있는 경우에는 스포트라이트를 켜서 모든 사람에게 내가 하는 말을 전달할 수 있다.

<그림 3-21> 첫 화면에 등장하는 각 탭의 기능

보다 다채로운 수업을 운영하기 위해서는 맵(스페이스, 교실)을 여러 개 만들어 운영하는 것이 좋다. 새로운 맵을 만드는 방법은 아래와 같다.

- 좌측 하단의 🔧 맵 에디터 를 눌러 에디터로 이동 을 선택한다.

- 좌측의 + 새 맵 추가하기 를 누른다.

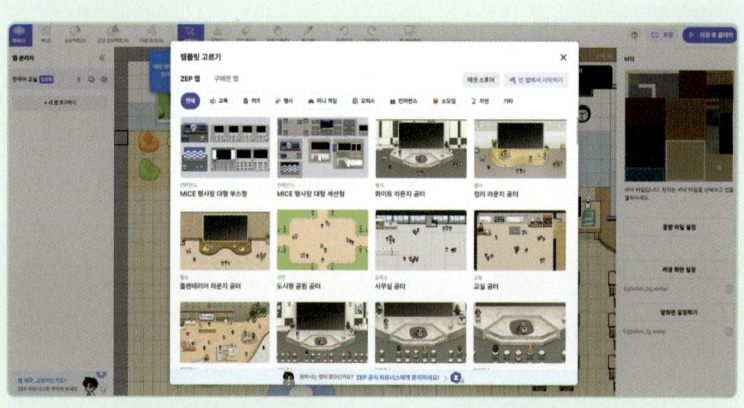

- 처음 맵을 만들었던 것과 같은 방법으로 새 맵을 만든다.

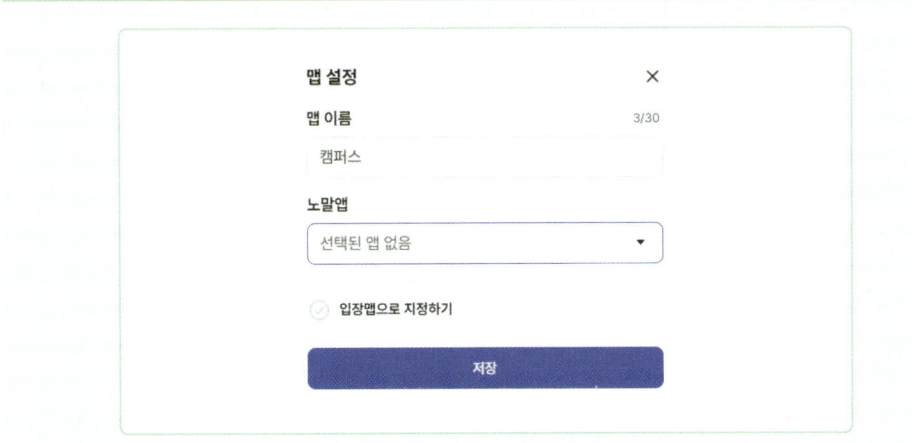

- 맵 설정에서 맵의 이름을 설정할 수 있다. 입장맵으로 지정하기 여부는 맵의 성격에 따라 취사선택한다.

- 만든 맵은 좌측에 목록화되어 노출되며, 같은 맵을 복사할 수도 있다. ⚙️을 선택하면 맵의 설정을 변경할 수 있다.

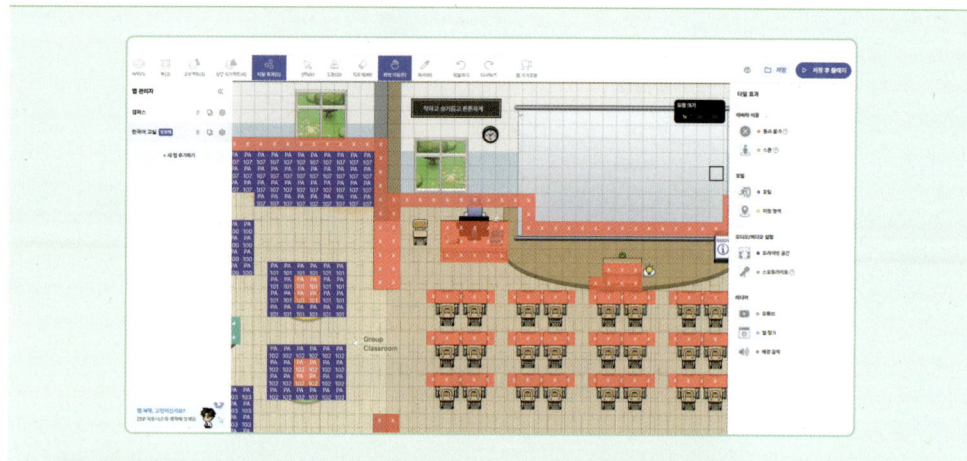

- 타일 효과로 들어가면 다른 맵으로 이동할 수 있는 포털 영역을 지정할 수도 있고, 통과 불가 영역이나 프라이빗 공간, 스포트라이트 공간을 설정할 수도 있다.
- 유튜브나 다른 링크로 연결되는 공간 등도 설정이 가능하다.

<그림 3-22> 맵 여러 개 만드는 방법

③ 교실 배치 및 도구 삽입

ZEP에서는 가구나 오브젝트, 자료 등을 직접 배치할 수 있으며, 맵 에디터로 들어가서 해당 오브젝트의 오브젝트 설정을 누르면 편집이 가능하다. 자주 사용하는 오브젝트는 아래와 같다.

<표 3-8> 오브젝트와 기능

오브젝트	기능
이미지 / PDF / 링크 삽입 보드	교안 공유
알림판, 텍스트 창	과제 안내
Google Forms 링크 + NPC 연결	퀴즈 / 설문
입장 시 설문 연결 / 위치 자동 감지	출석 체크
스포트라이트(마이크 우선권) 영역 지정	발표 구역

④ 수업 운영 방법

ZEP에서는 실시간과 비실시간 수업을 병행할 수 있다.

비실시간 수업의 경우에는 학생들이 자유롭게 자료를 활용할 수 있도록 맵을 여러 개 만들어 게임이나 '도장찍기' 등의 기능을 활용해 선생님이 없이도 다양한 공간에서 여러 프로그램을 활용해 한국어를 학습할 수 있도록 공간을 구축해 놓는다.

실시간 수업은 채팅창을 활용해서 질문이나 퀴즈 등 실시간 참여를 유도하거나 맵 설정의 타일에서 '텔레포트' 기능을 미리 설정해 두어 그룹별로 이동 수업을 진행할 수 있다. 학생들이 각 공간에서 학습 내용에 따라 과제를 수행해서 공유할 수 있도록 공유 보드를 미리 설정해 두면 보다 다양한 활동을 할 수 있다.

과제 제출은 '과제함' 구역을 미리 만들어서 Google이나 MS 프로그램과 같은 과제를 제출할 수 있는 링크를 삽입해 노출하고 학생들이 자율적으로 과제를 제출할 수 있도록 설정하면 편리하다.

⑤ 출석 체크

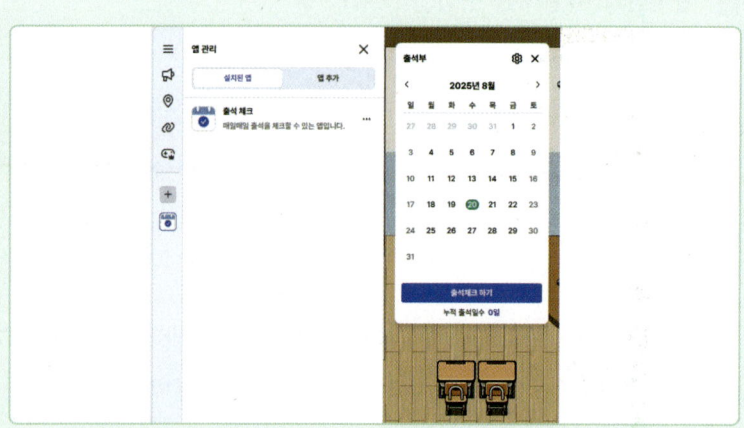

- 메인 화면 좌측의 앱 추가 에서 출석 체크 앱을 다운받아 학생이 자율적으로 출석 체크를 할 수 있도록 설정할 수 있다.

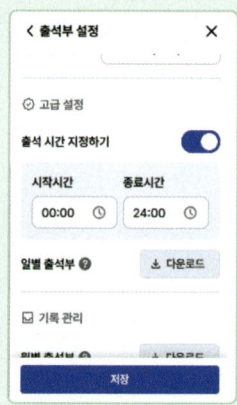

- 출석부 설정 으로 들어가면 출석 시간을 지정하거나 출석부를 일괄 다운받아 관리할 수 있어 편리하다.

<그림 3-23> ZEP에서 출석 체크하는 방법

생각해 보기

ZEP을 더 똑똑하게 쓰려면!

ZEP과 연동이 가능한 플랫폼이나 도구에는 어떠한 것들이 있는지 찾아보고 각각의 특징을 정리해서 비교해 보자.

플랫폼	특징
Google Forms	
Kahoot!	

정리하기

Google Classroom VS. MS Teams VS. ZEP

지금까지 살펴본 Google Classroom과 MS Teams, 그리고 ZEP의 특징을 비교해 보자.

구분	Google Classroom	MS Teams	ZEP
출시	2015년	2017년	2020년대 이후
성격	구글 계정 기반 온라인 학습 관리 도구	기업용 협업툴에서 발전한 교육용 플랫폼	웹 기반 메타버스 플랫폼
주요 기능	과제 관리, 성적 산출, 실시간 수업, Google 도구 연동	화상 회의, 과제 관리, 채팅·게시판, Microsoft365 연동	가상 교실 구축, 아바타 기반 상호작용, 실시간·비실시간 수업 병행 가능
장점	무료 사용 가능, 쉬운 접근성, 다양한 구글 도구와 연동	오피스 프로그램과 강력한 연동, 협업 기능 강화, 교육 기관에 무료 제공	몰입형 학습 환경 제공, 시간·공간 제약 적음, 학습 흥미 증대
단점	기능이 한정적임, 고급 기능 일부 유료	한국어 교육 연구 부족, 네트워크의 불안정성	맵별로 10명 이하 인원 제한, 활용 방법 학습이 필수적이므로 디지털 격차 우려, 개인정보·보안 우려

3.4. 협업을 위한 교실, 앞으로를 준비하며

기술의 발달은 교육 분야에 큰 혁명을 가져왔다. 이에 따라 학습 도구뿐만 아니라 학습을 위한 공간까지도 빠르게 변하고 있으며, 한국어 교실 역시 에듀테크를 기반으로 한 미래 교실의 모습으로 진화하고 있다. 이러한 교실 환경의 변화는 단순히 전통적인 교실에 다양한 매체 활용 도구를 더하는 차원을 넘어서 학습자 중심의 몰입형·맞춤형 학습 환경으로의 진입을 촉진하고 있다. 이는 한국어 교실이 국가의 경계가 허물어진 시공간을 초월한 공간에서 학습 공동체가 다양한 방법으로 협력을 하는 하이브리드 스마트 교실로 이행하고 있음을 보여 준다.

그러나 모든 변화에는 명암이 있듯이 주의해야 할 부분도 존재한다. 예를 들면, 교사가 제작한 수업 자료 및 학생 과제물의 저작권 문제나 개인정보, 초상권 미보호와 같은 문제가 발생할 수 있다. 이에 이러한 문제를 사전에 반드시 인지하고 학습하여 발생을 최소화하도록 노력해야 한다.

앞으로의 한국어 교실은 시공간을 초월한 가상의 교실에서 빅데이터와 인공지능을 기반으로 한 학습 도구 활용, 실재감 있는 문화 체험 등이 중심이 되는 수업을 진행할 수 있는 형태로 변화할 것이다. 그러므로 한국어 교사는 단순히 지식을 전달하는 사람이 아닌 학습 설계자로서 학습자의 학습 동기와 지속성 강화를 위한 환경을 구축해야 하며, 협업 중심의 미래형 한국어 교실에서 효과적으로 수업을 진행하기 위한 노력을 꾸준히 이어가야 할 것이다.

 **생각해 보기**

온라인 교실을 더욱 효과적으로 활용하기 위해서는?

수업에 따라 효율적인 온라인 교실을 구축하였어도, 이를 관리하는 것은 또 다른 숙제로 남아있다. 이에 온라인 교실에서 수업을 효과적으로 진행하기 위해 아래와 같이 체크리스트를 만들어서 활용해 보자.

수업 전

항목	세부 내용	확인
교실 만들기	수업명, 세부 과목 등 목적에 맞게 교실을 만들었는가?	☐
수업 구조 설정	단원별 주제, 주차와 과제에 따른 게시물 카테고리 구분을 명확히 했는가?	☐
교실 입장 방법 공유	학습자에게 수업 코드 또는 초대 이메일을 바르게 전달했는가?	☐
클라우드 연동	수업 자료를 공유하기 위한 폴더 생성 및 설정을 올바르게 했는가?	☐
기본 정보 제시	수업 계획서, 과제 일정, 출결 안내 등을 제대로 공지했는가?	☐

수업 중

항목	세부 내용	확인
공지사항 게시	매주 수업 전에 진도, 과제 안내 등이 공지되었는가?	☐
수업자료 업로드	강의 영상, 문서, 링크 등 수업 콘텐츠를 업로드했는가?	☐
과제 등록	과제, 퀴즈, 질문 등 다양한 형식의 활동을 제시했는가?	☐
댓글 / 게시판 관리	질문 응답, 학습자 피드백 등 커뮤니케이션을 유지하고 있는가?	☐
실시간 피드백	다양한 도구를 활용하여 학습자에게 피드백을 제공하고 있는가?	☐

수업 후

항목	세부 내용	확인
• 과제 확인 및 채점	과제 제출 여부 확인이나 루브릭 기반 채점이 가능한가?	☐
• 성적 입력 및 관리	성적 입력 또는 다운로드가 가능한가?	☐
• 피드백	과제·시험에 대한 평가 내용 제공이 가능한가?	☐
• 출결 확인	출석 설문 또는 출석품 응답 확인이 가능한가?	☐
• 수업 만족도 조사	수강생 의견 수렴(설문 또는 코멘트 활용)이 가능한가?	☐

보완 및 관리

항목	세부 내용	확인
• 캘린더 연동	마감일 자동 알림 설정 등과 같은 일정 연동이 가능한가?	☐
• 화상 수업 연동	화상 수업 링크 연동 및 알림 게시가 가능한가?	☐
• 권한 설정 점검	학습자 권한(댓글, 게시물 작성 등)을 학습 내용에 맞게 설정하였는가?	☐
• 자료 정리	클라우드 내에 수업별로 폴더를 정리했는가?	☐
• 예외 학생 처리	미제출자, 장기 결석자 개별 확인이 가능한가?	☐

게이미피케이션과
실감형 콘텐츠로 이끄는
몰입형 학습

재미와 학습 효과를 동시에, 게이미피케이션 수업

수업을 더 즐겁고 활기 넘치게 만들 방법을 찾고 있다면, 교실 속 작은 게임은 좋은 출발점이 된다. OX 퀴즈, 스피드 퀴즈, 빙고처럼 익숙한 형식은 즐거운 참여를 이끌고, 팀을 나누어 경쟁하고 협동하며, 제한된 시간 안에 정답을 찾아가는 과정에서 참여자들은 집중하고 도전하며 성취를 경험하게 된다. 디지털 기기에 익숙한 오늘날의 학습자들은 게임적 요소에 더욱 자연스럽게 반응한다. 즐거움을 통한 몰입의 힘을 수업 설계에 접목하려는 시도가 바로 게이미피케이션이다. 이 장에서는 게이미피케이션을 한국어 수업에 적용해 교실을 더 역동적이고 흥미로운 공간으로 바꾸는 방법을 안내한다. 읽는 즉시 적용할 수 있는 활동 예시도 함께 제시한다. 독자들은 수업에 적용할 수 있는 아이디어를 얻게 될 것이다.

4.1. 한국어 수업, 게임처럼 즐기기

4.1.1. 게이미피케이션의 개념과 요소

디지털 원어민 세대에게 재미는 선택이 아닌 필수 요소가 되었다. 이는 학습의 장에서도 예외가 아니다. 교실에서 학습자는 이제 더 이상 수동적인 지식의 수용자가 아니라 몰입과 참여를 추구하는 게이머 학습자로 변화하고 있다. 이러한 변화 속에서 게이미피케이션은 교육의 새로운 패러다임으로 주목받고 있다.

게이미피케이션이란 게임이 아닌 맥락에서 게임 설계 요소를 사용하는 것으로 정의[1]할 수 있다. 우탁·안계윤·윤수진(2011)에서는 게이미피케이션을 게임이 가지고 있는 속성을 타 분야에 활용하여 새로운 방식으로 표현함으로써 그 효과와 이익을 극대화시키는 활동으로, 전형적인 게임의 형태를 띠지 않더라도 게임적 요소인 보상 체계[2]와 랭킹 시스템 등을 다른 분야에 적용하는 것이라 하였다. 게이미피케이션은 게임의 핵심 요소인 미션, 보상, 레벨업, 스토리텔링 RPG(Roll Playing Game; 역할 게임) 등을 교육에 접목함으로써 학습 동기를 자극하고, 학습자의 자율성과 몰입도를 높일 수 있는 혁신적 접근 방식으로 게임의 요소를 이용해 재미없는 일, 지루한 작업, 어려운 공부를 게임처럼 재

---

[1] Gamification is the use of game design elements in non-game contexts(Deterding et al. 2011, p. 9).

[2] 게임에서 대표적인 보상 체계 중 하나는 배지(badge)를 부여하는 것이다. 배지는 사용자의 성취를 시각적으로 보여 주어 동기를 높이는 역할을 한다. 예를 들어 출석률 100% 학습자에게 '성실왕 배지', 퀴즈 5회 연속 정답자에게 '지식 마스터 배지', 팀 프로젝트 기여도 상위 10% 학습자에게 '협업 리더 배지'를 부여할 수 있다. 그러나 교육에서 게이미피케이션은 단순히 포인트나 배지를 제공하는 데 그치지 않고, 이러한 보상을 학습자의 몰입과 성장을 이끄는 장치로 활용해야 한다.

미있게 하도록 유도하는 데 목적을 두고 있다.[3]

4.1.2. 게이미피케이션의 교육적 효과

Salen and Zimmerman(2004)은 게임을 플레이어가 규칙에 따라 설정된 가상의 갈등과 마주해, 정량화할 수 있는 결과를 내는 시스템으로 정의하며, 정량적 결과와 감정적 반응이라는 이중적 특성을 강조한다. 게임이라는 구조는 학습자에게 도전과 몰입, 그리고 감정적 반응을 유도하는 힘을 지닌다. 효과적인 게임 디자인은 작은 목표들의 연쇄, 성장의 체감, 경쟁과 협동의 균형, 명확한 승리 조건, 그리고 몰입을 가능케 하는 스토리 라인을 핵심 요소로 포함하고 있다.

이러한 게임의 본질적 특성과 설계 원리는 단순한 재미를 넘어서, 교육 현장에서도 학습 동기와 참여를 이끌어 내는 유의미한 도구로 확장될 수 있다. Kapp(2012)는 게이미피케이션이 게임의 기술과 심미성, 그리고 게임적 사고방식을 활용해 학습자의 흥미를 끌고 동기를 부여하며, 이를 통해 학습을 촉진하고 문제 해결을 돕는 데 효과적이라고 하였다.

실제로 정교화된 게이미피케이션 기반 학습은 학습자가 스스로 목표를 세우고, 실패를 극복하며, 성취를 경험할 수 있도록 돕는다. 또한 즉각적인 피드백, 도우미 기능, 아바타를 통한 자기 동일화, 다양한 정보 제공 방식 등은 학습의 정서적·인지적 효과를 배가시키는 장치로 작동한다. 학습자가 학습 과정에서 스스로 의미를 찾기 어려운 경우

---

[3] 김상균(2014)에서는 이러한 게이미피케이션이 교육뿐 아니라 직장 내의 업무 관여도를 높이기 위한 수단이나 다자 참여 협력을 촉진하기 위해 많이 활용된다고 하였다.

에는 외재적 동기 요소가 중요한 역할을 하는데 이는 게이미피케이션 설계에서 반드시 고려해야 할 점이다. 게이미피케이션은 이러한 동기를 효과적으로 제공할 수 있는 전략이 될 수 있다.

4.1.3. 한국어교육에서 게이미피케이션 활용 가능성

권종산·우탁(2013)은 한국어교육에서의 게이미피케이션 가능성을 본격적으로 조명한 초기 연구로 학습자가 설정된 목표를 향해 미션을 수행하고, 시간 제한이나 레벨, 대결 등의 요소를 경험하며 과제를 완수한 뒤, 그 결과가 포인트, 배지, 보상 등으로 환산되어 기록되는 구조를 게이미피케이션의 핵심 설계 방식 중 하나로 제시하였다. 이러한 기록은 지역, 소셜, 글로벌 리더보드를 통해 공유되고 경쟁 요소로 작용하여 새로운 도전 목표를 유도한다고 하였다.

장지영(2022)은 디지털 원어민 세대와의 효과적인 파트너십을 위해 교사는 학습자들이 선호하는 도구와 방식을 이해해야 한다고 강조했다. 이와 관련해 게이미피케이션이 단기적인 보상을 통해 외적 동기를 자극할 뿐 아니라, 흥미를 유발해 학습에 대한 내적 동기를 강화하는 데에도 효과적이라 하였다. 그리고 수업에서 게임의 활용은 학습 지속성과 몰입도를 높이는 기반이 되며, 교사와 학습자 간의 긍정적 상호작용으로 이어질 수 있다고 하였다.

노채환(2023)은 비실시간 온라인 한국어 수업에서의 상호작용 사례를 분석하며, 게임 기반의 퀴즈를 활용한 수업이 학습자의 흥미와 집중도를 높이고 자연스러운 복습을 유도하는 데 효과적임을 밝혔다. 특히 이러한 게이미피케이션 활동은 대면 수업뿐만 아니라 온라인 수업 환경에서도 충분히 활용 가능하다고 하였다. 이는 게이미피케이션이 수업 방식에 구애받지 않고 적용될 수 있음을 보여 준다.

최근에는 퀘스트[4] 기반 학습, 텍스트형 RPG, AI 맞춤형 챌린지, 방탈출 게임 등 다양한 형식의 게이미피케이션 활동이 디지털 환경과 결합해 활용되고 있다. 예를 들어, 학습자에게 한국어로 수행할 미션을 단계별로 제시하거나, 텍스트 기반의 간단한 역할 게임으로 상황별 표현을 연습할 수 있다. AI 챌린지를 통해 학습자 개인에게 맞춤 문제를 제공하거나, 팀별 방탈출 게임 형식의 과제를 통해 협동 학습을 유도하는 방식도 가능하다.

<그림 4-1> 게이미피케이션 에듀테크 도구들

게이미피케이션은 단순한 재미를 넘어 학습자의 참여를 촉진하고, 자발적으로 목표를 달성하며 성취를 느끼도록 돕는 실용적인 수업 전략이자 교육 도구다. Kahoot!,

---

4　퀘스트(quest)는 스토리와 서사 속에서 여러 단계를 거쳐 달성하는 장기 목표로, 여정과 성장 과정이 강조된다. 반면 미션(mission)은 비교적 단기적이고 명확한 목표를 달성하는 과제로, 즉각적인 성취와 결과가 중심이 된다.

QuizN, Quizlet, Wordwall과 같은 게이미피케이션 기반의 에듀테크 도구들이 활발히 활용되며 수업의 몰입도를 높이고 있다. 다음 절에서는 이 중 Kahoot!과 QuizN을 활용하여 한국어 수업에 게이미피케이션을 어떻게 적용할 수 있는 살펴보도록 한다.

4.2. 한국어 수업, 게임으로 구성하기

4.2.1. 복습과 도입에서 게임 활용하기

'시작이 반이다'라는 말처럼 수업의 시작은 전체 진행을 결정짓는 중요한 요소다. 수업을 시작할 때, 전날 혹은 전 차시에 배운 내용을 간단히 복습하며 학습 흐름을 자연스럽게 이어가는데, 이때 게임을 활용하면 즐겁고 활기찬 분위기로 수업을 시작할 수 있다. 게임을 활용한 복습은 단순한 재미를 넘어, 시각 자료와 다양한 보기를 통해 학습자의 흥미를 자연스럽게 유도하고 수업 참여를 더욱 적극적으로 이끌어 낼 수 있다.

예를 들어 친족어를 배우는 단원에서는 가족 관계도를 보고 빈칸에 들어갈 알맞은 단어를 고르게 하거나, 중급 수준의 취업 관련 단원에서는 '제출하다', '면접을 보다', '합격하다'와 같은 단어를 문장 흐름에 맞게 선택하도록 할 수 있다. 또, 문장에서 학습한 문형이 올바르게 쓰였는지를 판단하는 OX 문제를 통해 문형의 정확한 쓰임을 점검할 수 있다. 이유 표현인 '-아서/어서'가 포함된 문장에서 후행절을 비워 두고 알맞은 후행절을 고르는 문제를 퀴즈로 제작하여 후행절 제약을 다시 확인할 수 있다. 이처럼 간단한 복습 퀴즈는 학습자가 기억한 내용을 떠올리고, 단어와 표현을 실제 문장 맥락 속에서 자연스럽게 연결해 볼 수 있도록 돕는다.

복습이 끝난 뒤에는 오늘 배울 학습 목표를 자연스럽게 연결하기 위해 간단한 퀴즈를 활용해 주제를 도입할 수 있다. 이때 사용하는 도입 퀴즈는 정답을 맞히는 것보다는 학습자의 흥미를 끌고 주제에 대한 탐색적 사고를 유도하는 데 목적이 있다. OX 퀴즈나 간단한 선택형 퀴즈, 그림이나 사진을 보고 주제를 유추해 보는 활동 등이 효과적이다.

도입 퀴즈를 통해 학습자들이 짧게 자신의 생각을 말해 보거나, 서로의 답을 비교하며 자연스럽게 대화를 나누게 함으로써 수업 초반부터 교실 분위기를 활기차게 만들 수 있다. 이러한 도입 퀴즈는 오늘 배울 문형이나 어휘와 연결되는 상황이나 맥락을 간단히 제시해 학습자가 본격적인 학습에 앞서 주제와 친숙해질 수 있도록 돕는다.

복습과 도입 단계에서의 게이미피케이션 기반의 퀴즈는 수업 흐름을 부드럽게 이어주고, 학습자의 인지적 준비와 몰입을 높여 학습에 대한 심리적 부담을 낮추는 데에도 효과적이다. 이처럼 간단한 게임형 퀴즈는 학습의 전 단계와 다음 단계 사이를 자연스럽게 연결해 주는 매개로 작용하며, 수업 설계에 적극적으로 활용될 수 있다.

이렇게 복습과 도입을 게임 형식의 퀴즈로 진행할 때 사용할 수 있는 게이미피케이션 도구들은 매우 다양한데 이 장에서는 Kahoot!을 살펴보도록 한다.

(1) Kahoot! https://kahoot.com/ko

Kahoot!은 전 세계적으로 널리 사용되는 퀴즈 기반 학습 플랫폼이다. 직관적인 인터페이스로 다중 선택 퀴즈, 설문조사 등을 활용해 학습 몰입도를 높일 수 있다. 특히 자세한 학습 보고서를 제공하여 교사가 학생들의 부족한 부분을 명확하게 파악하고 맞춤형 지도를 할 수 있다는 장점을 가진다.

① 계정 생성 및 메뉴 탐색

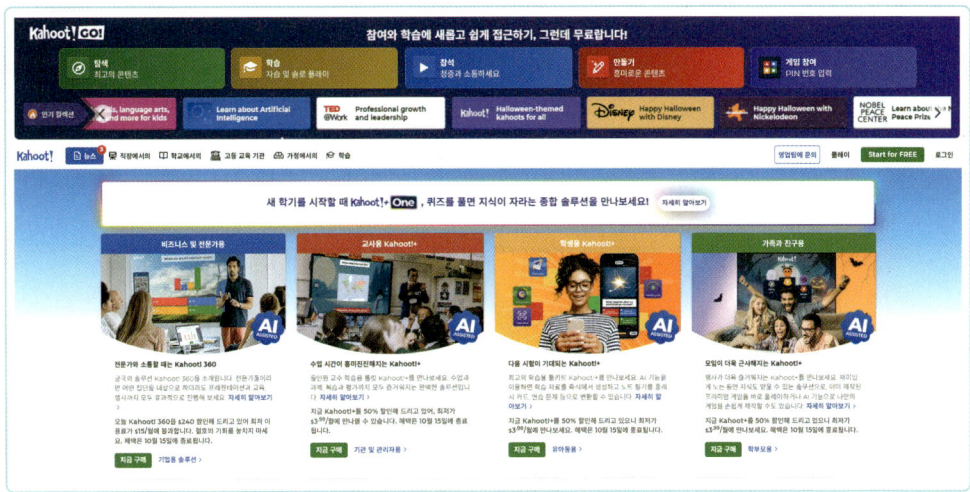

<그림 4-2> Kahoot! 홈페이지

Kahoot! 홈페이지에 접속해서 무료로 회원 가입을 진행할 수 있다. 계정에서 전문가 또는 교사를 선택한다. 교사를 선택하면 기관 종류에 따라 학교 또는 고등교육을 선택한다.[5] 이메일로 가입할 수 있으며 구글이나 MS 계정으로 가입이 가능하다.

---

5   'Kahoot.it'은 학생 화면이므로, 교사는 URL을 확인하여 Kahoot.com/ko로 접속해야 한다.

더 알아보기

Kahoot!의 무료 계정은 객관식과 참·거짓 문제 유형의 기본 퀴즈 제작과 퀴즈의 학생별, 문항별 레포트 기능을 제공하며, 게임당 최대 참가 인원이 10명으로 제한되어 소규모 수업에 적합하다. 유료 계정은 요금제에 따라 퍼즐, 토론형 문제 등 다양한 추가 문제 유형을 제공하고, AI를 활용해 사용자 문서를 기반으로 자동 문제를 생성할 수 있다. 또한, 최대 400명까지 참여할 수 있어 대규모 수업에서 활용 가능하다.

회원 가입 후 로그인하면 좌측에 메뉴가 나타난다.

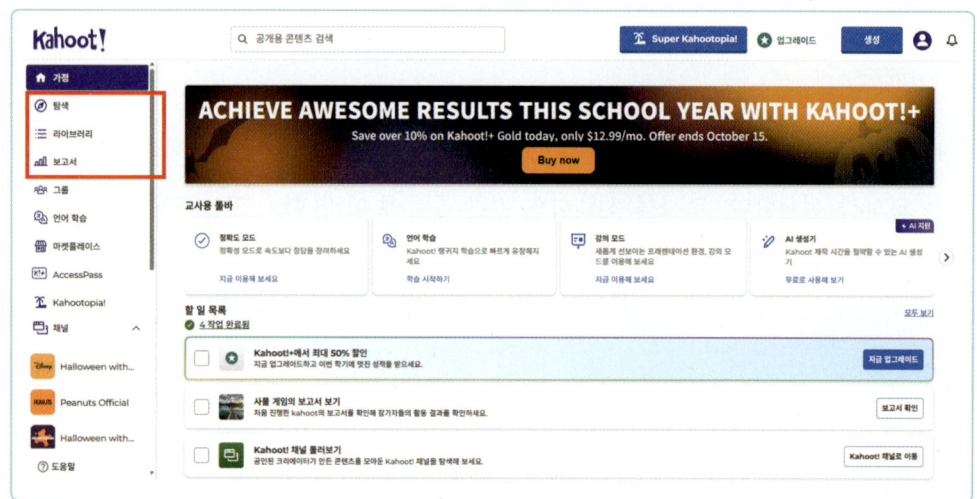

<그림 4-3> 로그인 후 기본 화면

- 탐색: 다른 사용자들이 미리 제작한 퀴즈(Kahoot)를 찾아볼 수 있는 공간이다. 다양한 기능과 주제로 만들어진 퀴즈 중에서 수업에 알맞은 것을 찾아 수정하여 활용할 수 있다.

- ≡ 라이브러리 : 제작한 퀴즈가 저장되는 공간이다. 제작한 퀴즈를 확인하고 관리할 수 있다.
- 📊 보고서 : 끝났거나 진행 중인 퀴즈의 현황을 살펴볼 수 있는 메뉴다. 항목별로 퀴즈, 학생에 따른 점수 등 상세한 결과를 제공한다.

② 퀴즈(Kahoot) 만들기

<그림 4-4> 퀴즈 생성하기

우측 상단에 있는 생성 을 클릭하여 새로운 학습 활동을 만든다. 생성 을 누르면 세 종류의 제작 옵션이 등장한다.

- Kahoot : 실시간 퀴즈를 만들 수 있다.
- 스토리 : 게시판처럼 시청각 자료와 글을 함께 올릴 수 있는 기능을 제공한다.
- 학습 과정 : 앞에서 만든 카훗과 스토리를 바탕으로 학생별 온라인 교실을 만들 수 있다.

기존에 만들어 둔 퀴즈 파일이 있다면 PDF로 변환하여 바로 올릴 수 있다. 최근에는 AI가 발전하면서 개괄을 입력하면 퀴즈로 변환하는 데 도움을 주는 기능도 생겼다. 바로 퀴즈를 만들고 싶다면 빈 캔버스 를 선택하면 된다.

③ 퀴즈 문항 설정하기

<그림 4-5> 퀴즈 문항 설정하기

새 퀴즈를 만들기 시작하면 좌측 상단의 설정 을 눌러 퀴즈의 기본 정보를 설정한다.

- 제목 및 설명 : 퀴즈의 제목과 설명을 입력한다.
- 표지 이미지 : 퀴즈를 대표하는 이미지를 설정할 수 있다.
- 보여 주기 : 퀴즈를 공개할지 비공개로 할지 선택한다.
- 아래에 저장 : 퀴즈가 저장될 폴더를 지정한다.
- 언어 : 퀴즈에 사용될 언어를 선택한다.

다음으로 퀴즈 문항과 관련된 세부 설정을 진행한다. 퀴즈를 누르면 다양한 질문 유형을 고를 수 있다. 현재 무료로 제공되는 유형은 2가지다.

- 퀴즈 : 사지선다(객관식) 퀴즈로, 질문과 사진을 보고 정답을 고르는 유형이다.
- 진실 또는 거짓 : 명제에 대해 진실 또는 거짓을 고르는 유형이다.

그 외의 공통 설정 항목은 다음과 같다.

- 시간 제한 : 한 문제당 배정되는 시간을 선택한다.
- 점수 : 문제의 배점을 선택한다.
- 답변 옵션 : 답항의 개수를 정할 수 있다.

④ 유형별 퀴즈 제작하기

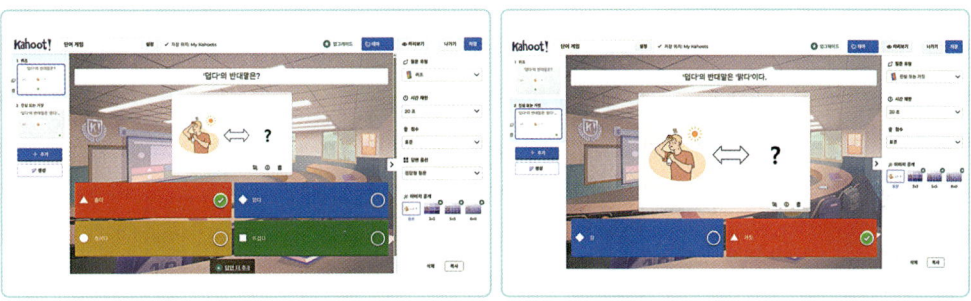

<그림 4-6> 사지선다 퀴즈와 OX 퀴즈 만들기

퀴즈를 만드는 방법은 다음과 같다. 먼저 상단의 빈칸에 질문을 작성하고, 아래 색깔 바에는 보기를 작성한다. 그리고 정답이 되는 보기의 해당 바 안에 있는 원형 표시를 눌러 정답을 체크한다. 또한 문항을 푸는 데 도움이 될 만한 이미지나 동영상을 추가할 수 있다. 이는 학습자의 이해를 돕고 시각적인 흥미를 유발한다. 그리고 좌측에서 질문을 추가할 수 있다. 퀴즈의 순서를 바꾸고 싶다면 좌측 사이드바에서 드래그하여 순서를 자유롭게 조정할 수 있다. 진실 또는 거짓 유형은 앞서 설명한 퀴즈 유형과 동일하게 설정한 다음에 명제가 진실이면 참에, 거짓이면 거짓에 체크 표시를 한다. 만약 수정 사항이 많지 않은 퀴즈를 하나 더 출제한다면 우측 아래의 복사 를 눌러 복사할 수 있다. 퀴즈를 삭제하고 싶은 경우에는 복사 옆에 삭제 를 누르면 된다. 모든 문제 출제를 마쳤으면 우

측 상단의 저장 을 누른다.

- 추가 : 이어서 문제를 만들기 위해서는 좌측에서 추가 를 누른다.
- 미디어 슬라이드 : 답에 대한 자세한 설명을 제공하고 싶다면 추가 를 누르고 미디어 슬라이드에서 클래식 을 선택해서 해설을 작성할 수 있다.

⑤ 퀴즈 실행 및 과제 할당

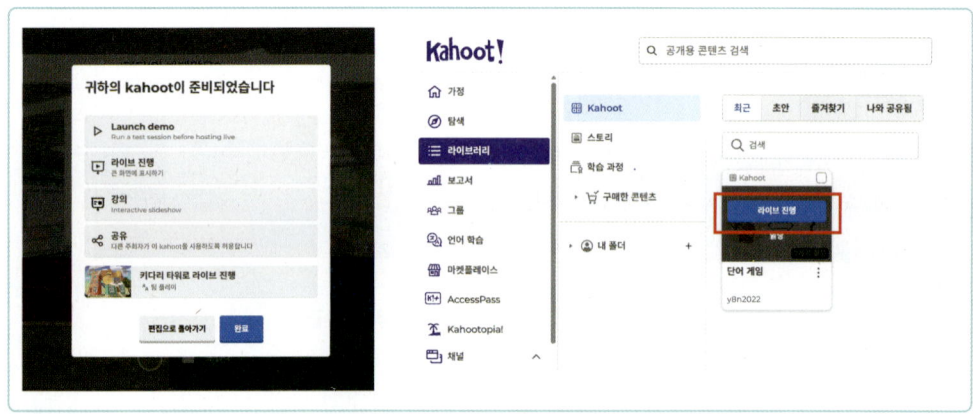

<그림 4-7> 퀴즈 실행하기

앞 단계에서 저장 을 누르면 위와 같은 화면이 등장하며, 퀴즈를 실행하거나 공유할 수 있는 옵션이 나타난다.

- Launch demo : 미리보기를 할 수 있다. 오타나 진행 내용을 확인하고 싶을 때 사용한다.
- 라이브 진행 : 바로 학습자들과 실시간 게임을 진행할 수 있는 화면으로 넘어간다.
- 강의 : 강의용 화면으로, 게임은 진행되지 않고 퀴즈를 보며 설명하는 용도로 활용한다.

- 공유 : 학습자에게 QR 코드나 URL을 전달할 때 사용할 수 있다.

바로 확인이나 게임을 진행하지 않을 것이라면 완료 를 눌러 편집을 마칠 수 있다. 위의 방법 외에도 라이브러리 에서 게임을 실행하는 방법도 있다. 라이브러리 에 들어가면 라이브 진행 을 실행하여 실시간으로 게임을 진행하거나, 할당 을 선택하여 학생들에게 과제로도 부여할 수 있다. 먼저 실시간으로 게임을 진행하는 방법을 살펴보자.

⑥ 실시간 퀴즈 진행

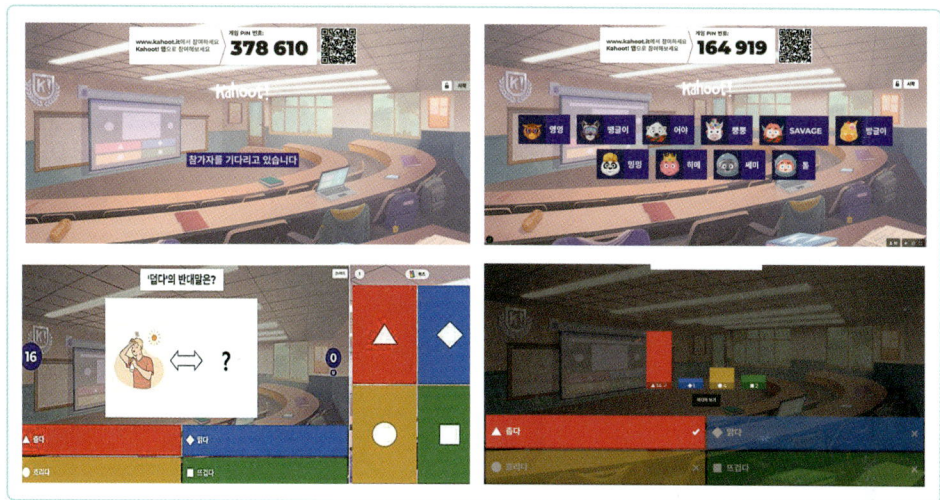

<그림 4-8> 퀴즈 진행하기

앞 단계에서 라이브 진행 을 눌러 게임 PIN 번호나 QR 코드를 공유하여 학습자들을 퀴즈에 입장하게 한다. 학습자들은 자유롭게 닉네임을 설정할 수 있고, 학습자들이 모두 입장하면 시작 을 눌러 퀴즈를 실행한다. 학습자는 교사가 보여 주는 화면을 읽고 제한 시간 내에 정답을 고른다. 한 문제를 풀 때마다 정답과 함께 보기별로 선택한 학생 수가 표시된다.

 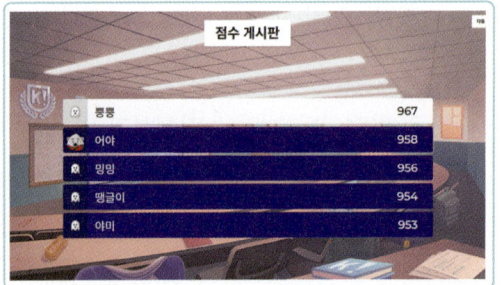

<그림 4-9> 퀴즈 진행 후 결과 확인하기

퀴즈를 하나씩 풀 때마다 참여자별 점수가 제시되며, 모든 퀴즈가 끝나면 누적 점수별 등수를 표시하는 화면이 등장하는데 이러한 랭킹 시스템을 통해 학생들의 흥미를 유발하고 동기를 부여할 수 있다.

⑦ 할당

<그림 4-10> 퀴즈 할당하기

실시간 퀴즈가 아닌 학생들에게 과제로 제공하기 위해서는 라이브러리에 들어가서 해당 퀴즈에서 할당 을 눌러 설정한다. 퀴즈를 할당하면 먼저 마감 날짜와 시간을 정할 수 있다. 이는 학생들이 정해진 기간 안에 자율적으로 과제를 수행하도록 유도한다. 그리고 옵션에서는 타이머 설정, 답변 순서 무작위화, 별명 사용 유무 등을 정할 수 있다.

그 후에 생성 을 누르면 QR 코드, Game PIN, URL이 생성된다. 이를 복사하여 학생들에게 한 가지 방법으로 입장할 수 있도록 안내한다.

⑧ 보고서

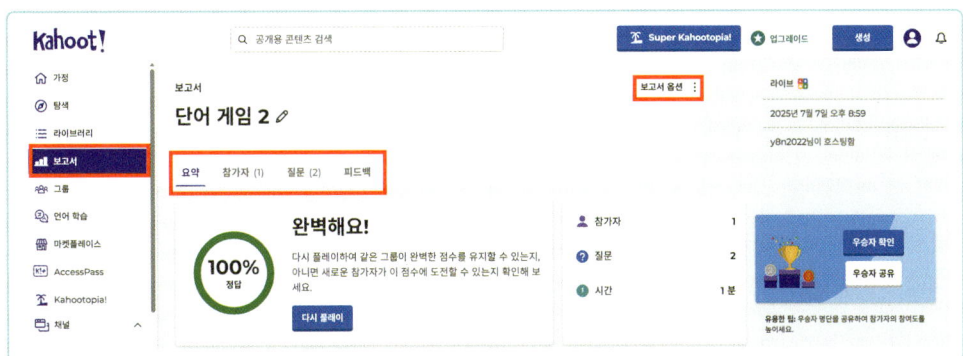

<그림 4-11> 퀴즈 종료 후 상세 결과 확인하기

실시간 또는 과제로 할당된 게임이 끝난 후 보고서 에 들어가면 시행 시간별로 만들어진 보고서를 확인할 수 있다. 보고서에는 다음과 같은 상세한 결과를 확인할 수 있다.

- 요약 : 게임에 대한 전체 결과 요약본을 제공한다. 총점, 평균 점수 등 전반적인 학습 성과를 파악할 수 있다.
- 참가자 : 참여자별 결과를 보여 준다. 학생별 점수, 정답률 등을 개별적으로 확인할 수 있어 각 학생의 학습 진도를 파악하는 데 용이하다. 학생의 이름을 누르면 정답을 맞히는 데 걸린 시간, 획득 포인트 등 더욱 상세한 개인별 결과를 확인할 수 있다.
- 질문 : 문항별 결과를 보여 준다. 각 문항의 정답률을 확인할 수 있으며, 특정 문항을 클릭하면 해당 문항과 관련된 통계 내용을 상세하게 파악할 수 있다.
- 피드백 : 교사가 퀴즈에 대해 남긴 피드백을 모아서 볼 수 있는 메뉴다.

이러한 보고서 내용은 상단의 보고서 옵션 을 눌러 파일로 다운로드하거나 인쇄할 수도 있다. 이는 교사가 학습 데이터를 기반으로 맞춤형 피드백을 제공하고, 다음 수업 계획을 수립하는 데 매우 유용한 자료가 된다.

4.2.2. 제시와 설명에서 게임 활용하기

수업에서 제시는 주제와 관련된 목표 어휘와 문형을 설명하고 학습자가 익히는 단계이다. 한국어교육 현장에서는 주로 교사 위주로 문법 규칙과 예문 중심의 설명이 이루어진다. 그러나 단순한 구두 설명만으로는 한계가 있기 때문에 학습자의 인지적 흥미를 높이기 위해 다양한 게이미피케이션 기법을 함께 도입할 수 있다. 게임을 통해 제시되는 언어 자료는 학습자가 스스로 규칙을 발견하거나 언어 간 유사점과 차이점을 탐색할 수 있는 기회를 제공한다.

많은 게임 중 보드게임은 이러한 목표를 충족시키기에 적합한 방식 중 하나이다. 예를 들어 문법 규칙이나 어휘 항목을 중심으로 보드판을 구성하고, 주사위를 던져 해당 칸에 있는 질문이나 과제를 해결하면 앞으로 나아가는 형태로 진행할 수 있다. 예를 들어 '-(으)ㄴ 적이 있다/없다' 표현을 학습할 때는 보드게임의 상단에 문형을 제시하고 칸마다 한국에서 할 수 있는 경험을 배치한다. 교사가 예시로 함께 진행해 본 뒤 학습자가 게임을 하며 학습자는 문형의 사용 맥락과 문법 규칙을 자연스럽게 내면화할 수 있다.

또한 보드게임 외에도 방탈출 게임 형식을 활용할 수 있다. 하나의 문형 중심 활동에서 더 나아가 방탈출 게임은 여러 문형을 대상으로 과제를 해결하면서 유사 문형을 복습하고 새로운 문형의 통사 규칙을 익히기에 적합하다. 예를 들어, 한국어 이유 표현을 총복습하면서 새로운 이유 표현을 배우는 활동으로 활용할 수 있다. 방마다 학습자들이 잘못된 문장을 힌트를 참고해 수정하거나, 어순이 뒤바뀐 문장을 올바르게 배열하는 과제를 해결하며 문장 구조와 어미 변화에 대한 이해를 심화할 수 있다.

이처럼 제시 및 설명 단계의 게이미피케이션은 단순한 전달식 수업을 넘어서 학습자가 스스로 언어 규칙을 추론하도록 돕는 데 목적이 있다. 시각 자료와 게임 요소를 통해 학습자들의 인지적 부담을 줄이면서도 흥미를 느끼게 할 수 있어 학습 효과를 높이는 데 실용적이다.

더 알아보기

Wordwall이나 Quizlet 같은 에듀테크 도구들도 목표 어휘와 문형을 학습자가 반복적으로 익히고 정리할 수 있도록 돕는 데 효과적인 도구로 꼽힌다.

- Wordwall　https://wordwall.net

Wordwall은 교사가 직접 다양한 학습 게임을 만들고 공유할 수 있는 게이미피케이션 플랫폼이다. 퀴즈, 짝짓기, 순서 배열 등 다채로운 템플릿을 활용해 한국어 어휘, 문법, 읽기 활동 등을 게임 형태로 제작할 수 있다. 답안이 있는 퀴즈뿐만 아니라 자유 주제를 활용할 수 있는 템플릿이 마련되어 있다.

- Quizlet　https://quizlet.com/kr

Quizlet은 주로 어휘 학습에 특화된 디지털 플래시 카드 기반의 학습 도구다. 교사가 목표 어휘와 문형을 플래시 카드로 제작해 학습자에게 제시하고, 학습자는 카드의 뜻과 예문을 보며 규칙과 사용 맥락을 반복적으로 익힐 수 있다. 또한 받아쓰기, 테스트, 매치 게임 등 다양한 학습 모드를 활용해 제시 단계 이후에도 개별 복습과 확인 학습으로 자연스럽게 확장할 수 있다는 점이 특징이다.

4.2.3. 연습과 활용에서 게임 활용하기

한국어교육에서 연습 단계는 목표 표현이나 내용을 반복적으로 연습하고, 실제 사용 맥락 속에서 의미 있게 적용해 보는 활동으로 이루어진다. 이후 활용 단계에서는 학습자가 실제 상황과 유사한 맥락에서 배운 내용을 자연스럽게 사용해 보고, 다른 표현이나 기능과 결합해 표현의 폭을 확장해 나간다. 실제 교육 현장에서는 주로 워크북이나 짝 활동이 활용되지만, 특정 기능만 연습할 수 있고 연습 상대가 제한적이어서 실제 의사소통 상황과 같은 몰입감을 주기에는 한계가 있다.

연습과 활용 단계에서는 단순히 대화를 만드는 것을 넘어 문장 만들기 릴레이 게임이나 제한 시간 안에 문제를 풀어내는 활동처럼, 학습자들이 오늘 배운 표현이나 주제를 자연스럽게 쓰고 말하게 할 수 있다. 쓰기 기능도 게임 요소를 결합해 짧은 이야기 만들기나 주어진 단어·문형을 모두 사용해 글을 완성하는 방식으로 진행하면, 학습자가 재미있게 쓰기를 연습하고 표현력을 확장할 수 있다.

그리고 연습과 활용 단계의 게임은 평가 도구로도 활용할 수 있다. 팀 활동 중 표현 사용의 적절성이나 어휘의 다양성을 관찰해 형성평가로 연계하거나, 학습자 스스로 자신의 언어 사용을 돌아보며 반성적 사고를 기를 수도 있다. 이처럼 연습과 활용 단계의 게임은 학습 내용을 정착시키고 학습자 중심 수업과 자기 주도성을 실현하는 데에도 중요한 역할을 할 수 있다. 여기서는 앞서 소개한 도구들에 이어 QuizN을 통해 게임으로 즐기는 수업을 살펴본다.

(1) QuizN   https://www.quizn.show/

QuizN은 한국에서 개발한 게이미피케이션 플랫폼이다. 실시간 퀴즈, 협력 보드, 미션 등 다양한 학습 활동을 제공하며, 특히 한국어의 특성을 살린 초성 퀴즈 기능은 학생들의 적극적인 참여와 효율적인 언어 학습을 유도한다. 또한 게시판, 방탈출과 같은 다양한 활동이 가능해 한국어 수업에서 연습과 활동에서 활용하기 용이하다.

① 계정 생성 및 메뉴 탐색

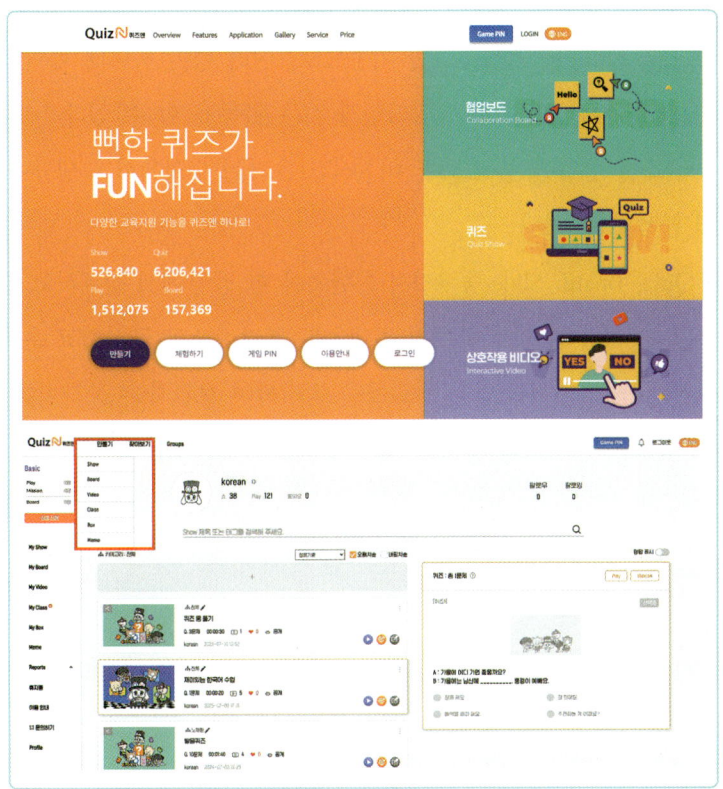

<그림 4-12> QuizN 홈페이지와 기본 메뉴

QuizN 홈페이지에서 ⬚Log in⬚ 버튼을 눌러 회원 가입을 하거나 기존 계정으로 로그인 할 수 있다. 로그인하면 메인 화면이 나타나며, 좌측 상단의 메뉴를 통해 다양한 기능을 이용할 수 있다.

- ⬚만들기⬚: 퀴즈(Show), 협업 보드(Board), 퀴즈가 삽입된 영상(Video), 자료 폴더(Box) 등을 만들 수 있다.
- ⬚찾아보기⬚: 다른 사용자들이 미리 제작한 Show, Board, Video, Box 등을 찾아볼 수 있는 메뉴다.
- ⬚Show⬚: 퀴즈를 만들고 실시간 현장, 원격 등으로 진행하는 페이지다.
- ⬚Board⬚: 협업 보드를 기반으로 한 기능으로, 여러 명이 하나의 페이지를 공유하여 볼 수 있다. 담벼락, 방탈출, 타임라인과 같은 활동을 할 수 있다.
- ⬚Video⬚: 퀴즈를 삽입한 영상으로, 비실시간 온라인 수업에서 학생들에게 과제를 제시할 때 활용할 수 있다.
- ⬚Class⬚: Quiz, Board, Slide 등 3가지 콘텐츠를 한 공간에서 설계하고 관리하며 수업을 진행할 수 있다. 수업에서 여러 콘텐츠를 효과적으로 구성하고 운영할 수 있다.
- ⬚Box⬚: 컴퓨터의 폴더처럼 만든 자료들을 정리하여 보관하는 공간이다.
- ⬚Meme⬚: 학생들이 퀴즈를 풀었을 때 노출되는 정답, 오답 문구나 이미지를 등록하여 학습의 재미를 더할 수 있다.
- ⬚Reports⬚: 학습자가 진행한 활동의 결과를 자세히 확인할 수 있다.

본인이 제작한 Show, Board, Video, Class, Box, Meme은 좌측 메뉴에서 언제든지 확인이 가능하다.

② 퀴즈(Show) 만들기

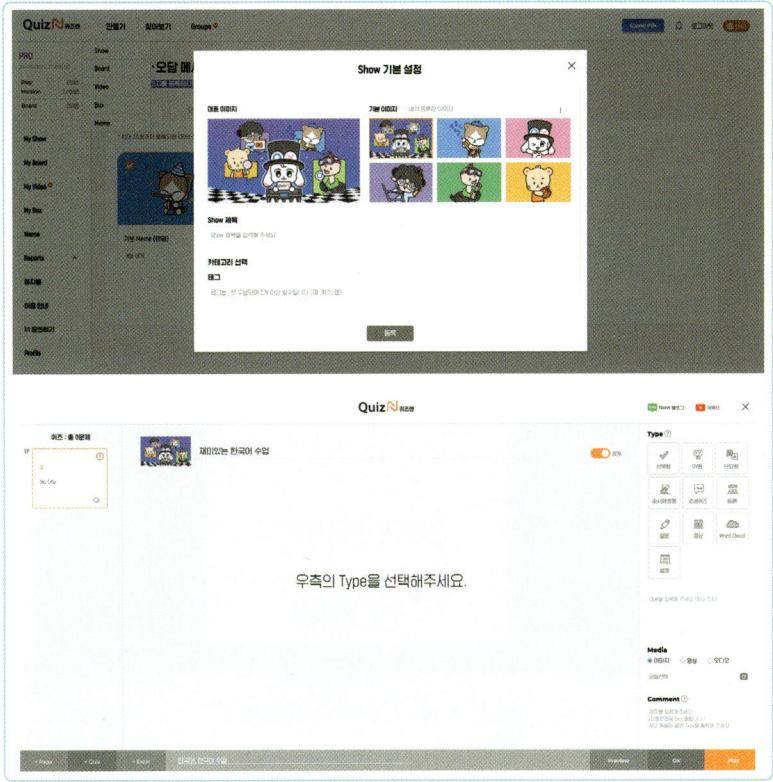

<그림 4-13> 퀴즈 생성하기

퀴즈 제작 화면에서 우측 상단의 Type 에서 문제 유형을 선택할 수 있다. QuizN은 객관식, OX, 단답형, 순서 완성형 등 Kahoot!과 유사한 기본 유형들을 제공하며 초성 퀴즈, 토론, 설문, Word Cloud도 제공한다. 초성 퀴즈 유형을 선택하면 한국어의 특성에 맞춰 초성으로 정답을 유추하는 퀴즈를 만들 수 있다. 그리고 토론, 설문, Word Cloud와 같은 유형들은 퀴즈보다는 학생들과 함께 이야기하고 의견을 공유하는 활동에 적합하다.

③ 선택형 퀴즈 제작 예시

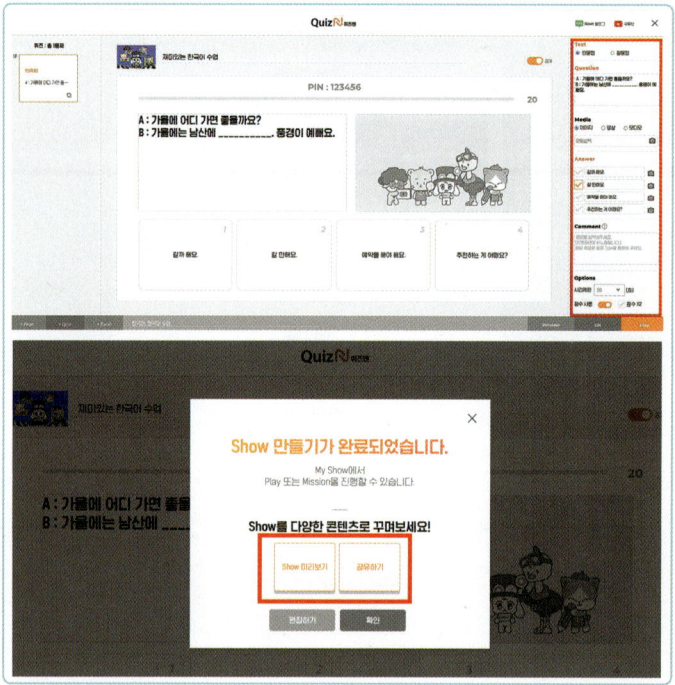

<그림 4-14> 퀴즈 문항 설정하기

- Text : 선택형에서 질문으로 사용할 텍스트의 종류(단문, 장문)를 고른다.
- Question : 퀴즈 질문을 입력한다.
- Media : 퀴즈에 이미지, 영상, 오디오 등 다양한 미디어를 삽입할 수 있다. 오디오를 삽입하면 듣기 활동으로도 사용할 수 있다.
- Answer : 보기를 입력하고 왼쪽에 있는 체크 표시를 활용하여 정답을 체크한다.
- Option : 문제당 노출 시간과 점수를 조정한 다음, 가장 하단의 저장 버튼을 누른다.
- Show 미리보기 및 공유하기 : 저장 을 누른 후 하단의 회색 바 우측에 있는 OK 를 누르면 Show 미리보기 화면이 나타난다. 여기서 배포 전 실제 화면으로 퀴즈를 확인

할 수 있고, 공유하기를 눌러 QR 코드와 URL을 얻어 학생들에게 제공한다.

퀴즈를 제작할 때 입력 내용은 실시간으로 화면 오른쪽에 반영되므로, 확인하면서 수정할 수 있다. 퀴즈가 생성되면 언제든지 제작한 퀴즈를 확인할 수 있고, 생성된 퀴즈 화면 하단의 주황색 Play 버튼을 누르면 퀴즈 진행 방식을 설정하는 화면이 나타난다.

④ 퀴즈 진행 방식 설정 및 플레이

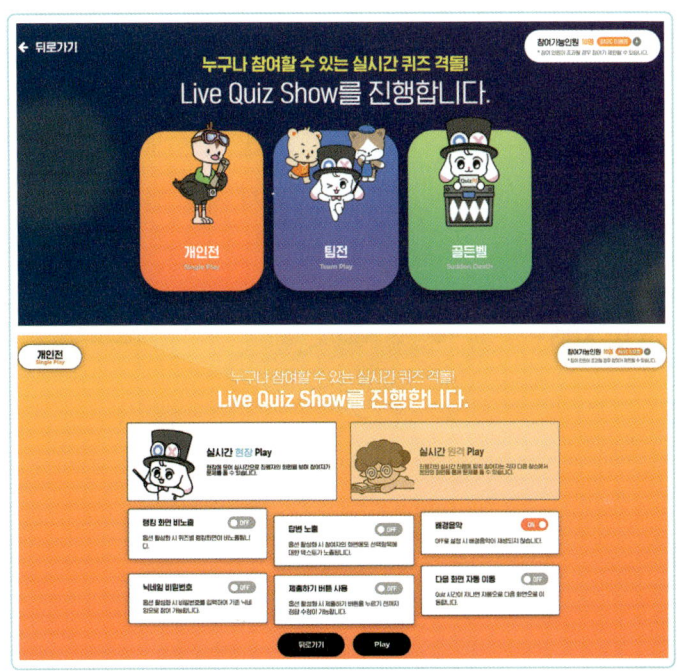

<그림 4-15> 퀴즈 진행 방식 설정하기

퀴즈 진행 방식은 게임 모드와 환경에 따른 퀴즈 진행 옵션을 선택할 수 있다. 게임 모드 선택에는 개인전과 팀전, 그리고 골든벨이 있고 퀴즈 진행 방식에는 실시간 현장 Play와 실시간 원격 Play가 있다.

- 개인전 : 학생이 개별 참가하여 퀴즈를 푸는 방식이다.
- 팀전 : 학생들이 팀을 이루어 퀴즈를 푸는 방식이다.
- 골든벨 : TV 프로그램처럼 함께 문제를 풀고 중간에 문제를 틀리면 탈락하는 방식이다.
- 실시간 현장 Play : 학습자와 교사가 대면 수업에서 활용하기 좋은 방식으로 전체가 한 화면을 보며 진행하는 방식이다.
- 실시간 원격 Play : 온라인 수업에서 각기 다른 장소에 있는 경우 개별적으로 화면을 보며 활용할 수 있다.

이 외에도 학습자의 순위를 보여 주는 랭킹 화면, 답변 노출, 배경음악 여부, 정답 입력 시 제출하기 버튼 사용 여부, 퀴즈 시간 초과 시 자동 화면 넘김 설정 등 다양한 옵션을 학습 환경에 맞게 설정할 수 있다.

⑤ 퀴즈 참여 및 진행

<그림 4-16> 퀴즈 참여하기

앞선 단계에서 Play 를 누르면 게임 시작 화면이 뜨고 PIN을 입력하거나 QR 코드 버튼을 눌러 입장할 수 있다. 참여자가 입장하면 닉네임과 함께 아래 네모 박스에 프로필이 뜨며 상단에 인원수가 표시된다. 모든 학생이 입장하면 하단의 시작 버튼을 눌러 게임을 진행한다.

<그림 4-17> 퀴즈 진행과 결과 확인하기

실시간 현장 play의 경우 게임이 시작되면 교사가 보는 화면에는 문제와 보기가 제시된다. 학생들은 교실에 있는 전체 화면에서 문제와 보기를 확인하고 개인 스마트폰이나 태블릿 화면에서 색깔로 표시된 버튼 중 답이라고 생각되는 것을 누르면 된다. 문제를 푸는 화면 상단에 있는 바에 연필이 이동하며 문제 풀이 시간의 흐름을 나타낸다. 그리고 보기 화면 왼쪽 상단에 답을 선택한 학생 수를 확인할 수 있는데 학생들이 문제를 모두 푼 경우, 하단에 있는 다음을 눌러 정답을 바로 확인할 수 있다. 다음을 누르면 교사의 화면에 정답과 함께 정답별 학생 수가 나타난다. 학생의 화면에서는 정답자인 경우 점수가 표시된다. 퀴즈가 끝날 때마다 학생 랭킹이 제시되며, 총합 점수의 랭킹을 보고 싶다면 하단의 누적 랭킹을 눌러 확인한다. 게임이 완료되면 1, 2, 3등이 화면에 표시된다.

⑥ Mission 기능 (과제 부여)

<그림 4-18> 퀴즈로 과제 부여하기

게임을 다시 시작하고 싶다면 홈 화면으로 돌아와 My Show 에서 해당 퀴즈를 찾는다. 보라색 버튼을 누르면 실시간 퀴즈를 다시 진행할 수 있다. 그 옆의 다트판으로 된 주황색 버튼을 누르면 Mission 기능이 실행된다. Mission은 학생들에게 과제를 부여하는 것과 비슷한 기능으로, 미션명을 입력하고 기간을 설정하여 활용한다. 퀴즈와 마찬가지로 다양한 옵션을 선택하여 미션을 만든 후 학습자들에게 배포할 수 있다.

⑦ 퀴즈 결과 보고서 (Reports)

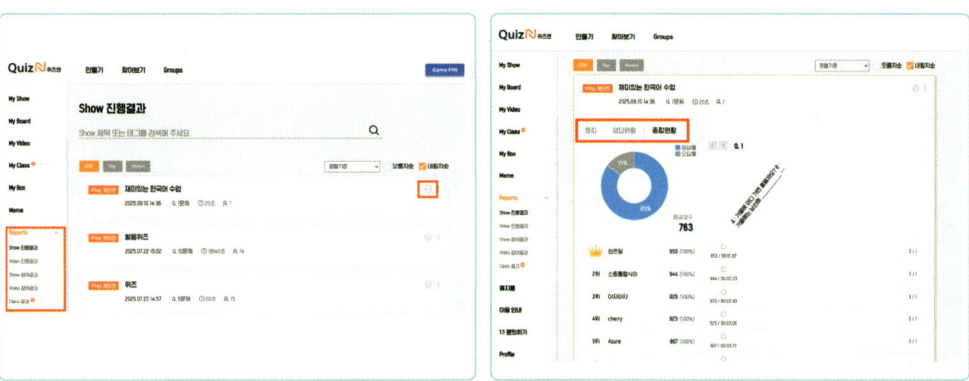

<그림 4-19> 퀴즈 종료 후 상세 결과 확인하기

진행한 퀴즈의 결과를 다시 보고 싶다면 메인 화면 좌측 메뉴에서 Reports 버튼을 눌러 해당하는 게임을 선택한다. 이 메뉴에서는 게임의 랭킹, 문제별 정답률, 평균 점수를 포함한 종합 현황을 조회할 수 있다. Mission의 결과는 퀴즈 결과와 동일하게 Reports 메뉴에서 확인할 수 있다. Mission이 진행 중이라면 Show 진행결과 에서 확인할 수 있으며, 종료되었다면 Show 참여결과 에서 확인이 가능하다.

4.3. 한국언어문화, 메타버스에서 게임으로 즐기기

최근 한국어교육 현장에서는 메타버스 플랫폼을 활용해 게이미피케이션 요소를 접목한 다양한 수업과 활동이 활발하게 운영되고 있다. 그중 '메타버스 세종학당'의 방탈출 게임은 학습자가 가상 공간에서 역할 게임 형식으로 단계별 미션을 수행하며 자연스럽게 한국어 표현과 문화를 익히고, 협업과 문제 해결 과정을 통해 몰입도를 높이는 대표적인 사례로 꼽힌다. 메타버스 세종학당 캠퍼스는 누구나 쉽게 입장할 수 있고, 별도의 설치나 복잡한 절차 없이도 자유롭게 체험할 수 있어 학습자 접근성이 높으며, 물리적 공간의 제약을 넘어 상호작용이 가능하다는 점이 큰 장점이다.[6]

여기서는 메타버스 세종학당 캠퍼스 안에 있는 한국 속담을 주제로 한 방탈출 게임 예시를 살펴본다. 이 방탈출 게임은 학습자가 가상 공간에서 역할 게임 요소를 기반으로 단계별 미션을 해결하면서 속담 표현을 배우고, 자연스럽게 복습과 확장 학습으로 이어지도록 구성되어 있다. 한국어 수업에서는 속담 학습 과정에서 사전 학습 활동으로 활용할 수도 있고, 관련 차시를 마친 뒤 복습이나 확장 활동으로도 충분히 적용할 수 있다.

6　메타버스 세종학당에서 수업하기와 관련한 내용은 박찬 외(2022)를 참고할 수 있다.

(1) 메타버스 세종학당 방탈출 게임

① 메타버스 세종학당 입장하기

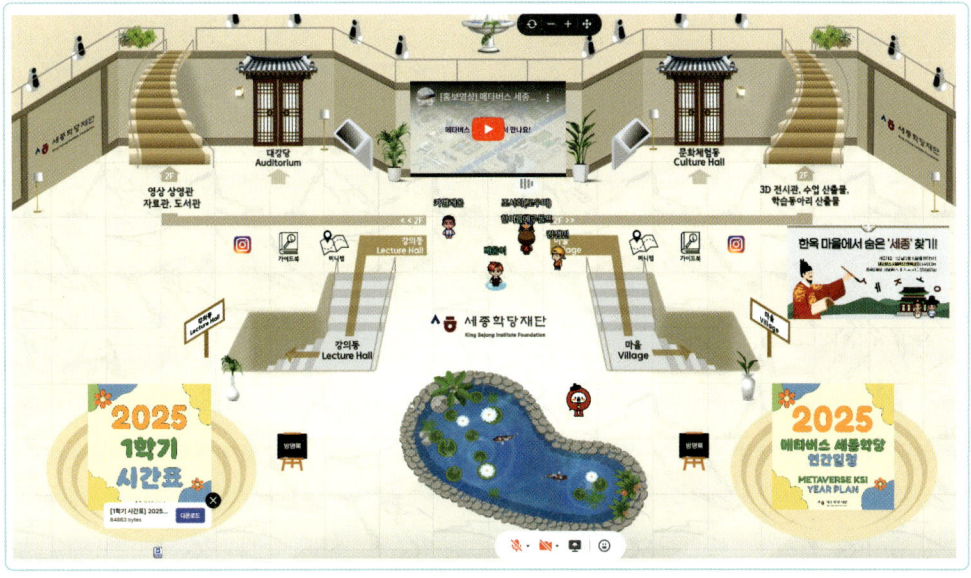

<그림 4-20> 메타버스 세종학당 캠퍼스

세종학당재단 홈페이지에 들어가면 홈 화면에서 메타버스 세종학당이 있고 이를 눌러 메타버스 세종학당으로 이동할 수 있다. 또는 https://zep.us/@ksif로 바로 접속할 수도 있다. 처음 접속하면 위와 같이 메타버스 세종학당 연못 광장으로 입장하게 된다. 이어서 캠퍼스 내에서 방향키를 통해 움직이면 아래와 같이 방탈출 게임이 있는 곳으로 이동할 수 있다.[7]

---

7 방탈출 게임은 연못 광장 말고도 메타버스 세종학당 캠퍼스 내에 다양한 공간에 구성되어 있어서 캠퍼스를 이동하면서 중간에 만날 수도 있다.

② 방탈출 게임 입장하기

<그림 4-21> 방탈출 들어가기

　　방탈출 게임에 참여를 원하는 경우 속담 방탈출 공개! 입장 화면을 확인하고 클릭(F4)하면 다음 공간으로 이동하게 된다. 이동된 화면에서는 방탈출과 관련된 안내가 나오고 화면에 등장하는 캐릭터들을 통해 '방앗간', '속담'의 의미가 제시된다. 순서대로 안내를 읽고 세종방앗간으로 이동하면 본격적인 방탈출 문제 풀이 회랑으로 입장하게 된다.

③ 방탈출 게임

<그림 4-22> 회랑 들어가기

　　회랑에는 오른쪽으로 이동하면서 떡 을 클릭(F4)하면 웹툰 형태의 속담 이야기를 열

람할 수 있으며, 이후 떡 옆에 있는 캐릭터가 문제를 제시하고 해당 문제를 풀면 스탬프를 획득하게 된다.

<그림 4-23> 방탈출 게임 문제 풀기

④ 게임 후 확장 연습

총 5개의 문제를 풀고 스탬프를 모두 모으면 회랑을 탈출해 아래 화면과 같이 방앗간으로 이동할 수 있다.

<그림 4-24> 방앗간 이동해서 복습하기

탈출에 성공하면 위와 같이 방앗간으로 이동하게 되고, 방앗간 안에서는 획득한 떡을 다시 클릭하며 속담 표현을 복습할 수 있다.

⑤ 상호작용하기

<그림 4-25> 방탈출 종료 후 패들렛으로 상호작용하기

방탈출 후 관련 활동까지 마치면 방앗간 왼쪽에 있는 방명록(Padlet)을 활용해 다른 학습자와 느낀 점이나 의견을 공유하며 상호작용을 할 수 있다.

이처럼 학습자는 가상 공간 안에서 문제를 해결하고 성취를 경험하면서 자연스럽게 한국어 표현과 문화 요소를 내면화할 수 있다. 교사는 이를 통해 학습자의 흥미와 참여도를 높이고, 협업과 상호작용을 이끌어내며 수업 몰입도를 극대화할 수 있다.

4.4. 놀이와 학습의 경계를 넘어 미래 교육으로 나아가기

게이미피케이션은 단순한 놀이를 넘어 교실을 더 활기차게 만들고, 학습자의 몰입과 성취를 이끄는 효과적인 수업 전략이다. 디지털 원어민 세대의 학습 현장에서는 다양한 에듀테크 도구들이 게임의 핵심 요소를 담아내며 수업에 활용되고 있다. 이러한 교육의 디지털 전환 속에서 이윤서·노채환(2025)은 교사와 학습자 모두 디지털 문해력을 갖추어야 하며, 한국어 교사에게 요구되는 역량도 TPACK(Technological Pedagogical and Content Knowledge)을 중심으로 테크놀로지 지식 역량을 강화해야 한다고 강조한다.

수업 전반에 걸쳐 게임적 요소를 유기적으로 활용하면, 학습자는 주어진 문제를 스스로 해결하고 동료와 협업하며, 성취를 쌓아가며 성장의 즐거움을 경험할 수 있다. 게이미피케이션은 학습자 중심의 수업을 실현하는 힘이자, 미래 교육을 선도하는 열쇠가 될 것이다. 이러한 변화는 놀고, 즐기고, 몰입하는 수업 문화를 가능하게 하고, 교사와 학습자가 함께 만들어 가는 한국어교육 현장에 새로운 활력을 더할 수 있을 것이다.

 **생각해 보기**

교육 현장에서 게이미피케이션의 적용과 앞으로의 과제 대해 다음을 생각해 보자.

- 게이미피케이션이 단순한 외적 보상(포인트, 배지 등)에만 머물지 않고 학습자의 흥미와 내적 동기를 이끌어 내기 위해, 교사는 수업을 어떻게 설계해야 할까?
- Kahoot!, QuizN, Quizlet, Wordwall, 메타버스 방탈출과 같은 게이미피케이션 활동 중에서 자신의 수업에서 가장 적합한 방법은 무엇인가? 하나의 도구를 선택해 게이미피케이션을 적용해 보고 효과적인 수업 운영 방식에 대해 토론해 보자.
- "게이미피케이션은 미래 교육을 선도하는 열쇠"라는 말에 대한 자신의 생각을 말해 보자. 우려되는 점과 주의할 점은 무엇인지 생각해 보자.

실감형 콘텐츠(VR·AR·메타버스)를 활용한 몰입형 학습

오늘날 학습자들은 교실 밖에서 영상을 시청하거나 게임을 즐기고, 메타버스를 경험하며 자연스럽게 한국어와 한국문화를 접하고 있다. 교사와 예비 교사에게 중요한 과제는 이러한 디지털 경험을 교실 속 학습으로 자연스럽게 연결하는 것이다. 그렇다면 교실에서는 이 흐름을 어떻게 이어갈 수 있을까? 어떤 방식으로 학습자의 흥미와 몰입을 이끌어 낼 수 있을까? 이 장에서는 VR·AR·메타버스와 같은 실감형 콘텐츠를 수업에 적용하는 방안을 살펴본다. 단순히 새로운 기술을 도입하는 데 그치지 않고, 학습자가 언어와 문화를 더 깊이 체험하고 상호작용할 수 있도록 돕는 구체적인 방안을 제시하고자 한다. 이를 위해 VR을 활용한 문화 수업, AR 기반의 상호작용 활동, 메타버스를 중심으로 한 프로젝트 학습 사례를 통해 교사가 실제 수업에서 활용할 수 있는 다양한 아이디어와 플랫폼을 소개한다.

5.1. 실감형 콘텐츠와 교육의 융합

누구나 한 번쯤 가상현실(VR) 고글을 쓰고 다른 세계에 들어가 본 경험이 있을 것이다. 이제 이러한 기술은 단순한 놀이를 넘어 교실로 들어오고 있다. 학생들은 교과서 대신 가상 공간에서 역사 유적지를 탐험하고, 실험실 대신 증강현실로 과학 실험을 체험한다.

실감형 콘텐츠는 다양한 학습 환경에서 체험 중심의 수업을 가능케 하는 매개체이다. 언어 교육도 예외가 아니다. 학생들은 외국어 단어를 암기하는 데 그치지 않고, 증강현실 속 실제 장면에서 그 단어가 사용되는 맥락을 직접 확인한다. 메타버스(Metaverse) 교실에서는 전 세계 학습자들과 아바타를 통해 소통하며 자연스럽게 언어를 익힌다. 언어가 책 속의 문장이 아니라 살아 있는 경험으로 다가오는 것이다.

이러한 변화의 중심에는 XR(확장현실, eXtended Reality) 기술이 있다. XR은 VR(가상현실, Virtual Reality), AR(증강현실, Augmented Reality), MR(혼합현실, Mixed Reality)을 포괄하는 상위 개념이다. 메타버스는 이러한 XR 기술들을 포함하거나 결합하여 작동하는 플랫폼으로 독립적인 기술이라기보다는 XR을 활용한 상호작용 환경이라고 할 수 있다. 그렇다면 VR, AR, MR, 메타버스에 대해 하나씩 알아보자.

VR은 현실과 단절된 3차원 가상 공간에서 사용자가 완전히 몰입할 수 있도록 설계된 기술이다. HMD(Head-Mounted Display)[1]를 착용하면 사용자의 움직임에 따라 가상

---

[1] HMD는 머리에 착용하는 디스플레이 장치로 사용자의 시야를 VR이나 AR 환경과 연결해 주는 장비이다. 머리의 움직임을 추적하여 화면을 실시간으로 조정함으로써 몰입감 있는 체험을 가능하게 한다.

공간이 실시간으로 반응하며 상호작용이 이루어진다(Sala, 2021:49-50). AR은 현실 공간 위에 디지털 정보를 겹쳐 보여 주는 기술이다(Sala, 2021:50). 스마트폰이나 스마트 글라스[2]를 통해 사물에 관련된 어휘나 문장을 실시간으로 시각화할 수 있어 어휘 학습과 실물 기반 회화 활동에 효과적으로 활용된다. MR은 현실과 가상 객체가 동시에 존재하며, 사용자가 디지털로 재현된 객체와 실시간으로 상호작용할 수 있는 기술이다(Sala, 2021:51; Anwar et al., 2025:2). 예컨대 학습자가 가상의 악기를 연주할 경우, 공간 오디오(spatial audio)를 통해 소리가 재현되어 몰입형 체험이 가능해진다. 메타버스(Metaverse)는 다중 접속 가상 공간에서 아바타를 통해 학습자가 참여하는 환경으로 시공간의 제약 없이 언어 학습, 협업, 포용적 학습이 가능하다(Zhang et al., 2022; Anwar et al., 2025).

<표 5-1> XR 기반 실감형 교육 기술

기술	정의	특징 및 효과	교육적 활용 사례
VR	현실과 단절된 3D 가상 공간에 사용자가 몰입할 수 있도록 설계된 기술	몰입감, 실시간 상호작용	가상 유적지 탐험, 가상 마트 체험 등 몰입형 학습
AR	현실 공간 위에 가상의 정보를 겹쳐 보여 주는 기술	현실과 가상의 결합, 실시간 시각 정보 제공	교과서 기반 3D 콘텐츠, 어휘 학습, 실물 기반 회화 활동
MR	현실과 가상 객체가 실시간으로 상호작용하는 기술	현실-가상 융합, 양방향 상호작용	가상 악기 연주 및 피드백, 인터랙티브 콘텐츠 체험
메타버스	현실과 가상이 융합된 다중 접속 3차원 공간	몰입감, 정서적 관여, 실질적 의사소통 능력 및 문화 이해력 강화	메타버스 기반 언어 수업, 글로벌 협업 프로젝트

---

2 스마트 글라스(smart glasses)는 안경 형태의 웨어러블 장치로 렌즈나 디스플레이를 통해 사용자의 시야에 디지털 정보를 겹쳐 보여 주는 기기이다. 주로 AR 콘텐츠 구현에 활용된다.

그렇다면 실감형 콘텐츠가 한국어 교육 현장에서 어떤 교육적 효과를 발휘할 수 있을까? 첫째, 실제 언어 사용 상황을 반영한 가상 환경을 구현함으로써 학습자가 실시간 상호작용을 통해 의미를 구성하도록 돕는다. 둘째, 시각, 청각, 공간 지각 등 다감각적 요소를 활용하여 학습 내용을 직접 체험하게 함으로써 능동적 참여를 촉진한다. 특히 게임 요소나 탐색 기반 과업이 포함된 콘텐츠는 학습자의 흥미와 몰입을 자연스럽게 유도할 수 있다. 셋째, 메타버스 기반의 협업 과제나 역할극 활동은 언어 표현력뿐 아니라, 다양한 문화적 배경을 지닌 사람들과의 의사소통 능력, 즉 문화 간 의사소통 역량(intercultural communicative competence)을 함께 함양할 수 있도록 돕는다(Hatmanto et al., 2023:23). 결론적으로 실감형 콘텐츠는 단순한 보조 도구가 아니라 언어 교육의 패러다임을 근본적으로 바꾸는 매체라고 할 수 있다. 이 장에서는 우리 교사들에게 유용한 VR, AR, 메타버스 기술을 중심으로 수업 적용 사례와 구체적인 활용 방법을 소개하고자 한다.

5.2. VR 기반 한국문화 수업

VR은 실제처럼 보이고 들리는 3차원 공간을 만들어 그 안에서 직접 걸어 다니고 물건을 만지며 경험할 수 있도록 도와주는 기술이다. 단순히 화면을 보는 것이 아니라 몸을 움직이고 시선을 바꾸며 가상의 공간 안을 자유롭게 탐색할 수 있게 해 준다. 이처럼 VR은 몰입감과 실시간 상호작용이 뛰어나 언어와 문화를 함께 배우는 데 매우 적합하다. 지금까지는 교과서 속 사진이나 영상으로만 한국문화를 접하는 경우가 많았지만, VR을 활용하면 학습자가 가상 공간 속으로 직접 들어가서 문화의 한 장면을 살아보는 듯한 경험할 수 있다. 예를 들어, 전통 시장에서 흥정을 하거나 한옥 마을에서 명절 음식을 차려 보는 체험도 가능하다. 책으로 읽는 것과는 전혀 다른 몸으로 느끼는 배움인 것이다.

VR을 수업에 활용한다고 하면 흔히 비싼 장비부터 떠올리기 쉽다. 하지만 꼭 고가의 HMD나 복잡한 시스템이 필요한 것은 아니다. 구글 카드보드(Google Cardboard) 같은 저렴한 VR 뷰어와 스마트폰 하나만 있으면 360도 문화유산 영상이나 가상 박물관 체험과 같은 콘텐츠에 쉽게 접근할 수 있다.[3] 실제로 유튜브에는 한국의 궁궐, 전통 마을, 사찰, 시장 등 다양한 장소를 VR 영상으로 제작한 콘텐츠가 다수 있으며, 이를 교실 수업과 연계하면 텍스트나 사진으로만 접하던 한국문화를 보다 입체적이고 몰입감 있게 경험할 수 있다.

<그림 5-1> 구글 카드보드 뷰어

---

[3] 유튜브에서 '구글 카드보드 만들기'를 검색하면 쉽게 따라할 수 있는 제작 방법 소개 영상을 찾아볼 수 있다.

5.2.1. 한국어교육에서의 VR 활용 사례

(1) VR을 활용한 한국문화 체험 학습[4]

대만의 한 대학교에서는 한국어를 전공하는 대학생들을 대상으로 한국문화 수업을 운영하였다. 이 수업은 교실 안에서 이루어졌지만, 학생들은 마치 한국의 역사 유적지를 직접 걷는 듯한 경험을 했다. 그 비결은 바로 VR 기술이다. 수업의 첫 번째 주제는 '경주 역사유적지구'였다. 학생들은 VR 기기를 착용하고 불국사, 석굴암, 첨성대 등의 유적을 가상공간에서 체험하였다. 단순히 화면을 감상하는 수준을 넘어서 시선을 옮기고 고개를 돌리며 유물을 관찰하고 가상공간 안을 걸어 다니며 몰입감 있는 체험을 했다. 흥미로운 점은 고가의 VR 장비 대신 구글 카드보드와 같은 가성비 높은 스마트폰 기반 VR 헤드셋을 활용하였다는 것이다. 이 장비는 개당 10~30달러 수준으로 구입이 가능하며 유튜브 VR이나 국가 기관에서 제공하는 360도 콘텐츠와 연동하여 손쉽게 사용할 수 있다.[5] 예산이 제한된 교육 환경에서도 충분히 활용할 수 있는 것이다.

수업은 사전 학습 → VR 체험 → 팀별 활동 및 토론 → 발표와 정리의 단계로 구성되었다. 학생들은 VR로 가상 공간을 체험한 후, 가장 인상 깊었던 유물이나 장소에 대해 토론하고, 대만의 역사·문화와 비교하며 문화 간 이해를 넓혀 갔다. 수업 후에는 감상문이나 구술 보고서를 작성하여 한국어 표현 능력도 함께 키웠다. 학생들의 반응은 대체로 긍정적이었다. "책이나 그림, 혹은 동영상으로만 배웠던 장소에 직접 방문한 듯한 느낌이 신기하고 재미있었다.", "한국의 역사에 대해 더 많은 관심이 생겼다.", "한국

---

[4] 해당 수업의 사례는 최세훈(2024)에 상세히 소개되었다.

[5] 360도 영상은 모바일 기기의 자이로스코프 센서를 활용하여 사용자의 시선 방향에 따라 화면이 실시간으로 반응하는 방식으로 재생된다.

의 문화유산에 대한 친밀감과 이해도 역시 높아졌다."라는 피드백이 이어졌다. 특히 관광, 콘텐츠 산업에 관심 있는 학생들은 이 수업을 계기로 진로에 대한 동기를 더욱 구체화할 수 있었다. 물론 VR 기기를 장시간 사용할 경우 피로감이나 어지럼증을 느낄 수 있다는 단점도 있었다. 그럼에도 불구하고, 이 수업은 기술과 교육이 결합하여 어떻게 새로운 방식의 한국문화 체험이 가능해지는지를 보여 주는 대표적 사례라 할 수 있다.

(2) VR을 활용한 상호문화 수업[6]

VR 기술은 단순히 공간을 재현하는 도구를 넘어 문화 간 의사소통 능력을 함양하는 교육에도 효과적으로 활용되고 있다. 실제로 한국과 프랑스의 정원 및 풍경화를 주제로 상호문화 수업 모형을 개발하고, 중급(4급) 수준의 외국인 교환학생 35명을 대상으로 VR 기반 수업을 운영한 사례가 있다. 이 수업은 '정원'이라는 공통 주제를 중심으로 두 문화권의 자연에 대한 인식과 심미적 감수성의 차이를 탐색하는 데 초점을 두었다. 학생들은 창덕궁 후원, 담양 소쇄원, 프랑스 베르사유 정원을 VR 콘텐츠로 체험하며 정원의 구조와 동선을 관찰하고 자연을 다루는 방식의 차이를 시각적으로 비교하였다. 김홍도의 풍경화와 프랑스 인상주의 회화도 함께 제시되어 평면 회화를 VR 기반 이미지 리터러시 자료로 재구성함으로써 능동적인 탐색 활동이 가능하게 했다.

이 수업은 단순한 정보 전달이 아닌 질문, 해석, 비교, 감상 중심의 활동으로 구성되었다. 학습자들은 자문화와 타문화의 인식 틀을 자각하고, 문화적 배경과 맥락을 이해하며, 대상을 바라보는 관점의 차이를 성찰하는 경험을 하였다. 팀별 토의는 패들렛을 활용해 이루어졌는데, 학습자들은 "스스로 자료를 찾고 동료와 토의하며 사고의 깊이를

---

[6] 해당 수업의 사례는 박소연(2024)에 상세히 소개되었다.

더할 수 있었다.", "그림이나 정원을 통해 각 나라 사람들의 생각을 엿볼 수 있다는 점이 신기하고 흥미로웠다.", "타문화를 학습하는 것뿐만 아니라 자문화를 새롭게 이해하는 과정이 좋았다." 등의 긍정적인 반응을 보였다. 특히 시각 중심 콘텐츠를 공간 속에서 입체적으로 경험함으로써 정서적 몰입과 인지적 해석이 동시에 이루어졌다는 점에서 긍정적인 평가를 받았다. 이러한 반응은 VR 기술이 단순한 시청각 자극을 넘어, 학습자의 문화적 성찰과 언어적 표현을 통합적으로 이끌어 낼 수 있는 유의미한 학습 도구임을 보여 준다.

5.2.2. VR 기술을 활용한 한국어교육 방안

VR을 활용한 실제 수업은 어떤 방식으로 구성할 수 있을까? 여기서는 초급 학습자를 대상으로 한 'VR 전통 시장 체험 활동'을 예로 들어, 언어 학습과 문화 이해를 동시에 도모할 수 있는 지도안을 소개한다.

<표 5-2> 초급 학습자를 대상으로 한 VR 전통 시장 체험 지도안

교재	세종한국어 1A	단원	6과. 사과 다섯 개 주세요.
말하기 기능	요청하기	말하기 과제	시장에 가서 물건 사기
학습 목표	한국어로 물건의 수량과 가격을 말하고, 전통 시장에서 필요한 물건을 살 수 있다.		
활동 도구	통인시장, 광장시장 등 시장을 찍은 360도 VR 영상, 스마트폰 + 구글 카드보드		

교수·학습 단계	교수·학습 내용
도입	• 교사가 교재 75쪽의 그림을 보며 질문한다. 　- "시장에 가요?", "무엇을 사요?", "네, 사과를 사요." • 학습 목표를 안내한다. 　- "오늘 시장에 가요. 물건을 사요." 　- "얼마예요?", "한 개 주세요." 말해요.

어휘 및 표현 학습	• 교재 77~81쪽 어휘·표현 학습 및 연습 　– 수량 표현: 고유어 수사 + 단위 명사 (하나, 둘, 셋 + 개, 병 등) 　– 요청 표현: –(으)세요 　– 가격 표현: 얼마예요?
과제 전 활동	• VR 콘텐츠 감상: 서울 통인시장 또는 광장시장 360도 영상 시청 • 영상에 대한 이야기 나누기 　– "시장에 가요. 뭐가 있어요?", "뭘 사요?" • 시장에서 본 물건 그림으로 그려서 이름 쓰기
과제 본 활동	• 짝 활동으로 가게 주인과 손님이 되어 롤플레이 　– 80쪽 대화 예시를 바탕으로 대사 구성하기 　– 롤플레이하기
과제 후 활동	• 친구가 산 물건 말하기 • 비교문화 활동 　– "한국 시장에 **이/가 있어요.", "우리나라 시장에 **이/가 없어요."
마무리	• 학습한 표현 정리하기 • 소감 나누기

5.2.3. 주요 VR 플랫폼 및 도구

VR은 더 이상 특별한 기술이 아니다. 한국어 교사가 간단한 장비와 무료 플랫폼만으로도 한국문화와 역사를 생생하게 전달하는 수업을 설계할 수 있다. 다음은 실제 수업에서 바로 활용할 수 있는 주요 VR 자원들이다.

<표 5-3> 활용 가능한 VR 콘텐츠 플랫폼[7]

유튜브 VR	유튜브에는 '360도 영상'이라는 형식의 콘텐츠가 다수 업로드되어 있다. DMZ 가상 체험, 궁궐 투어, 전통 시장 탐방 등의 주제를 시청각적으로 접할 수 있으며, 학습자들이 스마트폰만으로도 손쉽게 접근할 수 있다는 장점이 있다.

---

[7] 세종학당재단에서도 메타버스 플랫폼에서 활용할 수 있는 다양한 VR 콘텐츠를 제공하였으나 현재는 서비스가 종료되었다.

Google Arts & Culture 한국문화관	• 세계 각국의 박물관과 문화기관의 소장품을 고화질로 감상할 수 있는 플랫폼이다. '대한민국 문화관'에서는 국보, 궁궐, 유적지 등을 360도 혹은 확대 가능한 이미지로 체험할 수 있어, 학습자들의 문화 이해를 넓히는 데 효과적이다.
국립중앙박물관 3D 콘텐츠	• 국립중앙박물관 웹사이트에서는 유물 및 전시관을 3D로 제공하는 콘텐츠를 운영 중이다. 정교하게 복원된 유물의 구조와 질감을 살펴볼 수 있으며, 역사 수업의 시각 자료로도 유용하다.

<표 5-4> 수업 활용을 위한 VR 도구

구글 카드보드	• 저비용으로 VR 콘텐츠를 체험할 수 있는 종이 재질의 VR 기기이다. 스마트폰을 장착하여 간편하게 사용할 수 있어, 학교 및 기관 단체 수업에서 활용도가 높다.
360도 영상 촬영 장비	• Insta360, GoPro MAX 등은 교사가 직접 현장을 촬영하여 VR 수업 자료로 만들고자 할 때 유용한 장비이다. 예컨대 전통시장, 궁궐, 지역 축제 등을 교사가 직접 촬영하여 학습자에게 실감형 학습 경험을 제공할 수 있다.
VR 헤드셋	• Meta Quest 3, Pico 4 등은 몰입감 높은 체험을 제공하는 독립형 VR 기기이다. 컴퓨터 연결 없이도 사용 가능하며, 고화질 영상과 상호작용 기능이 탑재되어 있어 문화 체험 중심 수업에 효과적이다. 발표, 역할극, 탐방 보고 수업 등에 적합하다.

5.3. AR 기반 상호작용 수업

AR 기술은 현실 공간 위에 디지털 정보를 겹쳐 보여 줌으로써 학습자가 실제 환경과 가상의 콘텐츠를 동시에 경험할 수 있도록 한다. 이런 상호작용은 단순히 새로운 경험을 넘어 학습의 몰입도와 효과를 높이는 데 큰 장점이 있다. 예를 들어 AR 캐릭터와 대화를 나누며 말하기를 연습하거나, 눈앞에 떠오른 단어를 눌러 발음을 듣고 따라 하는 활동을 통해 자연스러운 언어 연습이 가능하다. 특히 얼굴을 직접 드러내지 않아도 되기 때문에, 언어 사용에 대한 부담을 줄이고 자신감을 높이는 데 도움이 된다.

AR을 활용하면 어휘나 문법을 단순히 외우는 대신 시각, 청각, 공간 지각 등 다양한 감각을 활용하여 체험적으로 익힐 수 있다. 한국 전통 음식이나 장소 이름을 배울 때 3D 이미지로 직접 보고 느낄 수 있는 것이다. 이러한 방식은 학습자의 흥미와 참여를 높이며, 게임 요소나 과업 중심 활동과 결합될 경우 학습 지속성을 강화할 수 있다. 또한 학습자가 가상의 상황에서 스스로 판단하고 대처하는 경험을 통해 비판적 사고력과 문제 해결 능력을 키울 수 있다.

AR은 협업 활동에도 효과적이다. 학습자들은 가상 공간 속에서 친구들과 함께 의미를 나누고 언어를 협상하면서 실제 의사소통에 가까운 경험을 쌓을 수 있다. 지능형 캐릭터와의 대화나 역할극을 통해 개별 피드백도 받을 수 있다. 무엇보다 AR은 학습자 각자의 속도와 스타일에 맞춘 개인화된 학습이 가능하다는 점에서 주목할 만하다. 교실 밖 생활 공간에서도 학습이 지속될 수 있으며, 교실의 한계를 넘어선 언어 학습의 확장이 가능하다. 이처럼 AR 기술은 '보고, 듣고, 말하며 체험하는' 다채로운 학습 환경을 제공함으로써 한국어교육의 새로운 가능성을 열어 가고 있다.

5.3.1. 한국어교육에서의 AR 활용 사례

(1) AR 캐릭터를 활용한 과제 중심 수업[8]

홍콩의 한 대학에서는 중급 수준의 한국어 학습자를 대상으로, 드라마 〈킹더랜드〉의 장면을 활용한 AR 캐릭터 기반 말하기 수업을 운영하였다. 이 수업은 과제 중심 교수법(Task-Based Language Teaching)의 절차에 따라 설계되었으며, 섀도잉(shadowing) 기법을 활용하여 학습자의 표현 능력과 몰입감을 동시에 높이는 것을 목표로 하였다. 전체 수업은 도입, 과제 수행, 마무리의 세 단계로 구성되었다.

---

8 해당 수업의 사례는 박수연·최예슬(2024)에 상세히 소개되었다.

도입 단계에서는 OST 뮤직비디오와 드라마 클립을 활용해 학습자가 줄거리와 등장인물을 유추하고, 관련 어휘와 표현을 익힐 수 있도록 하였다. 과제 수행 단계에서는 학습자가 따라 말하고 싶은 대사를 선택한 뒤, 애플의 미모티콘(Memoji)이나 삼성의 AR 이모지 앱을 활용해 자신만의 AR 캐릭터를 제작하고, 해당 캐릭터를 통해 대사를 녹음·녹화하는 활동이 이루어졌다. 마지막으로 마무리 단계에서는 제작한 영상을 공유하고 동료 및 교사로부터 피드백을 받으며 자신의 발화를 성찰하는 시간을 가졌다. 이 수업을 통해 학습자는 얼굴 노출에 대한 부담 없이 자신감을 가지고 말하기 활동에 참여할 수 있었다. 이처럼 AR 활용 수업은 현장에서 스마트폰과 앱만으로도 쉽게 구현 가능하다는 점에서 교사들에게 실용적인 수업 모델이 될 수 있다.

<그림 5-2> AR 앱을 활용해 만든 캐릭터의 예[9]

---

9 스마트폰에서 ZEPETO, SNOW, 삼성 AR 이모지, 애플 미모티콘(Memoji) 등을 통해 손쉽게 AR 캐릭터를 생성하고 자기소개 영상을 제작할 수 있다. ZEPETO는 3D 아바타에 음성, 배경, 동작을 결합해 짧은 영상을 만들 수 있으며, SNOW는 AI 필터로 얼굴을 감추고 캐릭터

(2) AR을 활용한 문화 수업[10]

AR 기술을 활용하면 학습자가 실제 환경에 가상 이미지를 겹쳐 보는 방식으로 한국의 전통문화와 생활양식을 보다 실감 나게 체험하는 문화 수업을 설계할 수 있다. 예를 들어, 에듀넷 티클리어(EDUNET T-Clear)[11]의 '우리 조상의 지혜가 담긴 온돌' 콘텐츠에서는 학습자가 스마트폰이나 태블릿으로 AR 마커를 인식하면, 한국 전통 주택인 한옥의 내부 구조와 온돌의 난방 원리를 3D 모델로 관찰할 수 있다. 아궁이에 불을 붙이고 구들이 데워지는 과정을 시각적으로 확인할 수 있으며, 학습자가 장작을 추가해 난방 강도를 조절하는 등 상호작용 기능도 포함되어 있다. 이러한 체험은 단순한 설명을 넘어서 학습자가 한국의 주거 문화를 직관적으로 이해하는 데 도움을 준다.

이 외에도 세계의 도시, 시대별 주택 변화, 이순신의 해전, 수원화성 등 다양한 문화 및 역사 주제를 AR로 탐색할 수 있으며, 자연재해의 과학적 원리를 이해하는 콘텐츠 등을 통해 복합적인 문화·과학적 배경지식을 시각적으로 확장할 수도 있다. 이처럼 AR 수업은 학습자의 몰입감과 실재감을 높여 자기주도적 학습을 유도하고, 상호작용을 통해 표현력과 의사소통 능력을 향상시키는 데 효과적이다. 또한, 태블릿이나 스마트폰

효과를 적용한 실시간 촬영이 가능하다. 삼성 AR 이모지와 애플 미모티콘은 사용자의 얼굴을 기반으로 표정이 반영된 아바타를 자동 생성하며 이를 활용한 음성 녹음과 영상 제작도 지원된다. 〈그림 5-2〉는 ZEPETO, SNOW, 미모티콘을 이용해 직접 제작한 AR 캐릭터의 예이다.

10 해당 수업의 사례는 천시우시우·최은경(2020)에 상세히 소개되었다.
11 에듀넷 티클리어(https://www.edunet.net/main)는 교육부와 한국교육학술정보원(KERIS)이 운영하는 국가 공교육 포털로 학생, 교사, 학부모가 모두 회원 가입을 통해 무료로 이용할 수 있다. 교과 기반 콘텐츠, AI 맞춤형 학습 자료, 교사용 수업 자료, 교육정책 정보, 진로 탐색 도구 등을 제공한다.

등으로 비교적 쉽게 접근할 수 있어 한국어교육에서의 문화 이해 수업을 보다 풍부하고 입체적으로 구성하는 도구로 활용할 수 있다.

5.3.2. AR 기술을 활용한 한국어교육 방안

AR을 활용한 실제 수업은 어떻게 구성될 수 있을까? 여기서는 중급 학습자를 대상으로 한 '내가 살고 싶은 집 만들기' 활동을 중심으로 구체적인 지도안을 소개한다.

<표 5-5> 중급 학습자를 위한 AR 기반 집 소개 지도안

수업명	AR을 활용해 내가 살고 싶은 집 만들기		
말하기 기능	묘사하기, 비교하기, 설명하기, 의견 말하기	말하기 과제	내가 살고 싶은 집 소개하기
학습 목표	주택 구조와 공간의 용도를 설명하고, 자신이 원하는 생활 공간을 소개할 수 있다.		
활동 도구	스마트폰 또는 태블릿, AR 인테리어 앱, 한옥 AR 이미지 자료		
교수·학습 단계	교수·학습 내용		

도입	• 다양한 주거 형태(아파트, 단독주택, 한옥 등) 사진을 제시하여 배경지식을 활성화한다.
	  – "어떤 집에서 살고 싶어요?" "지금 집은 어떤 구조인가요?"
	• 학습 목표를 안내한다.
	  – "인테리어 앱으로 가상의 집을 꾸며 보고, 내가 살고 싶은 집을 소개하는 발표를 해 볼 거예요."		

어휘 및 표현 학습	• 어휘·표현 학습
	  – 공간 어휘: 거실, 주방, 베란다, 욕실, 서재, 다락방 등
	  – 설명 표현: –이/가 있어서 좋다, –이/가 불편하다, –(으)면 좋겠다
	  – 비교 표현: ~보다 넓다/편리하다, –은/는 있지만 - 은/는 없다		

과제 전 활동	• 인테리어 앱의 AR 기능을 이용하여 교실에 필요한 가구 배치해 보기 • 인테리어 앱을 이용하여 가상 주거 공간에 3D 인테리어하기 • 기본 구조(방 수, 위치, 크기 등) 선택 후 가구 배치와 색상 선택		

과제 본 활동	• 각자 만든 집을 영상이나 이미지로 패들렛 등에 공유한 후 소개 　- "이 방은 제 서재예요. 책이 많아서 넓게 만들었어요." • 서로의 집을 비교하고 장단점 말하기 　- "우리 집은 따뜻한 조명과 원목 가구가 많아서 편안해요. 친구 집은 흰색 벽과 유리 테이블이 있어서 모던한 느낌이에요."
과제 후 활동	• 좋은 집의 조건에 대해 토의하기 　- "어떤 집이 살기 좋은 집일까요?", "전통 주택과 현대식 주택 중 어떤 것이 좋아요?" • 비교문화 활동 　- "우리는 집에서 신발을 벗지 않아요. 그런데 한국인들은 집에서…"
마무리	학습한 어휘, 표현 정리하기 소감 나누기

5.3.3. 주요 AR 플랫폼 및 도구

AR은 이제 일상 속 학습 도구가 되었다. 한국어 교사는 간단한 스마트 기기와 무료 앱만으로도 문화적 맥락 속 실생활 언어를 체험하는 수업을 설계할 수 있다. 다음은 교실에서 바로 활용할 수 있는 주요 AR 자원과 도구들이다.

<표 5-6> 활용 가능한 AR 콘텐츠 플랫폼

에듀넷 티클리어 (https://www.edunet.net/main)	에듀넷 티클리어는 한국교육학술정보원(KERIS)에서 운영하는 초·중등 교육용 디지털 학습 콘텐츠 통합 서비스 플랫폼이다. 교사와 학생을 대상으로 수업에 활용할 수 있는 다양한 교수·학습 자료를 제공하는데, 이곳에서 제공하는 실감형 콘텐츠(VR, AR, 3D, 360° 등)를 한국문화 수업에서 활용할 수 있다.
Assemblr EDU (https://edu.assemblrworld.com)	Assemblr EDU는 교육 현장에서 3D 콘텐츠와 AR 자료를 손쉽게 제작·공유할 수 있는 플랫폼이다. 복잡한 코딩이나 전문 디자인 지식 없이도 직관적인 인터페이스를 통해 수업 자료를 구성할 수 있다. 플랫폼에서 제공하는 다양한 3D 모델 라이브러리를 활용하거나 외부에서 제작한 3D 파일을 업로드하여 사용할 수 있다. 예를 들어 한국 전통 건축물이나 음식 모형을 AR로 구현하면 학생들이 교실에서 스마트폰이나 태블릿으로 마커를 인식시켜 실물처럼 관찰할 수 있다.

Delightex[12] (https://www. delightex.com)	Delightex는 사용자가 직접 VR·AR 공간을 설계하고 3D 객체 배치, 이미지·영상·오디오 삽입, 애니메이션 설정 등을 통해 장면을 구성할 수 있는 교육용 플랫폼이다. 블록 코딩(CoBlocks)이나 자바스크립트(JavaScript)를 활용해 상호작용 기능을 구현할 수 있다.

<표 5-7> 수업 활용을 위한 AR 도구

스마트폰 또는 태블릿	대부분의 AR 앱은 별도의 장비 없이 스마트폰 하나만으로도 사용 가능하다. AR 뷰어 앱만 설치하면, QR 코드나 이미지 인식을 통해 다양한 콘텐츠를 불러올 수 있다. 특히 현장체험이 어려운 학습자에게 유용한 도구다.
AR 앱	• AR 기능이 있는 한국어 학습용 앱: Mondly는 외국어 학습에 특화된 AR 기반 앱으로, 스마트폰이나 태블릿 화면에 가상의 캐릭터가 등장해 대화를 나누며 학습을 돕는다. 학습자는 캐릭터와 함께 발음 연습, 어휘 학습, 회화 퀴즈 등을 진행할 수 있다. • AR 인테리어 앱: '오늘의 집'은 내가 살고 싶은 집 만들기, 집 소개하기 등의 수업에서 활용 가능하며 현실 공간에 가구를 배치할 수 있는 기능을 제공한다. • AR 지도 앱: '구글 지도'의 라이브 뷰를 활용하면 카메라 화면 위에 AR 화살표와 장소 라벨이 겹쳐 표시되어 쉽게 길을 찾거나 주변 시설을 확인할 수 있다. 한국어 학습에서는 야외 수업이나 문화 탐방 활동에서 활용 가능하다. 예를 들어 '길 안내하기', '장소 묘사하기', '문화유산 소개하기' 등의 말하기 활동을 실제 장소와 연계하여 진행할 수 있다.
AR 마커 & QR 카드	간단한 마커(인식용 이미지)나 QR 코드를 이용해 AR 콘텐츠를 실행할 수 있다. 특정 장소나 사물에 대한 정보를 마커로 제작한 뒤 학습자들이 스마트폰으로 스캔하여 확인하고 내용을 이해한 후 발표하도록 구성할 수 있다.

---

12 CoSpaces Edu는 2025년에 Delightex로 명칭이 변경되었으며, 플랫폼 구조와 핵심 기능은 이전과 동일하게 제공된다.

5.4. 메타버스 기반 프로젝트 수업

메타버스는 현실과 가상이 융합된 다중 접속형 3차원 가상 공간으로, 학습자들이 아바타를 통해 능동적으로 참여할 수 있는 환경을 제공한다. 이처럼 몰입감 있는 가상 공간은 학습자가 중심이 되는 프로젝트 수업에 특히 잘 어울리는 플랫폼으로 주목받고 있다. ZEP, Gather, Spatial, Classum과 같은 웹 기반 메타버스 플랫폼을 활용하면 협업 과제, 역할극, 프레젠테이션, 토의 활동 등 다양한 형태의 프로젝트 수업을 실시간으로 진행할 수 있다. 학습자들은 가상 공간 안에서 아바타로 소통하고, 과제를 함께 설계하며, 협력을 통해 결과물을 완성해 나간다. 메타버스 플랫폼은 아바타 꾸미기, 퀘스트 설계, 화면 공유, 채팅, 음성 대화, 파일 공유 등 다양한 상호작용 기능을 갖추고 있다. 이러한 기능들은 교사가 수업을 보다 유연하게 구성할 수 있도록 돕고, 학습자에게는 문제를 창의적으로 해결할 수 있는 기회를 제공한다.

외국어 교육에서도 메타버스는 주목할 만한 가능성을 보여 준다. 학습자들은 아바타를 통해 자유롭게 언어를 사용하고, 지능형 NPC(Non-Player Character)를 이용해 실제 상황에 가까운 대화를 경험하거나 개인 맞춤형 피드백을 받을 수 있다. 예를 들어 메타버스 세종학당의 경우 맵 곳곳에 챗봇 형태의 AI 한국어 선생님이 있어서 길 찾기, 주문하기 등의 상황에 맞는 말하기 연습이 가능하다. 이처럼 메타버스 기반 수업은 단순히 지식을 익히는 데 그치지 않고, 언어를 직접 사용하며 소통하는 생생한 경험을 제공한다.[13] 언어가 더 이상 교재 속에 머무르지 않고, 함께 살아 숨 쉬는 경험의 일부가 되는 것이다.

---

[13] 세종학당재단에서 제공하는 인공지능 한국어 대화 연습 서비스인 '세종학당 AI 선생님'은 앱으로도 다운로드받을 수 있으며 온라인 세종학당 홈페이지(www.iksi.or.kr)에서도 이용할 수 있다.

<그림 5-3> 메타버스 세종학당의 AI 한국어 선생님

5.4.1. 한국어교육에서의 메타버스 활용 사례

(1) 메타버스 기반의 말하기 수업[14]

〈메타버스 세종학당〉[15]에서는 중급 수준의 외국인 학습자를 대상으로 플립드 러닝 기반의 말하기 수업을 설계하였다. 이 수업은 학습자들이 시공간의 제약 없이 실제적인 의사소통 능력을 기를 수 있도록 메타버스 환경을 적극 활용하였으며, 몰입형 언어 학습 환경을 조성하여 전통적인 온라인 수업의 피로감과 낮은 상호작용 문제를 보완하는 데 중점을 두었다. 수업은 사전 학습, 본 학습, 수업 마무리의 세 단계로 구성되었다. 사

---

14 해당 수업의 사례는 윤영 외(2024)에 상세히 소개되었다.

15 메타버스 세종학당(https://zep.us/@ksif)은 세종학당재단이 운영하는 웹 메타버스 기반 한국어 학습 플랫폼으로 PC나 모바일 기기를 통해 접속할 수 있다. 회원 가입 후 수강 신청을 하면 메타버스 공간에서 실시간으로 진행되는 한국어 회화 수업에 참여할 수 있으며, 한강공원, 광장시장 등 한국문화를 체험할 수 있는 가상공간 탐험과 OX 퀴즈, 역할극, 방탈출 게임 같은 학습형 활동도 즐길 수 있다.

전 학습에서는 온라인 영상을 통해 목표 문법을 미리 익히는 과정이 이루어지고, 본 학습 단계에서는 메타버스 공간에서 아바타를 활용한 실용적인 말하기 연습이 진행된다. 예를 들어 '취업박람회' 맵에서 친구의 취업 고민에 대해 조언하거나, '모던하우스' 맵에서 룸메이트와 집안일을 분담하는 활동이 진행된다. 이처럼 학습자들은 실제와 유사한 상황에서 언어를 사용하고, 수업 후에는 개별 피드백과 아바타 보상 시스템을 통해 학습 동기와 참여도를 높이도록 설계되었다.

이 수업 모형은 세종학당 교육과정과의 연계성을 기반으로 하면서도 자율성과 지속 가능성을 강조하는 교육 방식을 구현하고 있다. 학습자 중심의 과제 수행, 상호작용을 촉진하는 활동 구성, 그리고 학습 일지 작성을 통한 자기 성찰 등은 모두 학습자 경험을 중심에 둔 수업 설계의 결과물이다. 특히 수업 마무리 단계에서 제공되는 학습 일지는 학습자가 새롭게 배운 내용과 느낀 점, 부족했던 부분 등을 직접 정리하면서 학습 효과를 심화시키는 데 기여한다. 이상의 사례는 메타버스를 활용한 언어 교육의 가능성을 보여 주는 대표적인 예로 언어가 단순한 문장의 암기가 아니라 '경험'으로 다가올 수 있음을 잘 보여 준다.

<그림 5-4> 메타버스 세종학당 맵

<그림 5-5> 메타버스 세종학당의 수업 장면

(2) 메타버스 기반의 토론 수업[16]

한 대학의 외국인 유학생 대상 한국어 교육과정에서는 중·고급 수준의 학습자들을 위해 메타버스 기반의 학문 목적 토론 수업을 설계하여 운영하였다. 이 수업에서는 전통적인 실시간 온라인 수업에서 지적되는 공존감 부족, 소극적 참여, 줌 피로감(zoom fatigue) 등의 한계를 극복하기 위해 3D 기반의 메타버스 플랫폼인 Spatial을 활용하였다. 학습자들은 자신만의 아바타로 가상 교실에 입장하여 자연스러운 거리 기반 음성 기능을 통해 자유롭게 이동하며 소그룹 활동에 참여하였다. 학습자들은 '관광지 개발에 따른 문제의 개선 방안'과 같은 주제를 중심으로 팀을 구성하여 토의하였으며, 화면 공유 및 메모 기능 등을 활용해 발표 자료를 준비하고 의견을 제시하였다. 특히 카메라를 끄고 수동적으로 참여하던 학습자들조차 아바타 기반의 환경에서는 발표와 팀 활동에 적극적으로 나서는 모습이 확인되었다.

이 수업은 학문 목적 담화의 구조와 표현을 실제적인 언어 활동으로 구현하고 확장하는 경험의 장이 되었다. 학습자들은 먼저 사전 준비 단계에서 주제와 관련된 어휘와 표현, 토론 전략을 학습하였다. 다음으로 메타버스 공간에서 팀별로 자료를 탐색하고 근거를 마련하며 찬반 입장을 정리하였다. 그리고 본 토론 단계에서는 팀별 토의를 통해 발표를 준비하고, 발표 후 질의응답과 교사의 피드백이 이어졌다. 마지막으로 발표 내용을 요약하고 의견을 정리하는 후속 활동을 수행하였다. 학습자들은 아바타를 통한 높은 자유도와 심리적 안정감 속에서 보다 적극적이고 창의적인 발화를 시도하였으며, 이는 말하기 능력뿐 아니라 비판적 사고력과 협업 능력 향상에도 기여한 것으로 평가된다. 이처럼 아바타 기반 소통 환경은 학습자들의 심리적 장벽을 낮추고 상호작용의 질

---

[16] 해당 수업의 사례는 장지영(2022)에 상세히 소개되었다.

을 높이는 데 효과적으로 작용할 수 있다.

5.4.2. 메타버스 기술을 활용한 한국어교육 방안

메타버스를 활용한 실제 수업은 어떤 방식으로 구성할 수 있을까? 여기서는 고급 학습자를 대상으로 한 '메타버스 세계 음식 박람회' 수업을 예로 들어 지도안을 소개한다.

<표 5-8> 고급 학습자를 위한 메타버스 세계 음식 박람회 지도안[17]

수업명	메타버스 세계 음식 박람회		
말하기 기능	설명하기, 비교하기, 질문·응답하기	말하기 과제	교사가 제공한 전시관에 자국의 대표 음식 콘텐츠(사진·영상·음성)를 업로드하고 운영하기
학습 목표	한국어로 자국의 대표 음식을 소개하고, 관람객과 질의응답을 하며 한국 음식과 비교하여 설명할 수 있다.		
활동 도구	메타버스 플랫폼, 교사 제작 전시관 기본 틀, 음식 사진·영상·음성 자료		
교수·학습 단계	교수·학습 내용		
도입	• 교사가 제작한 한국 음식 체험관을 관람한다. – 입구: 음식 소개 포스터 – 전시실 1: 음식 사진·재료 소개 – 전시실 2: 조리 방법 영상 – 체험존: 가상 김치 만들기 체험 • 학습 목표를 안내한다. – "전시관에 여러분 나라의 대표 음식을 전시하고, 한국어로 소개해 주세요."		

---

[17] 기업에서 운영하는 메타버스 플랫폼 기반 쿠킹클래스 서비스를 이용하고 이와 연계하여 수업을 진행하는 방법도 있다. 가령 풀무원에서 운영하는 'LIVE 견학(https://tour.pulmuone.kr/service-live-fieldtrip-apply-a.html)' 서비스를 신청하면 3~4일 전에 신청된 주소로 쿠킹클래스 키트를 받을 수 있고, 신청 날짜에 제페토와 줌을 이용해 공장을 견학하고 쿠킹클래스에 참여할 수 있다.

어휘 및 표현 학습	• 어휘·표현 학습 – 음식 어휘: 조리법, 향신료, 육수, 재료 손질, 고명, 담백하다 등 – 비교·대조 표현: –와/과 비슷하지만, –와/과 달리, 공통적으로 – 권유·설득 표현: –다는 점에서 추천하다, –어/아 볼 만하다
과제 전 활동	• 부스의 구조 및 오브젝트 교체 방법 시연 • 파일 형식·업로드 규칙 안내 • 팀별 대표 음식 선정
과제 본 활동	• 팀별 전시관 제작 – 기존 오브젝트(사진·영상·음성)를 대표 음식 자료로 교체 – 음식 설명문과 안내 멘트 작성 – 간단한 체험 부스 구성(재료 맞추기, 조리 순서 게임 등) • 전시관 운영 및 관람 – "이 음식은 향긋한 허브와 진한 소고기 육수로 유명한 쌀국수입니다. 베트남의 쌀국수와 한국의 잔치국수는 따뜻한 국물에 면을 넣어 먹는다는 점에서 비슷하지만, 육수와 향신료의 사용법에서 큰 차이가 있습니다."
과제 후 활동	• 전시관에서 가장 흥미로웠던 음식·체험 공유 – "가상 체험 부스에서 숙주나 허브를 원하는 만큼 추가할 수 있어서, 제 입맛에 맞는 쌀국수를 만들 수 있었던 점이 재미있었습니다." • 비교문화 토론 – "베트남 쌀국수는 아침 식사로 즐기는 경우가 많지만, 한국 잔치국수는 경사스러운 날이나 잔칫날에 손님을 대접하는 음식인 것 같습니다."
마무리	• 학습한 어휘, 표현 정리하기 • 소감 나누기

5.4.3. 주요 메타버스 플랫폼 및 도구

메타버스는 교실 안팎에서 학습자들이 몰입형 언어 환경을 경험할 수 있는 새로운 학습 공간이 되었다. 한국어 교사는 별도의 고가 장비 없이도 웹 기반 플랫폼을 활용하여 실시간 상호작용이 가능한 수업을 설계할 수 있으며, 다음은 실제 수업에 바로 적용 가능한 주요 메타버스 플랫폼과 도구들이다.

<표 5-9> 활용 가능한 메타버스 플랫폼

ZEP (https://zep.us)	웹 기반 메타버스 플랫폼으로, 한국어 수업에 적합한 다양한 테마 맵(도서관, 회의실, 캠퍼스 등)을 제공한다. 사용자가 직접 공간을 설계할 수 있으며, 아바타로 자유롭게 이동하며 실시간 음성 대화, 화면 공유, 퀴즈 참여가 가능하다. 발표, 역할극, 회의 등 협업 과제 중심 수업에 특히 효과적이다.
Gather (https://www.gather.town)	픽셀 아트 기반의 2D 메타버스 플랫폼으로, 학습자 간의 거리 기반 상호작용 기능을 제공한다. 아바타가 가까워질수록 음성이 들리고, 멀어지면 끊기는 구조 덕분에 자연스러운 대화와 만남이 가능하다. 언어 교환, 소개 활동, 소규모 토의, 방탈출 게임 등 상호작용형 소규모 수업에 적합하다.
Spatial (https://www.spatial.io)	몰입형 3D 환경을 제공하는 메타버스 플랫폼으로, 고급 학습자의 프레젠테이션, 가상 전시회, 문화 해설 활동 등에 적합하다. 직접 제작한 3D 오브젝트를 업로드하거나 한국 관련 이미지를 배경으로 설정해 문화 탐색형 수업으로 확장할 수 있다. 실감형 그래픽과 VR 기기 호환성도 강점이다.
ZEPETO (https://web.zepeto.me/ko)	네이버 Z가 운영하는 3D 아바타 기반 메타버스 플랫폼으로 모바일과 PC에서 이용 가능하다. 다양한 가상공간(월드)을 탐험하거나 직접 제작할 수 있으며, 의상·소품·배경 등을 자유롭게 꾸밀 수 있다. 모바일 중심의 접근성과 풍부한 사용자 제작 콘텐츠(UGC)를 기반으로 언어 교환, 가상 문화 체험, 역할극, 프레젠테이션 등의 참여형 수업에 활용할 수 있다.

<표 5-10> 수업 활용을 위한 메타버스 도구

아바타 커스터마이징 기능	학습자가 자신의 외형, 개성, 문화적 배경을 반영해 아바타를 직접 꾸밀 수 있는 기능이다. 이를 통해 학습자는 가상공간에서 정체성을 표현하고, 수업 몰입도와 자율성을 높일 수 있다.
퀘스트 및 보상 시스템	ZEP과 같은 일부 플랫폼은 미션 수행 후 가상 아이템, 배지, 점수 등을 부여해 학습자에게 성취감을 줄 수 있다. 참여를 촉진하고 자기주도적 학습을 유도하는 데 효과적이다.
화면 공유 및 파일 업로드 기능	교사 또는 학습자가 이미지, 영상, 문서 등을 실시간으로 업로드하거나 공유하여 수업 자료 제시, 과제 수행, 발표 등에 활용할 수 있다.

맵 커스터마이징 도구	수업 주제에 맞춰 가상의 공간(맵)을 직접 설계·수정할 수 있는 기능이다. 한국 전통 마을, 캠퍼스, 시장, 박람회 등 원하는 주제를 자유롭게 구현해 맥락 기반 학습 환경을 조성할 수 있다.
NPC 상호작용 기능	ZEP, Spatial 등 일부 플랫폼에서 지원하며, NPC를 배치해 학습자에게 대화, 퀴즈, 공지 사항 등을 제공할 수 있다. 이를 통해 자연스러운 상호작용을 유도하고, 다양한 언어 사용의 기회를 마련할 수 있다.

5.5. 한국어 교실에 실감형 콘텐츠 통합하기

이 장에서는 VR, AR, 메타버스 등 실감형 콘텐츠가 한국어 수업에 어떻게 활용될 수 있는지 살펴보았다. 기술별 장점과 한계는 다르지만, 공통적으로 학습자의 몰입과 참여를 높인다는 점에서 교육적 의미가 크다. 다만 핵심은 새로운 기술을 보여 주는 것이 아니라 수업의 목표와 맥락을 기준으로 기술을 자연스럽게 통합하는 일이다. 현장 적용의 출발점은 언제나 '무엇을 왜 가르치는가?'이며, 각자의 여건에서 실천 가능한 범위부터 차근차근 시작하면 된다.

수업을 설계할 때는 먼저 무엇을 경험하고 말하게 할지, 어떤 상호작용을 만들지부터 정하고, 그 목표를 가장 자연스럽게 실현할 학습 장면을 구성한다. 도구 선택은 마지막이다. VR은 장소성과 몰입감을, AR은 현장성과 증강 효과를, 메타버스는 협업과 확장성을 제공하지만, 목표와 맥락에 맞지 않으면 과잉 연출로 끝난다. 현장 적용 전에는 접근성과 안전성, 저작권을 점검하고, 기술 불안정에 대비한 대안을 마련할 필요가 있다. 앞으로 우리 교사들이 여건에 맞춰 다양한 시도를 이어 가며 더 풍부한 수업을 만들어 가길 바란다.

 **생각해 보기**

한국어 교실에 실감형 콘텐츠를 자연스럽게 통합하려면?

- 이번 차시의 언어 과업을 한 문장으로 정의해 보자. 그 과업을 더 실감 나게 수행할 수 있는 도구는 무엇인가?
- 목표를 달성할 최소한의 장비와 절차를 정해 보자. 그리고 기술 사용이 불안정할 경우를 대비한 대체 활동을 준비해 두자.
- 수업 전에 미리 기술 접근성을 확인하고 안전하게 활용할 수 있는지를 고민하자. 사용 시간, VR 도구의 시야 및 이동 경로, 도구 사용 시 느껴질 수 있는 어지러움, 개인정보 및 저작권 문제는 없는가?

AI와 함께 만드는 활력 넘치는 한국어 교실

AI를 활용한 새로운 콘텐츠 제작

한국어 수업에 미술과 음악의 즐거움까지 더해 줄 흥미진진한 생성형 인공지능 시대가 드디어 열렸다. 이미지·음악·영상을 생성해 주는 AI가 오늘날 한국어 수업에 멀티모달의 적용 확대를 가져와 다양한 시청각 콘텐츠 제작을 가능하게 해 주었기 때문이다. 그렇다면 한국어 교수·학습 맥락에 자연스럽게 녹아들어 활용될 수 있는 AI 콘텐츠 제작 플랫폼들에는 어떤 것들이 있을까? 그리고 한국어를 효과적으로 가르치고 학습하는 데 이 기술들을 어떻게 활용하면 좋을까? 이 장에서는 이미지·음악·영상 생성 AI를 중심으로, 실제적인 수업 사례와 구체적인 활용 방안을 살펴본다. 작게 시작해도 된다. 한두 가지 도구부터 목표에 맞춰 적용하는 길을 차근히 안내받아 보자. 교실 속 AI 활용, 결코 어렵지 않다. 'AI와 한번 놀아 봐야지'라는 마음이면 충분하다.

6.1. AI 기술의 발전과 교육 현장의 변화

생성형 인공지능이 우리의 삶에 깊숙이 들어와 이제는 일상의 단면에서 생성형 AI를 경험하는 것이 어렵지 않은 일이 되었다. 검색 엔진에 접속해 정보를 찾아내기보다는 ChatGPT와 같은 생성형 AI에 알고 싶은 정보를 물어보고, SNS 프로필 사진에는 언제부터인가 이미지 생성 AI가 제작한 삽화들이 왕왕 보이니 말이다. 이렇게나 우리 곁에 가까이 와 있는 AI는 우리의 일상뿐만 아니라 사회의 여러 영역들을 급속히 변화시키고 있다. 그러나 무엇이 어떻게 변화하고 있는지, 이런 변화에 한국어 교실은 어떻게 대응해야 하는지 우리 한국어 교사들은 막막함을 느끼는 것이 사실이다. 그러니 AI에 대한 이론적, 통합적 이해가 깊지 않더라도 손쉽게 접근할 수 있는 AI 도구들을 효과적으로 활용하는 일부터 접근하는 것은 어떨까?

생성형 AI는 데이터 원본 학습을 통해 텍스트, 이미지, 오디오, 비디오, 코딩 등 다양한 형식의 콘텐츠를 이용자의 요구에 따라 결과물로 생성해 내는 인공지능을 말하는데, 새로운 콘텐츠 생성에 중점을 둔 기술이라는 점이 특징이다. 즉 생성형 AI는 사용자의 요구에 따라 텍스트, 이미지, 음악, 영상, 코드와 같은 새로운 데이터를 출력할 수 있어 더 자연스럽고 창의적인 콘텐츠를 얻을 수 있는 진보된 인공지능인 것이다(황정재, 2023:36). 이러한 AI 기술을 수업 자료 제작에 활용하면, 교사는 수업 목적에 맞는 콘텐츠를 직접, 빠르고 창의적으로 제작할 수 있다. 이러한 접근은 단순히 효율성 차원을 넘어, 수업에 최적화된 자료를 유연하게 구성할 수 있다는 장점이 있다. 또한 학습자의 참여도와 자기 표현력, 창의적 언어 사용을 크게 향상시킬 수 있다는 점에서 교육적으로도 큰 활용성이 있다. 무엇보다도, AI 도구는 학습자가 언어를 단순히 '이해하는 경험'을 넘어 언어로 콘텐츠를 '생산하는 경험'을 통해 실질적 언어 사용 능력을 향상시키는 데까지 나아갈 수 있게 할 것이다.

본 장에서는 생성형 AI를 활용하여 한국어 수업용 콘텐츠를 제작하는 실질적인 방안을 다루고자 한다. 독자들은 이미지, 음악, 영상이라는 세 가지 범주에서 생성형 AI 도구를 통해 어떤 콘텐츠를 어떻게 만들며, 이를 한국어교육 현장에 적용할 수 있는 방법을 구체적으로 안내받을 수 있을 것이다.[1] 각 장은 프롬프트 예시, 수업 사례가 포함되어 있어 바로 수업에 적용이 가능하도록 구성하였다.

6.2. 이미지 생성 AI를 활용한 콘텐츠 제작

최근 이미지 생성 AI 기술은 생성 결과물의 수준을 비약적으로 끌어올렸다. 기존에 사람이 이미지를 그리고 디자인하는 '제작'의 시대가 지나고 이미지 '생성'의 시대가 열렸다고 해도 과언이 아닐 것이다(김민선, 2024:99). 이미지 생성 AI 도구에 사용자가 원하는 삽화에 대한 인물, 사건, 배경에 대한 정보를 포함한 프롬프트를 작성하여 요청하면 이미지 생성 AI는 그에 상응한 이미지를 생성해 낸다. 즉 글자로 이미지(text to image)를 생성해 내는 것이다. 본 장에서는 이미지 생성 AI의 주요 플랫폼과 사용 방법을 알아보고 더 나은 AI 이미지를 얻기 위한 효과적인 프롬프트 작성 전략을 탐색한다. 이어 한국어 수업에 필요한 보조학습 자료로서의 삽화를 5가지 갈래로 생성한 예시를 살펴봄으로써 교실 현장의 적용도를 높여 보도록 한다.

---

[1] 생성형 AI는 크게 생성 결과물의 형식에 따라 ① 대규모 언어모델에 기반한 대화형 인공지능 서비스(Large Language Models Conversational A.I.)인 텍스트 생성 AI, ② 일러스트나 실사 등의 이미지 콘텐츠를 만드는 이미지 생성 AI, ③ 다양한 장르의 음악 콘텐츠를 만드는 음악 생성 AI, ④ 비디오 콘텐츠를 생성하거나 조작하는 비디오 생성 AI, ⑤ 사람의 목소리를 구현해 내는 음성 AI, ⑥ 소프트웨어 개발 및 자동화, 데이터 분석, 인공지능 모델 개발 등 다양한 분야에서 사용되는 코드를 생성하는 코드 AI 등으로 분류되는데(양은영, 2023:297-298) 본 장에서는 한국어 수업에 멀티모달 콘텐츠의 다채로운 적용을 위해 이미지·음악·영상 생성 AI를 중심으로 살펴보고자 한다.

6.2.1. 이미지 생성 AI의 주요 플랫폼과 사용 방법

(1) 이미지 생성 AI의 주요 플랫폼

이미지 생성 AI 서비스를 제공하는 플랫폼들에는 어떤 것들이 있을까? 가장 높은 수준의 생성 이미지를 출력하여 전문가들이 많이 활용하는 Midjourney[2]를 비롯해, 생성형 AI의 선두 주자인 오픈AI의 ChatGPT, Microsoft Corporation의 Bing Image Creator, Adobe가 출시한 Firefly, 그 외에도 Stable Diffusion, Craiyon, Novel AI Image generator, Playgroundai, Flux Krea 등 다양한 플랫폼들이 존재한다. 또한 구글이 2024년 말에 공개한 Whisk는 텍스트를 이미지로 생성하는 기술을 제공할 뿐만 아니라, 사용자가 업로드를 한 사진이나 그림을 새로운 스타일로 재해석해 주거나, 이미지들을 조합해 주는 기술을 제공하고 있다. 한편, 국내 기업으로는 스타트업인 뤼튼테크놀로지스(Wrtn Technologies)의 뤼튼(Wrtn)에서 스테이블 디퓨전을 기반으로 하는 이미지 생성 서비스를 제공하고 있으며, 더불어 국내 대표 AI 스타트업 업스테이지(Upstage)가 개발한 아숙업(AskUp)도 카카오톡 아숙업 채널을 통해 이미지 생성 서비스를 제공하고 있다. 또한 국내 디자인 플랫폼 회사인 미리캔버스(MiriCanvas)에서도 현재 미리클(miricle)이라는 이미지 생성 AI 플랫폼을 운영하고 있다.

---

[2] 이미지 생성형 AI의 대표적 플랫폼인 Midjourney는 전문적이고 매우 질이 높은 결과물을 생성해 내지만, 유료로만 이용이 가능하다는 점, 또한 집필 시점에서는 한국어 프롬프트를 어느 정도 인식하기는 하지만 의도한 결과가 다르게 나올 확률이 높다는 점에서 한국어교육 현장에는 사용 제한이 있다.

더 알아보기

활용하기 좋은 이미지 생성 AI 플랫폼 비교

한국어 프롬프트를 지원하는 아래 4개 플랫폼을 무료 사용 시 제한 사항, 이미지 참조 기능(사용자가 제공한 이미지를 참조하라고 명령하는 기능), 결과물에 대한 수정 기능 등을 간략히 비교하여 제시한다.

<표 6-1> 이미지 생성 AI 플랫폼 비교

	Bing Image Creator	뤼튼	ChatGPT	Firefly
URL	bing.com / images / create[3]	wrtn.ai	chat.openai.com	firefly.adobe.com
무료 제한 사항	1일당 15개로 제한	명시 없음	1일 3개로 제한	1달에 10개로 제한
이미지 참조 기능	없음	없음	있음	없음
편집 및 수정 기능	없음	없음	채팅으로 가능	없음

(2) 이미지 생성 AI 플랫폼 사용 방법

이미지 생성 AI 플랫폼들은 텍스트를 이미지로 바꾸어 주는 기술을 제공한다. 즉 사용자가 원하는 그림에 대한 요청을 텍스트 프롬프트로 주면 AI는 결과물을 이미지로 생성해 낸다. 그리고 위에서 제시한 4가지의 플랫폼 모두는 자연어로 프롬프트를 이해하는데, 흡사 검색 엔진의 검색 창과 같은 프롬프트 입력 창에 텍스트를 넣고 생성을 위한 버튼을 눌러 주기만 하면 이미지가 생성된다. 이미지가 생성되는 시간은 프롬프

---

3 Bing Image Creator는 25년 8월 현재 GPT-4o(Beta) 모델과 DALL-E3 모델을 사용자가 선택하여 이미지를 생성시킬 수 있는데, GPT-4o(Beta) 모델로 설정한 후 이미지를 생성하면 ChatGPT 플랫폼과 동일한 결과물을 내놓는다. 즉 다른 플랫폼이라도 같은 모델을 사용한다면 동일한 프롬프트를 입력했을 시 동일한 결과물을 내놓게 된다.

트 상의 내용이 많고, 자세할 경우 더 걸리는 경향이 있다. 한편 Firefly는 이미지에 고려되는 여러 가지 요소(종횡비, 콘텐츠 유형, 시각적 강도, 컴포지션, 스타일 참조, 효과, 색상 및 톤, 조명, 카메라 각도 등)를 설정하는 방법으로도 프롬프트를 구성할 수 있다. 아래는 Firefly에서 제공하는 이미지 설정 옵션들이다.

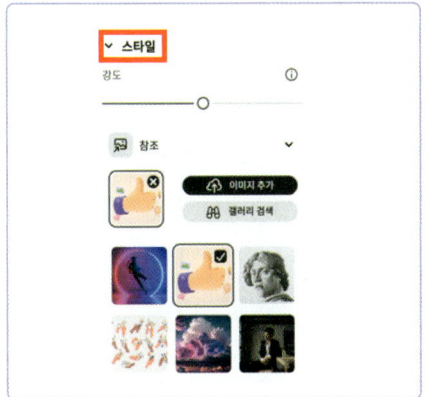
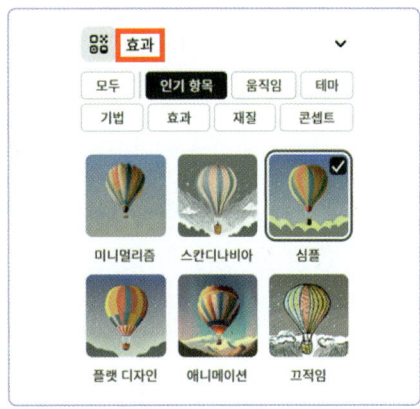

<그림 6-1> Firefly의 다양한 이미지 설정 옵션

〈그림 6-2〉는 프롬프트 입력 시 여러 가지 설정을 옵션으로 추가하여 생성한 그림이다.

<그림 6-2> Firefly의 다양한 이미지 설정으로 구성된 프롬프트

'대학 도서관에서 열심히 공부하는 여자 대학생을 그려 줄래?'라는 프롬프트를 넣은 후, 스타일 참고는 '애니메이션', 효과는 '심플', 색상 및 톤은 '단색', 조명은 '극적인 조명', 카메라 각도는 '클로즈업'으로 선택해 보았는데, 〈그림 6-2〉에서처럼 이 선택 사항들이 텍스트 프롬프트 하단에 참조된 것을 볼 수 있다.

또한 원하는 이미지가 한 번에 나오지 않을 경우도 있는데, ChatGPT-5에서는 사용자와 AI가 자연어로 상호작용 하면서, 처음 생성한 이미지에서 사용자가 원하는 이미지로 개선해 나갈 수 있다. 〈그림 6-3〉은 처음 생성된 이미지에서 인물의 착의와 공간의 밝기를 바꾸기 위해 수정을 요청하여 다시 이미지를 출력한 과정을 보여 준다. 첫 번째 수정 사항은 인물이 하늘색 셔츠를 입고 있을 것과 방을 더 환하게 그려 달라는 요청이었는데, 첫 번째로 생성한 이미지에서 인물의 옷과 방의 조도가 바뀐 두 번째 결과물을 확인할 수 있다. 두 번째 수정 사항은 일러스트 스타일을 사진처럼 바꿔 달라는 요청이었는데, 이 요청 역시 잘 반영이 되어 세 번째 결과물이 도출되었다. 이렇듯 사용자는 여러 차례의 상호작용으로 원하는 이미지에 더 가깝게 접근할 수 있을 것이다.

프롬프트

밤에 공부방 책상에 앉아 일하는 한국인 여자 선생님을 그려 줘. 얼굴 표정을 심각하고 피곤하게 그려 줘. 노트북으로 무엇인가를 열심히 검색하고 있는데, 여자의 손은 노트북 마우스를 쥐고 있어. 노트북 주변에는 책이 쌓여 있어. 책상 위에는 커피, 과일, 초콜렛도 있어. 따뜻한 느낌의 일러스트로 그려 줘.

프롬프트

여자가 입은 옷을 하늘색 셔츠로 바꾸어서 다시 그려 줄 수 있어? 그리고 방을 좀 더 환하게 다시 그려 줄 수 있어?

프롬프트

위 그림은 일러스트 스타일인데, 사진처럼 다시 그려 줄 수 있어?

생성일 2025. 8. 18.[4]

<그림 6-3> ChatGPT-5로 이미지를 수정하는 과정

---

4 동일한 플랫폼이라도 시간 차가 있으면 학습 데이터가 업데이트되기 때문에 과거와 같은 프롬프트를 입력하더라도 예전과는 다른 삽화를 생성해 낸다. 이에 생성일을 명시하였다.

더 알아보기

이미지 일관성 문제를 해결한 Nano Banana와 Whisk

<그림 6-4> labs.google/whisk에서 제공하는 이미지 조합 설명

기존 이미지 생성 도구들에서는 피사체나 스타일을 일관성 있게 유지하는 것이 힘들었지만, Nano Banana와 Whisk는 이것을 가능하게 해 주어 한 권의 한국어 교재나, 동일한 한국어 수업 자료 내에서 일관성 있는 인물과 스타일을 유지할 수 있다는 장점을 가지고 있다. 두 도구 모두 텍스트 프롬프트뿐만 아니라 이미지 프롬프트로 생성 작업을 할 수 있는데, 사용자가 이미지를 프롬프트 창에 첨부한 후 부분적 수정을 요청하거나 이미지 간 합성을 요구할 때도 결과물을 탁월하게 출력한다. Nano Banana는 Google Gemini에서 무료로 사용이 가능하며 한국어 프롬프트 사용도 가능하다. Whisk는 Google Labs에서 제공하는 실험적 이미지 생성 도구로서, 위 그림에서 보여 주듯이 피사체를 나타내는 이미지 1장, 장면을 나타내는 이미지 1장, 스타일을 나타내는 이미지 1장, 총 3장의 이미지를 업로드 하면 해당 스타일로 피사체가 해당 장면에 있는 이미지를 만들어 준다. 이 기능은 유료로 사용이 가능하다.

(3) 이미지 생성을 위한 효과적인 프롬프트 작성 전략

활용할 만한 이미지 생성 AI 플랫폼을 확인했다면, 이제 어떻게 사용하는가의 문제로 넘어가 보자. 이 문제의 핵심은 효과적인 프롬프트는 어떻게 작성하는가로 귀결된다. AI 사용자는 AI로부터 답변을 받기 위해 요청 및 지시, 명령하는 말을 해야 하는데, 이것을 프롬프트라고 한다. 일반적으로 프롬프트의 구성 요소는 주제, 맥락, 입력값, 답변 형식인데, 각 구성 요소의 작성 전략은 아래 4가지로 정리될 수 있다(심수연b, 2024:27, 37; 강옥주, 2023:1-7).

<표 6-2> 프롬프트의 구성 요소와 작성 전략

프롬프트의 구성 요소		프롬프트 작성 전략
주제	AI에게 구체적으로 어떤 작업을 해야 하는지 정확한 주제로 지시하는 것을 말한다.	정확한 주제로 지시한다.
맥락	지시를 더욱 잘 이해할 수 있도록 맥락이나 배경지식과 같은 추가 정보를 준다. 이는 정황상의 맥락을 이해하고 지시에 대한 답을 내도록 한정 짓는 역할을 한다.	맥락이나 추가 정보를 준다.
입력값	주제 지시와 맥락 내에서 구체적인 답을 얻기 위한 최종 질문이다.	구체적인 답을 목표로 한 최종 질문을 만든다.
답변 형식	최종 답변의 형식을 말한다. 예를 들어 실사나 일러스트, 대화 형식의 답변, 서술형 답변 또는 목록, 표 형태의 답변, 1:1 비율, A4 1장 분량의 요약 답변 등 원하는 답변 형식을 지정하는 것을 말한다.	원하는 답변 형식을 지정한다.

그렇다면 무엇이 효과적인 프롬프트일까? 모든 AI가 사용자가 원하는 이미지를 단번에 완벽히 생성해 내기는 어렵다. 동일한 프롬프트라도 해당 플랫폼이 사용하는 모델(가령 DALL-E2, DALL-E3)이 무엇인가에 따라 차이가 있다. 또한 정확함, 미묘함, 풍부함, 깊이를 완벽하게 구현해 주기는 어려운 것이 현재 기술의 상황이다. 이 때문에 더 나은

이미지 결과물을 얻기 위한 사용자의 경험과 방법론적인 고민이 필요하다. 이를 위해 필자가 이미지 생성형 AI를 활용하면서 경험적으로 터득한 것과 기존 연구들을 종합하여 아래 〈표 6-3〉과 같이 한국어 수업을 위한 삽화 제작 프롬프트 작성 전략을 제시한다(심수연, 2024a,b; 한민철, 2023; 김원석·장한결, 2023). 프롬프트의 구성 요소인 주제, 맥락, 입력값, 답변 형식의 4가지 범주에서 전략 10가지, 즉 '① 대상 명시하기, ② 대상 설명 구체화하기, ③ 대상 배경 구체화하기, ④ ChatGPT의 프롬프트 제안 참고하기, ⑤ 중요도 순으로 간결히 정보 나열하기, ⑥ 풍부한 어휘와 문학적 감수성이 살아 있는 표현 쓰기, ⑦ 상호작용을 통해 삽화 수정하기, ⑧ 부정어로 지시하기, ⑨ 스타일 명시하기 ⑩ 삽화 비율 명시하기'로 제안하는 바이다. 지면의 한계로 구체적 기술은 아래 표의 내용으로 대신한다.

<표 6-3> AI 이미지 생성을 위한 프롬프트 작성 전략

구성 요소	프롬프트 작성 전략
주제	① 대상 명시: 삽화에 중심이 되는 주제 대상(사물, 인물)을 정확히 명시한다.

맥락	② 대상과 관련된 설명을 구체적으로 한다.
	  • 인물: 성별, 나이, 인종, 국적, 인상착의, 동작, 표정, 감정선 등
	  • 사물: 상태, 모양, 색깔, 크기, 질감 등
	③ 대상이 있는 배경에 대한 설명을 구체적으로 한다.
	  • 공간, 장소, 시간, 시대, 분위기 등

입력값	④ ChatGPT를 활용하여 원하는 이미지 생성을 위한 프롬프트를 작성해 달라고 하여 참조한다. ⑤ 프롬프트의 길이를 길지 않게 하고 지시 정보의 나열은 중요도 순으로 한다. ⑥ 삽화의 필요에 따라서는 풍부한 어휘와 문학적 감수성이 살아 있는 표현으로 구체적으로 지시하는 것이 효과적이다. ⑦ ChatGPT 사용 시 자연어 상호작용을 통해 직전에 생성된 삽화의 수정을 요청할 수 있다. ⑧ 어떤 것은 그리지 말라고 지시하는 부정어 지시도 가능하다(단, 그리지 말라는 어휘에 집중해 더 강조해 그려 주는 경우도 있음).

답변 형식	⑨ '일러스트 스타일', '사진 스타일', '실사적 묘사', '사실적 묘사'와 같이 삽화 스타일을 명시한다(사진처럼 그리라고 지시하면, '그리다'에 주목하여 실사적이지 않은 삽화가 생성되기도 함). ⑩ 삽화 비율을 1:1, 16:9와 같이 명시한다.

위 전략들 중 ①, ②, ③, ⑨, ⑩번을 활용해 아래 〈표 6-4〉와 같이 프롬프트를 작성하고 ChatGPT-5로 생성한 결과물이다. 대상 명시, 대상 구체화, 배경 명시, 답변 형식 명시만 해 줘도 쓸 만한 이미지가 나온 것을 확인할 수 있다.

<표 6-4> 프롬프트 작성 전략을 활용한 삽화 예시

프롬프트	흰 대접에 담겨 김이 나는 한국 인스턴트 라면을 집 주방의 식탁에서 맛있게 먹고 있는 한국 남자아이를 사진 스타일로 만들어 줘. 1:1 비율로 그려 줘.

전략	프롬프트 정보
① 대상 명시	아이, 라면
② 대상 구체화	아이: 한국 남자, 맛있게 먹고 있는 라면: 한국의 인스턴트, 김이 나는
③ 배경 명시	아이: 집 주방의 식탁에서 라면: 흰 대접에 담겨 아이: 집 주방의 식탁에서 라면: 흰 대접에 담겨
⑨, ⑩ 답변 형식 명시	사진처럼 만들어 줘, 1:1 비율로 그려 줘

생성일 2025. 8. 9.

6.2.2. 한국어 수업에 이미지 생성 AI 활용하기

(1) 어휘 제시를 위한 이미지 생성 AI 삽화 제작

한국어 수업에서 주교재만큼이나 중요한 것은 부교재, 즉 교수·학습 보조자료이다. 교수·학습 보조자료에는 대개 삽화, 즉 그림, 사진, 도표, 그래프 등 시각적 자료들이 적극적으로 활용되는데, 이들 삽화는 교수 정보를 효과적으로 전달하게 하고, 학습자들의 이해 및 기억에 기여한다(Carpenter & Olson, 2012; Kost, Foss, & Lenzini, 1999).

김민선(2024)에서는 이미지 생성 AI 삽화 활용에 대한 한국어 교원들의 인식을 조사하였는데 한국어 교원들은 삽화에 대한 교육적 중요도를 매우 높이 보고 있었으며 주로 '검색'으로 삽화를 구비하고 있었다. 그러나 기존 삽화 구비 방법과 삽화의 질에 대해 온전히 만족하지 못하고 있었다. 반면 AI가 생성한 삽화에 대해서는 효용도 및 난도, 교육 학습 내용과의 연관도 및 만족도에서 모두 기존 삽화보다 더 나은 평가를 하였다. 이는 이미지 생성 AI 삽화가 기존 교수·학습 보조 삽화의 구비 방법과 질 향상에 보완 방법이 될 수 있음을 시사하는 것이다. 다음에서는 삽화를 활용할 때 교수가 효과적인, 어휘 제시를 위한 AI 삽화 제작의 실제로 들어가 보자. '사물 어휘 삽화', '감정 형용사 삽화', '속담 삽화'를 실례로 제시하고, 검색으로는 구비가 힘든 '담화 상황 삽화'도 제작해 보았다. 더불어 한국어 수업과 떼어 놓을 수 없는 한국의 문화 정보와 관련된 삽화 제작도 시도해 보았다.

① **사물 어휘 삽화**
한국어 수업에서 사물 어휘를 빈번하게 제시하는 단계는 초급, 그중에서도 자음과 모음을 가르치는 단계라 할 수 있을 것이다. 이때는 삽화가 어휘의 의미를 직접적으로 제시하는데, 한국어 교사들은 어휘 제시를 위한 삽화를 구비하기 위해 이미지 생성 AI를 활용할 수 있다. 〈그림 6-5〉는 '사과'라는 어휘를 제시하기 위해 다음과 같은 프롬프트로 얻은 결과물이다.

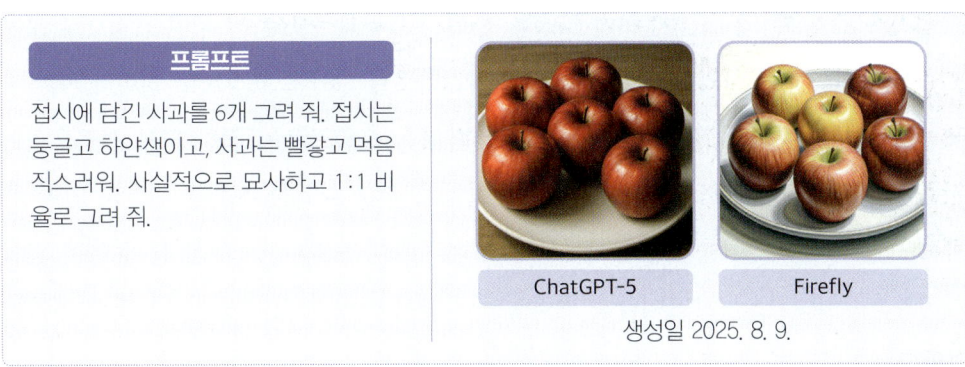

<그림 6-5> 사물 어휘 삽화 예시

② 감정 형용사

'사과'와 같은 단순한 사물 어휘는 이미지 생성 AI가 곧잘 출력해 내는 것 같다. 그러나 감정 형용사와 같이 사람의 감정을 표현하는 어휘도 잘 생성해 줄까? '긴장하다'를 한번 시도해 보자. 첫 번째 시도는 맥락에 대한 설명을 배제하고 '긴장한 얼굴'을 그려 달라고 요청해 보았다. 그리고 대상에 대한 정보를 '30대 한국 여자'로 최소한으로 주었는데, 이는 '긴장한 얼굴'이라는 감정 형용사만 쓰인 프롬프트를 얼마나 잘 실행하는지 알아보기 위함이었다.

<그림 6-6> 감정 어휘 삽화 예시

필자가 보기에는 ChatGPT-5가 생성한 삽화는 놀람과 언짢음이 섞인 표정으로 보이고 Bing Image Creator가 생성한 삽화는 당황스러움에 가까운 표정으로 읽힌다. 이미지 생성 AI에게 단순하게 '긴장한 얼굴을 그려 줘'라는 프롬프트는 집필 당시 시점으로는 원하는 결과물을 출력하지 못하는 것으로 보인다. 이를 극복하기 위해 긴장할 만한 전형적인 상황 맥락 정보를 포함한 프롬프트로 재시도해 보았다. '사무실 문 앞에서 면접 차례를 기다리고 있는 장면'이라는 맥락을 추가하여 아래와 같이 프롬프트를 구체화해 보았다.

<그림 6-7> 감정 어휘 삽화 예시

결과물을 보니 인물이 긴장했음을 얼굴 표정뿐만 아니라 손 동작, 다리 동작으로도 구현해 준 것을 볼 수 있다. 이렇게 프롬프트에 인물에 대한 상황 맥락을 구체화하면 감정 형용사 같은 경우, 더 나은 결과물을 얻을 수 있을 것으로 예상된다. 프롬프트를 작성하는 교사는 특정 감정이 전형적으로 연결되는 상황을 프롬프트에 넣어 기술하거나, ChatGPT에 긴장이 될 법한 전형적인 상황을 제안해 달라고 하여 참고할 수도 있을 것이다.

③ 속담 삽화

다음으로 넓은 범주에서 어휘 교육에 교육 항목으로 취급되는 속담을 이미지 생성 AI로 그려 보고자 한다. 한 언어의 속담은 그 언어의 사회문화적 맥락과 언어 사용의 관습이 굳어져 고맥락적으로 이해해야 하는 면이 있기 때문에 사물 어휘와 같이 간단히 AI로 구현하기가 쉽지 않을 것이라고 예상이 된다.

앞서 비교하여 제시한 4가지의 이미지 생성 AI 플랫폼에 '〈세 살 버릇 여든까지 간다〉라는 한국의 관용 표현을 일러스트 스타일로 그려 줘. 비율은 1:1이야.'라는 프롬프트를 입력해 보았다. 이렇게 속담의 내용을 풀어 설명하거나 맥락적 정보를 주지 않고 요청을 해 본 결과 ChatGPT-5를 제외하고는 속담의 의미와 상관없는 이미지를 그려 주었다. 특별히 대부분의 플랫폼들에서 이미지 상에 삽입되어 있는 한국어가 깨져 나왔다. 그러나 ChatGPT-5만은 아래와 같이 정확한 한국어를 구현하였다. 어린아이가 망치 모양의 도구를 가지고 노는 모습과 노인이 같은 도구를 들고 있는 모습을 통해 속담을 표현한 AI의 상상력을 엿볼 수 있다.

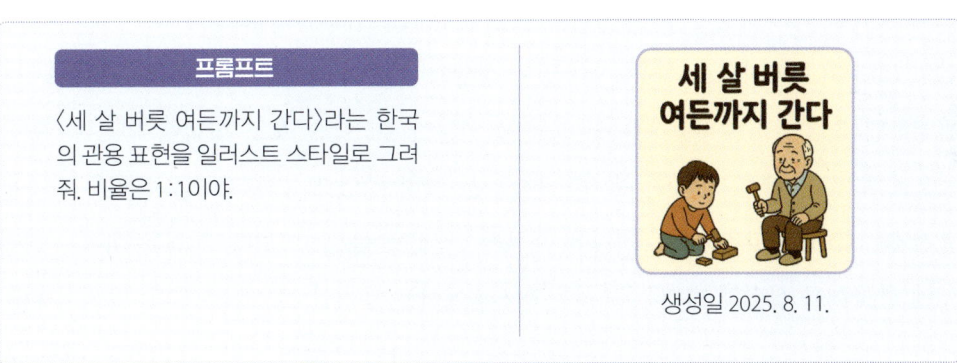

<그림 6-8> 속담 삽화 예시

위 〈그림 6-8〉과 같이 프롬프트를 제공했을 시에 ChatGPT-5를 제외하고는 적절한

이미지를 생성해 내지 못하였는데, 속담의 의미를 설명할 수 있는 상황 맥락 정보가 포함된 프롬프트를 제공한다면 결과는 달라질까? 필자가 해당 속담을 설명할 수 있도록 고안한 인물과 인물이 취한 행동을 아래와 같이 프롬프트에 포함하였다.

<그림 6-9> 속담 삽화 예시

각 플랫폼으로 생성한 결과는 위와 같았다. 위 AI 삽화들을 확인해 보면, 교사가 속담의 의미를 효과적으로 설명할 수 있는 상황과 인물의 행동을 고민한 후 프롬프트에 반영하면 속담을 교수하는 데에도 도움이 되는 교수·학습 보조 삽화를 얻을 수 있을 것으로 보인다. 한편, 삽화는 요청한 대로 잘 그려 주었으나, 한국어를 삽입해 달라는 요청에는 ChatGPT-5마저도 철자에 오류가 난 것을 볼 수 있었다. 이렇듯 이미지 생성 AI에 한국어를 삽입해 달라는 요청은 현시점에서는 무리인 것으로 보인다. 따라서 이미지만 AI로 생성을 하고, 한국어는 텍스트를 삽입하는 기능이 있는 도구(가령 Microsoft의 PowerPoint)를 사용해 삽입하는 것이 좋을 것 같다.

(2) 담화 상황 제시를 위한 이미지 생성 AI 삽화 제작

한국어 말하기 수업을 진행하다 보면 담화 상황을 그림으로 제시할 때가 많다. 그러나 특정한 담화 상황을 검색하여 찾기란 쉽지 않을 일이다. 따라서 언제, 어디서, 누가, 무엇을 하고 있는지를 보여 주는 담화 상황 삽화는 이미지 생성 AI를 활용하면 검색보다 훨씬 효과적으로 얻어 낼 수 있다. 그럼, 사무실에서 남자와 여자가 대화하는 담화 상황을 한번 생성해 보자. 담화가 일어나는 장소와 장소의 분위기, 인물의 성별, 직업, 옷차림, 행동과 표정까지 자세하게 프롬프트에 포함시켜 아래와 같이 작성해 보았다. 일러스트의 스타일은 상이했지만 프롬프트의 요청 사항을 거의 반영하며 꽤 쓸 만한 이미지들을 출력한 것을 볼 수 있다.

<그림 6-10> 담화 상황 삽화 예시

(3) 한국의 문화 정보와 관련된 이미지 생성 AI 삽화 제작

그렇다면 이미지 생성 AI는 담화 맥락에 한국과 관련된 정보가 포함된 삽화도 잘 그릴까? 생성 AI의 결과물은 학습 데이터에 의존한다. 불과 1~2년 전만 해도 이미지 생성 AI 모델들이 한국 이미지에 대한 학습이 적어 한복이나 한국의 고궁을 그려 달라고 하면 기존에 학습을 많이 한 일본풍의 전통 의상이나 고궁을 생성하는 경우가 많았다. 또한 필자가 확인한 결과 25년 8월 현재까지도 김치를 제대로 그려 주는 플랫폼은 ChatGPT밖에 없었다. 아래와 같은 프롬프트에서는 AI가 '경복궁'과 '한복'을 알아야 출력물을 제대로 뽑을 수가 있다. 필자가 보건대, 경복궁과 한복을 꽤 쓸 만하게 그려 준 것으로 보인다.

<그림 6-11> 한국 문화 정보 관련 삽화 예시

현재까지 이미지 생성 AI 기술은 프롬프트를 완벽하게 구현해 내지는 못한다. 그러나

수업 시간에 필요한 삽화들을 검색이라는 방법으로 찾아 헤매는 것보다, 사용자가 원하는 그림을 직접 요구할 수 있는 'AI 생성'의 방법이 한국어 수업을 준비하는 교원들에게 조금 더 나은 대안이 될 것이라고 기대한다.

6.3. 음악 생성 AI를 활용한 콘텐츠 제작

음악을 창작하는 일은 멋진 일이지만 음악 분야의 전문적 기술과 재능이 필요하여 누구나 쉽게 접근하기는 어려운 것이 사실이다. 그러나 오늘날, 글자 몇 자로 음악을 생성할 수 있는 AI 기술(text to music)이 세상에 공유되어 AI 음악 생성 플랫폼을 통해 비전문가도 손쉽게 음악을 창작할 수 있는 길이 열렸다. 한국어 수업에서도 음악 생성 AI 기술을 활용해 음악 창작의 즐거움을 맛보며 한국어 학습의 흥미와 효율을 높일 수 있다. 본 장에서는 음악 생성 AI의 주요 플랫폼들과 사용 방법을 알아보고, 노래 가사에 한국어 교수·학습 내용을 반영하여 학습 효율과 흥미를 높이는 실례를 살펴보도록 하자.

6.3.1. 음악 생성 AI의 주요 플랫폼과 사용 방법

(1) 음악 생성 AI의 주요 플랫폼

간단한 프롬프트 입력만으로 음악을 만들 수 있는 음악 생성 AI 플랫폼에는 어떤 것들이 있을까? 먼저 AI 음악 생성 시장을 선점해 가장 대중적으로 사용되고 있는 플랫폼 SUNO를 들 수 있다. 2023년 미국 스타트업에서 개발한 SUNO는 작사, 작곡, 편곡 및 보컬 생성까지 음악 제작의 전 과정을 아우르는 종합적인 능력을 갖추고 있으며 매우 다양하고 폭넓은 스타일로 음악을 만들 수 있다. 사용자가 선택할 수 있는 음악의 스타일 가운데는 한국의 대중 음악을 가리키는 것들(가령, korean pop, k-girl group 등)이 포함되어 있어 눈길을 끈다.[5] SUNO에 이어 2024년 Google DeepMind 출신 공학자들이 개발한 udio는 SUNO와 유사한 기능을 제공하지만 뛰어난 음질로 호평을 받고 있는데, 깊이 있고 풍부한 사운드를 실현하며 보컬에 화음을 넣는 등 세밀한 음악적 표현을 하는 것으로 알려졌다(김민후, 2025:113).

국내에서 개발한 AI 음악 생성 플랫폼도 있다. AI 뮤직테크 스타트업 크리에이티브마인드에서 출시한 뮤지아 원(MUSIA ONE)이 그것인데, 뮤지아 원은 최근 국내 중·고등학교 음악 교육에 AI 음악 생성 기술을 접목하는 데도 활용되고 있다. 그러나 SUNO나 udio와는 달리 보컬 생성을 지원하지 않기 때문에, 한국어교육과 AI 생성 음악의 접합점인 학습자가 직접 한국어 가사를 작성하는 과정에서는 활용하기 어렵다. 따라서 한국어 수업에 적용하기에는 적합하지 않은 면이 있다. 한편 유료로 사용하면 제한 사항에서 자유로워지나 한국어 수업에서 학습자들이 모두 사용하기에는 무료 사용이 부담이 없을 것이다. SUNO는 하루에 5번의 곡 생성을 시도할 수 있고(한 번 생성 시 2개의 노래가 만들어져 하루에 총 10개의 곡을 만듦), udio는 하루에 최대 3곡을 생성할 수 있기 때문에 SUNO와 udio를 한국어 수업에서 활용하면 적절할 것이다.

(2) 음악 생성 AI 플랫폼 사용 방법

위에서 언급한 플랫폼 중 가장 먼저 출시된 SUNO의 사용 방법을 소개하고자 한다. udio의 사용 방법도 SUNO와 대동소이하므로 SUNO를 사용할 수 있다면 udio도 손쉽게 사용할 수 있을 것이다. SUNO에 접속해 보면 사용자 경험(UX, User Experience)이

---

[5] 음악을 선택할 수 있는 스타일 태그(style tags) 가운데 한국 대중 음악과 관련된 것들(korean pop, k-girl group k-rock, korean dance, korean r&b, k-trot)이 있는데, 이 스타일 태그들이 보이지 않는 경우가 있다. 이럴 경우에는 사용자가 직접 타이핑하여 입력하는 방법도 있다.

탁월하여 처음 이용하는 사람도 쉽게 적응할 수 있으며, UI 디자인(User Interface Design)이 직관적이고 깔끔한 것을 알 수 있다. 아래는 SUNO 홈페이지에 접속한 후, 사용자의 계정으로 로그인하여, 작곡을 위해 Create(생성) 버튼을 누르고, 가사 입력을 위해 Custom(커스텀 모드)을 클릭한 화면이다.

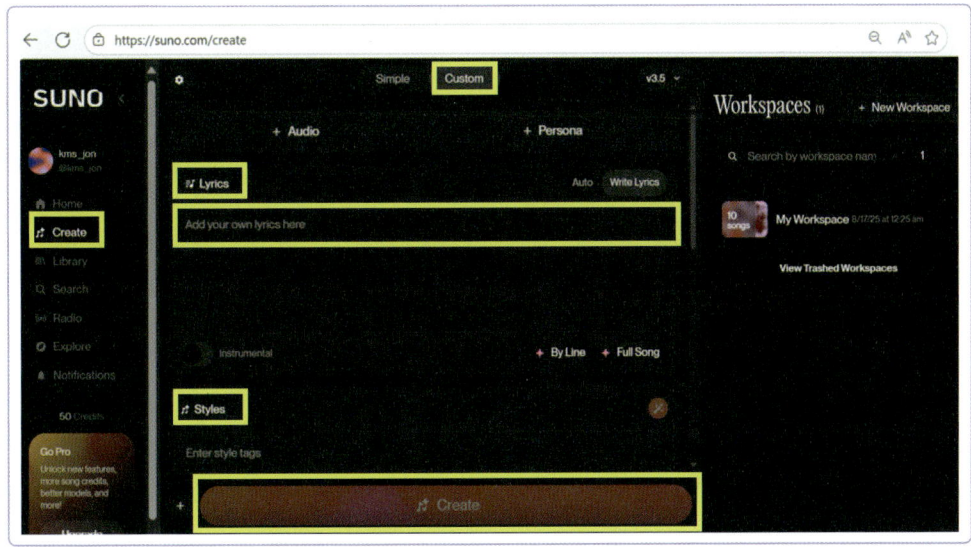

<그림 6-12> SUNO의 화면 구성

위 그림에서 보는 바와 같이 SUNO가 음악을 생성하는 모드에는 simple과 custom이 있는데, simple 모드(프롬프트 입력 모드)에서는 생성하고 싶은 음악을 프롬프트에 담아 요청하면 된다. 가령 '서정적인 남자 목소리로 밤 바다의 낭만을 노래하는 음악'이라는 프롬프트를 입력하면, 프롬프트가 사람의 목소리를 특정했기 때문에 요청에 맞게 가사까지 지어 음악을 생성해 준다. 그러나 우리는 한국어 학습과의 연결을 고려해 학습자가 작성한 한국어 가사를 입력하기 위해 직접 가사를 입력할 수 있는 custom 모드(사용자 가사 입력 모드)를 활용하도록 하겠다. 가사 입력은 위 그림에서 Lyrics 하단에 한국

어 가사를 직접 입력하거나 한국어 텍스트를 복사-붙이기로 넣으면 된다. 한편 노래의 styles은 사용자가 원하는 것으로 직접 입력하거나 스타일 태그(style tag) 중에 선택하면 된다. 아래 〈그림 6-13〉은 스타일에서 'korean girl group', 'korean pop', 'korean dance'를 스타일 태그로 선택한 화면이다. 이와 같이 스타일은 복수로 선택할 수 있다.

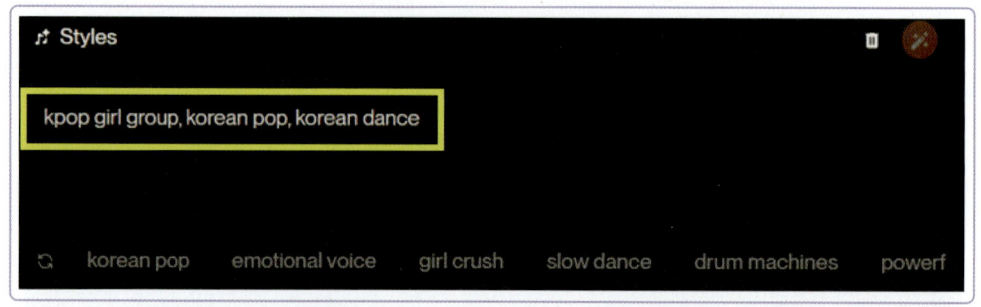

〈그림 6-13〉 SUNO의 스타일 태그 입력 화면

다음으로는 Song title에 노래의 제목을 입력한다. 그리고 생성한 곡을 어떤 Workspace에 저장할지 지정하는데, 여기에서 Workspace란 폴더와 비슷한 기능으로, 곡을 분류하여 저장하기 위한 것이다. 노래의 제목과 저장 위치를 지정했다면, 이제 마지막으로 〈그림 6-12〉에 보이는 붉은색 Create(생성) 버튼을 누르면 1-2분 안에 나만의 AI 노래가 만들어진다. SUNO는 사용자 요청에 맞는 2개의 곡을 생성해 제안하는데, 사용자가 2개의 곡을 들어 보고 선호에 맞게 사용하면 된다. 단, 한국어 학습을 위한 노래를 생성하는 것이 우리의 목적인 만큼 한국어가 명확하게 잘 들리고 학습자가 따라 부르기 쉬운 것을 선택하여 한국어 학습에 활용하면 좋을 것이다.

6.3.2. 한국어 수업에 음악 생성 AI 활용하기

(1) 쓰기 연계 AI 노래 제작

음악 생성 AI 기술을 한국어 수업에 어떻게 활용해 보면 좋을까? 음악 창작과 한국어교육이 교차하는 지점은 음악과 언어가 만나는 노랫말, 즉 노래의 내용이 되는 '가사'가 될 것이다. 그럼, 학습자들이 의미 있는 쓰기 활동으로써 한국어로 가사를 작성하게 하고, 그 가사를 가지고 자신만의 노래를 만들어 보게 하는 것은 어떨까?

일반적으로 특정 주제에 대해 가사를 쓴다는 것이 생소한 일이기 때문에 교과 과정 내의 쓰기 활동과 연계해 가사 쓰기 활동을 해 보는 것이 좋을 것이다. 즉 쓰기 활동을 한 후 작사 활동을 이어 하는 것인데, 쓰기 수업 시간을 통해 학습자들은 이미 글의 유형이나 글의 주제에 대한 스키마가 활성화되어 있고, 작문 주제와 관련한 언어 지식, 즉 작사에 필요한 어휘나 문법에 노출되어 있는 상태이기 때문에 쓰기 활동 후 가사 작성을 하면 효과적일 것으로 예상된다. 또한 학습자의 어휘량에 상관없이 간단한 어휘부터 수려한 작문까지 노랫말이 될 수 있기 때문에, 가사 쓰기는 숙달도와 상관없이 할 수 있는 활동이 될 것이다.

이런 수업의 예시로는 '가족에게 편지 쓰기' 활동과 연계한 가사 쓰기 활동이 가능할 것이다. 즉 학습자들은 가족에 대한 그리움을 노랫말로 표현하는 작사 활동을 이어갈 수 있다. 음악적으로 전문적인 작사를 하는 것이 목표가 아니라, 한국어를 사용해 가족에 대한 그리움의 정서를 표현해 보는 것이 목표가 되기 때문에 실제 수업에서는 노래의 구조[6]에

---

6 일반적으로 노래의 구조는 A-B-A-B(verse-chorus-verse-chorus) 형태가 일반적이며, 후렴구는 반복되는 핵심 메시지를 담는다.

구애받지 않고 자유롭게 노랫말을 쓰도록 하였다. 아래는 학습자들이 작성한 가사들이다. 첫 번째 가사에서는 반려견을 그리워하는 정서에 '일곱 해 동안 넌 내 빛이었어'와 같은 은유적인 시적 표현까지 보인다. 이어 두 번째 가사에서는 '최애'와 같은 신조어도 쓰며 직설적이지만 공감이 가는 가사를 작성한 것을 볼 수 있다.

<그림 6-14> 학습자가 작성한 가사

다음은 위 가사로 학습자가 직접 SUNO를 활용해 AI 노래를 제작한 화면이다. 화면 안에 QR 코드를 스캔하면 노래를 직접 들어 볼 수 있다.

학습자들은 자신이 제작한 AI 노래를 링크 형태로 가사와 함께 패들렛 게시판에 공유했고, 생성한 곡을 하나하나 함께 감상해 보는 시간을 가졌다. 가사와 노래를 감상하며 가족에 대한 그리움에 공감하기도 하고 공유된 노래에 댓글을 달기도 했다. 그리고 모든 곡을 감상한 후에는 가장 좋았다고 생각하는 노래를 Mentimeter를 활용해 선정하기도 하였다.

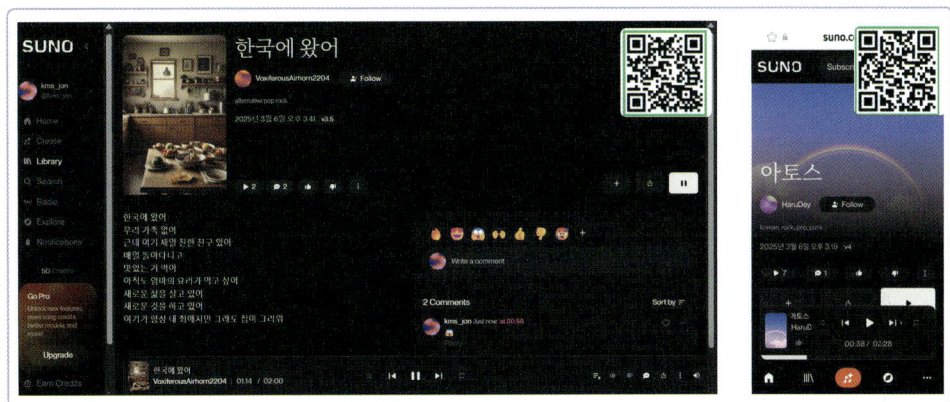

<그림 6-15> 학습자가 SUNO를 활용해 AI 노래를 제작한 화면

(2) 어휘·문형 학습 AI 노래 제작

음악 생성 AI 기술을 활용할 수 있는 좋은 방법 중 하나는 학습자가 학습한 한국어 어휘 및 표현, 문법이나 문형 등이 반복하여 포함된 문장들을 가사로 활용하여 AI 노래를 만들어 학습을 강화하는 것이다. 이 활동은 학습자가 수업 시간에 배운 문법이나 어휘를 활용해 문장이나 구를 생산하게 하고, 그 문장으로 AI 노래를 생성해 그 노래를 듣고, 부르며 학습 내용을 강화하는 데 목적이 있다.

〈그림 6-16〉에 문법 항목 '-던'을 포함한 가사가 있다. 필자가 만들어 본 예시 가사인데, 학습 항목이 되는 '-던'이 가사 중에 반복하여 출현하도록 작사하였다. 노래 스타일은 'catchy hook(중독성 있는, 귀에 꽂히는)', 'Korean pop'으로 하여, 기억하기 쉬운 케이팝 스타일로 SUNO에서 생성해 보았다. SUNO에서는 가사를 입력하면 2개의 곡을 생성해 주는데, 아래 SUNO의 My Workspace를 보면 두 개의 곡이 생성된 것을 확인할 수

있다. 또한 SUNO는 휴대전화에서 앱(app)으로 설치하여 생성된 노래를 재생할 수 있어 학습자들이 언제 어디서든 한국어 학습을 위해 자신이 만든 곡을 들을 수 있다는 장점이 있다. 〈그림 6-15〉의 오른쪽 그림은 휴대 전화상에서 노래가 재생될 때의 화면이다. 보는 바와 같이 가사가 함께 제시되어 학습자들이 귀와 눈으로 한국어를 익히는 데 도움을 줄 수 있다. 아래 제시된 각각의 노래의 QR 코드를 스캔하여 AI 노래를 들어 보길 바란다. 노래가 주는 즐거움으로 흥미롭게 한국어 문법을 익히게 될 학습자들이 기대되지 않는가?

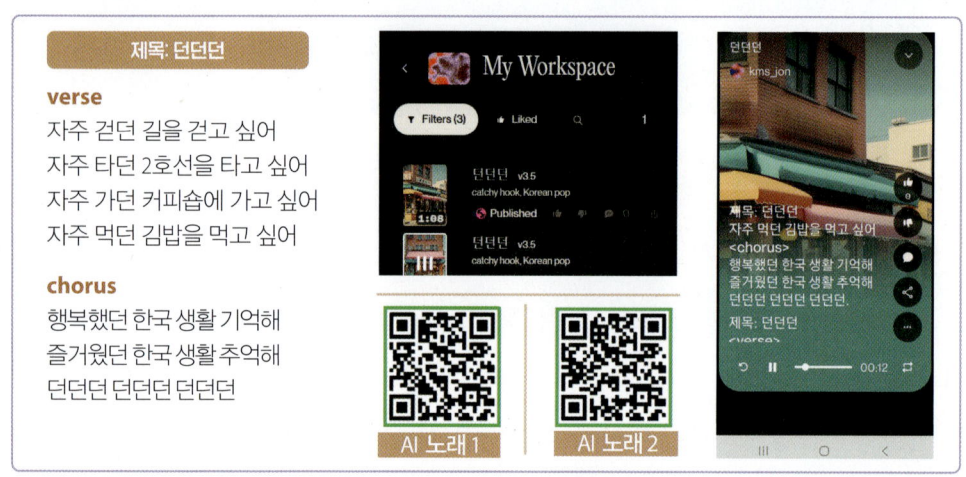

〈그림 6-16〉 SUNO에서 AI 노래가 생성된 화면

한국어 수업 시간에 한국어로 노래 가사를 쓰고 그 가사로 나만의 한국어 노래를 뚝딱 만들어 보는 경험은 학습자에게 흥미롭고 새로운 학습 여정을 제공할 것이다. 수업 시간뿐만 아니라 수업 시간 외에서도, 자신이 배우고 익히고 있는 한국어의 어휘와 문법들을 가사에 담아 자기주도적으로 AI 노래를 만들어 보도록 독려하고 동료들과 공유하도록 하는 것도 좋을 것이다.

6.4. 영상 생성 AI를 활용한 콘텐츠 제작

영상을 제작한다고 생각했을 때, 우리의 머릿속에는 배우와 감독과 카메라 스태프 등이 얽혀 있는 복잡한 촬영 현장이 떠오른다. 그러나 AI 기술은 글자 몇 자를 타이핑하는 일로 영상이 만들어지는 세상을 가져왔다. 또한 텍스트를 넘어 이미지나 영상 프롬프트로 새로운 영상을 생성해 내기도 한다. 한국어 교수·학습 맥락에서도 이제 누구나 접근할 수 있는 영상 생성 AI 기술을 활용해 멀티모달 교수 학습 자료를 사용해 보면 어떨까? 본 장에서는 영상 생성 AI의 주요 플랫폼들과 사용 방법을 알아보고, 한국어 교수·학습 자료로서 가능할 수 있는 AI 영상 제작의 실례를 살펴보도록 하자.

6.4.1. 영상 생성 AI의 주요 플랫폼과 사용 방법

(1) 영상 생성 AI의 주요 플랫폼

2023년부터 현재까지 텍스트 프롬프트로 AI 영상을 만들어 낼 수 있는 플랫폼들이 활발히 세상에 선 보이고 있다. 2024년 12월 미국의 글로벌 빅테크 Open AI가 출시한 Sora, 아바타 기반 영상 생성 플랫폼인 HeyGen, Synthesia, Fliki, 그리고 적절한 이미지와 자막까지 생성해 주는 한국이 개발한 Vrew, 사진을 입력하면 움직이는 영상으로 만들어 주는 Luma, KLING, DeeVid AI 등도 있다. 한편, 얼마 전부터는 Gemini를 통해서도 질 높은 영상을 손쉽게 만들 수 있게 되었다. Google과 DeepMind가 공동 개발한 멀티모달 AI 모델인 Gemini는 텍스트, 이미지, 오디오, 비디오, 코드 등 다양한 형태의 데이터를 이해하고 생성할 수 있는 멀티모달 AI 모델인데, 2025년 5월에 출시된 Gemini 2.5에서는 강력한 영상 생성 기술인 Veo 3를 선보여 영상과 완벽히 동기화된 오디오(대사, 효과음, 배경음 포함)를 생성할 수 있게 되었다.

이렇게 다양한 영상 생성 AI 플랫폼을 한국어 교수·학습 맥락에 활용할 수 있는가를 판별하는 데에 있어 중요한 조건은 영상의 오디오가 한국어로 지원되는가, 그리고 그 한국어 오디오의 발음이 정확하고 자연스러운가이다. 아직까지 ChatGPT를 통해 제공되는 Sora와 같은 경우, 영상에 오디오를 지원하지 않고 있어 한국어 수업 활용에 제한이 있다.

 더 알아보기

활용하기 좋은 영상 생성 AI 플랫폼 비교

다른 플랫폼보다 아바타의 한국어 발음이 정확하고 자연스럽다는 평을 듣고 있는 HeyGen과 다양한 한국어 목소리를 제공하며 한국어 자막 생성을 탁월하게 해 주는 Vrew, Veo 3 모델 사용으로 복수의 등장 인물(멀티 아바타)이 한국어로 대화하는 담화 장면을 구현할 수 있는 Gemini를 무료 사용 시 제한 사항과 오디오 특징에 대해 비교하였다.

<표 6-5> 영상 생성 AI 플랫폼 비교

	HeyGen	Vrew	Gemini
URL	HeyGen.com	vrew.voyagerx.com/ko	gemini.google.com
무료 사용 시 제한 사항	한 달에 최대 3개의 영상 생성 가능, 각 영상 길이는 최대 3분 이내임.	무료 사용 시 제한된 서비스 기능이 있으나, 무료 사용으로도 영상 생성이 가능함	무료로는 영상 생성 서비스 사용 불가. 현재 일반 사용자 대상 유료 플랜 요금은 월 29,000원이며, 하루에 8초 분량의 영상 3개를 출력할 수 있음
한국어 오디오 특징	한국인 목소리 제공, 분절음 발음은 정확한 편이나, 초분절음 처리가 자연스럽지 못한 경향이 있음	약 70여 가지의 한국인 목소리 제공, 분절음 발음은 정확한 편이나, 초분절음 처리가 자연스럽지 못한 경향이 있음	매우 빠른 발화 속도 때문에 외국인 학습자들을 위해 속도 조절 출력이 필요함

(2) 영상 생성 AI 플랫폼 사용 방법

위에서 언급한 플랫폼 중 가장 손쉽게 사용할 수 있는 플랫폼은 Gemini이다. 프롬프트 입력창에 동영상 버튼을 클릭하면 동영상을 생성해 주는 모드가 되어, 프롬프트를 영상으로 실행한다. 만들고 싶은 영상의 프롬프트에는 인물(피사체의 정보), 배경, 대사를 포함한다. 그리고 프롬프트에는 반드시 '한국어로 출력하라'는 명령을 포함하여야 한다. 한국어 출력에 대한 언급이 없을 경우, Gemini가 한국어 대사를 영어로 번역하여 영어로 대화하는 영상을 생성할 수 있기 때문에 주의해야 한다.

〈그림 6-17〉과 같이 프롬프트를 텍스트로 주면 '동영상이 생성 중...'이라는 표시가 나오며 1-2분 정도 소요될 수 있다고 안내가 나온다. 생성이 끝나면 영상이 나타나는데, 해당 영상 화면에 표시했듯이 우측 상단에 커서를 갖다 대면 영상을 저장할 수 있는 버튼이 나타난다. 그리고 영상의 좌측 하단에는 공유 버튼이 있는데, 이 공유 버튼을 누르면 한 개의 대화창에서 일어났던 대화 기록과 생성물의 기록을 모두 볼 수 있다.

<그림 6-17> Gemini Veo 3에서 영상을 생성하고 있는 화면 및 생성된 영상

다음은 한국어 화용 교육의 일환으로 간접적으로 거절하는 한국인과 이를 거절로 알아차리지 못하는 중국인을 보여 주는 영상을 생성하는 과정이다. 〈그림 6-18〉의 QR 코드를 스캔하여 Gemini와 상호작용 하며 영상을 수정한 과정을 살펴보자.

중국인 여대생 왕린과 한국인 여대생 민아가 대화하고 있어. 두 사람은 친구야. 두 사람은 대학교 캠퍼스 안을 걸으면서 대화를 하고 있어. 대사는 아주 아주 천천히 한국어로 말하는 것으로 출력해 줘. 한국어로 말하는 영상이야. 잊지 마!

왕린 민아야, 바빠?
민아 아니, 왜? 무슨 일 있어?
왕린 오늘 저녁에 수진이 생일 파티 할 건데 올 수 있어?
민아 좀 힘들 것 같은데....
왕린 그래? 그럼 이따 올 수 있는지, 없는지 정확히 알려 줄래?
민아 응....?

위 영상은 내가 요청한 것과는 다르게 영어로 대화하고 있어. 한국어로 다시 출력해 줘. 한국어로 출력해야 해. 기억해!!!!
그리고 발화를 천천히 해야 해! 기억해! 꼭!

위 영상은 대화를 내가 요청한 한국어로 하고 있지 않아. 말끝을 '요'로 끝내고 있어. 내가 요청한 것은 말끝에 '요'가 없는 반말이야. 내가 다시 한국어 대사를 줄게. 주의해서 영상을 생성해 줘. 그리고 발화를 천천히 해 줘.

왕린 민아야, 바빠?
민아 아니, 왜? 무슨 일 있어?
왕린 오늘 저녁에 수진이 생일 파티 할 건데 올 수 있어?
민아 좀 힘들 것 같은데....
왕린 그래? 그럼 이따 올 수 있는지, 없는지 정확히 알려 줄래?

<그림 6-18> Gemini에서 영상을 수정하는 과정

위 대화 기록에서도 보이듯이 Gemini는 영상 생성 첫 시도에서 한국어 대사를 영어로

출력하여 요청과 다른 결과물을 내놓았다. 이렇게 두 번에 걸친 수정 끝에 프롬프트대로 한국어 발화를 하는 영상이 나왔으며 발화 속도도 다소 늦춰진 것을 확인할 수 있었다.

다음으로 Vrew의 기본 사용 방법을 간단히 알아보자. Vrew는 특징은 70여 가지의 다양한 한국인의 목소리와 한국어 자막을 제공하여 한국어 교수·학습에 유용하게 활용될 수 있다는 점이다. Vrew 홈페이지에 접속하면 다음 〈그림 6-19〉와 같은 첫 화면을 만난다. 체험하기 또는 무료 다운로드를 선택할 수 있는데, 체험하기를 선택하면 웹 기반(브라우저 상)에서 바로 실행 가능한 데모 버전을 사용할 수 있다. 데모 버전으로도 기본적인 영상 생성이 가능하다. 한편 무료 다운로드를 하면 PC용 프로그램 설치 파일을 다운로드하게 되고, 무료 범위 내에서 전체 기능을 사용할 수 있다. 처음 로그인을 하면 기존에 작업했던 프로젝트 열기와 새로 만들기 버튼이 보인다. 새로운 영상을 만들기 위해 새로 만들기 버튼을 눌러 보자. 새로 만들기 버튼을 누르면 영상을 만드는 다양한 방식을 선택할 수 있는데, 우리는 AI에게 자막 텍스트를 만들어 달라고 하지 않고, 학습자가 작성한 한국어 쓰기 텍스트나 한국어 교재 상의 텍스트 등을 사용할 것이므로 텍스트로 비디오 만들기를 선택하면 된다.

<그림 6-19> Vrew의 텍스트로 비디오 만들기 설정 화면

Vrew에서는 기본적으로 스타일 고르기 → 대본 작성 → 비디오 꾸미기의 세 단계를 순차적으로 거치게 된다. 가장 먼저, 아래는 영상 스타일을 고르는 단계인데, 아래 그림과 같이 정보 전달 스타일, 다큐멘터리 스타일, 명언 스타일, 뉴스 스타일, 공포 스타일, 어린이 학습 스타일 등 다양한 영상 스타일을 고르도록 되어 있다. 스타일을 선택한 후에 이어지는 화면은 대본을 작성하는 화면이다. 아래 그림의 왼쪽과 같이 사용자가 글의 주제를 입력하면 AI가 글을 작성해 주는 기능이 있으나, 앞서 언급했듯이 우리는 직접 한국어 대본을 입력하기로 하였다. 아래는 교재 상의 읽기 텍스트를 입력한 것이다.[7]

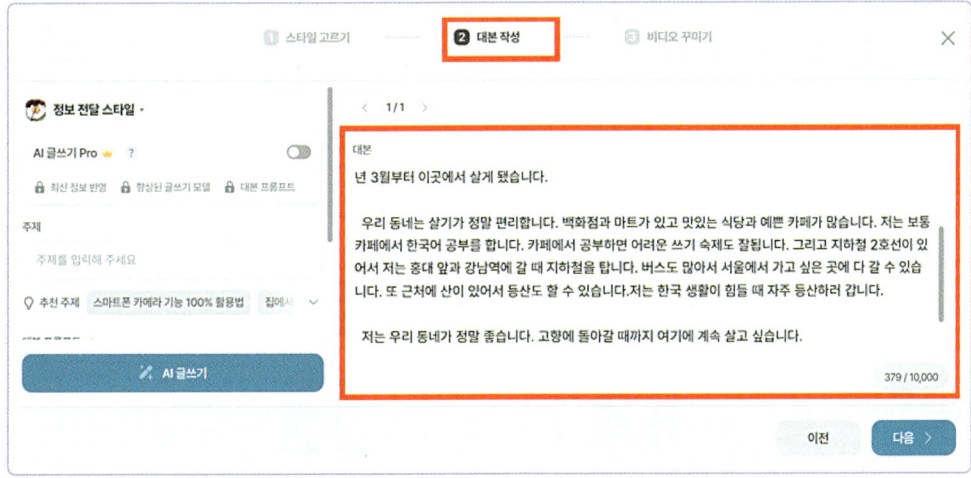

<그림 6-20> Vrew의 대본 입력 화면

　　다음 비디오를 꾸미는 단계에서는 화면 비율, AI 목소리, 배경 음악, AI 이미지 스타일 등을 설정할 수 있다. 영상에 나올 이미지의 스타일에는 사진, 빈티지, 수채화, 일러

---

[7] 지면으로 되어 있는 한국어 교재의 읽기 텍스트를 손으로 한 자 한 자 타이핑하지 않고, 휴대전화로 사진을 찍고 그 사진을 ChatGPT에게 주면서, '텍스트를 추출해 줘'라고 요청하면 바로 지면 상의 텍스트를 디지털 텍스트로 만날 수 있다. 그리고 그 텍스트를 대본 란에 '복사-붙여넣기'를 하여 사용하면 손쉽다.

스트, 유화, 애니메이션 등으로 고를 수 있는 선택지를 제공된다. 그리고 아래는 AI 목소리를 설정하는 화면인데, 필터 기능을 사용해 '한국어, 여성, 청년'으로 필터링을 했을 경우, 23명의 목소리가 검색되었다. 각 목소리는 직업군(성우, 선생님, 학생 등)이나 목소리의 느낌(밝은, 명랑한, 활발한, 또박또박, 단호한, 편안한, 나긋나긋 등)으로 소개되어 있다. 또한 하단에는 목소리의 음량, 속도, 높이를 조절할 수 있도록 설정 버튼이 있다. 초급 학습자들을 위한 영상일 경우에는 발화 속도를 낮추는 편이 좋을 것이다.

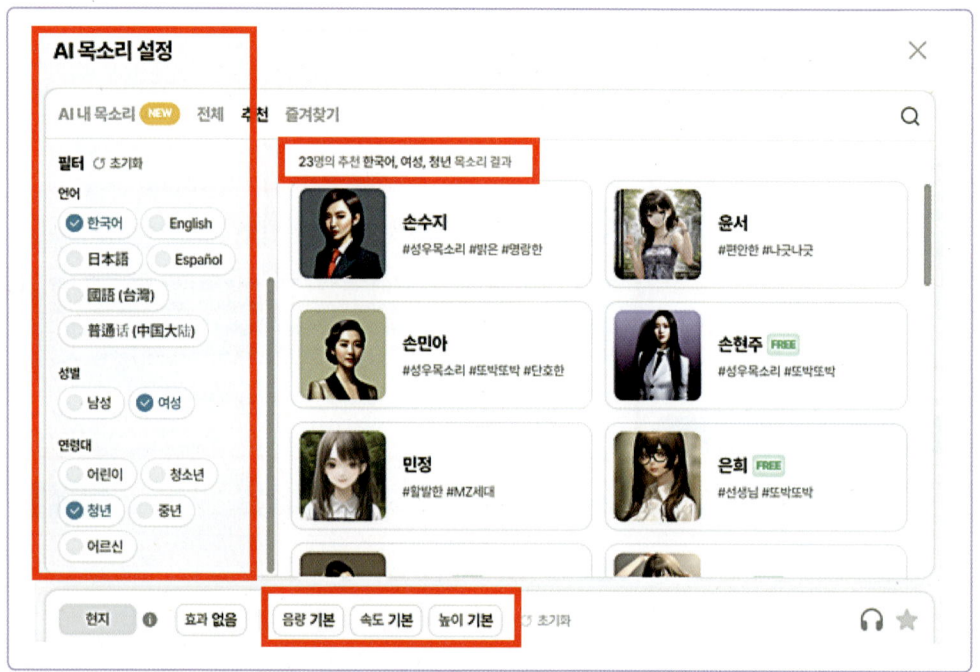

<그림 6-21> Vrew의 AI 목소리 설정 화면

비디오 꾸미기 단계가 끝나고 완료 버튼을 누르면 '비디오 생성을 시작할까요?'라는 질문이 나오는데, 확인 버튼을 눌러 AI 영상을 생성한다. Vrew가 영상을 생성하는 동안에는 진행 경과를 알려 준다. 영상이 생성된 후에는 영상을 편집하거나 미리 보기를 할

수 있는 화면으로 바뀐다. 아래 그림의 빨간색 상자 안에 AI 목소리 편집 부분에 '우리 동네' 앞에 빨간색 줄 위치에 커서를 놓고 스페이스 바(space bar)를 누르면 영상이 재생된다. 그리고 스페이스 바를 다시 누르면 재생이 멈춘다. 미리 보기 과정을 통해 목소리나 자막, 영상에 삽입된 이미지를 수정할 수 있다.

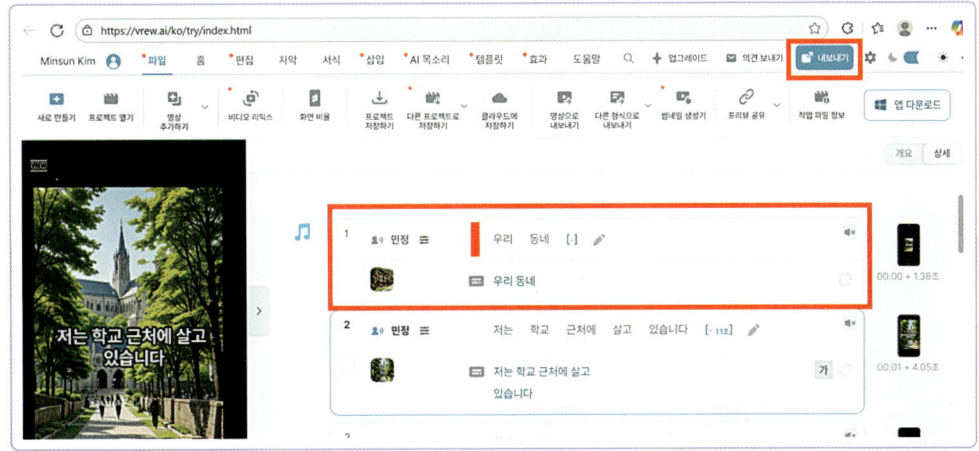

<그림 6-22> Vrew의 AI 영상 편집 화면

마지막으로 위 화면의 내보내기 버튼을 눌러 영상을 추출하면 된다. Vrew는 생성한 영상을 링크나 QR 코드로 공유할 수 없기 때문에 영상을 추출한 뒤 영상 공유 플랫폼에 업로드 한 후, 그 링크를 공유하면 된다.

6.4.2. 한국어 수업에 영상 생성 AI 활용하기

(1) 섀도잉 학습 영상 제작

섀도잉(Shadowing)은 언어 교수 및 학습에서 학습자가 언어의 소리를 들으며 발음 및 억양 등을 즉각적으로 그대로 따라 하는 활동을 말한다. 즉 그림자처럼 동시에 소리 내어 읽어나 혹은 말하는 방식으로 입력과 출력을 함께 하는 발음 학습 방법인데 학습자는 섀도잉 과정에서 원어민의 발음과 자신의 발음 간 차이를 줄여 가며 분절음 및 초분절음을 학습하게 된다(이혜진·김민선, 2024:411).

이렇게 섀도잉 학습이 언어 학습 방법으로 효과적이라는 것은 한국어 교원들도 알지만 발음 교육을 위해 섀도잉 시간을 갖는다는 것이 교실 여건상 쉬운 일은 아니다. 그렇다면 학습자들이 수업 시간 외에 언제 어디서나 휴대전화만 있으면 섀도잉 학습을 할 수 있는 학습 자료를 고안하고 공유해 보면 어떨까? 이러한 섀도잉 학습 자료를 Vrew를 통해 손쉽게 제작할 수 있다. Vrew는 입력된 대본 내용에 맞춰 영상을 만들어 낸다. 특히 Vrew와 한국어 학습과의 연결점은 70여 개가 넘는 다양한 AI 한국인 목소리가 지원된다는 것이다. 게다가 이 한국어 대본이 영상에 자막으로 제공되기 때문에 한국어 학습자들이 자막을 보며 동시에 듣고 따라하는 섀도잉 활동을 할 수 있다.

그럼, 섀도잉을 할 텍스트는 무엇으로 하면 좋을까? 학습자가 활용하고 있는 한국어 교재의 읽기 텍스트를 제안하는데, 그 이유는 학습자들이 수업 시간에 읽기 텍스트상의 어휘 및 문법 등을 이해하는 단계를 거치기 때문에 섀도잉을 할 때에 온전히 소리에 집중할 수 있기 때문이다. 〈그림 6-23〉은 한국어 교재 〈새 이화 한국어 2-1〉권에서 발췌한 초급 읽기 텍스트이며(이민경 외 2024:76) 이 텍스트를 Vrew에 대본으로 입력하여 생성한 AI 영상이다.

우리 동네

저는 학교 근처에 살고 있습니다. 동네 이름은 대현동입니다. 저는 이화여대에서 한국어를 배우고 있어서 작년 3월부터 이곳에서 살게 됐습니다.

우리 동네는 살기가 정말 편리합니다. 백화점과 마트가 있고 맛있는 식당과 예쁜 카페가 많습니다. 저는 보통 카페에서 한국어 공부를 합니다. 카페에서 공부하면 어려운 쓰기 숙제도 잘됩니다. 그리고 지하철 2호선이 있어서 저는 홍대 앞과 강남역에 갈 때 지하철을 탑니다. 버스도 많아서 서울에서 가고 싶은 곳에 다 갈 수 있습니다. 또 근처에 산이 있어서 등산도 할 수 있습니다. 저는 한국 생활이 힘들 때 자주 등산하러 갑니다.

저는 우리 동네가 정말 좋습니다. 고향에 돌아갈 때까지 여기에 계속 살고 싶습니다.

<그림 6-23> Vrew로 생성한 섀도잉 학습 영상

Vrew는 영상을 링크로 공유할 수 없어 영상을 파일로 다운받아 SNS 등에 공유해야 하는 단점이 있다. 필자는 유튜브 채널을 열어 Vrew가 생성한 영상을 올려 보았다. 학습자들에게 공유할 때는 유튜브 링크를 공유하면 손쉬울 것이다. 읽기 수업 이후에 섀도잉 학습 영상을 공유하면 학습자들이 수업 외 환경에서 언제 어디서나 친숙한 텍스트를 소리 내어 따라 읽는 연습을 하며 한국어 발음을 스스로 훈련할 기회를 가질 수 있을 것이다.

(2) 학습 숏폼 영상 제작

숏폼(short-form)이란 보통 짧은 길이의 콘텐츠를 말하는데, 특히 영상 플랫폼, 가령 유튜브 shorts, Instagram Reels, TikTok 등에서 볼 수 있는, 길이 1분 내외, 또는 몇 분 정도 되는 짧은 영상 형식을 가리킨다. 여기에서는 Gemini Veo 3를 활용해 한국어 학습 숏폼을 손쉽게 제작할 수 있는 방법을 소개하고자 한다. Gemini Veo 3에서는 담화 상황과 인물들의 발화를 텍스트 프롬프트로 제공하면 1-2분 안에 8초 가량의 영상을 뚝딱 생성해 낼 수 있다.

〈그림 6-24〉와 같이 프롬프트에는 등장 인물 정보와 담화 정보를 담고, 특별히 '한국어로 말하는 영상이야. 잊지 마!'라고 강조해서 요청을 하였다. 필자가 '한국어로 출력해 줘'라고 요청했지만 입력한 한국어 대사를 영어로 번역해 영어로 발화하는 영상을 생성해 내는 오류가 여러 번 있었기 때문에, 이를 막기 위한 조치였다. 또한 Gemini가 생성한 영상의 발화 속도는 일반 한국인이 듣기에도 빨라서 '아주 아주 천천히 한국어로 말하는 것으로 출력해 줘'라고 명시했다. QR 코드를 태그하여 한번 감상해 보자.

이 영상은 학습자들에게 무엇을 알려 주기 위해 만든 것일까? 민아가 생일 파티에 못 간다는 말을 '좀 힘들 것 같은데....'라고 했는데, 이는 거절을 단박에 하는 무례함을 피하기 위해 '안 된다'라는 직접적 표현보다 '힘들다'라는 어휘를 사용하고, '힘들어'보다는 '힘들 것 같다'라는 추측의 어미를 사용하여, 발화 강도를 약화한 간접 발화이다. 즉 중국인 왕린은 이런 한국인의 간접적인 거절 화행을 알지 못해 거절을 알아차리지 못하고 이따가 참석 여부를 정확히 알려 달라고 재차 요청하는 화용적 실패가 일어난 것이다. 이러한 영상을 통해 언어문화의 차이 때문에 일어나는 의사소통의 문제들과 한국인들의 간접 발화 방식을 알려 줄 수 있을 것이다.

프롬프트

중국인 여대생 왕린과 한국인 여대생 민아가 대화하고 있어. 두 사람은 친구야. 두 사람은 대학교 캠퍼스 안을 걸으면서 대화를 하고 있어. 대사는 아주 아주 천천히 한국어로 말하는 것으로 출력해 줘.
한국어로 말하는 영상이야. 잊지 마!

왕린 민아야, 바빠?
민아 아니, 왜? 무슨 일 있어?
왕린 오늘 저녁에 수진이 생일 파티 할 건데 올 수 있어?
민아 좀 힘들 것 같은데....
왕린 그래? 그럼 이따 올 수 있는지, 없는지 정확히 알려 줄래?

<그림 6-24> Veo 3 모델을 사용하는 Gemini로 생성한 화용 교육 영상

교육적으로 잘 고안된 텍스트만 있으면 한국어 학습을 돕는 영상을 누구나 뚝딱 만들 수 있게 되었다. 한국인의 언어문화를 학습하기 위한 화용 콘텐츠, 한국어 학습자가 자주 틀리거나 헷갈려 하는 문법에 대한 콘텐츠, 무궁무진한 어휘나 문형 표현에 대한 콘텐츠 등 짧지만 재미있고 효과적으로 한국어 학습 내용을 제공하는 영상 콘텐츠를 만들어 보면 어떨까? 아직까지는 Gemini의 한국어 지원에 기술적인 아쉬움이 보이지만, 비약적인 속도로 AI 기술이 발전하고 있기 때문에 곧 더 나은 한국어 지원을 기대할 수 있을 것이다.

6.5. AI 콘텐츠로 효과적이고 감각적인 수업으로 업그레이드하기

AI 콘텐츠로 멀티모달 활용이 활발한 한국어 교실이 가능해졌다. 그리고 이러한 변화와 역동은 더 가속화될 것이다. 텍스트, 이미지, 음성, 비디오 등 멀티모달을 넘은

옴니모달(Omni-modal) 기반의 통합 AI 모델이 개발되고 있기 때문이다. 그러나 생성 AI는 편향성, 할루시네이션, 데이터 의존성, 윤리적 측면에서 사용의 부정적인 측면과 개선 사항들을 가지고 있어 이를 숙지하고 활용해야 하는 면도 간과할 수 없을 것이다. 때문에 AI 기술 사용에 신중하면서도 동시에 창의적인 접근이 필요하다.

본 장에서는 이미지·음악·영상 생성 AI 학습 콘텐츠로 효과적이고도 감각적인 교수·학습 환경을 한국어 수업에 접목해 보았다. 각 AI 생성 기술에 대한 주요 플랫폼들을 소개하고 사용 방법을 안내한 후 구체적으로 AI 콘텐츠 제작 과정과 그 결과물들을 제시하였다. 먼저, 이미지 생성 AI 콘텐츠로는 다양한 범주의 교육용 AI 삽화들을 제시하였다. 더불어 효과적인 프롬프트 작성 전략을 소상히 설명하였다. 다음, 음악 생성 AI 콘텐츠로는 쓰기 연계 AI 노래 및 문법·문형 학습 AI 노래를 소개하였다. 마지막으로, 영상 생성 AI 콘텐츠로는 섀도잉 학습 영상과 학습 숏폼 영상에 대해 제안하였다. 특히 본 장에 나온 AI 콘텐츠 제작 사례들에는 실제로 필자가 사용한 프롬프트를 명시하여 독자들의 AI 도구 사용 접근을 용이하게 하려고 하였다.

검색을 검색 엔진이 아닌 영상 공유 플랫폼으로 하고, SNS로 소통하며 숏폼 영상 시청이 일상이 된 디지털 네이티브 세대에게 이미지·음악·영상 정보는 텍스트보다 더 친근하고 용이한 정보 형태일 것이다. 우리가 만나는 대부분의 한국어 학습자들이 디지털 네이티브라는 점, 나아가 AI 네이티브가 될 것이라는 점을 감안할 때, AI 기술을 통한 멀티모달 활용은 현 세대와 앞으로 올 세대의 한국어 학습자들에게 유용한 접근이 될 것이다. 흥미진진한 AI 콘텐츠들로 한국어를 가르치고 배우는 일이 더 풍성하고 즐거워지길 바란다.

AI로 시작하는 맞춤형 한국어 학습

AI가 일상 속으로 깊숙이 들어오면서 한국어 교실의 풍경도 빠르게 변화하고 있다. 이제는 학습자들이 수업 시간에 챗봇과 대화를 나누며 한국어를 연습하거나, 과제에 대해 맞춤 피드백을 받는 일이 낯설지 않다. 이 장에서는 똑똑한 보조 교사인 AI 챗봇을 활용하여 한 명의 교사와 다수의 학습자로 구성된 한국어 교실에서 맞춤형, 개인화 학습이 가능해지는 과정을 살펴본다. 구체적으로는 AI 플랫폼을 통해 학습자의 배경, 관심사, 한국어 숙달도에 맞는 맞춤형 말하기 챗봇을 효율적으로 제작하는 방법과 쓰기 수업 중 학습자 개개인의 학습 과정을 실시간으로 파악하고 지원하는 AI 챗봇 활용 방법이 제시될 것이다. 이를 통해 구현할 수 있는 실제적인 수업 운영 아이디어와 수업 지도안도 소개하고자 한다.

7.1. AI 챗봇의 등장과 맞춤형 학습

4차 산업혁명 시대가 도래하면서 교육 현장에는 근본적인 변화의 바람이 불고 있다. 과거의 '가르치는 교육'은 지식의 일방적인 전달에 머물렀지만, 이제는 학습자가 주체가 되어 스스로 지식을 탐색하고 경험하는 '배우는 교육'으로 패러다임이 전환되고 있다. 이러한 변화의 중심에서 학습자 개개인의 특성과 필요에 부응하는 '맞춤형 학습 설계'가 주목받고 있다. 맞춤형 학습의 개념은 학습자의 학습 유형(learning style), 흥미, 학업 준비도 차이를 수업에 반영하여 학습 자원 및 수업 활동을 조정함으로써 학습자에게 최적의 학습 경험을 제공하는 접근이다(Tomlinson, 2005).

맞춤형 학습의 실현 가능성을 높여 주는 기술 중 하나가 바로 인공지능(AI) 기술이다. 특히 최근에는 대화형 AI, 즉 '챗봇'을 교실 현장에 도입하려는 시도가 활발해지고 있다. 초기의 챗봇은 정해진 정보나 학습된 대화 패턴만을 활용하여 사용자와 대화하는 규칙 기반 시스템에 의해 작동했다. 그러나 생성형 인공지능(generative AI)과 대규모 언어 모델(LLM)의 발전으로 오늘날의 챗봇은 스스로 규칙을 학습하고 새로운 지식을 생성할 수 있게 되었다(이선중·황성은, 2024). 대표적인 예로 ChatGPT는 방대한 텍스트 데이터를 기반으로 스스로 맥락을 이해하고 언어를 추론하며 인간과 유사한 자연스러운 응답을 만들어 내며, 외국어 학습을 비롯한 다양한 분야에서 활용 가능성을 증명해 왔다. ChatGPT는 2022년 대중에 처음 공개된 이후 꾸준히 발전하여, 2025년 현재는 더욱 향상된 추론 능력을 탑재하고 멀티모달 입력 및 출력을 할 수 있는 GPT-5에 이르렀다. 이 밖에도 MS의 Copilot, 구글의 Gemini, 네이버의 ClovaX, 뤼튼테크놀로지스의 뤼튼 등 국내외의 다양한 기업에서 AI 챗봇 서비스를 출시하였다.

AI 챗봇이 외국어 학습에 주는 이점은 다양하다. 첫째, 학습자의 학습 속도, 학습 방법, 이해도, 관심사에 맞춰 학습 내용을 조정할 수 있어 학습 동기를 높이고 흥미를 유발한다. 둘째, 시간과 공간의 제약 없이 학습자의 요구와 필요에 따라 즉각적인 피드백과 답변을 제공하여 학습 내용의 개인화와 자기주도 학습을 지원한다. 셋째, 방대한 정보와 지식을 활용해 다양한 주제와 아이디어에 접근하게 한다. 그리하여 교사는 학생 개개인에게 맞는 교육 콘텐츠를 쉽게 제작할 수 있으며, 학습자 또한 정보 및 사고의 확장을 꾀할 수 있다. 마지막으로 학습자들은 AI와의 상호작용을 통해 실제와 유사하게 목표 언어로 대화할 수 있어 몰입감 있는 외국어 학습이 가능해진다.

<그림 7-1> AI 챗봇과 함께 하는 외국어 학습

한국어교육에서는 주로 말하기와 쓰기 교수·학습에서 AI 챗봇을 활용하고 있다. 말하기 학습에서 챗봇을 활용하는 것의 장점은 AI와 역할극을 하며 원하는 주제를 선택할 수 있어 자기주도 학습을 가능하게 하며(김형민, 2023), 학습자들의 어휘와 표현이 다양해지고, 발화가 오가는 횟수가 늘어나며, 담화를 조직하는 능력이나 전달력이 향상되는 것이다(김유미, 2024b; 이남호·이찬규, 2024). 또한, 학습자들은 챗봇과 한국어로 대화를 나누며 불안감을 적게 느꼈으며 자신감이 향상되고 학습 흥미와 동기도 높아졌다(유지연·유훈식, 2021).

한편 학습자들이 AI 챗봇과 상호작용하며 글을 쓰는 활동을 했을 때 쓰기 시험 점수가 눈에 띄게 향상되었다(김명희·한지원·유영의, 2023). 이에 더해 챗봇이 제시한 표현과 문법 수정은 단순한 교정에서 끝나는 것이 아니라 학습자들에게 어휘와 문법을 배우는 기회로 이어졌다(김지애·오선경, 2023). 학습자들 역시 챗봇이 자기주도적 글쓰기, 정보 제공, 오류 수정에 도움이 된다고 인식하고 있었다. 특히 학문 목적 학습자들은 논문을 준비하면서 연구 주제 구상 → 자료 수집 → 작성 단계에 이르기까지 챗봇을 폭넓게 활용할 수 있다는 점을 인식하고 있었다(최지영, 2023).

이처럼 한국어교육에서 챗봇을 활용한 연구는 꾸준히 이루어지고 있으며, 말하기와 쓰기 영역 모두에서 학습 효과와 교육적 가능성이 확인되고 있다. 그렇다면 실제 수업 현장에서 교사와 학습자는 AI 챗봇을 어떤 방식으로 적용하고 활용할 수 있을까? 이제 그 구체적인 방안을 차례로 살펴보자.

7.2. 한국어 교사와 학습자를 위한 AI 챗봇 활용 방법

7.2.1. 교사를 돕는 AI 보조 선생님

맞춤형 한국어 수업을 만들기 위해 AI 챗봇을 활용하는 방법은 무궁무진하다. 교사 한 명이 특정 주제로 학습자 숙달도를 고려해 자료를 제작하는 데에는 많은 시간과 노력이 든다. 그러나 AI 챗봇을 활용하면 기존의 내용을 활용해 학습자들의 문화적 배경, 관심사, 숙달도에 맞는 지문 재창작을 손쉽게 할 수 있다. 또한, 기존 종이 교재의 학습 내용을 이미지, 영상, 음성 등으로 제작해 멀티모달 교실로의 확장을 꾀해 학습자들의 흥미와 몰입도를 높이는 데에도 AI 챗봇의 도움을 받을 수 있다. 마지막으로 학습자 개개인의 과제를 정량적으로 분석하여 이에 맞는 맞춤형 복습 문제 및 추가 설명을 제시해 볼 수도 있다. 교사를 위한 AI 챗봇 활용 방법을 <표 7-1>에서 예시 프롬프트와 함께 확인해 보자.

<표 7-1> 교사를 위한 AI 챗봇 활용 방법

AI 챗봇 활용 방법	프롬프트 예시
이미지, PPT 생성	'길 찾기' 수업에서 활용할 지하철 OO 역 1번 출구 근처 지도를 단순하게 그려 줘.
수업 계획안 초안 작성	한국어 초급 학습자를 위한 '자기소개' 수업 계획안을 작성해 줘. 필요한 어휘 목록과 문법 항목, 말하기 활동의 예시를 포함해서 작성해 줘. 학습자는 총 15명이야.
실생활 언어 사례 찾기	K-POP 노래 가사 중에 '-(으)ㄹ 텐데'가 나오는 노래 제목을 가수와 함께 알려 줘.
읽기/듣기 지문 및 내용 이해 문제 생성	듣기 평가 지문을 제작하고 내용 이해 문제를 2개 만들어 줘. • 대화 주제: 한국에 사는 두 외국인 친구의 주말 계획 • 남자와 여자의 대화, 한 명당 세 차례 발화하도록 할 것 • 60 단어 내외 • 국제 통용 한국어 표준 교육과정 1급 어휘 사용 • 대화에 '-(으)려고 하다' 반드시 포함할 것
그룹 활동 자료 생성	그룹별 정보 차 활동에 필요한 자료를 만들어 줘. • 서울, 부산, 제주, 강릉의 기후를 다섯 문장으로 정리해 줘. • 각 지역의 기후를 잘 나타내는 사진도 함께 추가해 줘.
말하기/쓰기 모범 답안 생성	한국 OO 화장품 회사 마케팅 부서 면접자의 '지원 동기' 모범 답변을 생성해 줘. 다섯 문장 이내로 만들어 줘.
토론/논설문 논제 생성	'환경'을 주제로 한 찬반 토론 주제를 다섯 개 제시해 줘. 각각의 예시에서 찬반 입장의 근거 세 개를 예로 들어 줘.
영상 요약 및 정보 추출	다음 링크의 영상 내용을 요약해 줘. 그리고 영상의 대본을 분석해서 핵심어 다섯 개를 추출해 줘.
학생 활동 자료 정리 및 피드백	다음 학습자들이 쓴 글을 분석하고 가장 빈번하게 나타난 문법적 오류를 찾아 줘. 그걸 바탕으로 빈칸 채우기 문제 열 개를 만들어 줘.

이상과 같은 인공지능 활용 프롬프트 예시 중 듣기 수업에서 활용 가능한 영상 요약 및 내용 이해 문제 생성 사례를 살펴보면 아래와 같다. 먼저 듣기 수업에서 기존 교재에 있는 듣기 자료로 수업을 진행한 뒤, 주제 확장을 위해 듣기 지문과 관련된 주제로 실생활 자료인 유튜브 영상 등을 제공할 수 있다. 그러나 대체로 실제 인터뷰 및 대화 영상은 학습자의 숙달도보다 언어 수준이 높으므로 영상을 시청하게 한 뒤 언어적으로 부족한 부분을 AI 챗봇의 요약본과 내용 이해 퀴즈로 채워 보게 하는 활동을 할 수 있다. 이는 교실 내 학습자들의 언어 수준이 저마다 다를 때 유용하게 사용될 것이다. 다음의 예는 교재에서 '대학 진학에 관한 찬반 토론'을 들은 뒤, 실생활 자료인 '대학 진학에 관한 찬반 인터뷰'에 대한 유튜브 영상을 학습자들에게 제공하는 활동을 진행하는 예이다. 여기에서는 동영상 분석이 가능한 AI 챗봇인 Gemini를 활용하였다.

프롬프트

너는 유능한 한국어 선생님이야. 학생들을 위해 아래 영상의 내용을 쉬운 언어로 요약하고, 내용 이해 문제를 만들어 줘.

영상 주소: https://youtu.be/j3AMn8o_7bw?si=CUMDtiFbMy697bUP

AI 챗봇이 생성한 요약본과 이해 문항

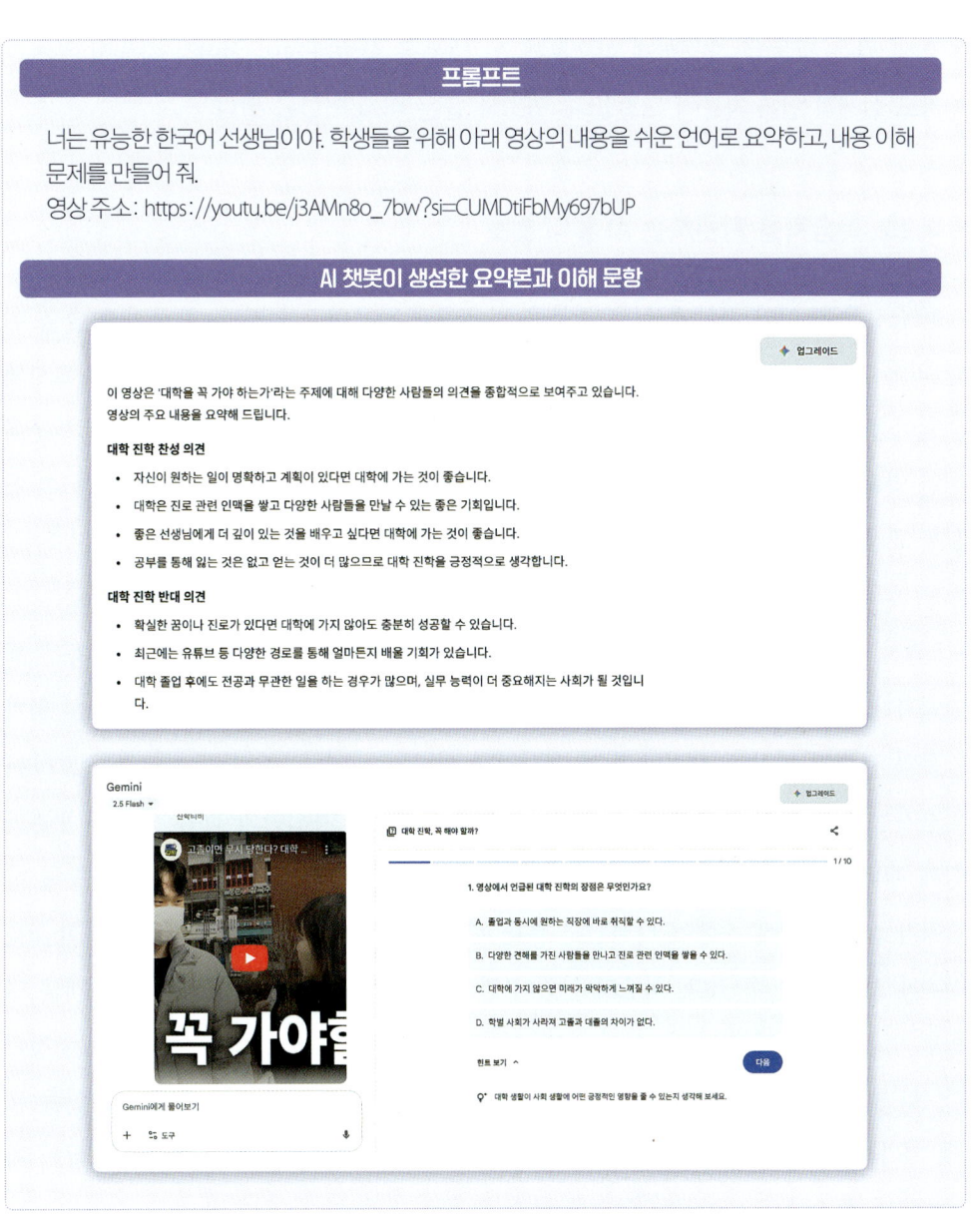

<그림 7-2> 영상 요약 및 내용 이해 문제 생성 사례

이와 같은 활동을 가능하게 함으로써 AI 챗봇은 학습자들이 언어적 자원이 부족하더라도 실제적 언어 자료에 도전할 수 있도록 돕는 비계 역할을 한다.

7.2.2. 학습자를 지원하는 AI 튜터 챗봇

학습자들은 이미 일상에서 AI 챗봇을 자유롭게 활용하고 있지만, 한국어 학습을 위한 의미 있는 상호작용이 일어나게 하기 위해서는 학습자와 AI 챗봇 가운데에서 교사의 역할이 중요하다. 여기에서는 교실 안팎으로 학습자를 실시간으로 지원하는 AI 챗봇이 어떤 역할을 할 수 있을지 알아본다. 그리고 이를 학습자들이 적재적소에 활용할 수 있도록 교사가 어떻게 개입해야 할지 생각해 보도록 한다.

먼저, AI 챗봇을 활용하면 학습자의 학습 유형에 따라 서로 다른 과제나 활동을 제안하기가 더 쉬워진다. 텍스트보다 영상을 선호하는 학습자라면 수업 시간에 다룬 읽기 지문과 관련된 영상을 찾거나 직접 제작하게 해 볼 수 있다. 또 시각 자료를 선호하는 학습자는 문법 항목 학습 시 마인드맵이나 표로 정리된 자신만의 학습 노트를 챗봇과 함께 제작하는 과제를 주는 것도 가능하다. 중·고급 학습자에게는 AI 챗봇을 통해 학습자가 스스로 과제 수행에 나타난 오류를 분석하는 과제를 제시해 메타인지적 학습을 실천해 보도록 할 수 있다. 학습자 본인이 한 학기 동안 작성한 쓰기 과제 여러 개를 대화형 인공지능에 제시한 뒤, 문법, 어휘 및 표현, 맞춤법의 오류를 분석하게 하는 것이다. AI 챗봇이 학습자 개개인의 오류를 분석하여 교정 워크시트나 퀴즈 형식의 연습 문제, 자가 진단 체크리스트 등을 생성하고, 교사가 이들 자료와 교사의 피드백과 함께 제공한다면 학습자들은 진정한 맞춤형 학습 자료를 경험할 수 있을 것이다. 다음의 표에서 이와 같은 다양한 맞춤형 활동 사례를 살펴보자.

<표 7-2> 학습자를 위한 AI 챗봇 활용 방법

AI 챗봇 활용 방법	프롬프트 예시
한국어 문법 지식 도우미	한국어 이유 표현을 정리해서 표로 만들어 줘. 표에는 의미와 사용 상황, 예문 세 개와 영어 번역을 함께 넣어 줘.
문장 교정, 표현 추천	• '내가 학교에 가다가 동생이 넘어졌다.'라는 문장은 문법적으로 맞는 문장이야? • 친구의 어머니가 몸이 아프셔서 위로의 말을 해 주고 싶어. 어떤 표현이 적절할까?
대화 파트너	나랑 한국어 대화 연습을 하자. 너는 Canto POP과 K-POP에 대해 잘 알고 있는 20대 한국인이야. 나는 한국어를 배우는 홍콩인 학습자야. • Canto POP, K-POP 산업의 특징, 좋아하는 가수, 추천하는 영상에 관해서 이야기해야 해. • 요즘 한국의 20대가 많이 사용하는 어휘를 사용해서 이야기해 줘. • 내가 모르는 단어가 있으면 친절하게 설명해 줘.
과제 및 활동 전 브레인스토밍 파트너	한국과 중국의 결혼 문화를 비교하려고 해. 세부 비교 항목으로 어떤 게 필요할까?
보충 연습 문제 생성	'-아/어 있다'를 배웠는데 잘 모르겠어. 빈칸 채우기 연습 문제를 다섯 개 만들어 줘. • 남녀 두 사람의 대화로 만들어 줘. • 내가 답을 입력하면 그 후에 정답을 한국어와 영어로 알려 줘.
언어 모델링 (말하기, 쓰기)	학교 사무실에서 '외국인 학생 장학금 신청 방법'을 문의하는 대화를 작성해 줘. 필수 어휘 5개와 그 어휘들의 의미도 함께 알려 줘.
실시간 발음 피드백 파트너	지금 한국어 발표 준비를 하고 있어. 내가 보낸 발표 파일의 발음에 대해 피드백을 해 줘.
글쓰기 파트너	• 쓰기 전: 기행문을 쓰려고 하는데 전형적인 기행문의 구조를 알려 줘. • 쓰기: 이 부분에 사용할 더 나은 표현이 있을까? 추천해 줘. • 쓰기 후: 내가 작성한 영화평을 블로그에 올리는 글과 신문 기사로 바꿔 써 줘. 그리고 다르게 사용되는 언어 표현을 정리해 줘.
읽기 파트너	• 읽기 전: 이 글의 주제와 관련된 영상, 이미지 자료를 찾아 줘. • 읽기: 이 문장/문단을 쉬운 한국어로 다시 써 줘. • 읽기 후: 이 글과 유사한 주제의 글을 작성해 줘.

위의 예시 중 하나로 자기주도적인 쓰기 후 활동을 소개한다. 학습자에게 쓰기 과제로 자신이 작성한 글을 AI 챗봇을 통해 다른 장르의 글로 바꿔 읽어 보게 하는 활동이

다. 예를 들어 설명문을 신문 기사처럼 바꿔 본다거나, 수필을 드라마 대본으로 바꾸는 것도 가능하다. 이를 통해 학습자는 자신의 관심사로 쓴 글을 가지고 다양한 텍스트 장르의 특징과 언어 사용역을 이해하는 경험을 할 수 있다. 아래의 예시는 학습자가 즐겨 본 드라마에 대한 평을 블로그 글처럼 작성한 후, AI 챗봇에 이를 신문 문화면의 드라마 비평 기사로 바꿔 보도록 요청한 것이다. 여기에서는 ChatGPT-5를 사용하였다.

프롬프트

아래는 내가 쓴 드라마 평 블로그 글이야. 이 내용을 다시 신문 문화면의 드라마 비평 기사로 바꿔 줘. '-다/는다'체로 써 줘.

'중증외상센터' 강추합니다!!

(전략)
전체적으로 이 드라마는 스릴 있고 아슬아슬한 장면이 많아서 볼 땐 재미있지만 인터넷 의학 전문가의 평가에 따르면 많은 수술 장면이 현실적이지 않고 너무 과해서 조금 아쉬웠어요. 하지만 전에 이야기한 듯이 드라마의 중심은 정확한 수술 장면을 보여 주는 게 아니라 삶에 먼저는 돈이라는 현실 사회 고발하는 것이라고 생각합니다. 이 드라마를 재미있게 보려면 의학 드라마라고 생각하지 말고 일반 드라마로 보는 게 재미가 더 있을 겁니다. 총으로 말하면 이 드라마는 짧은 시간에서 재미있는 이야기를 보고 싶은 사람에게 추천합니다.
이 드라마는 전체적으로 시청자에게 좋은 평가를 얻었습니다. 드라마가 방송한 후 일주일 안에 여러 나라 넷플릭스에서 1위를 차지했습니다. 좋은 평가로 인해 많은 시청자들도 시즌 2를 많이 기대한다고 합니다.

AI 챗봇이 생성한 신문 기사 일부

물론 아쉬운 점도 있다. 의학 전문가들에 따르면 다수의 수술 장면이 과장되어 사실성과 거리가 있다는 평가가 나온다. 그러나 이 드라마의 본질은 의학적 리얼리티가 아니라 사회적 현실을 고발하는 서사에 있다.

총 8부작이라는 짧은 호흡 속에서 드라마는 속도감 있게 전개되며, 시청자에게 강렬한 인상을 남긴다. 긴장감 넘치는 서사를 단기간에 즐기고 싶은 시청자에게 강력히 추천할 만하다. 시즌 2를 기다리는 목소리가 높은 것도 그만큼 작품의 힘을 보여 준다.

<그림 7-3> AI 챗봇을 활용한 쓰기 후 활동 사례

자신의 관심사를 바탕으로 작성한 글을 다양한 장르로 바꿔 읽어 보면서 학습자는 더 능동적으로 학습에 참여하게 되며 개인화된 학습 포트폴리오를 만들어 나갈 수 있다.

7.3. AI와 맞춤형 한국어 말하기 교육

7.3.1. 맞춤형 AI 챗봇 제작하기

교사가 직접 개발한 맞춤형 AI 챗봇은 시나리오 기반 챗봇과 ChatGPT, Gemini 등과 같은 범용 AI 챗봇에 비해 뚜렷한 강점이 있다. 시나리오 기반 챗봇은 학습자가 맥락에 맞지 않는 응답을 하면 대화가 중단되거나 무시되는 한계가 있지만, 맞춤형 챗봇은 학습자의 발화를 실시간으로 인식하고 분석해 적절한 답변이나 피드백을 제공하며 대화를 올바른 방향으로 이끈다. 이에 더해 시나리오 기반 챗봇을 제작할 때처럼 교사가 학습자의 예상 응답을 일일이 입력하지 않아도 다양한 표현을 처리해 자연스러운 상호작용을 유지할 수 있고, 목표 어휘 수준을 손쉽게 조정할 수 있다.

범용 AI 챗봇은 학습자가 이해할 수 없는 장황한 언어로 설명하거나 출처가 부정확한 답변을 할 가능성도 있는데, 맞춤형 AI 챗봇은 기학습 내용을 대화의 기준점으로 삼아 간결하고 정확하면서도 실제 대화처럼 자유로운 대화를 지원한다. 마지막으로 직접 제작한 챗봇은 온도(temperature) 설정이 가능하다는 점을 장점으로 들 수 있다. 온도는 챗봇 응답의 창의성을 말하는 것으로, 0에서 2까지 설정할 수 있다. 높은 값은 창의적이고 다양한 답변을 생성하게 해 사람과 매우 유사한 답을 하게 하고, 낮은 값은 일관된 응답을 생성하게 한다. 범용 AI 챗봇에서는 기본값 설정이 높게 되어 있어 창의적인데 반해 때로는 정확도가 떨어지는 답변이 나오지만, 교사가 제작한 AI 챗봇에서는 학습자 수준과 챗봇의 사용 목적에 맞춰 온도를 직접 설정하는 것이 가능하다.

그렇다면 맞춤형 챗봇은 어떤 용도로 개발하면 좋을까? 먼저 학습자의 모국어에 기반한 맞춤형 챗봇을 만들어 볼 수 있다. 일반 목적 한국어 교재들은 다양한 모국어를 배경으로 한 다국적 교실을 상정하여 개발되므로 특정 모국어를 가진 학습자가 자주 일으키는 문법, 어휘, 화용 오류 등에 집중하기 어려운 것이 현실이다. 이와 같은 상황에서 학습자의 모국어 배경으로 인해 취약한 부분을 돕는 챗봇 제작이 가능하다. 또 초·중급 학습자의 경우 주로 특정 상황에 필요한 문형 및 표현을 학습하게 되는데, 이를 확장하여 다른 상황에서도 사용해 보도록 하고 싶을 때 챗봇을 개발하여 말하기 과제로 배부할 수도 있다.

한국어 교실에서는 학습 목적에 따른 맞춤형 AI 챗봇을 제작하는 시도가 이루어지고 있다. 예를 들어, 화행 연습을 돕는 챗봇이나 학문 목적 쓰기에 피드백을 제공하는 챗봇이 개발된 사례가 있다(강아라미, 2025; 김장식·조윤경, 2025; 민유미, 2025). 이러한 챗봇은 ChatGPT가 제공하는 GPTs 기능을 활용해 제작되었다.[1] GPTs를 기반으로 한 맞춤형 챗봇은 공적·사적 상황, 친밀도, 사회적 지위와 같은 사회적 맥락에 따라 적절한 대화 전략과 표현을 자연스럽게 생성할 수 있었다(김장식·조윤경, 2025). 학습자들은 이러한 챗봇을 활용하면 수업 시간에 충분히 연습하지 못한 부분을 반복할 수 있고, 실제 원어민과 대화할 때보다 부담이 적다는 점에서 챗봇을 긍정적으로 평가했다(민유미, 2025). 또한 쓰기 활동에서도 일반 AI 챗봇보다 더 정제된 피드백을 받을 수 있었고, 실제 한국어 학습에 도움이 된다고 느꼈다(강아라미, 2025).

---

1 GPTs는 별도의 자료 저장소를 따로 만들 필요가 없고, 안에 탑재된 RAG(Retrieval-Augmented Generation) 기술을 통해 사용자가 원하는 자료 안에서 바로 답변을 얻을 수 있도록 ChatGPT에서 제공하는 도구이다. 여기에서는 매번 복잡한 프롬프트 엔지니어링을 하지 않아도, 미리 정해 둔 범주 안에서 학습자에게 알맞은 형태의 답변을 제공할 수 있다(권미선, 2024; 김장식·조윤경, 2025 재인용).

그렇다면 ChatGPT를 활용하여 맞춤형 챗봇을 제작하는 실제적 방법을 살펴보자. 여기에서는 중급 학습자를 위한 거절 화행 연습 챗봇을 개발하는 예시를 소개하고자 한다.

(1) 새 GPT 생성하기

ChatGPT의 왼쪽 메뉴바에서 GPT를 클릭한다. 그 후 나타나는 GPT 탐색 화면에서 오른쪽 상단의 + 만들기를 클릭한다.

<그림 7-4> 새 GPT 생성 화면

(2) 구성 메뉴 설정하기

맞춤형 GPT는 두 가지 방법으로 제작할 수 있다. 만들기 탭에서는 ChatGPT와 직접 대화를 해 가며 제작하게 되어 있고, 구성 탭에서는 구현하고 싶은 챗봇의 정보를 직접 입력하게 되어 있다.

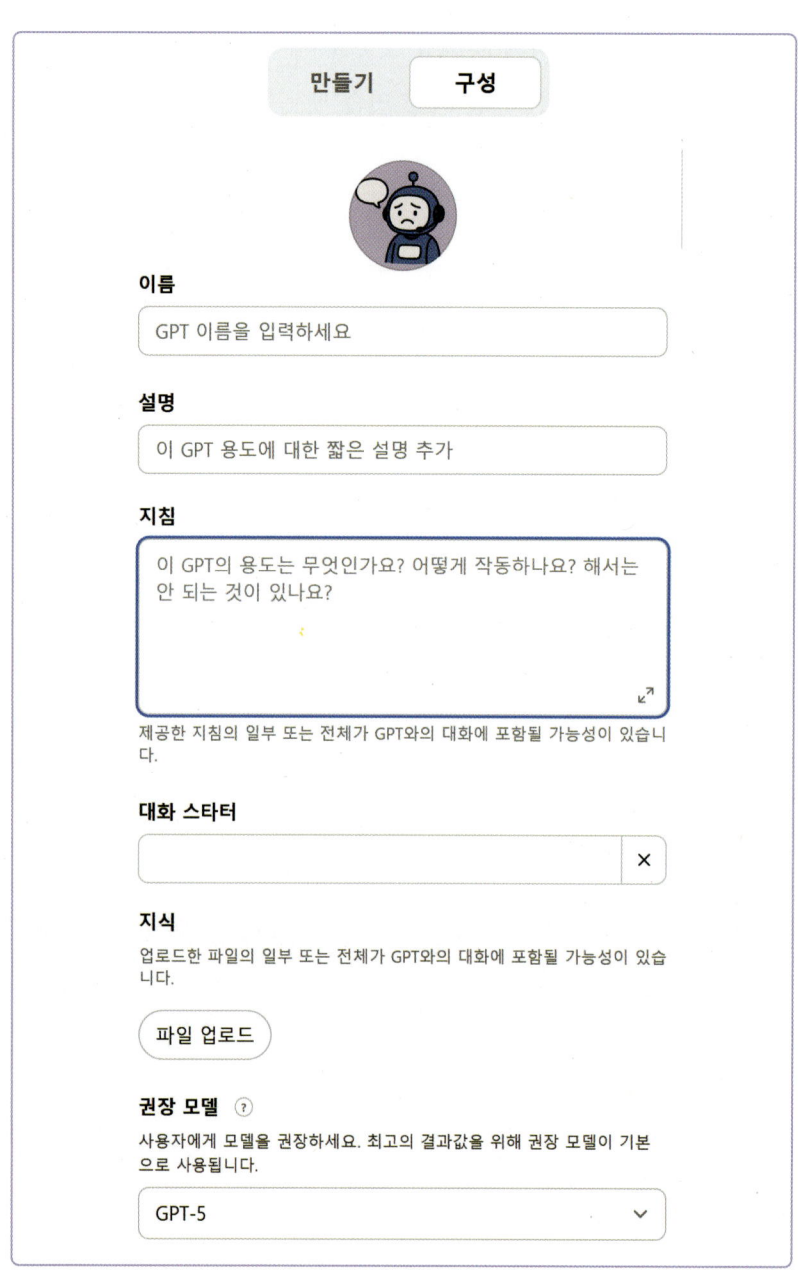

<그림 7-5> 구성 메뉴 설정 화면

각각의 칸이 의미하는 바는 다음과 같다.

<표 7-3> 구성 메뉴 내용 설명

이름	학습자가 보게 되는 챗봇의 이름을 정하는 부분임. [예] 한국어 거절 연습 챗봇
설명	해당 챗봇이 어떤 역할을 하는지 간단하게 설명함. 학습자가 바로 이해할 수 있도록 짧고 명확하게 작성함. [예] 저는 여러분이 한국어 거절 표현을 연습하도록 도와주는 챗봇이에요.
지침	챗봇이 어떤 말투와 방식으로 사용자(학습자)와 대화해야 하는지 지정하는 부분임. 아래 내용이 포함되도록 구성하는 것이 좋음. • 역할 • 목표 • 대화 방식: 대화의 길이, 문장 길이, 어휘 수준, 말투, 피드백 시기 및 방법 • 대화 예시 • 금지 사항
대화 스타터	학습자가 챗봇을 처음 시작했을 때 등장하는 질문이나 문장. [예] 저와 함께 한국어로 거절하는 방법을 연습해 봐요. 아래의 상황 중의 하나를 골라서 대화를 시작해 보세요.
지식	GPT가 참고할 수 있는 문서, 자료를 올리는 부분임. [예] 학습자가 학습한 어휘, 문법 목록, 대화 예시 문서 파일
기능	챗봇 구현 시 사용할 수 있는 추가 도구를 설정하는 곳.

이 구성 정보 입력에서 가장 중요한 부분은 챗봇이 학습자와 어떻게 상호작용하는지를 결정하는 '지침[2]'과 챗봇이 참고할 만한 '지식' 칸이다. '지침'에서는 챗봇의 역할을 설정하고 구체적으로 어떤 목표를 가지고 학습자와 대화를 해야 하는지 명시해야 한다.

---

[2] GPT가 아닌 일반 AI 챗봇에서는 이를 '프롬프트'라고 명명한다. 프롬프트는 '지침'과 유사하게 대화 달성 목적, 대화 장소, 대화 참여자, 참여자 역할 등 대화의 핵심 정보와 명령 수행을 위한 직접적인 지시문, 수행 조건, 이해 여부의 추가 정보로 구성하여야 한다. 이와 같은 구조를 제시하고 원활한 한국어 대화 연습을 위한 프롬프트의 구조를 분석하여 제시한 연구는 이남호·차준우(2023)를 참고할 수 있다.

또한, 챗봇의 말투, 대화 길이, 피드백 방식 등을 포함한 대화 방식을 지정한다. 좀 더 정교하게 작동하는 챗봇을 원하면 예시 대화를 제공해야 한다.³ 예를 들어 사과, 거절 등의 화행 연습 챗봇을 만든다면 친소 관계/공적/사적 상황 등에서 나타나는 전형적인 전략 및 표현이 포함된 예시 대화를 여기에 추가한다. 마지막으로 제한, 금지 사항을 추가한다. 대화의 주제가 챗봇의 목적과 다르게 진행되면 대화를 재시작할 것, 종교 및 정치 등의 민감한 주제는 다루지 않을 것 등을 설정할 수 있다.

'지식' 칸에는 맞춤형 챗봇이 참고할 만한 파일을 올린다. 예를 들어 학습자들의 어휘 수준, 문법 수준을 판단할 수 있는 어휘/문법 목록 파일이나, 학습자들이 배운 예시 대화, 문법 및 표현 설명을 입력하여 파일로 만들어 올리면 챗봇이 해당 파일을 참고하여 대화하게 된다. 입력을 모두 마치면 오른쪽 화면에 학습자들이 보게 될 챗봇의 첫 화면이 미리 보기 로 나온다.

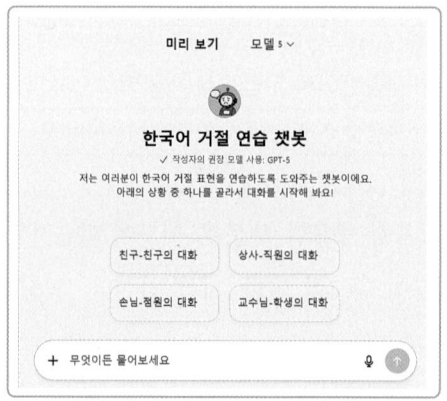

<그림 7-6> 챗봇 완성 후 미리 보기 화면

---

3 챗봇이 출력하기를 바라는 형태의 예시 대화를 가능한 한 많이 제공하는 것이 좋다. 이는 프롬프트 엔지니어링 방법의 하나인 퓨샷 러닝(few-shot learning)으로, 사용자가 제공하는 입력 정보를 바탕으로 AI의 추론 능력이 향상되는 결과를 가져온다(권태현, 2024).

(3) 완성된 챗봇 수정 및 공유하기

챗봇의 구동을 보다 완벽하게 하기 위해서는 학습자들에게 공유하기 전 교사가 여러 번 대화를 해 보고 '지침'을 수정해야 한다. 예시로 개발한 챗봇과의 첫 대화에서는 교수님께 사과하기 상황에서 개인적인 이유를 들었으나 잘한 응답이라는 피드백을 받았다. 이는 한국문화에서는 부적절할 수 있으므로 수정을 요청하고, 지침에 이를 반영하였다. 그 결과 새로운 대화에서는 이 지침이 반영된 피드백을 받을 수 있었다.

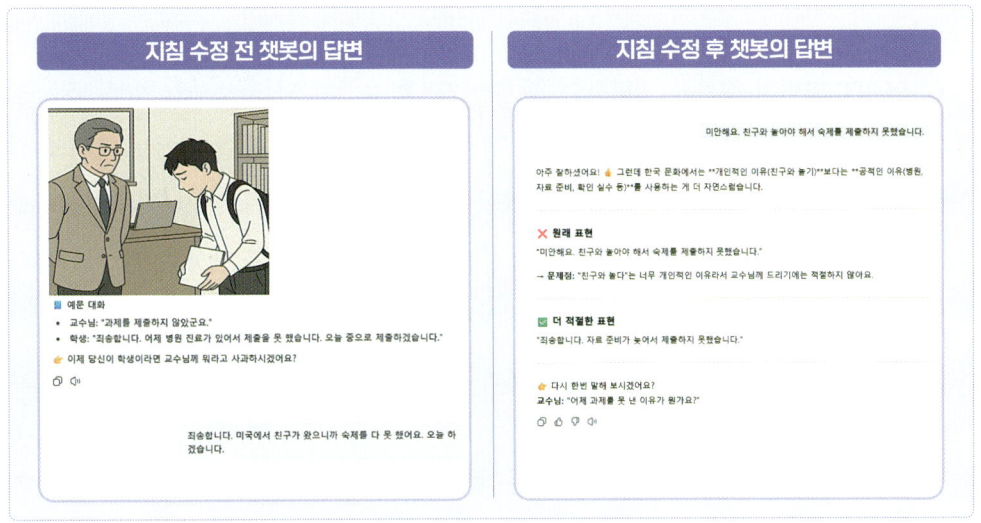

<그림 7-7> 챗봇 지침 수정 전과 후 답변의 예시

완성된 챗봇을 학습자에게 공유하려면 해당 챗봇 수정하기 화면으로 들어가서 화면 오른쪽 위에 있는 공유하기 버튼을 누른다. 공유 범위 설정은 비공개, 링크가 있는 모든 사람, GPT 스토어에 배포 중 하나를 선택할 수 있는데, 여기에서 링크가 있는 모든 사람 을 클릭하면 링크가 생성된다. 반대로 학습자가 맞춤형 챗봇과 대화를 나눈 기록을 확인하고 싶다면 학습자에게 챗봇 화면 오른쪽 위의 공유 버튼을 눌

러 교사에게 링크를 보내게 하면 된다.

(4) '음성 모드'로 챗봇과 대화하기

ChatGPT가 음성 인식을 지원하게 됨에 따라 사용자와 챗봇이 양방향으로 음성 대화를 나눌 수 있게 되었다. 이에 따라 학습자들도 실제로 원어민과 대화하는 것처럼 더욱 실재감 있는 말하기 연습을 해 볼 수 있다. 음성 대화는 일반 ChatGPT뿐만 아니라 맞춤형 GPT에서도 작동한다.

ChatGPT 화면의 질문을 입력하는 곳 하단의 🎤 을 누르면 사용자와 챗봇 모두 음성으로 대화하는 '음성 모드'가 시작된다. '음성 모드'를 처음 사용할 때에는 마이크 권한을 허용해야 한다. 음성 대화 시작 후 오른쪽 상단의 🔊 를 누르면 9개의 남녀 목소리 중 원하는 음성을 고를 수 있다.[4] 음성 대화가 완료된 후 대화 내용은 텍스트로 자동 변환된다. 따라서 대화가 종료된 이후 학습자가 자신의 발화를 읽어 보며 문법 및 어휘의 정확성, 발음의 정확성, 유창성 등을 확인할 수 있어 맞춤형 말하기 학습을 구현하는 데 큰 도움이 된다. 그러나 ChatGPT의 발화 속도나 교실 내 잡음 등의 문제로 교실에서 음성 대화 기능을 활용하는 데에는 제약이 따를 수 있다. 따라서 텍스트 기반으로 맞춤형 챗봇과 수업 시간에 대화를 해 본 뒤, 같은 대화를 음성 모드로 하여 과제로

---

[4] 현재 ChatGPT에서 제공하는 음성 모델은 발화 속도가 빠른 편이다. 프롬프트나 지침에 발화 속도를 반영하거나 대화 도중 천천히 말해 달라고 요청해도 다시 기존의 속도로 돌아온다. 따라서 고급 학습자를 제외하고는 한국어 학습자들이 음성 모드의 발화를 이해하기가 쉽지 않아 보인다. 현재로서는 음성 속도를 조절하기 위해서는 확장 프로그램 등을 추가로 설치하는 등의 조치가 필요한데, 빠른 시일 내에 ChatGPT 인터페이스 내부에서 음성 속도를 조절하는 기능이 추가될 것으로 보인다. 보다 정확한 사용을 위해서는 활동 계획 전 프로그램의 업데이트 사항을 확인하는 것이 좋다.

제출하도록 하는 것이 현실적이다.

한편, ChatGPT 유료 버전에서는 음성 대화에서 한 걸음 더 나아가 영상 대화를 나누는 것도 가능하다. 이 기능은 모바일에서만 가능하며, 맞춤형 GPT에서는 지원되지 않는다. 영상 대화는 ●를 눌러 실시간으로 영상을 공유하거나 ●●●를 눌러 화면을 공유하는 것 중 하나를 선택할 수 있다. 영상 대화는 학습자가 실시간으로 처한 상황을 소재로 대화 연습을 하고 필요한 문법 및 표현을 제공받을 수 있다는 점에서 말하기 연습에 큰 장점을 지닌다. 아래 〈그림 7-8〉은 ChatGPT와 실시간으로 식당 메뉴를 공유하며 추천 메뉴에 대해 대화를 나누는 장면이다.

〈그림 7-8〉 음성 모드 화면과 실시간 영상 대화 예시

더 알아보기

맞춤형 챗봇 제작을 위한 도구

맞춤형 챗봇은 ChatGPT 이외에도 Poe, Mizou 등의 AI 플랫폼을 활용해 제작해 볼 수 있다.

Poe https://poe.com/	다양한 AI 모델에 접근할 수 있는 AI 챗봇 통합 플랫폼으로 자신만의 봇(bot) 제작이 가능하다. 프롬프트, 이미지 생성, 비디오 생성, 롤플레이, 캔버스 앱 봇 중에 하나를 선택해 제작할 수 있다. 플랫폼을 한국어로 사용할 수 있으며, 무료로 사용 가능하나 제작한 챗봇을 사용할 때 질문 횟수에 제한이 있다.
Mizou https://mizou.com/	자신만의 교육용 봇을 제작할 수 있는 플랫폼으로 교사 모드로 접속하면 학생 접속 상태, 사용 시간, 점수 확인, 대화 로그를 확인할 수 있다는 장점이 있다. 플랫폼 사용 시 영어만 지원하나, 한국어 챗봇을 제작하는 것은 가능하다. 무료로 사용할 수 있지만 지식 출처를 추가하고자 하면 유료 버전을 구매해야 한다.

7.3.2. AI 챗봇 활용 말하기 수업의 실제

앞 절에서 제작한 챗봇을 실제로 말하기 수업에 활용하는 예를 살펴보자. 이 수업에서는 말하기 전 단계에서는 학습자가 AI 챗봇을 활용해 상황별 대화를 생성하며 표현의 적절성을 점검하고 실제 발화를 준비한다. 말하기 단계에서는 맞춤형 챗봇과의 역할극을 통해 다양한 상황에서 사과 표현을 직접 사용해 보고, 즉각적인 피드백을 받으면서 실제와 유사한 의사소통 경험을 확장할 수 있다.

<표 7-4> AI 챗봇을 활용한 사과하기 수업 지도안의 예

언어 기능	말하기	과제	사과 상황 역할극하기
대상 학습자	중급		
학습 목표			

- 모국어와 다른 한국어의 사과 표현과 전략을 이해한다.
- 상황과 대화 상대자에 맞는 사과 표현과 전략을 사용할 수 있다.
- AI 챗봇과의 상호작용을 통해 멀티모달 소통 역량을 기를 수 있다.

활용 가능한 디지털 플랫폼	ChatGPT, Runway, Google Classroom

교수·학습 단계	교수·학습 내용
도입	• 한국어 사과 상황에서의 대화 영상 시청 − 영상 시청 후 한국어로 사과해 본 적이 있는지, 어떤 표현을 사용했는지 말해 보게 한다. • 학습 목표 및 과제 안내 − "오늘은 다양한 상황과 상대방에게 맞는 사과 표현을 배우고 직접 사과를 해 볼 거예요."
어휘 및 표현 학습	• 사과하기 전략 및 표현 학습 − 한국어에서 자주 사용되는 사과 전략과 표현을 제시하고 익힌다. − 교사가 사전에 Runway 등의 AI 도구를 사용해 격식적, 비격식적 상황과 대화 상대자와의 관계에 따라 달라지는 사과 표현이 드러나는 영상을 제작하고, 이를 함께 시청하고 관련 표현을 익히고 연습하는 시간을 갖는다.
말하기 전 활동	• ChatGPT와 적절한 사과/부적절한 사과 상황 대화 생성해 보기 − 주어진 상황과 대화 상대자에 적합한 사과 표현을 적어 본다. − ChatGPT에 상황을 주고, 적절한/부적절한 대화를 생성해 보게 한다. − 학습자가 생각한 표현이 포함되었는지, 부적절한 대화는 무엇이 잘못되었는지 이야기해 보게 하며 표현에 집중하게 한다.
말하기	• 교사가 제작한 챗봇과 역할극 하기 − 교사가 제작한 맞춤형 챗봇을 Google Classroom에 공유한다. − 맞춤형 챗봇과 역할극을 진행한다. 이때 학습자 개개인의 숙달도나 선호도에 따라 텍스트 기반 대화 혹은 음성 기반 대화를 선택하게 할 수도 있다. − 역할극이 진행되는 동안 교사는 학습자와 AI의 상호작용을 모니터하고 적절한 피드백을 제공한다. • 학습자가 설정한 상황으로 역할극 하기 − 학습자가 ChatGPT와 즉석에서 상황을 설정해 대화해 보게 한다. 대화 전 프롬프트 작성의 예를 보여 주거나 간단한 설명을 제공한다.

말하기 후 활동	• 역할극 결과물 및 감상 공유
	  – 몇몇 학습자의 역할극 결과물을 함께 확인한다. 표현 및 전략 사용에 대해서도 서로 이야기를 나눠 보게 한다.
	  – ChatGPT와의 상호작용에 대한 감상을 공유한다.
	• 한국어 사과 전략, 표현에 대한 질의응답
	  – 학습자의 문화권에서 사용되는 사과 전략 및 표현과 차이가 있는 한국어 전략 및 표현에 대해 ChatGPT에 묻게 한다.
	  – "한국 사람들은 약속에 늦었을 때 왜 '미안해'라고 안 하고 '많이 기다렸지?'라고 해?"

마무리	• 사과 전략, 사과 표현 정리
	  – 학습한 사과 전략과 표현을 요약한다.
	  – 교사가 학습자들의 역할극에 새로 등장한 표현, 어휘를 공유하고 설명한다.
	• 역할극 과제 부여
	  – 수업 시간에 배운 표현을 활용하여 학습자가 관심 있어 하는 주제와 상황으로 ChatGPT와 자유 역할극을 하게 하고 대화 로그를 과제로 제출하게 한다.

여기에서는 '사과하기'라는 기능을 예로 들었으나 일상 대화, 문의하기, 불만 말하기, 고민 상담하기 등의 다양한 상황을 상정하고 역할극 활동을 하는 수업을 구상할 수 있다. 중요한 것은 AI 챗봇과 대화해 보게 하는 것에 그치는 것이 아니라 AI 챗봇과의 상호작용이 끝난 후 성찰(reflection)의 시간을 주고, AI 챗봇과의 상호작용에서 새로 알게 된 표현을 포함한 한국어 사용 지식을 내재화하게 하는 것이다. 또한, 교사가 대화 로그를 확인하여 문화 및 화용적으로 부적절한 문장이나 문법적으로 올바르지 않은 표현을 습득할 가능성이 있었는지를 확인하여 피드백을 주는 과정도 필수적이다.

 **더 알아보기**

'세종학당 AI 선생님'

   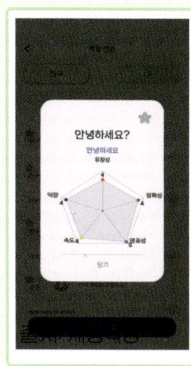

출처: 세종학당

교사가 직접 맞춤형 챗봇을 제작할 수도 있지만, 한국어 말하기 연습을 위해 전문적으로 개발된 챗봇을 수업에서 활용하거나 과제로 제시할 수도 있다. 세종학당재단에서 출시한 '세종학당 AI 선생님'은 AI 챗봇 기반 애플리케이션(App)으로, 모든 숙달도의 학습자들이 자습 및 복습용으로 사용하기에 적합하다. 이 애플리케이션의 특징은 초·중급 학습자를 위한 연습은 시나리오 기반 챗봇과 정해진 대화의 흐름 안에서 역할극을 하도록 설계하고, 고급 학습자를 위한 연습은 생성형 AI 기술을 적용해 학습자와 챗봇이 실제와 유사하게 자유로운 대화를 할 수 있도록 만든 것이다. 따라서 언어적 자원이 부족한 초·중급 학습자들도 AI와 원활한 연습이 가능하다. 챗봇 시작 시 숙달도와 관심 분야를 고르면 맞춤형으로 대화 주제를 추천해 주고, 예시 대화와 대화에 사용 가능한 어휘 목록도 제공한다. 모든 말하기 연습은 AI 음성 인식 기능을 활용해 양방향 음성 대화를 지원하며, 역할 연습 시 문장별로 AI 기반 발음 평가가 제공되고 학습 통계 시스템도 탑재되어 있다.

7.4. AI와 맞춤형 한국어 쓰기 교육

7.4.1. AI 챗봇과 글쓰기 준비하기

쓰기는 한국어 학습자들이 가장 부담을 느끼는 언어 기능 중 하나로, 같은 레벨의 학습자들 사이에서도 그 수행 능력에 크게 차이를 보이기도 한다. 그러나 지금까지 한국어교육 현장에서는 학습자들의 쓰기 수행 능력에 관계없이 교실 안에서 같은 주제와 같은 유형의 쓰기 활동을 해야 했다. 그 결과 쓰기 활동을 어려워하는 학습자들의 부담감은 늘어 가고, 다수의 학습자에게 실시간 피드백을 주기 어려운 상황에서 교사가 이러한 학습자들을 적절히 지원하는 데 어려움이 있었다. 이러한 문제를 해결하기 위해 AI 챗봇을 글쓰기의 단계별로 적절히 활용하면 맞춤형 쓰기 학습을 구현해 볼 수 있다.

먼저 같은 학급 안에서도 학습자의 쓰기에 대한 부담감, 수행 능력에 따라 서로 다른 AI 챗봇 서비스를 사용하거나, AI 챗봇과 서로 다른 종류의 상호작용을 하도록 계획할 수 있다. AI 챗봇은 쓰기 수행 능력이 낮은 학습자에게 한국어 글쓰기 구조를 충실히 따르는 다양한 예시문과 템플릿을 제공할 수 있다. 또, 글쓰기의 난도를 낮출 수 있도록 자신의 생각을 글감으로 구체화하는 것을 단계별로 돕게 할 수도 있다.

이와 같은 활동에 적합한 AI 챗봇 서비스로 뤼튼이 있다. 뤼튼은 글쓰기에 특화된 AI 챗봇 서비스로 '도구'라고 하는 자체 글쓰기 템플릿을 탑재해 자기소개서, 발표 대본, 독후감과 같은 특정 장르의 글의 초안을 몇 개의 키워드만을 사용해 완성하도록 돕는다. 쓰기 숙달도가 낮은 학습자는 이 기능을 사용해 자신의 불완전한 아이디어가 쓰고자 하는 장르의 글 예시로 바뀌는 과정을 확인해 볼 수 있으며, 이를 기초로 삼아 글을 써 볼 수 있어 글쓰기에 대한 부담을 줄일 수 있다.

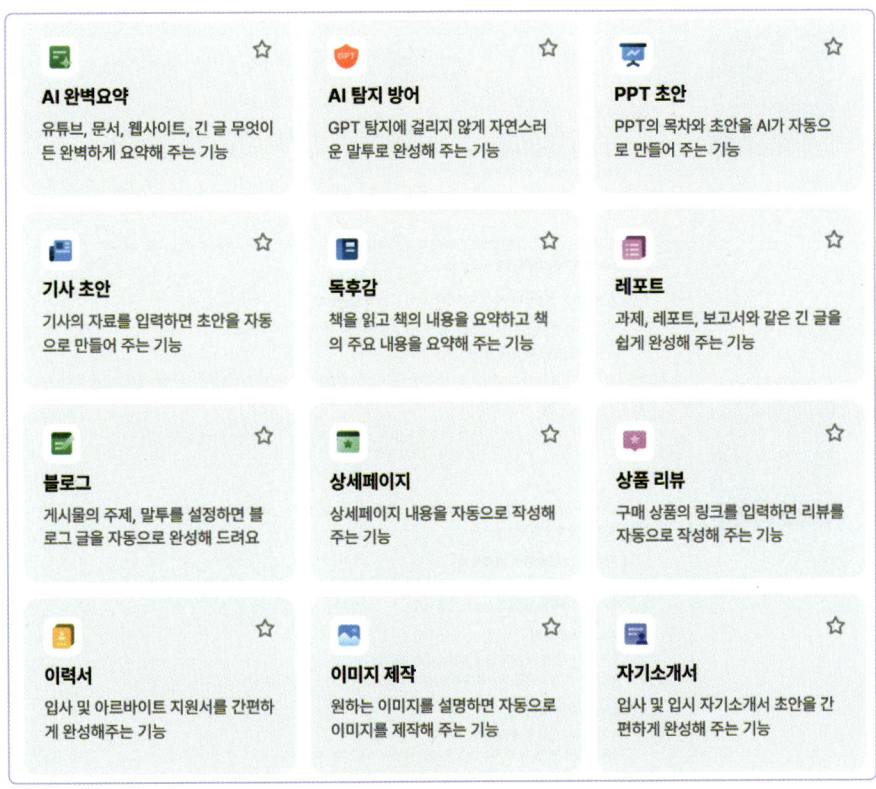

<그림 7-9> 뤼튼에서 제공하는 '도구'의 예

    ChatGPT와 비교해 보면 뤼튼은 동일한 글쓰기 관련 질문을 했을 때 글쓰기의 단계를 따라가며 생각을 정리해 보도록 돕는 답변을 한다. 이 밖에도 추천 질문 기능이 있어 학습자가 글의 구상 단계에서 확장적 사고를 하는 데에 도움을 준다. 〈그림 7-10〉에서 같은 질문에 대한 뤼튼과 ChatGPT의 서로 다른 답변을 보면 쓰기 숙달도가 낮은 학습자에게는 뤼튼이, 숙달도가 높은 학습자에게는 다양한 방식으로 글을 구상해 보도록 제안하는 ChatGPT가 적합함을 확인할 수 있다.[5]

---

5   뤼튼은 도구별, 질문별로 가장 적합한 AI 모델을 조합하여 최적의 답변을 제공한다. 해당

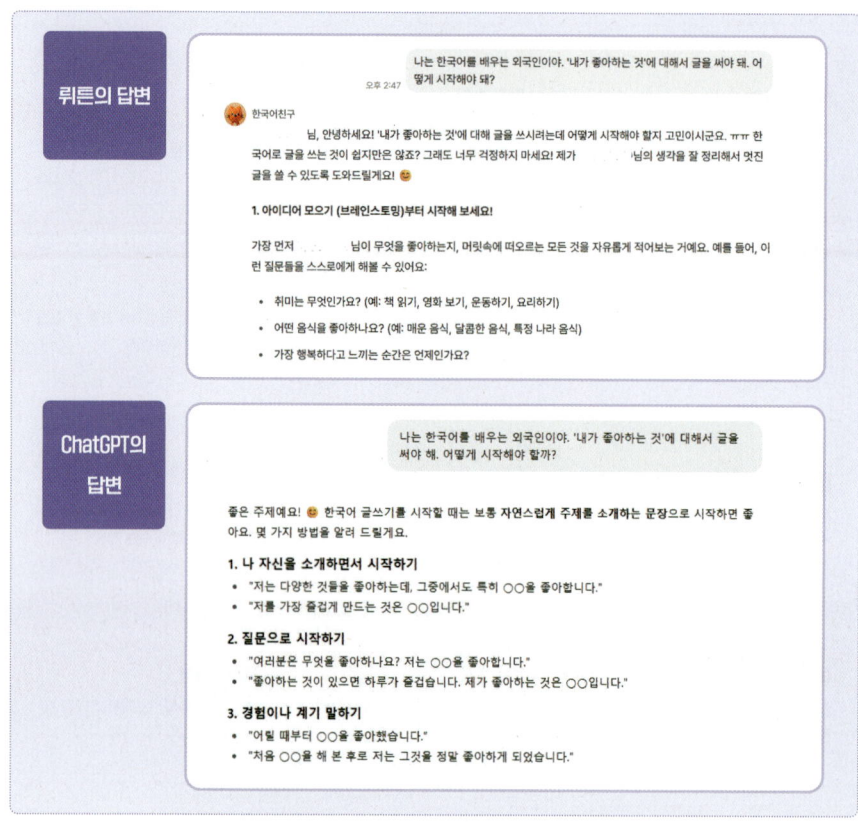

<그림 7-10> 같은 질문에 대한 뤼튼과 ChatGPT의 답변 예시

    글의 주제가 정해진 후 글의 내용을 조직하는 단계에서도 AI 챗봇을 두 가지 방법으로 활용하는 것이 가능하다. 쓰기 숙달도가 낮은 학습자에게는 AI 챗봇과 유도 쓰기(guided writing) 방식의 글쓰기 활동을 하게 하고, 숙달도가 높은 학습자들은 AI 챗봇과 대화를 하며 자신의 글에 들어가야 할 내용에 대해 발산적 사고를 해 보도록 하는 것이다. 아래 <그

사례는 뤼튼에서도 같은 'ChatGPT-5' 모델을 사용하여 질문한 것인데, AI 모델이 같더라도 뤼튼 서비스 자체에서 설정한 지침 때문에 글쓰기 관련 질문에 더욱 상세한 답변을 주는 것을 확인할 수 있다.

림 7-11〉은 논설문의 내용 조직 단계에서 주장과 근거를 구성하기 위해 각각 쓰기 숙달도가 낮은 학습자와 높은 학습자가 활용할 수 있는 프롬프트의 예시와 그 답변이다.

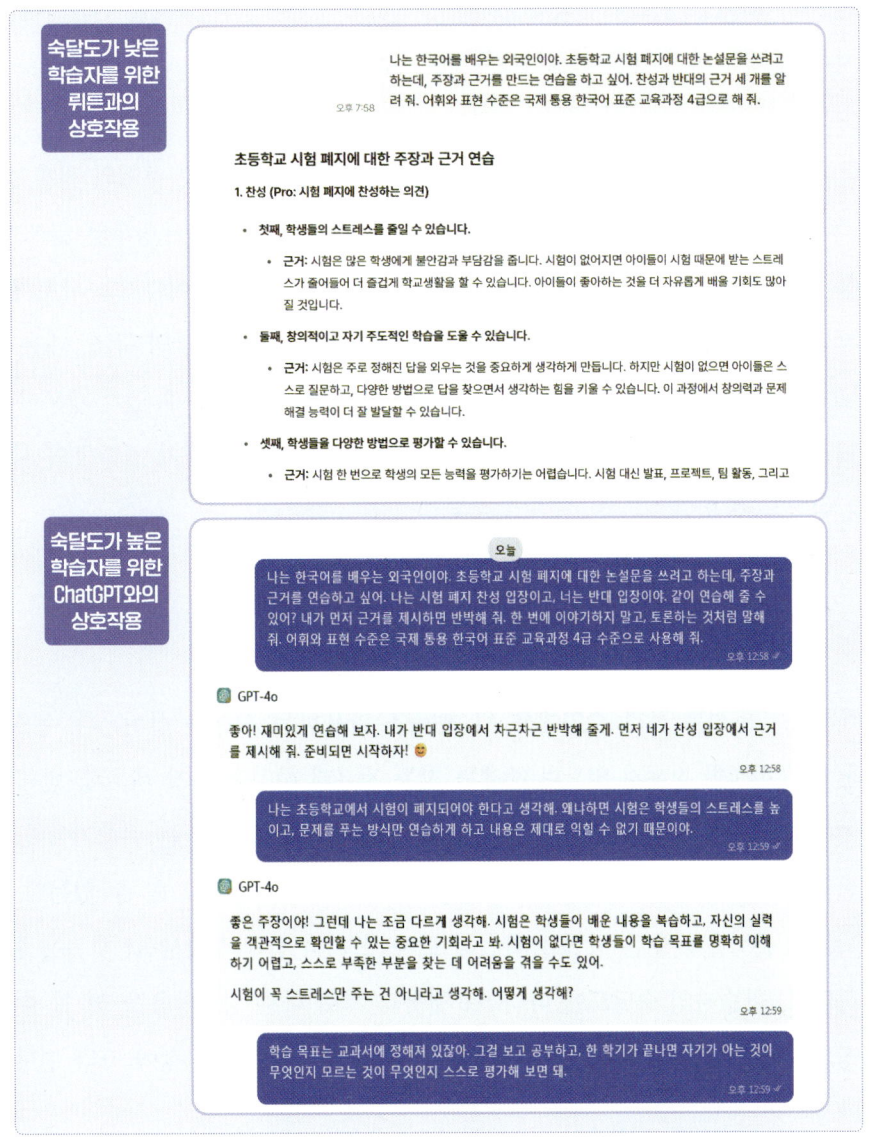

<그림 7-11> 내용 생성하기 단계에서 AI 챗봇 활용의 예

이와 같은 활동 설계의 방향은 학습자의 숙달도와 교실의 상황에 따라 달라진다. 학습자들의 숙달도가 유사하다면 수업 시간에 모든 학습자에게 각자의 관심사로 유도 쓰기를 하도록 해 해당 장르에 익숙해지도록 한 후, 쓰기 과제로는 주제를 심화시켜 AI 챗봇과 자유 대화를 하며 글을 작성하도록 하는 것도 가능하다.

교실 내 쓰기 활동에 AI 챗봇을 도입하면 학습자마다 다른 쓰기 주제와 전개 방식을 개별화하여 지원할 수 있다는 점이 장점이다. 기존에는 브레인스토밍부터 글쓰기까지 짝 활동이나 한정된 교사의 피드백으로 진행해야 했으나, 챗봇과 이야기를 나누며 각자의 주제와 관련된 아이디어를 보다 심화하는 방식으로 탐색하고 글의 구조, 내용 전개, 어휘, 표현 사용 등 자신에게 필요한 부분을 맞춤형으로 지원받을 수 있기 때문이다. 이러한 과정은 결과적으로 학습자의 쓰기 능력 발달을 촉진하고, 쓰기 결과물의 질적 향상으로 이어질 수 있다.

7.4.2. AI 챗봇 활용 쓰기 수업의 실제

여기에서는 논설문 쓰기 수업에서 AI 챗봇을 활용하는 사례를 살펴본다. 논설문은 구조와 전개 방식이 정해져 있으며 주제를 찾는 것부터 주장과 근거 세우기, 반대 주장의 근거에 반박하기까지 논리적이고 비판적인 사고력을 필요로 하는 글쓰기이다. 따라서 일반적으로 학습자들이 작성에 어려움을 느끼는 글의 종류라고 할 수 있는데, AI의 도움으로 그 문턱을 낮추는 방법을 확인해 보자. 쓰기의 전 과정에서 AI 챗봇을 활용하도록 하였고, 학습자의 숙달도에 따라 AI 챗봇과 서로 다른 상호작용을 해 볼 수 있도록 구상되어 있는데 실제 수업 상황에서는 글의 종류와 학습자 구성에 따라 변형과 조정이 가능하다.

<표 7-5> AI 챗봇을 활용한 논설문 쓰기 수업 지도안의 예

언어 기능	읽고 쓰기	과제	교육 문제에 대한 논설문 쓰기
학습 목표			

- 한국어 논설문의 구조와 표현을 이해하고 사용할 수 있다.
- 한국 또는 자국의 교육 문제에 대한 논설문을 쓸 수 있다.
- 생성형 AI와 상호작용하며 디지털 리터러시 역량을 기를 수 있다.

활용 가능한 디지털 플랫폼	ChatGPT, Gemini, Google Classroom, Padlet
교수·학습 단계	교수·학습 내용
도입	• 한국 혹은 자국의 교육 문제에 대해 환기하며 도입 – "여러분 나라나 한국의 가장 큰 교육 문제는 무엇이라고 생각해요?" 관련 뉴스, 기사 제목 읽기 – 한국 초등학생 우울증, 과도한 사교육 문제 등에 관한 기사 제목을 모아 작성한 슬라이드를 공유하고 교육 문제에 대해 브레인스토밍해 본다. • 학습 목표 안내 – "오늘은 한국 또는 여러분 나라의 교육 문제에 대해 생각해 볼 거예요. 그리고 교육 문제에 관한 글을 읽고 써 봅시다."
쓰기 전 활동	• 교육 문제에 관한 논설문 읽기 – 교사는 사전에 한국의 교육 문제를 2~3개 정도 정리한다. 그리고 AI 챗봇을 활용해 각각 다른 주제와 언어 수준으로 준비하여 Google Classroom에 제공한다. – 학습자는 자신이 관심 있어 하는 주제의 논설문을 읽고 논설문의 구조와 표현을 확인한다. • AI 챗봇 사용 방법 안내하기 – AI 챗봇 활용 전 프롬프트 입력 방법, 글쓰기 윤리 교육, 답변의 사실 여부 검증 방법 등에 대해 간단하게 안내한다. • 논설문의 특징 및 표현 학습 – 한국어 논설문의 종류와 특징, 논설문에 자주 사용하는 표현을 제시한다.
	계획하기	• 논설문 주제 선정하기 – AI 챗봇과 대화하며 주제를 선정해 보게 한다. 질문의 범위를 점점 좁혀 나가게 하고, 관련 근거와 자료가 충분한지도 찾아보게 한다. – 숙달도 상 학습자: "나는 홍콩의 교육열에 관해 관심이 있어. 이 교육열은 개인과 사회에 어떤 문제를 불러일으킬까?" – 숙달도 중하 학습자: "과도한 사교육이 주는 문제는 무엇이고 해결 방안은 무엇일까?"

	내용 생성하기	• 주장과 근거 정리하기 　– 챗봇에 과도하게 의존하지 않도록 학습자들에게 스스로 주장과 근거를 써 보게 한다. • 숙달도 상 학습자: AI 챗봇과 대화하며 주장과 근거 정리하기 　– AI 챗봇과 대화하며 근거와 보충 설명 정리, 예상 가능한 반박 의견 정리를 하고, AI 챗봇의 주장과 근거의 출처를 확인하는 과정을 거치게 한다. • 숙달도 중하 학습자: AI 챗봇과 유도 쓰기 활동 　– AI 챗봇에게 자신의 글 주제에 대한 주장과 근거의 예시를 제공받고, 자신이 작성한 내용과 비교 후 선택하게 한다. • AI 챗봇 검색을 통해 주제 관련 기사, 통계 자료 등 찾기 　– 주장과 근거를 명확히 하기 위해 관련 자료를 찾게 한다. 　– 자료의 출처를 확인하는 과정을 포함하게 한다. • 교사 역할: 학습자와 AI 챗봇의 상호작용을 중재하며, 지속적으로 상호작용에 대한 피드백을 준다.
	내용 조직하기	• 개요 작성하기 　– 학습자 스스로 개요를 작성해 보게 한 후, 필요하면 AI 챗봇의 도움을 받도록 한다.
쓰기	표현하기	• 논설문 작성하기 　– 개요를 바탕으로 논설문의 초고를 작성하게 한다. 　– AI 챗봇과 상호작용하며 한국어 논설문의 구조 및 표현에 대한 정보를 얻게 한다. 어휘, 문법, 맞춤법 등에 대한 질문도 가능하다. 　– 교사 역할: AI 챗봇의 답변에 잘못된 부분은 없는지 확인하고 피드백한다.
쓰기 후 활동	고쳐 쓰기	• AI 챗봇에 언어 형식, 내용, 구조에 대한 피드백 받기 　– AI 챗봇에게 초고를 분석하여 구조와 내용, 언어 형식에 대한 피드백을 생성하게 한다. 　– AI 챗봇의 피드백을 비판 없이 수용하지 않도록 피드백을 수용할 것인지 초고를 유지할 것인지 사고하는 과정을 거치게 한다. • 피드백을 받은 후 알게 된 내용적/언어적 오류 정리하기 　– 새로 알게 된 글쓰기 관련 지식, 표현, 어휘, 자주 생성하는 오류 등을 정리하게 하여 메타인지적 학습을 돕는다.
		• Padlet에 글 최종본과 요약 포스터 공유하고 함께 읽기 　– AI 챗봇을 사용해 학습자들의 글을 요약해 하나의 포스터로 생성해 보도록 한다. 　– 포스터와 최종 글을 Padlet에 공유하고 함께 읽어 본다. 주제나 주장이 유사한 글끼리 서로 비교해 보게 한다.

마무리	• 쓰기 과제 제출하기 – 쓰기 후 활동 결과물과 교사의 수업 중 피드백을 반영하여 Google Classroom에 쓰기 과제를 제출하게 한다. – 과제를 제출할 때는 챗봇과의 대화 로그, 초고, 1차 수정본, 포스터도 함께 제출하게 하여 학습자의 비판적 사고 과정을 확인할 수 있도록 한다. • 교사의 피드백 – AI 챗봇을 활용한 1차 정량적 피드백 후 교사가 2차로 질적 피드백을 하여 결과물을 정리해 학습자에게 제공한다.

AI 챗봇을 활용한 글쓰기 수업에서는 학습자가 AI에 과도하게 의존하여 비판적 사고력이 부족해지는 점이 우려될 수밖에 없다. 따라서 글쓰기 수업에 AI 챗봇을 도입하기 전에 이를 비판적, 능동적, 논리적 사고의 도구로 활용하는 방법의 중요성을 필수적으로 안내해야 하며, 글쓰기의 각 단계에서도 교사가 이를 지속해서 인지시켜 줘야 한다. 이를 위한 방편으로 교사가 AI 챗봇의 답변을 학습자 자신의 의견과 구별하여 사용할 수 있도록 하는 장치를 만들어 줄 수도 있다. 글쓰기의 전 과정에서 AI 챗봇을 활용한 이력을 기록하는 표를 작성하도록 하거나(유건수·이상재, 2024), ChatGPT가 제공한 답변을 타 AI 검색 도구를 활용해 교차 검증하는 과정을 거치게 하는 것이다(장지영, 2024). 이처럼 활용 과정을 기록하고 정보의 사실 여부를 검증하는 과정을 거치도록 한다면 학습자가 비판적이고 논리적으로 AI 챗봇의 답변을 수용할 수 있으며, 지나친 의존을 방지할 수 있다.

7.5. AI 챗봇 기반 맞춤형 한국어 학습의 미래

기존의 한국어교육은 교재와 커리큘럼이 정해져 있었고, 학습자는 그 틀 안에서 속도와 수준을 맞춰야 했다. 하지만 AI 챗봇 기반 한국어 학습은 반대로 학습자의 발음,

문법, 어휘 수준, 학습 속도를 실시간으로 분석해 개별 학습 경로를 설계한다. 그뿐만 아니라 기존의 학습 자료를 뛰어넘어 멀티모달 자료 제작을 가능하게 하고, 최신 트렌드와 학습자의 관심사를 실시간으로 반영하는 수업을 지원함으로써 한국어 교실에서 맞춤형, 개인화 학습의 가능성을 열어 주고 있다.

그러나 AI 챗봇은 결코 만능이 될 수 없다. 맞춤형 한국어 학습이라는 장밋빛 미래 뒤에는 AI가 가진 윤리적 문제, 알고리즘 편향, 개인정보 유출 및 저작권 문제, 그리고 학습자의 비판적 사고력과 문제 해결력 저하 등 해결해야 할 과제가 숨어 있기 때문이다. 예를 들어, 학습자가 AI 챗봇의 피드백에 지나치게 의존할 경우, 스스로 오류를 탐지하고 수정하는 능력이 약화할 위험이 있다. 또, AI 챗봇이 생성한 자료가 부정확하거나 맥락에 맞지 않는 경우가 발생할 수 있으며 학습자가 이를 학습해 잘못된 언어 사용의 반복과 고착으로 이어질 수 있다. 따라서 한국어 교실에 AI 챗봇을 도입할 때는 기술적 편의성뿐만 아니라 학습자의 장기적인 학습 효과를 함께 고려하는 신중한 접근이 필요하다.

이러한 변화 속에서 한국어 교사의 역할도 달라질 수밖에 없다. AI 챗봇이 학습자를 위한 맞춤형 자료 준비를 하고 실시간 피드백을 담당하는 동안, 교사는 학습자와의 정서적 교류와 문화적 맥락을 제공하는 데 주력할 수 있다. 또, 학습자 수준에 맞춘 질적 분석, 수업 목표 설정, 수업 설계와 같은 핵심 영역은 여전히 교사의 몫으로 남아야 한다. 따라서 AI 챗봇을 한국어 수업에 투입할 때는 AI 챗봇에 조력자의 역할을 담당하게 하고, 학습 목표 설정과 활동 설계, AI 챗봇과의 상호작용 준비 및 중재, AI 챗봇이 생성한 오류 점검과 보완은 교사가 책임지는 상호보완적 협력 구조를 갖추어야 한다. 이를 위한 한국어 교사의 AI 리터러시 함양은 앞으로 최우선 과제가 될 것이다.

생각해 보기

AI 챗봇을 교실에 들여오기 전에 고려해야 할 것은?

- 가상의 학습자나 반을 상정한 후, 이들에게 필요한 맞춤형 챗봇을 제작해 보자. 완성된 챗봇을 테스트해 본 후 보완되어야 할 부분을 찾아보고, 이 챗봇을 활용한 수업의 단계를 구상해 보자.

- 구상 단계부터 AI 챗봇과 상호작용을 하며 쓴 글은 온전히 학습자의 글일까? 어디까지가 학습자의 아이디어와 표현이고 어디까지가 AI의 것일까? 쓰기 수업에 AI 챗봇을 도입할 경우 발생할 수 있는 글쓰기 윤리와 표절 문제에 대해 고민해 보자.

- 어떤 학습자들은 AI 챗봇을 한국어 학습에 사용하면 오히려 자신의 한국어 실력이 후퇴할 것이라는 우려를 나타내기도 한다. 학습자들이 AI 챗봇을 학습 과정의 비계로 활용하면서도 과도하게 의존하지 않도록 중재할 방법은 무엇일까? 함께 생각해 보자.

텍스트와 음성을 넘나드는 AI 음성 처리 기술

우리는 말과 글이 자유롭게 넘나드는 시대에 있다. 길을 걷다 "근처 맛집 찾아 줘"라고 말하면 지도가 열리고, 회의를 녹음하면 순식간에 회의록이 완성된다. e-book은 AI가 또렷한 목소리로 읽어 주고, 영상에는 자동 자막이 따라붙는다. 이렇게 생활 곳곳에 스며든 AI 음성 처리 기술은 한국어교육에서도 유용하게 사용될 수 있다. 교재에 나온 대화를 다양한 음성으로 들려 주고, 학습자의 발화를 녹음해 글로 바꾸어 즉각적인 피드백을 줄 수 있다. 발음 및 억양 교정, 수준별 듣기 자료 제작, 개별화된 말하기 훈련이 가능해져, 교사는 수업 준비와 피드백에 더욱 다양한 방법을 활용할 수 있게 되었다. 이 장에서는 TTS와 STT의 작동 원리를 쉽게 풀어 설명하고, 한국어 수업에 효과적으로 활용할 수 있는 방법들을 안내한다.

8.1. AI 음성 처리 기술의 이해와 교육적 가능성

"오늘 날씨 어때?", "알람 7시에 맞춰 줘.", "회의록 자동으로 정리해 줘."

우리가 무심코 사용하는 이러한 음성 명령 속에는 고도의 인공지능 기술이 숨어 있다. 바로 사람의 말소리를 이해하고, 문장으로 표현하며, 다시 음성으로 되돌려 주는 AI 음성 처리 기술이다.[1] 이처럼 인간의 음성과 문자를 상호 변환하는 AI 음성 처리 기술은 스마트폰 음성 비서, 화상회의 자막, e-book 낭독 기능 등 다양한 형태로 일상에 깊숙이 자리 잡고 있으며, 교육 분야로의 확장 가능성 또한 활발히 논의되고 있다. 그렇다면 AI 음성 처리 기술은 어떤 원리로 작동하며, 한국어교육에서는 어떻게 실용적으로 적용할 수 있을까?

음성 처리 기술은 사용자의 말을 받아들인 후 텍스트로 변환하여 의미를 분석하거나, 텍스트를 사람의 목소리처럼 자연스럽게 들려 주는 것을 목표로 한다. 이 과정에는 음성을 소리 단위로 분석하여 음향적 특징과 음소를 연결하는 음향 모델(acoustic model)과, 인식된 소리들을 단어 및 문맥적 구조로 예측하는 언어 모델(language model)이 핵심적으로 작동한다. 음향 모델은 발화 신호와 음소 간의 상관 관계를 훈련을 통해 구축하며, 언어 모델은 단어가 특정 문맥에서 나타날 확률을 추정하여 유사한 발음을 구별하는 역할을 한다. 최근에는 이 두 모델이 딥러닝(deep learning) 기술과 결합되면서, 음성 인식의 정확도가 눈에 띄게 향상되고 있다(Trivedi et al., 2018; Reddy, Vaishnavi & Kumar, 2023).

---

[1] 이 장에서는 TTS(Text-to-Speech)와 STT(Speech-to-Text)를 포괄하는 개념으로 음성 처리 기술이라는 용어를 사용한다. 이는 음성 신호의 인식·이해와 텍스트의 음성화를 아우르는 양방향 처리 프레임을 의미한다.

AI 음성 처리 기술이 점차 정교해지면서, 교육 현장에서도 이를 적극적으로 활용하려는 움직임이 활발해지고 있다. 예를 들어, 수업 중 강의 내용을 자동으로 받아 적거나, 학습자가 원하는 내용을 텍스트로 기록하고, 필요한 부분에 대해 음성 안내로 피드백을 주는 기능이 현실화되고 있다. 이러한 기술은 교사와 학습자의 수업에 대한 부담을 덜어 주는 동시에, 반복 학습과 자기 점검의 기회를 제공함으로써 개별화 학습을 실현할 수 있는 기반이 되고 있다.

특히 외국어교육에서는 이러한 음성 처리 기술이 듣기 자료의 자동 생성, 발음의 정확도 분석, 문장 구조에 따른 억양 차이 제공 등 다양한 영역에서 활용되고 있다. 예를 들어, 학습자의 언어 수준이나 학습 목표에 따라 적절한 듣기 자료를 자동으로 생성하거나, 학습자가 말한 내용을 문자로 바꾸어 문법적 정확성, 억양, 말의 흐름 등을 분석해 주는 시스템은 자기주도적인 학습을 도울 수 있다. 더 나아가 이 과정에서 축적된 데이터를 바탕으로 학습자의 성향이나 취약점을 진단하고, 그에 따라 맞춤형 피드백을 제공하는 방식은 교사와 학습자 모두에게 실질적인 교육적 가치를 제공한다.

이제 음성 처리 기술은 단순히 음성과 문자를 바꾸는 데서 그치지 않는다. 외국어 학습자의 듣기와 말하기 능력을 통합적으로 지원하고, 학습 과정에서 발생하는 상호작용에 대한 실시간 피드백을 제공하는 등, 전반적인 언어 능력을 촘촘히 지원하는 교육 도구로 진화하고 있다. 이에 따라 한국어교육에서도 이러한 기술을 어떻게 체계적으로 교실 수업에 통합하고, 발화 연습, 청취 활동, 상호작용 기반 피드백, 개인화된 연습까지 전반적인 학습 시스템을 어떻게 설계할 수 있을지에 대한 실천적 논의가 필요한 시점이다. 따라서 이 장에서는 AI 기반 음성 처리 기술의 작동 원리와 외국어교육에서의 실제 활용 사례를 살펴보고, 이를 바탕으로 한국어교육에서의 활용 가능성과 구체적인 적용 방안을 다각도로 탐색해 보고자 한다.

8.2. TTS 기반 오디오 제작

8.2.1. TTS 기술의 개념 및 특징

TTS(Text-to-Speech) 기술은 텍스트 데이터를 음성으로 변환하는 기술로, AI 음성 처리의 핵심 분야 중 하나이다. 우리가 눈으로 읽던 글자를 AI가 자연스러운 음성으로 대신 읽어 주는 것으로, 사람이 녹음하지 않아도 기계가 말하는 콘텐츠를 자동으로 생성할 수 있다. 예를 들어 내비게이션이 길을 안내할 때 들리는 음성, 스마트폰에서 문자 메시지를 읽어주는 기능, e-book의 오디오북 변환 등이 모두 TTS 기술의 활용 사례다. 이처럼 TTS는 텍스트를 음성으로 바꾸어 지금까지 '눈으로 읽어 오던' 정보를 '귀로 들을 수 있게' 함으로써 접근성을 높이는 핵심 기술이다.

TTS 기술의 가장 큰 특징은 대량의 텍스트를 빠르게 음성화할 수 있다는 점이다. 사람의 목소리를 직접 녹음하지 않고도, 많은 문장을 다양한 스타일로 만들어 낼 수 있다. 또한 사용자의 목적에 따라 발화 속도, 억양, 목소리 톤 등을 조절할 수 있어 활용 범위가 매우 넓다. 최근에는 특정 인물의 말투나 억양을 학습해 개인화된 음성까지 생성할 수 있는 수준에 도달했다. 과거에는 로봇처럼 기계적이고 다소 어색한 목소리였다면, 최근에는 감정, 억양, 속도 등이 실제 사람과 구분되지 않을 정도로 정교해지고 있는 것이다.

이러한 기술적 특징은 외국어교육에 매우 효과적으로 활용될 수 있다. 외국어 학습자들은 교재 속 문장을 눈으로 읽는 데 그치지 않고, 그 문장이 실제로 어떻게 발화되는지를 듣는 경험이 필요하다. TTS는 이런 요구를 충족시켜 주며, 반복적으로 듣고 따라 말할 수 있는 환경을 제공한다. 특히 발화 속도나 억양을 학습자의 수준에 맞게 조절할 수 있어 개별화된 학습 도구로도 유용하다.

또한 TTS는 기존에 없던 콘텐츠를 손쉽게 오디오 자료로 바꿀 수 있다는 점에서 교육 자료 개발의 유연성을 높여준다. 예를 들어, 교사가 만든 텍스트 과제를 즉시 음성으로 변환해 듣기 자료로 제공하거나, 특정 상황에 맞는 회화 표현을 다양한 목소리로 자동 생성할 수 있다.[2] 이러한 기능은 특히 교사의 음성 녹음이 어려운 환경이나, 다양한 억양 모델이 필요한 수업에서 실용적이다. 더 나아가 학습자가 직접 문장을 입력해 음성으로 듣는 활동은 자율 학습을 유도하는 데에도 효과적이다.

종합적으로 볼 때, TTS 기술은 외국어 교육의 입력 환경을 풍부하게 해 주는 핵심 도구다. 반복 청취, 발음 모방, 상황별 듣기 훈련 등 다양한 학습 활동에 활용될 수 있으며, 특히 대면 수업이 어려운 환경에서 안정적인 언어 노출 수단이 된다. 이제 텍스트 기반 학습을 넘어서, 듣고 말하는 훈련까지 연계한 통합형 학습이 가능해지는 것이다. 따라서 TTS는 단순한 음성 출력 기술을 넘어, 외국어교육의 질적 확장을 위한 중요한 기반 기술로 주목받고 있다.

---

2   박진철(2021a)에서는 듣기 대본을 인공 지능을 통해 음원으로 제작하기 위해 Typecast를 활용하였는데 성별(남/여), 연령층(아동~장년), 콘텐츠의 종류(내레이션, 뉴스, 인터뷰, 오디오북, 게임 등), 분위기(친근한, 힘찬, 부드러운, 귀여운 등)에 따라 수많은 합성음의 조합이 가능함을 언급하고 있다.

8.2.2. 한국어교육에서의 TTS 기술 적용 사례

텍스트를 음성으로 변환해 주는 TTS 기술은 외국어교육 분야에서 이미 다양하게 활용되고 있다. 가장 대표적인 활용은 교재 속 문장을 TTS로 변환하여 듣기 자료로 제공하는 것으로, 학습자는 단어의 철자뿐만 아니라 해당 단어와 문장이 실제로 어떻게 발음되고 어떤 억양으로 말해지는지 반복해서 들으며 학습할 수 있다. 특히 TTS로 생성된 음성은 학습자의 수준이나 필요에 맞게 재생 속도를 조절할 수 있고, 다양한 억양의 음성을 제공할 수 있어 학습자가 서로 다른 발음과 억양을 비교하며 익히는 데 유용하다. 이러한 맞춤형 음성 제공은 기존의 녹음 자료보다 유연하여, 학습자가 어려워하는 부분을 느리게 듣거나 여러 지역의 발음을 폭넓게 경험하는 데 도움을 준다.

우선 영어교육에서의 사례를 살펴보면 학습자들은 TTS로 제공된 원어민 음성을 반복 청취하고, 자신의 발화를 영상으로 녹화하는 과정을 통해 말하기 능력 향상은 물론, 발음과 듣기, 쓰기 능력까지 폭넓은 언어 능력의 향상을 경험하였다. 특히 자율적인 반복 연습이 가능하다는 점에서 학습자들의 말하기 자신감을 높이고 자기주도적 학습 태도를 강화하는 데 효과가 있었다. 이는 교사의 직접적 개입이 어려운 수업 환경에서도 학습자가 능동적으로 말하기 훈련을 수행할 수 있다는 가능성을 보여 준다. 다만, 음성의 자연스러움이나 발화 속도에 대한 개인차가 존재하여, 향후 기술적 보완이 요구된다는 점도 함께 제안되었다(문도식, 2016).

학문 목적 한국어 수업에서도 중급 이상의 외국인 학습자들을 대상으로, 학습자가 작성한 발표문을 음성으로 변환한 후 이를 반복 청취하고 자기 발화를 녹음하는 방식이 활용된 바 있다. 이 과정은 듣기와 말하기를 연결하는 입력-출력 활동의 순환 구조를 형성하였고, 학습자의 발음과 억양, 표현 구성 능력 향상에 긍정적인 영향을 주었다. 또한 발표 불안이 있었던 학습자들도 TTS 음성 모델을 기반으로 한 예비 연습을 통해 심리적 부담을 완화할 수 있었다. 그러나 위의 사례에서와 마찬가지로 음성의 부자연스러움이나 억양의 단조로움 등은 여전히 개선이 필요한 지점으로 지적되었다(박진철, 2021b).

두 연구의 사례를 보면, 음성 변환 기술이 학습자의 듣기와 말하기 활동을 유기적으로 연결하고, 반복 연습을 가능하게 하여 언어 습득의 정밀도를 높여준다는 장점을 확인할 수 있다. 특히 교사의 일방적인 발화 제공에서 벗어나, 학습자가 기술을 활용하여 스스로 말하기 환경을 구축할 수 있다는 점은 교육적으로 큰 의미를 지닌다. 이는 한국어교육에서도 직접 응용이 가능하며, 특히 발표, 인터뷰, 회화 연습 등의 과제형 수업에서 효과적으로 활용될 수 있다. 교사는 학습자의 학습 수준과 목표에 따라 음성 자료를 선택·조절함으로써 수업의 다양성과 개별화 전략을 강화할 수 있을 것이다.

8.2.3. 주요 TTS 플랫폼 및 사용 방법

(1) TTS 기술 활용 주요 플랫폼

TTS 기술은 다양한 플랫폼에서 제공되고 있으며, 각 플랫폼은 고유한 특성과 사용 편의성을 바탕으로 외국어교육, 특히 한국어교육 현장에서 활용될 수 있다. 대표적인 사례로 Typecast가 있다. 이 플랫폼은 한국어 캐릭터를 분야별로 세분화하여 제공하며, 라디오 방송, 오디오북, 게임, 강의 등 학습 목적에 따라 적합한 음성을 선택할 수 있다. 또한 끊어 읽기 지정, 감정 톤 입력, 발화 속도 조절이 가능하여 학습자의 수준이나 과제 목표에 맞는 맞춤형 음성을 생성할 수 있다.

CLOVA Dubbing은 네이버에서 제공하는 서비스로, 속도나 높낮이, 끝음 처리 등을 세밀하게 수정할 수 있고, 캐릭터별 특징이 명시되어 있어 학습자가 맥락에 맞는 목소리를 고를 수 있도록 지원한다. 예를 들어, '신중한 선생님', '사랑스러운 여주인공'과 같이 감정과 상황이 반영된 음성을 활용하면 실제 상황과 유사한 발화 환경을 조성할 수 있다.

글로벌 시장에서 주목받는 ElevenLabs도 뛰어난 감정 표현 능력과 자연스러움을 바탕으로 한국어 음성 지원을 강화하고 있다. 이와 함께, Google AI Studio의 Gemini-TTS 기술은 개발 환경을 제공하면서도, 자연어 프롬프트를 통해 목소리의 스타일, 억양, 감정을 매우 정교하게 제어할 수 있다.

(2) TTS 기술 활용 플랫폼 사용 방법

위에서 제시한 플랫폼들 가운데 CLOVA Dubbing을 통해 AI 음성 생성 기능을 좀 더 상세히 살펴보도록 하겠다. CLOVA Dubbing은 Naver 아이디를 통해 접속 가능하며 새로운 프로젝트를 생성하는 과정은 아래와 같다.

① '새 프로젝트'를 생성하여 비디오와 오디오 중 원하는 콘텐츠 종류를 선택한 후 프로젝트명을 입력한다.

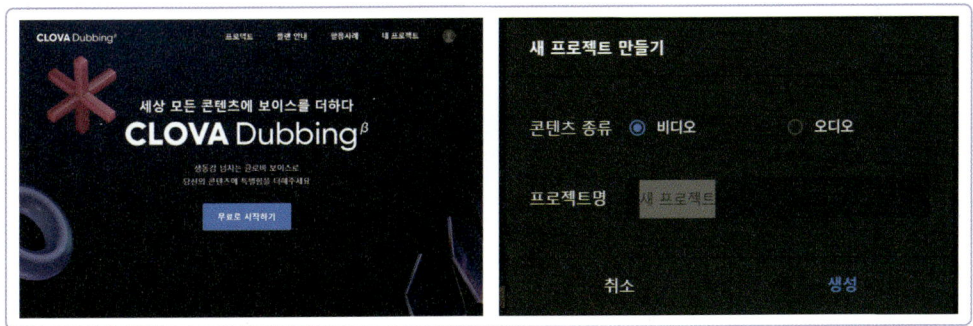

<그림 8-1> CLOVA Dubbing 시작 및 프로젝트 생성 화면

② '보이스 목록'에 들어가서 다양한 캐릭터의 보이스를 선택하여 직접 들어본다. '열정 가득한 야무진 인턴', '패기 넘치는 당당한 신입사원'과 같이 구체적으로 제시된 캐릭터의 특징을 보고 목소리를 들어본 후 본인이 생성하고자 하는 콘텐츠에 맞는 보이스를 선택한다.

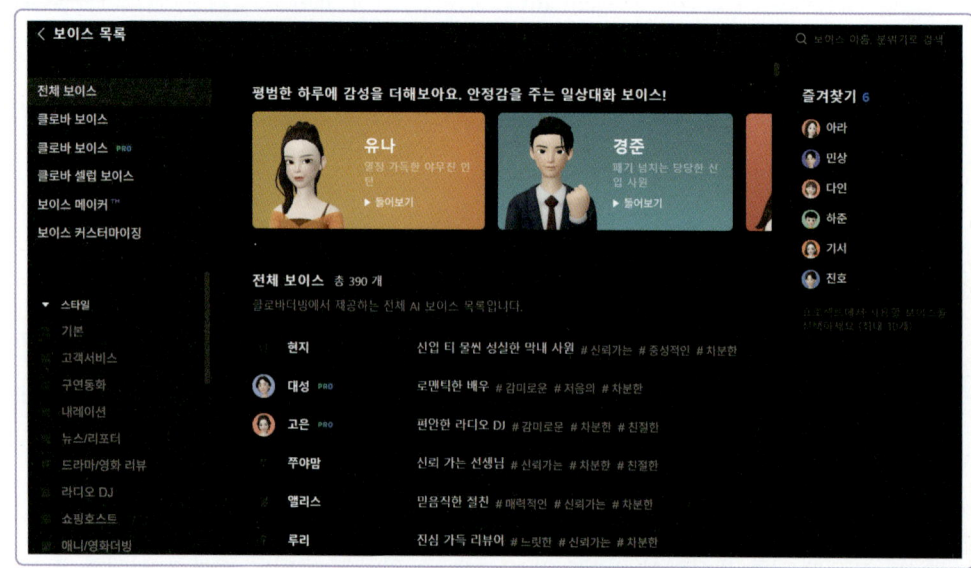

<그림 8-2> CLOVA Dubbing 보이스 검색 화면

③ 캐릭터를 선정한 후에는 더빙 입력 화면으로 가서 자신이 원하는 문구를 직접 입력한다. 또한 별도로 제작된 메시지를 복사하여 그대로 붙여 넣으면 그 즉시 빠르게 더빙을 생성할 수 있다.

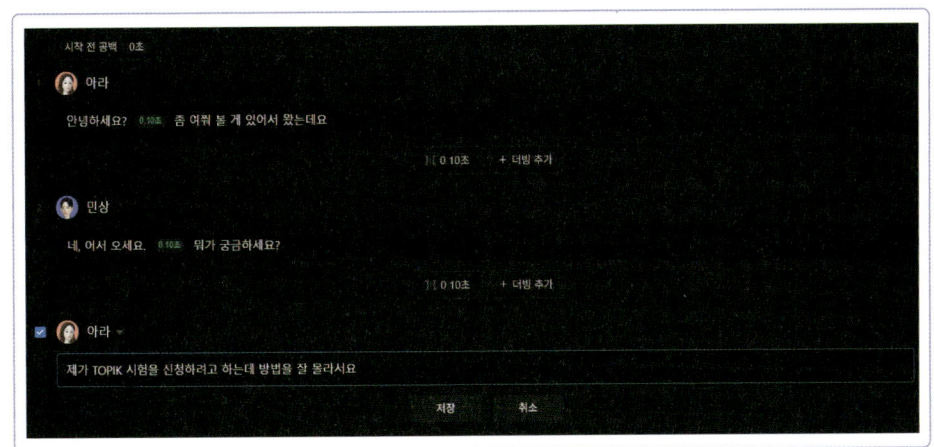

<그림 8-3> CLOVA Dubbing 내용 입력 화면

④ 화면 오른쪽 끝에 보이는 AI 보이스 설정 기능을 이용하여 보이스 옵션 효과를 조정한다. 보이스 옵션 효과에서는 속도, 높낮이, 끝음 처리, 끝음 길이 등을 조정할 수 있다. 또한 문장 간 호흡과 문단 간 간격 시간도 설정할 수 있다.

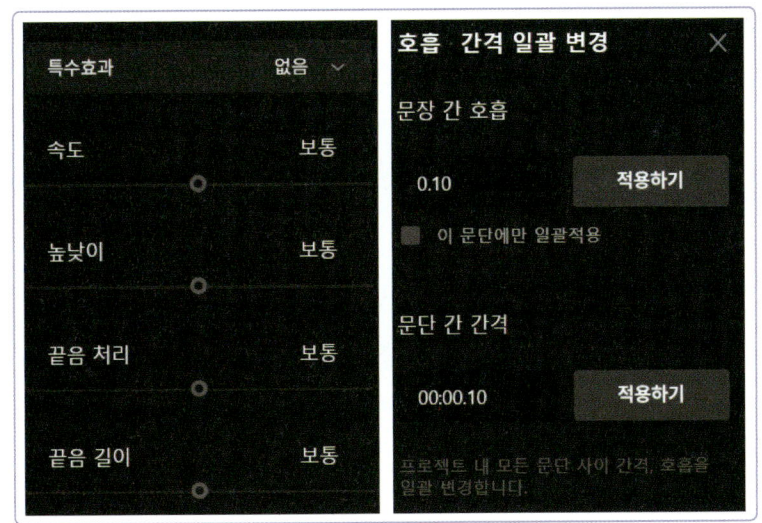

<그림 8-4> CLOVA Dubbing 보이스 설정 기능 화면

8.2.4. TTS 기술을 활용한 한국어교육 방안

앞서 살펴본 바와 같이 다양한 음성 스타일을 자동으로 생성할 수 있는 TTS 기술은 한국어교육에서 학습자의 발음 정확성 향상과 말하기 유창성 훈련에 효과적으로 활용될 수 있다. 특히 원어민 발음을 기반으로 한 반복 청취와 섀도잉(shadowing) 활동은 학습자 스스로 억양, 속도, 강세 등을 체득할 수 있는 기회를 제공한다. 학습자들은 TTS 음성을 들으며 자신의 발음과 비교·수정하고, 감정 표현이나 높임말 등 실제 상황에 적절한 화법도 연습할 수 있다. TTS는 교사의 직접 녹음 없이도 다양한 예문과 목소리를 제공할 수 있어 수업 준비의 효율성도 높인다. 이처럼 TTS는 발음 모델, 듣기 자료, 발표 예시 등 다용도로 활용되며 듣기와 말하기를 연결하는 통합형 학습을 가능하게 한다.

생각해 보기

TTS 기반 수업, 무엇을 할 수 있을까?

한국어교육 현장에서 다양한 학습 목표를 위해 TTS 기술을 활용할 수 있다. 이제 아래의 예시들을 중심으로 구체적인 수업 운영 방안에 대해 살펴보고 어떻게 나만의 방식으로 확장이 가능할지 고민해 보도록 하자.

발음의 정확성 향상	학습자가 TTS 음성을 반복 청취한 후 따라 말하기 활동을 수행하고, TTS와 자신의 발음을 비교하여 교정이 필요한 부분을 스스로 파악하도록 함.
감정 표현 및 억양 조절 능력 강화	같은 문장을 다양한 캐릭터를 통해 들어보고, 상황별로 가장 적절한 억양과 어투를 선택하여 말하기 연습을 수행함.
문장 구성의 자연스러움 점검	학습자가 직접 작성한 글을 TTS로 음성화하여 듣고, 부자연스럽거나 어색한 표현을 스스로 수정해 보는 자기 점검 활동을 실시함.
상황별 화법 선택 능력 강화	다양한 역할 상황(예 일상 대화, 면접, 강의 등)에 맞는 TTS 음성을 듣고, 적절한 화법 스타일을 모방하여 말하기 실습을 진행함.
반복 연습을 통한 유창성 강화	특정 문법 패턴이 포함된 예문을 TTS로 반복 청취하고 따라 말하며, 집중적으로 연습할 수 있는 기회를 제공함.
발표 및 말하기 불안 해소	TTS 음성으로 예시 발표를 제시하고, 학습자가 이를 듣고 모방하거나 응용하여 자신의 발표문을 구성·녹음함으로써 발표에 대한 자신감을 강화하도록 함.
창의적 말하기 콘텐츠 제작	학습자가 직접 대본을 작성하고, 다양한 목소리의 TTS를 활용해 뉴스, 광고, 오디오북, 라디오극 등 창작물 제작 활동에 참여하도록 함.

이제 본격적으로 실제 수업에서 활용할 수 있는 구체적인 활동 예시를 살펴보자. 두 가지 사례를 통해 한국어 학습자가 AI 도구를 직접 활용하며 언어 기술을 확장할 수 있는 방법을 제안한다.

(1) AI와 함께 만드는 나만의 뉴스

이 과제는 학습자가 한국어 뉴스 형식을 이해하고, 실제 뉴스 콘텐츠를 직접 작성하고 아나운서처럼 말하는 경험을 통해 말하기와 쓰기 능력을 통합적으로 향상시키는 것을 목표로 한다. 특히 TTS 기술을 활용하여 학습자의 뉴스 원고를 음성으로 변환함으로써 발화 모델을 제공하고, 학습자가 자연스러운 억양과 속도를 체득할 수 있도록 유도한다.

학습자는 자신이 선택한 주제에 대해 기사 형태로 정보를 구성한 뒤, 이를 TTS를 통해 음성으로 제작하고, 마지막에는 자신이 뉴스 앵커가 되어 해당 내용을 발표하는 활동까지 수행하게 된다. 과제는 개별 혹은 소그룹 활동으로 수행할 수 있으며, 실제 뉴스 방송처럼 시청각 자료를 함께 편집해 최종 결과물을 제작하는 방식으로 확장 가능하다. 학습자는 이 과정을 통해 언어적 표현뿐 아니라 전달력, 발표 능력, 자기주도적 편집 역량도 함께 기를 수 있다.

<표 8-1> TTS 기술을 활용한 뉴스 제작 수업 예시

수업명	AI와 함께 만드는 나만의 뉴스
대상	TOPIK 4급 이상 중상급 학습자
학습 목표	• 뉴스 기사 작성 및 발표를 통해 공식적이고 정보 중심적인 담화에 대한 이해와 표현 능력을 기른다. • TTS로 변환된 음성을 반복 청취함으로써 뉴스라는 장르에서 요구되는 발음, 억양, 속도 등의 음성적 요소를 체득한다. • 기획, 작성, 음성 변환, 발표, 편집에 이르는 과정을 스스로 조정함으로써 학습의 주체성을 강화한다.
준비물	디지털 기기, TTS 기반 플랫폼, 영상 및 음성 편집 도구

구분	내용
도입	• 목표: 과제의 목적과 형식을 이해하고, 뉴스 담화의 특성을 인식하게 한다. • 활동 내용: – 한국의 뉴스 영상 1~2개를 시청하며 뉴스의 구조를 분석 – 학습자에게 오늘의 과제 'AI와 함께 만드는 나만의 뉴스'를 소개하고 기대 효과를 설명
과제 전 활동	• 목표: 기사 작성을 위한 사전 자료 조사와 기사 작성을 통해 뉴스 구성 능력을 개발한다. • 활동 내용: – 학습자 각자가 흥미 있는 주제(학교 행사, 사회 이슈, 지역 소식 등)를 선정 – 주제와 관련한 배경 정보 검색 → 간단한 키워드 정리 및 참고 문장 검토 – 기사 작성 체크리스트를 제공하고, 초안 작성을 위한 안내 – 교사 또는 동료와 함께 기사 개요를 작성하고 기사문 완성
과제 본 활동	• 목표: TTS 도구를 활용하여 자신이 쓴 기사문을 음성 콘텐츠로 제작한다. • 활동 내용: – 학습자는 작성한 기사문을 다듬은 후 TTS 도구에 입력해 음성 콘텐츠 생성 – TTS 결과물을 반복 청취하면서 발음, 억양, 문장 강세 등을 점검 – TTS 음성을 듣고 따라 말한 후 자신의 음성으로 녹음 – 완성된 음성을 플랫폼에 업로드하여 공유
과제 후 활동	• 목표: 완성된 결과물을 감상하고 피드백을 통해 학습을 확장한다. • 활동 내용: – 학습자 서로의 자료 감상 및 간단한 동료 평가 – 발표에서 좋았던 점, TTS 사용에서 느낀 어려움, 음성과 문장 구조의 일치 여부 등을 토의 – 교사는 발음, 억양, 기사 구성 등에 대한 총괄 피드백 제공
마무리	• 목표: 과제 수행 경험을 되돌아보고 확장 가능한 학습 방향을 제시한다. • 활동 내용: – 과제에 대한 간단한 리뷰 – 향후 'AI 음성 뉴스' 만들기 외에, 인터뷰·토론·스토리텔링 등 다른 장르에도 적용할 수 있음을 설명 – TTS 도구를 일상 어휘 암기, 문장 리듬 훈련 등에 활용하기 위한 팁 공유

이 과제에서 TTS 도구는 뉴스 발화 모델을 제공하는 역할을 한다. 학습자는 자신의 기사 내용을 TTS로 변환한 음성을 듣고, 자연스러운 억양과 발화 속도를 반복적으로 학습할 수 있다. 이는 실제 원어민 발화와 유사한 입력을 제공하여 학습자의 듣기–말하기 연결을 강화한다. 특히 말하기 불안이 있는 학습자에게는 자신의 발화를 준비하는 과정에서 심리적 부담을 줄여 주는 효과도 크다. TTS는 또한 다양한 성별, 연령, 분위기의 목소리를 제공함으로써 학습자의 표현 다양성과 몰입감을 높여 준다.

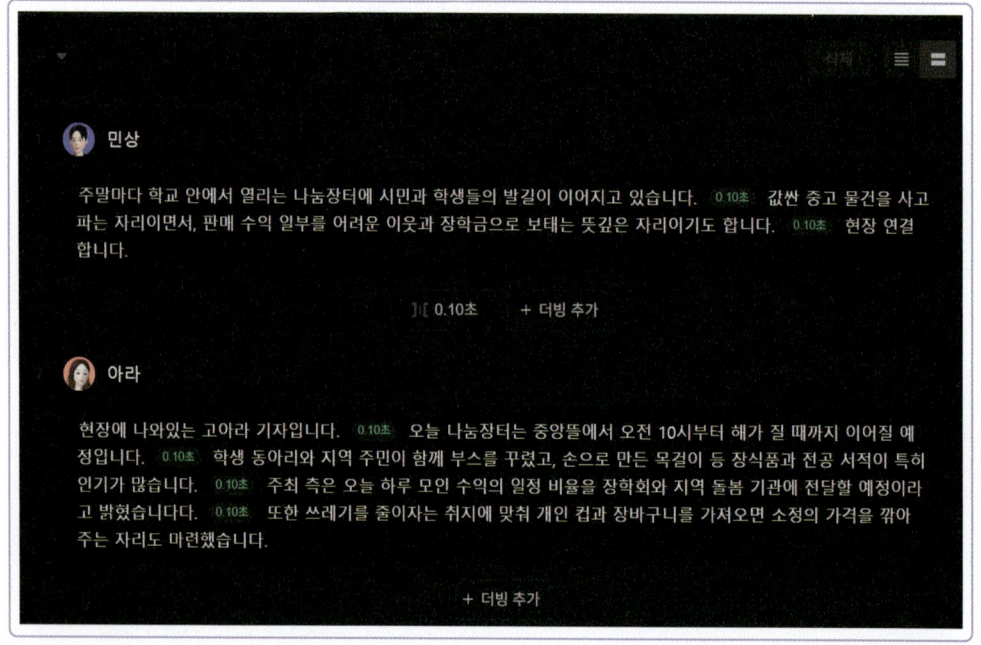

<그림 8-5> CLOVA Dubbing에서의 뉴스 입력 화면

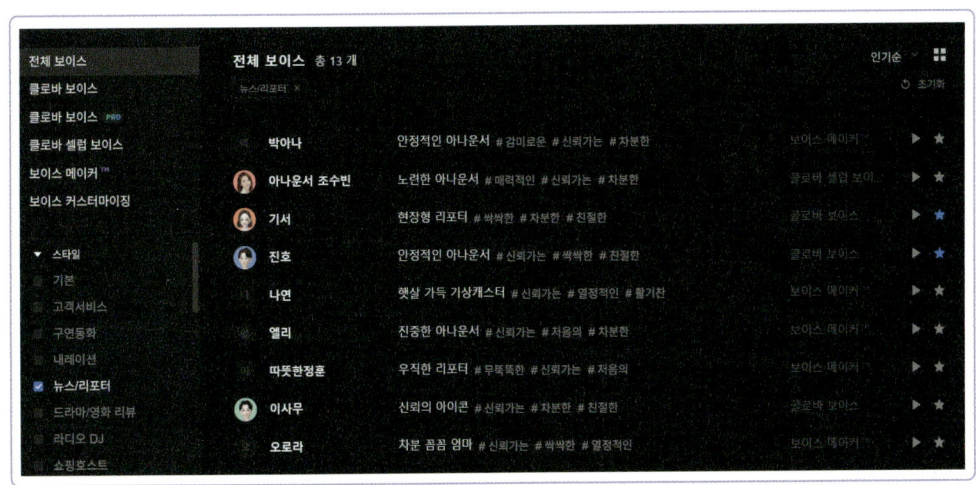

<그림 8-6> '뉴스/리포터' 스타일 보이스 선택 화면

(2) 캐릭터 캐스팅 콘테스트

이 과제의 목표는 학습자가 상황 맥락에 적절한 감정, 억양, 휴지 등을 이해하고 표현하는 한국어 발화 능력을 기르는 데 있다. 특히 TTS 기술을 활용하여 다양한 음성 스타일을 비교하고, 가장 적절한 감정 표현을 캐스팅하는 활동을 통해 발화자의 태도와 언어의 뉘앙스에 대한 민감성을 키우는 것을 지향한다.

학습자는 주어진 상황 대사에 가장 어울리는 목소리 톤과 캐릭터를 선택한 뒤, TTS를 활용하여 대사를 음성으로 생성하고 청중에게 평가받는다. 학습자의 선택과 조합, 조정 능력을 통해 실제 소통에 필요한 언어적 직관과 청각적 판단력을 함께 신장시키는 데 초점을 맞춘다. 최종적으로는 학습자가 다양한 상황에서 적절한 표현 방식을 구사할 수 있는 실용적 언어 운용 능력을 확보하는 것이 목표이다.

<표 8-2> TTS 기술을 활용한 캐릭터 선정 수업 예시

수업명	캐릭터 캐스팅 콘테스트
대상	TOPIK 4급 이상 중상급 학습자
학습 목표	상황 맥락에 적합한 억양, 감정, 휴지 표현을 이해하고 판단할 수 있다. 다양한 감정 표현이 담긴 발화를 TTS 도구를 통해 생성할 수 있다. 청자 관점에서 가장 효과적인 전달 방식을 비교·분석하고 설명할 수 있다.
준비물	디지털 기기, TTS 기반 플랫폼, 평가를 위한 투표 시스템(Padlet, Mentimeter 등)
구분	내용
도입	• 목표: 학습자에게 억양, 감정, 휴지의 차이가 의미 전달에 어떤 영향을 주는지를 인식하게 한다. • 활동 내용: – 감정에 따라 의미가 달라지는 동일 문장 예시 제시 – 다양한 감정(분노, 기쁨, 당황 등)에 따른 억양 실연 예시 청취 – TTS 도구의 역할과 활동 흐름 소개 – 오늘의 과제 "캐릭터 캐스팅 콘테스트"에 대한 개요 설명
과제 전 활동	• 목표: 학습자가 주어진 상황에 어울리는 감정 표현과 적절한 음성 스타일을 탐색하게 한다. • 활동 내용: – 상황별 대사 스크립트 배포 및 이해하기 – 대사의 상황과 정서 분석 및 감정 추론하기 – 다양한 TTS 캐릭터(성별, 연령, 말투 등) 탐색 및 특성 비교
과제 본 활동	• 목표: 학습자가 상황에 가장 적합한 감정 표현을 적용한 TTS 음성을 생성하고 공유하게 한다. • 활동 내용: – 적합한 캐릭터를 선택하여 상황별 대사 입력 – 억양, 속도, 감정 옵션 등을 조정하여 음성 생성 – 동료 학습자들의 음성을 청취하고 평가단으로 투표 참여 – 우수 캐스팅 선정 및 선정 이유 발표

과제 후 활동	• 목표: 학습자가 생성한 음성을 분석하며 자신의 언어 표현과 감정 전달 능력을 점검하게 한다. • 활동 내용: – 자신이 만든 TTS 음성과 실제 발화 비교 – 발화 속도, 감정 강조, 억양 패턴에 대한 자기 평가 – 감정 표현에 따른 전달력 차이에 대한 피드백 공유
마무리	• 목표: 학습자가 감정에 따른 억양 표현의 중요성을 재인식하고 실제 화용 상황에 연결할 수 있게 한다. • 활동 내용: – 오늘 활동에서 인상 깊었던 캐릭터 소개 – 캐스팅 결과에 대한 종합 토의 – 일상 대화, 발표 등 실제 맥락에서의 응용 방안 정리

TTS는 학습자가 감정, 억양, 휴지 등의 다양한 화행적 요소를 실험적으로 탐색할 수 있는 시뮬레이션 도구 역할을 한다. 특히 동일한 텍스트라도 발화자의 톤과 스타일에 따라 청자의 해석이 달라지는 점을 실감나게 경험할 수 있도록 돕는다. 또한 학습자는 다양한 캐릭터의 음성을 직접 비교하면서 감정 표현의 미묘한 차이를 체득하게 된다. 교사는 TTS를 활용하여 개별 학습자의 감정 표현을 세밀하게 분석하고, 맞춤형 피드백을 제공할 수 있다. 결과적으로 TTS는 말하기 활동에서 감정 표현의 '질'을 향상시키는 중요한 매개가 된다.

<그림 8-7> Typecast의 캐릭터 선택 화면

<그림 8-8> Typecast의 감정 선택 화면

8.3. STT 기반 텍스트 변환

8.3.1. STT 기술의 개념 및 특징

STT(Speech-to-Text) 기술은 사람의 음성을 인식하여 이를 문자 형태의 텍스트로 자동 변환하는 기술로, AI 음성 인식의 핵심 분야 중 하나이다. 사람이 말한 내용을 컴퓨터가 듣고, 이를 의미 있는 문장으로 바꾸는 과정으로 이해할 수 있다. 음성 명령 기반의 스마트폰 비서, 회의록 자동 작성, 유튜브 자동 자막 생성, 실시간 화상 회의 자막 기능 등이 모두 STT 기술을 활용한 사례이다. 특히 음성으로 콘텐츠를 생성하거나 기록을 남기는 작업에서 빠르고 정확한 음성 인식은 필수적이기 때문에, STT는 다양한 분야에서 활용도가 높은 기반 기술로 주목받고 있다.

STT 기술의 가장 큰 장점은 음성 정보를 빠르게 문자화하여 저장하고, 검색 가능한 데이터로 전환할 수 있다는 점이다. 실시간 자막이나 회의 자동 기록 기능을 통해 정보를 놓치지 않고 기록할 수 있으며, 다자간 대화나 인터뷰에서 중요한 내용을 정확하게 추출하는 데에도 유용하다. 특히 손을 사용할 수 없는 환경이나 빠른 메모가 필요한 상황에서 STT는 대체 불가능한 기술로 활용된다. 음성 정보가 즉시 텍스트로 전환되면, 편집, 분석, 번역 등의 후속 작업도 훨씬 효율적으로 수행할 수 있다.

이러한 기술적 특성은 교육 현장, 특히 외국어 교육에서 중요한 시사점을 제공한다. 학습자들의 말하기 과정을 실시간으로 문자로 전환하면 발화의 정확도, 문장 구조, 표현 오류 등을 명확하게 확인할 수 있기 때문이다. 또한 STT는 말하기 연습에 있어 피드백 도구로 활용될 수 있으며, 자신의 발화를 텍스트로 확인하면서 자가 수정(self-correction)을 유도할 수 있다. 이는 특히 발표, 토론, 인터뷰 등 확장된 말하기 활동에서 학습자의 발화 품질 향상에 도움을 줄 수 있다.

STT 기술은 교사에게도 효율적인 수업 설계와 피드백 제공을 가능하게 한다. 예를 들어, 학습자들의 말하기 과제 내용을 STT로 자동 기록한 후 오류 유형을 분석하거나, 수업 시간 중 주요 발화를 실시간 자막으로 제시하여 청해가 어려운 학습자에게 추가적인 이해를 제공할 수 있다. 또한 교사가 제시한 질문에 대해 학습자의 즉흥적인 말하기 내용을 기록하여 그 내용을 평가하거나 반복 학습 자료로 재구성하는 데에도 활용할 수 있다. 이처럼 STT는 단순한 기록 기능을 넘어, 교육의 흐름을 분석하고 개선할 수 있는 기반 데이터를 제공한다.

종합적으로 보면, STT 기술은 외국어 교육에서 '말하기의 결과'를 실시간으로 가시화해 주는 도구로서 의미가 크다. 학습자 입장에서는 자신의 발화를 시각적으로 확인하며 언어의 정확성과 표현력을 점검할 수 있고, 교사 입장에서는 평가 및 피드백 자료로 활용할 수 있다는 점에서 교육적 가치가 높다. 나아가 STT 기술은 비대면 수업, 블렌디드 러닝 등 다양한 학습 환경에서 말하기 활동의 질을 높이고, 교수·학습 간 상호작용을 강화하는 촉매 역할을 할 수 있다. 앞으로도 인식률 향상과 맞춤형 분석 기능이 더해진다면, STT는 외국어 교육의 핵심적인 평가·지원 기술로 자리 잡을 수 있을 것이다.

8.3.2. 한국어교육에서의 STT 기술 적용 사례

STT 기술은 학습자의 말하기를 실시간으로 문자로 바꾸어 주는 기술로, 한국어를 비롯한 외국어 학습에서 점점 주목받고 있다. 특히 자신의 발화를 눈으로 직접 확인할 수 있다는 점에서, 학습자가 스스로 오류를 찾아내고 수정할 수 있는 자가 피드백(self-feedback) 도구로 활용하기에 효과적이다. 예를 들어, 학습자가 어떤 문장을 말하고 나서 그 결과를 텍스트로 확인해 보면, 조사나 어휘를 잘못 썼거나 발음이 부정확했던 부분이 바로 드러나기 때문에 즉각적인 점검이 가능하다.

초급 한국어 학습자들을 대상으로 ClovaNote를 활용한 말하기 활동이 진행된 사례에서는, 학습자들이 STT로 변환된 자신만의 발화 결과물을 보고 조사나 높임 표현 등에서 잘못 사용한 부분을 스스로 수정하는 연습을 할 수 있었다. 특히 중위권 이상의 학습자들은 오류를 더 민감하게 인식하고 수정하는 데 익숙해지는 경향을 보였다. 이러한 점에서 STT는 단순한 말하기 연습을 넘어, 학습자 스스로가 자신의 언어 습관을 돌아보고 교정해 나갈 수 있게 돕는 효과가 있었다(이보라·이선영, 2023).

또 다른 연구에서는 STT 기술이 발음 수업에서도 효과적으로 쓰일 수 있음을 보여 준다. 학습자들은 ClovaNote를 통해 자신의 발음을 텍스트로 전환하여 목표 문장과 얼마나 유사한지를 비교할 수 있었고, 이 과정을 통해 발음 오류를 단순히 감각적으로만 인식하는 것이 아니라 시각적으로 명확하게 확인할 수 있었다. 특히 모음과 받침에서의 오류를 잘 찾아내고 수정할 수 있었으며, 수업 후에는 발음에 대한 자신감도 높아졌다고 응답하였다(권민지, 2023).

이러한 STT 기반 수업은 자기 주도 학습을 촉진하는 데에도 매우 효과적이다. 학습자는 교사의 개입 없이도 스스로 자신의 말하기를 점검하고 개선할 수 있으며, 반복해서 시도할 수 있는 구조 덕분에 메타인지 능력도 함께 향상된다. 또, STT는 대부분 모바일 기기나 PC 환경에서 쉽게 실행되기 때문에 수업 시간뿐 아니라 가정에서도 이어서 학습할 수 있다는 장점이 있다. 학습자는 시간이나 장소에 제약 없이 '내가 한 말'을 눈으로 확인하며 연습을 이어갈 수 있게 된다.

한편, STT 기술이 학습자의 발화를 정확하게 인식하지 못해 발생하는 오인식 문제는 여전히 해결해야 할 과제다. 실제로 이보라·이선영(2023)과 권민지(2023)의 연구 모두 음성 인식 오류로 인해 학습자가 혼란을 느낄 수 있다는 점을 지적하고 있다. 따라서 이 기술을 수업에 도입할 때는 STT 결과에 대한 교사의 보완 설명이 필요하며, STT의 한계를 인지하고 유연하게 활용하는 태도가 중요하다. 앞으로는 기술 자체의 정교함을 높이는 것뿐만 아니라, 교사의 피드백 전략과 함께 설계된 교육적 활용이 더욱 중요해질 것이다.

8.3.3. 주요 STT 플랫폼 및 사용 방법

(1) STT 기술 활용 주요 플랫폼

STT 기술 역시 다양한 플랫폼을 통해 제공되고 있으며, 발화 내용을 실시간으로 문자화하는 기능을 중심으로 한국어교육에서 활용 가치가 높다. 또한 파일 업로드 기능도 지원한다. ClovaNote는 한국어 인식 정확도가 매우 높고, 화자별 구분 기능을 지원한다는 점에서 수업이나 토론 기록에 효과적이다. 학습자는 자신의 발화를 녹음하면서 자동으로 전사된 결과를 확인할 수 있고, 교사는 발화 기록을 바탕으로 오류 분석이나 개별 피드백을 제공할 수 있다.

Notta는 웹·모바일 기반 플랫폼으로, ClovaNote와 마찬가지로 실시간 전사뿐 아니라 파일 업로드 전사도 지원한다. 또한 요약, 태그, 검색, 자동 번역 등 협업 기능이 있어 수업 후 학습 결과물을 동료와 공유하거나 복습 자료로 활용하기 용이하다. 유사한 서비스들이 많이 제공되고 있으나 아직까지 한국어 지원이 안정적이지는 않은 상황이며 Notta는 비교적 한국어 인식 정확도가 높은 편이다.

이 외에도 Google Cloud Speech-to-Text는 뛰어난 한국어 인식 정확도와 화자 구분 기능을 제공하며, 특히 Google AI Studio를 활용하면 전사된 결과를 바탕으로 자동 오류 분석 및 맞춤 피드백 시스템을 구축하는 데 유리하다.

(2) STT 기술 활용 플랫폼 사용 방법

위에서 제시한 플랫폼들 가운데 Notta를 통해 AI 음성을 텍스트로 처리하는 기능을 좀 더 상세히 살펴보도록 하겠다.

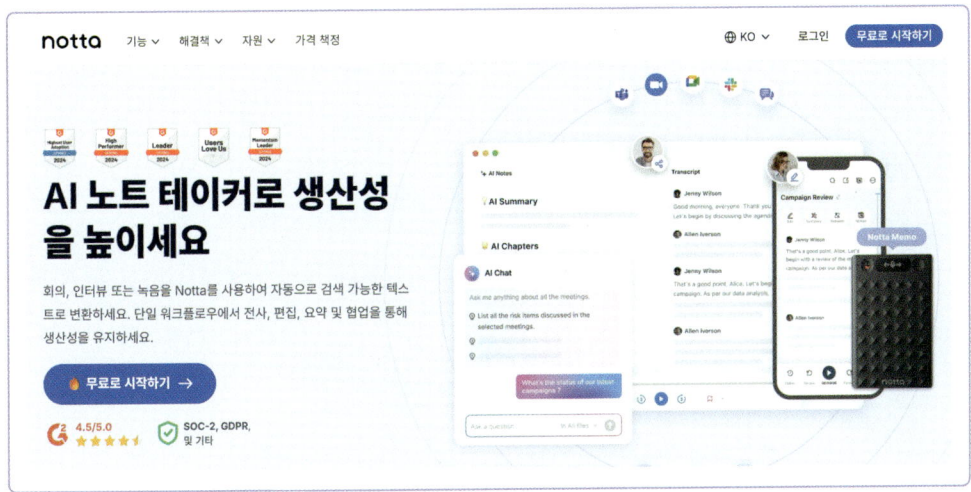

<그림 8-9> Notta의 초기 화면

① '즉시 녹음' 메뉴를 클릭하여 단일 언어 및 이중 언어 전사 여부, 실시간 번역 여부를 선택한다. 이후 화면의 녹음 기능을 활용하여 실시간으로 음성을 녹음한다.

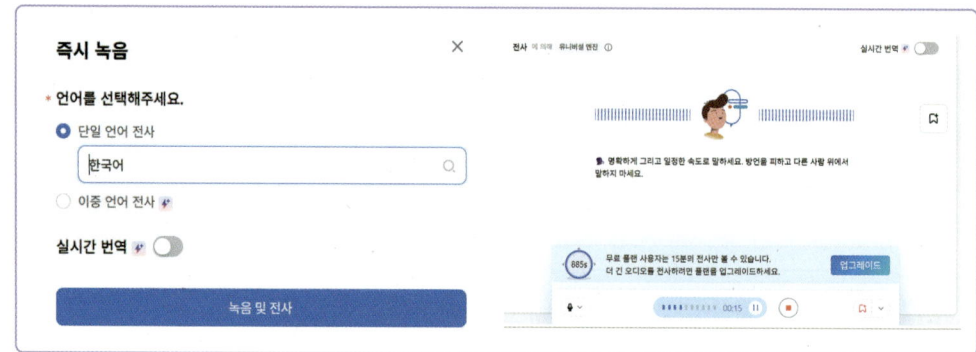

<그림 8-10> Notta의 즉시 녹음 기능 화면

③ 기존 파일 활용 시 '파일 업로드 및 전사' 메뉴를 클릭하여 파일을 업로드한다.

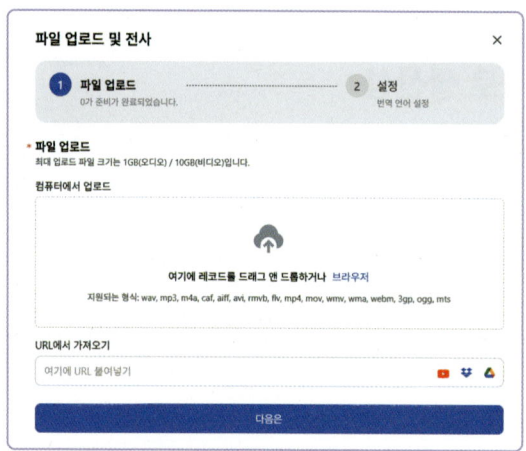

<그림 8-11> Notta의 파일 업로드 화면

8.3.4. STT 기술을 활용한 한국어교육 방안 예시

STT 기술은 단순히 발화를 문자로 옮기는 기능을 넘어, 학습자의 발음과 억양을 분석하고 즉각적인 피드백을 제공할 수 있는 단계로 발전하고 있다. 이는 한국어교육에서 교사가 모든 학습자의 발화를 실시간으로 점검하기 어려운 한계를 보완하며, 학습자가 스스로 오류를 인식하고 수정할 수 있는 자기주도적 학습 환경을 조성한다. 특히 발표, 토론, 면접 연습과 같은 실제적 의사소통 상황에서 STT 기술은 발화 기록과 오류 분석을 동시에 가능하게 하여, 한국어 말하기 교육의 효과성을 한층 높이는 핵심 도구로 자리매김하고 있다.

생각해 보기

STT 기반 수업, 무엇을 할 수 있을까?

한국어교육 현장에서 다양한 학습 목표를 위해 STT 기술을 활용할 수 있다. 이제 아래의 예시들을 중심으로 구체적인 수업 운영 방안에 대해 살펴보고 어떻게 나만의 방식으로 확장이 가능할지 고민해 보도록 하자.

발음 오류 인식 및 교정	학습자가 자신의 발화를 STT로 전사하고, 실제 말한 단어와 텍스트 결과를 비교하여 발음 오류를 인식하고 교정함.
말하기 습관 진단 및 개선	일상 주제로 2~3분간 말하기를 수행하고, STT 결과를 바탕으로 불필요한 반복어, 담화 표지, 추임새 등의 사용 패턴을 점검하여 언어 습관을 교정함.
문법 구조 점검 및 정확도 향상	학습자가 구어체 발화 결과를 STT로 텍스트화한 후, 문장 구조와 어미 형태를 분석함. 조사 생략, 종결 어미 오류 등을 시각화하여 자가 피드백을 유도함.
발화 유창성 점검 및 연습	학습자가 발표나 인터뷰 말하기를 연습한 후, STT 전사 결과에서 문장의 길이, 휴지(멈춤), 반복 등의 요소를 점검하고, 자연스럽고 끊김 없는 말하기로 개선하는 활동을 진행함.
담화 구성력 강화	학습자의 장문 발화(예 이야기하기, 의견 말하기)를 STT로 전사한 후, 논리적 흐름(도입–전개–결론)이 잘 구성되었는지를 텍스트 기반으로 점검하고 재구성함.
스피치 불안 완화와 자신감 향상	STT를 통해 자신의 말하기를 시각적으로 확인하고, 반복 연습을 통해 점진적으로 수정해 나가는 과정을 거치며 말하기에 대한 심리적 부담을 완화함.

이론적인 설명에 이어, 학습자가 직접 참여하며 발음 개선 효과를 경험할 수 있는 구체적인 수업 활동을 제시하고자 한다. 그 시작은 유사한 발음을 구별하고 수정하는 훈련에 초점을 맞춘 '한국어 발음 챌린지'이다.

(1) 한국어 발음 챌린지

이 과제는 유사한 한국어 발음을 포함한 문장을 통해 학습자가 발음의 미세한 차이를 인식하고, STT 기술을 활용하여 자신의 발화를 점검하고 수정하는 활동으로 구성된다. 학습자는 혼동하기 쉬운 발음쌍(예 달/딸/탈 등)이 포함된 문장을 정확하게 발화한 후, STT 결과와 원문을 비교하며 발음 오류를 진단한다.

이를 통해 발화의 정확성과 명료성을 높일 수 있을 뿐만 아니라, 자신의 음성 발화에 대한 시각적 피드백을 통해 자율적인 오류 교정 학습이 가능해진다. 활동은 개인 또는 소그룹으로 진행할 수 있으며, 결과 분석을 기반으로 동료와의 피드백도 병행된다. 특히 이 과제는 학습자의 자율성과 발음 민감도 향상에 초점을 두고 있으며, 실시간 인식 결과를 통해 학습자가 즉각적으로 자신의 언어 산출을 점검하고 반영하는 능력을 강화하도록 설계되었다.

<표 8-3> STT 기술을 활용한 발음 개선 수업 예시

수업명	한국어 발음 챌린지
대상	한국어 발음 개선이 필요한 중급 이상 학습자
학습 목표	유사한 발음을 포함한 문장에서 발음의 미묘한 차이를 인식하고 구분할 수 있다. STT 기술을 통해 자신의 발화를 진단하고 자가 피드백을 수행할 수 있다. 반복 발화를 통해 정확한 발음과 억양을 향상시킬 수 있다.
준비물	디지털 기기 STT 기반 음성 인식 도구 오류 분석 기록지 및 메타인지용 자기 평가표

구분	내용
도입	• 목표: STT 기술의 원리와 활용 목적을 이해하고, 오늘의 과제가 학습자 발음 향상에 어떤 효과가 있는지를 인식한다. • 활동 내용: – 교사가 STT 기술(의 작동 방식과 장점을 간단히 설명 – STT를 활용한 발음 훈련 예시 영상 또는 시범을 보여 주며 흥미 유도 – 학습자와 함께 예시 문장의 발음 차이(예 받침의 유무, 된소리 vs 예사소리)를 짚어보며 미묘한 음의 차이 인식
과제 전 활동	• 목표: 유사한 발음이 포함된 문장의 구조와 발음상의 유의점을 사전에 학습하고, 발음 인식 훈련을 위한 기초를 마련한다. • 활동 내용: – 교사가 유사 발음을 중심으로 구성된 5~10개의 예시 문장 제공 – 각 문장의 주요 발음 포인트와 혼동하기 쉬운 소리 구별 학습 – 짝 활동을 통해 서로 문장을 읽고 발음을 서로 확인하는 사전 연습 진행 – 개인별 발음 오류에 민감하게 접근할 수 있도록 발음 자가 진단표 작성
과제 본 활동	• 목표: STT 기술을 활용해 자신의 발화를 시각적으로 점검하고, 오류를 분석한 후 반복적으로 발화를 수정·보완한다. • 활동 내용: – 각자 주어진 3~5개의 문장을 STT 도구에 발화하여 인식 결과 확인 – STT로 변환된 텍스트와 원래 문장을 비교하며 오인식된 단어나 표현 체크 – 오류 분석지를 통해 어떤 소리에서 오류가 자주 발생했는지 기록 – 오류가 많았던 문장부터 2~3회 반복 발화하여 STT 정확도 향상 시도
과제 후 활동	• 목표: 발음 오류 유형을 분석하고 자신의 발화 습관을 돌아보며, 향후 발음 개선을 위한 학습 전략을 수립한다. • 활동 내용: – STT 결과와 오류 분석지를 바탕으로 나만의 발음 오류 Top 3 정리 – 오류 유형별 발음 교정 전략(예 혀 위치, 호흡 조절 등) 간단히 소개 – 개별 포트폴리오 작성: 전사 결과 이미지 캡처, 교정 문장 정리 – 친구들과 피드백 카드 교환: "좋았던 점 vs 아쉬운 점"
마무리	• 목표: STT 기반 발음 학습의 효과를 평가하고 학습 동기를 강화한다. • 활동 내용: – 오늘의 활동에서 느낀 점을 간단한 설문 또는 구두 피드백으로 나누기 – 'STT 인식률이 높았던 이유는 무엇일까?' '왜 특정 문장은 오류가 났을까?' 등 토론 질문 제시 – 전체 활동을 요약하며 발음 학습의 중요성과 STT 기술의 교육적 의미 정리

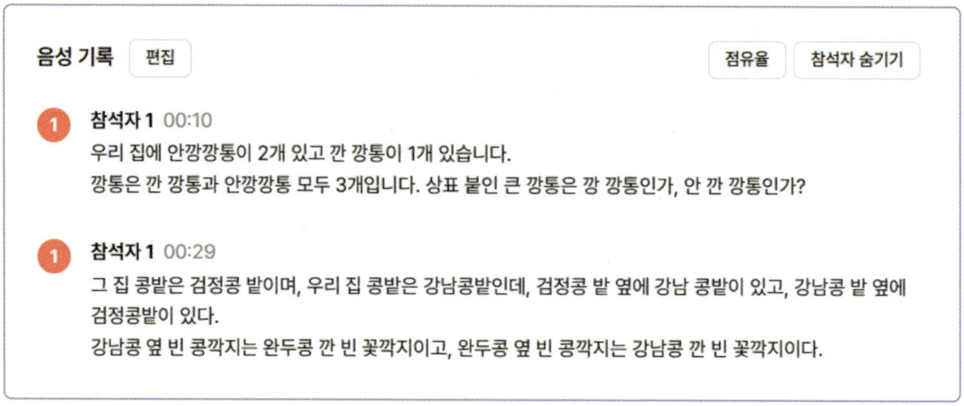

```
┌─────────────────────────────────────────────────────────────┐
│ 음성 기록  [편집]                           [점유율] [참석자 숨기기] │
│                                                              │
│  ① 참석자 1  00:10                                           │
│     우리 집에 안깡깡통이 2개 있고 깐 깡통이 1개 있습니다.    │
│     깡통은 깐 깡통과 안깡깡통 모두 3개입니다. 상표 붙인 큰 깡통은 깡 깡통인가, 안 깐 깡통인가? │
│                                                              │
│  ① 참석자 1  00:29                                           │
│     그 집 콩밭은 검정콩 밭이며, 우리 집 콩밭은 강남콩밭인데, 검정콩 밭 옆에 강남 콩밭이 있고, 강남콩 밭 옆에 │
│     검정콩밭이 있다.                                         │
│     강남콩 옆 빈 콩깍지는 완두콩 깐 빈 꽃깍지이고, 완두콩 옆 빈 콩깍지는 강남콩 깐 빈 꽃깍지이다. │
└─────────────────────────────────────────────────────────────┘
```

<그림 8-12> Clova Note에서 인식한 학습자의 발화

(2) 나의 발화 진단하기

이 과제는 학습자 스스로 자신의 말하기 발화 습관을 진단하고, 개선 방향을 도출하는 데 목적이 있다. 단순히 발화 내용의 정확성을 평가하기보다, 말하는 방식에 나타나는 반복적 어휘 사용, 불필요한 추임새, 문장 호흡의 부자연스러움 등을 STT 기술을 활용하여 시각적으로 분석함으로써 발화 태도와 스타일에 대한 인식을 높이고자 한다.

활동은 일상적인 주제로 3분간 말하기를 한 뒤, STT 도구를 활용하여 자동으로 텍스트로 전사한 결과물을 바탕으로 자신의 말하기 습관을 분석하게 된다. 특히 구어적 표현, 담화 표지의 빈도, 문장 구성이 지나치게 짧거나 쉼 없이 길어지는 패턴, 주제 일관성 등을 점검하도록 설계된다.

학습자는 이를 통해 자신의 무의식적인 발화 습관을 인식하고, 불필요하거나 부정확한 요소를 줄이며, 더 명료하고 조리 있는 한국어 말하기를 목표로 개선 과제를 설정하게 된다. 이 활동은 자기주도 학습능력과 메타인지 역량을 높이는 데 효과적이며, 장기적인 말하기 능력 향상에 기여한다.

<표 8-4> STT 기술을 활용한 자가 발화 진단 수업 예시

수업명	나의 발화 진단하기
대상	중급 이상의 한국어 학습자
학습 목표	자신의 말하기 발화 패턴을 진단하고 개선점을 도출할 수 있다. 구어체 담화 표지 및 불필요한 반복 어휘를 인식하고 수정할 수 있다. 분명한 의미 전달을 위해 적절히 끊어 말하기를 할 수 있다.
준비물	디지털 기기 STT 기반 음성 인식 도구 오류 분석 기록지 및 메타인지용 자기 평가표
구분	내용
도입	• 목표: 자신의 발화 습관을 인식하는 것이 왜 중요한지를 이해하고, STT 기술이 말하기 진단 도구로 어떻게 활용될 수 있는지를 파악하도록 한다. • 활동 내용: ― 실제 발표 영상이나 음성 자료를 예시로 시청하며 반복 어휘와 발화 패턴 찾기 ― STT 기술 소개 및 시연 ― "왜 우리는 자기 말을 잘 모를까?"라는 질문을 중심으로 짝 토론 ― 과제 수행의 목적과 기대 효과 안내 (발화 습관 진단 → 말하기 개선)
과제 전 활동	• 목표: 학습자가 말할 주제를 선정하고, 본인의 말하기 습관을 점검하기 위한 분석 기준을 사전에 설정하도록 한다. • 활동 내용: ― 주제 제시: 예 나의 하루, 내 취미, 최근 기억에 남는 일, 좋아하는 사람 등 ― 주제 선택 및 2분간 말할 핵심 내용 브레인스토밍 ― 학습자 개별로 자기 점검 항목 체크 (기대하는 점/주의할 점 등 사전 인식)
과제 본 활동	• 목표: STT 기술을 활용해 자신의 발화를 시각적으로 점검하고, 오류를 분석한 후 반복적으로 발화를 수정·보완한다. • 활동 내용: ― 모바일 앱 또는 PC에서 녹음 준비 → 3분 동안 혼자 말하기 수행 ― STT 기술로 자동 텍스트 전사 진행 (실시간 또는 파일 업로드 방식) ― 전사 결과 저장 및 출력 ― 원본 발화와 STT 전사본을 비교하여 오류나 특이 사항 탐색

과제 후 활동	• 목표: STT 전사본을 바탕으로 자신의 발화 특성을 분석하고, 반복 표현, 담화 표지, 문장 구조 등의 측면에서 개선점을 스스로 도출하도록 한다. • 활동 내용: – 전사된 텍스트에서 반복 단어, 추임새, 무의미한 표현에 색깔 표시 – 한 문장이 지나치게 긴 구절에 표시 → 적절한 호흡 위치 파악 – '나의 발화 진단표' 작성
마무리	• 목표: 진단 결과를 바탕으로 구체적인 개선 계획을 세우고, 이후 말하기 활동에 어떻게 적용할지를 스스로 설정하도록 한다. • 활동 내용: – '내가 바꾸고 싶은 말하기 습관' 발표 또는 작성 – 개선 계획 시트 작성 – 교사의 간단한 총평 및 STT 도구의 피드백 한계와 장점 정리

8.4. AI 음성 처리 기반 한국어교육의 미래와 실천 전략

AI 기반 음성 처리 기술은 텍스트를 음성으로 바꾸는 기능뿐 아니라, 학습자의 발화를 텍스트로 전사하고 이를 분석할 수 있게 해주는 기능까지 포함한다. 이러한 기술은 TTS와 STT를 중심으로, 듣기·말하기·발음 학습 등 언어 교육 전반에 걸쳐 폭넓게 활용되고 있다. 특히 반복 청취, 자기 발화 피드백, 억양 학습, 실시간 회화 연습 등은 과거보다 훨씬 정교하게 설계할 수 있게 되었다. 교사는 다양한 상황에 맞춘 발화 모델을 학습자에게 제시할 수 있고, 학습자는 시간과 장소에 구애받지 않고 말하기와 듣기 훈련을 반복 수행할 수 있게 되었다. 이러한 변화는 한국어교육이 일방적 전달 방식에서 벗어나 상호작용 중심, 개인화 중심의 수업 구조로 전환되는 데 기여하고 있다.

음성 기술은 앞으로 감정 인식, 화자 적응, 맥락 반영 등 더욱 고도화된 기능을 탑재하게 될 것으로 전망된다. 감정과 억양을 섬세하게 조절하는 TTS, 문맥에 따라 정확한 텍스트를 제시하는 STT의 발전은 언어의 자연스러움을 구현하는 데에 가까워지는 결과를 가져올 것이다. 또한 개별 학습자의 발화 특징을 실시간으로 분석해 학습 수준을 자동 진단하거나, 맞춤형 피드백을 제공하는 시스템도 일반화될 가능성이 높다. 이러한 기술은 특히 한국어의 발화 맥락과 높임말 체계 등 고유한 언어적 특성을 반영하는 데에도 점차 정교하게 적용될 수 있다. 나아가, 교사 없이도 기초 학습을 지속할 수 있는 'AI 튜터' 기반의 자기 주도형 교육 생태계로 확장될 가능성도 크다.

AI 음성 기술을 한국어교육에 효과적으로 통합하기 위해서는 먼저 교사들의 기술 이해와 디지털 문해력 향상이 선행되어야 한다. 교사는 TTS, STT 등 다양한 도구의 특징을 비교 분석하고, 수업 목표와 연계된 맞춤형 활용 전략을 수립할 수 있어야 한다. 교육 기관은 이를 위한 연수 프로그램과 시범 수업 등을 적극 운영하여 실천 역량을 길러야 한다. 또한, 기술 기반 수업의 효과와 한계를 지속적으로 점검하고, 교육과정 내에서 AI 기술이 과도하게 의존되지 않도록 균형 있는 설계가 요구된다. 나아가, 학습자의 윤리적 감수성과 데이터 민감성을 함께 교육하는 방향으로, AI와 함께 성장하는 교실을 만들어 나가야 할 것이다.

AI 시대 한국어 평가의 변화와 적용 방안

AI가 학습자의 쓰기 과제를 채점한다면 어떨까? 교육 현장 곳곳에서 이미 AI 평가가 현실이 되고 있다. 수학과 과학에서 든든한 동반자로 자리 잡은 AI가 한국어교육에서는 무엇을 바꾸게 될까? 반복되는 빨간펜 대신, 루브릭 기반 자동 채점과 맞춤형 피드백이 교사의 시간을 돌려준다. 이 장에서는 한국어 평가의 변화를 이끄는 AI를 살피고, 서술형 평가를 자동으로 채점하는 똑똑한 루브릭을 어떻게 설계할지, 여러 학습자에게 각기 다른 피드백을 정말로 제공할 수 있는지 검토한다. 절차와 예시를 통해 확인하고, 읽는 흐름을 따라가면 작은 시범부터 당장 시작할 수 있다. 교실 맥락에 맞춘 적용 방법도 함께 제시하여 부담은 줄이고 효과는 높이는 방향이다. 한국어 교실의 내일을 엿보고 싶다면, AI와 함께 새로운 평가의 세계로 들어가 보자.

9.1. 한국어 평가의 디지털 전환

9.1.1. 전통적 평가의 한계와 교사의 고민

한국어와 한국문화의 인기와 함께 한국어교육 현장이 폭발적으로 늘어나고 있다. 해외 대학의 전공 과목부터 교양 선택 과목, 국내 대학 부설 한국어교육기관, 초·중등 방과후 교실까지 한국어교육 현장의 다변화가 뚜렷하다. 하지만 이런 양적 성장의 이면에서, 우리 한국어 교사는 교실마다 늘어나는 학생 수, 학습자의 다양한 한국어 수준, 쓰기와 말하기 등 수행평가 업무의 공정하고 신속한 처리 등에 대한 고민에 빠져 있다. 그리고 반복되는 채점과 피드백 업무에 매달리다 보니 정작 중요한 학습자와의 생생한 소통, 창의적인 수업 설계, 개별 학습자의 성장에 집중하는 시간 등을 놓치고 있다. 과연 평가의 객관성과 개별화, 그리고 의미 있는 수업 운영이라는 세 마리 토끼를 모두 잡을 수 있을까? AI 평가 시스템의 등장은 이러한 변화의 흐름 속에서 전통적인 교육 평가의 대안으로 떠오르고 있다. 특히 교사들의 채점 부담 완화와 학습자 중심의 개별화된 평가 및 피드백 실현 면에서 주목받는 중이다.

'평가'는 교육과정의 학습 목표 달성 여부를 확인하고 교육 현장의 교육과정 운영 및 교수법 적용의 효과를 점검하는 데 필수적인 교육의 요소이다. 한국어 교육과정에서 진행되는 평가는 다양한 목적과 방법, 기준 등에 의해 실시되는데, 외국인 학습자는 한국어교육기관에 도착해서 진단평가를 통해 반을 배정받고, 이후 수업 과정 중에 퀴즈 등의 형성평가를 통해 학습 내용의 이해도를 확인하며 이에 따른 피드백을 제공받게 된다. 그리고 성취도 평가를 통해 교육과정이 모두 종료된 이후에 한국어 성취 수준이 어떠한지를 확인할 수 있으며, 학습자 스스로 자신의 한국어 숙달도를 확인하고 싶다면 한국어능력시험(TOPIK)과 같은 한국어 숙달도 평가를 통해 공식적인 한국어 수준을 측정할 수 있다.

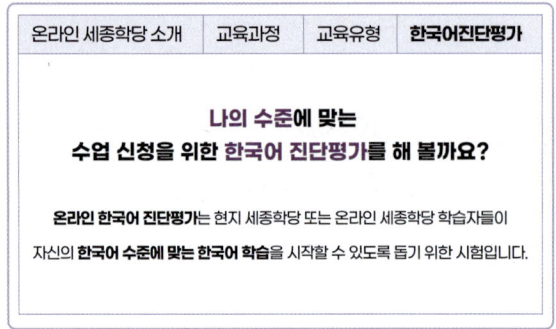 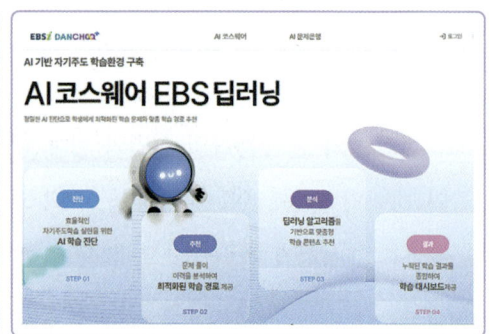

<그림 9-1> 온라인 세종학당, EBS의 진단평가 예시[1]

한국어 의사소통 능력과 관련해서는 언어 기술(말하기, 듣기, 읽기, 쓰기)과 언어 지식(어휘, 문법, 발음, 문화 등)에 대한 평가를 진행한다. 말하기와 쓰기, 발음 등은 수행평가로, 듣기와 읽기 등은 지필고사로 평가할 수 있다. 지필고사는 어휘, 문법, 읽기 등을 일정 시간 내에 평가하는 방식으로, 교사 입장에서는 관리와 채점이 쉬운 편이지만 학습자의 실제 의사소통 능력을 파악하는 데는 한계가 있다.[2] 반면 수행평가는 말하기, 쓰기, 발표, 토론, 보고서 작성 등 학습자의 능동적 언어 사용 과정을 평가할 수 있지만, 채점 기준이 모호하고 다수의 평가 항목을 처리해야 하는 부담 때문에 시간과 노력이 많이 소요된다는 어려움이 있다.

---

1 온라인 세종학당의 한국어 진단평가는 이미 구조화된 등급별 난이도 기준에 따라 등급을 판정하고 이 결과에 따라 등급을 추천하는 데 반해, EBS단추+(https://ai-cdn.ebs.co.kr)는 AI가 학습데이터의 패턴 분석 후 학습자에게 개별화된 진단 정보를 제공한다는 차이가 있다.

2 한국에서는 지필고사의 자동채점이 1990년대 후반 OMR 기술로 본격화되었으며, 서술형 평가는 이보다 늦은 2000년대 들어 자연어처리(NLP) 기술을 중심으로 점차 논의되기 시작하였다. 최근에는 GPT 계열 생성형 AI의 발전으로 쓰기와 말하기 영역에서도 자동채점 기술이 활발히 연구, 적용되고 있다.

특히 말하기, 쓰기와 같은 수행평가에서 우리 한국어 교사들은 다수의 수행 과제에 대해 일관된 기준을 유지하며 채점하고 피드백을 제공하는 데 어려움을 겪는다.[3] 또한 학습자의 수준을 고려한 개별화된 피드백은 더욱 힘들어진다. 평가에서 발견되는 이러한 문제를 어떻게 해결할 수 있을까? 이를 극복하기 위한 대안을 알아보자.

9.1.2. 디지털 기술로 변화하는 한국어 평가 방식

전통적인 평가 방식의 한계를 극복하기 위해 최근에는 시·공간의 제약이 없고, 채점의 객관성을 유지할 수 있는 디지털 기술 기반 평가 방식에 대한 논의가 활발하다. 특히 교사의 평가 업무를 효율화하고, 학습자 입장에서 일관되고 개별화된 평가를 진행할 수 있다는 점에서 컴퓨터 기반 평가(Computer Based Testing: CBT), 인터넷 기반 평가(Internet Based Testing: IBT), 디지털 루브릭(Digital Rubric), AI 지원 자동채점(AI Assisted Grading) 등의 다양한 디지털 기반 평가가 주목받고 있다.

여기에서 더 나아가 생성형 AI를 기반으로 한 평가는 교사가 디지털 플랫폼을 통해 평가 문항을 자동으로 설계하고, 채점을 자동화하여 신속한 피드백을 제공할 수 있도록 돕고 있다. 또한 교사들이 평가 루브릭을 설계한 후 AI가 이에 기반해 처음부터 끝까지 일관되고 객관적인 평가를 진행한다는 특징을 가지고 있다. 학습자의 경우에도 실시간으로 평가 결과를 확인하고 부족한 부분에 대한 피드백을 바로 제공받아 학습 지속과 자기주도적인 학습 능력을 키워 나가는 데 도움을 받을 수 있다.

---

3 전통적인 평가 방식에는 채점자 편향이나 연속 채점으로 인한 누적 피로도, 기준에 대한 해석 차이 등 객관성 유지에 대한 문제 제기가 지속적으로 이어져 왔다.

현재 초·중등학교뿐만 아니라 대학과 대학 부설 한국어교육기관, 세종학당재단 등에서 해당 기관의 플랫폼과 생성형 AI를 연동하여 보고서 평가 및 피드백을 연계하거나 학습 애플리케이션을 연계하여 학습과 평가를 진행하는 사례가 증가하고 있다. 이러한 연동 시스템은 과제 작성부터 자동채점, 학습자 맞춤형 피드백 제공까지의 전 과정을 통합적으로 관리할 수 있어 한국어교육의 효과를 높일 수 있다. 일례로 '세종학당 AI 선생님' 학습 앱 고급 단계의 경우 고급 한국어 대화 연습 프롬프트를 개발하고, 이용자 대상 AI 대화 연습 테스트를 진행하고 있다. 여기에는 다양한 AI 기술이 지원되어야 하기 때문에 자연스러운 고급 대화를 위해서는 AI 기술 기반의 지속적인 고도화 작업이 필요하다.

<표 9-1> '세종학당 AI 선생님' 학습 앱의 AI 기술 구조[4]

구분	초급	중급	고급
한국어 대화 연습 서비스	세종학당 대화 연습 챗봇 (ETRI 개발 모델 기술이전)		OPEN AI (ChatGPT4o)
음성 인식(STT)	세종학당 음성인식 모델 (ETRI 개발 음성인식 모델 기술이전)		
음성 합성(TTS)	NAVER CLOVA Voice		

그러나 한국어교육 현장에서 효과적으로 AI 평가를 운영하기 위해서는 교사 대상의 AI 평가 연수 확대와 표준화된 AI 평가 도구의 개발 그리고 신뢰성 높은 자동 피드백 시스템의 구축이 병행되어야 한다.[5] 이러한 단계적이고 다층적인 노력을 통해 한국어교

---

[4] '세종학당 AI 선생님 생성형 AI 기반 모델 시범운영' 사업 제안서(2025.5.) 참조.

[5] 최근에는 교사들이 개별적으로 AI 평가 도구를 사용하는 것에서 교육 기관 전체 혹은 지방 교육청 차원에서 AI 평가 플랫폼을 구축하는 사례가 보고되고 있다. 2025년, 서울시 교육청은 네이버와 함께 AI 서·논술형 평가지원시스템 개발을 시작했고, 경기도교육청은 AI 평가 시스템이 탑재된 '하이러닝(https://hi.goe.go.kr)'을 오픈했다.

육 분야의 평가 방식은 객관적이고 효율적인 면으로, 학습자 중심적인 방향으로 발전해 갈 수 있을 것이다.

9.1.3. 디지털 및 AI 평가가 교실에 미치는 변화

디지털 기술 및 생성형 AI의 도입으로 한국어 교실의 평가 환경은 근본적인 변화를 경험하고 있다. 한국어 교사는 학습관리시스템(Learning Management System: LMS)[6] 기반의 퀴즈, 온라인 과제 제출, 학습 시간 기록 및 데이터 축적 기능을 통해 교실 내 평가 과정을 자동화하고, 학습자들의 학습 데이터를 체계적으로 관리할 수 있다.

이와 같은 변화 속에서 교실에서 가장 눈에 띄는 것은 교사의 업무와 역할 변화이다. 전통적인 교실에서 채점과 관련해 어려움을 겪어 온 교사들은 AI 채점 도구의 도입으로 채점 시간의 단축, 평가의 일관성 유지에 도움을 받고 있다.[7] AI 평가 도구가 채점과 피드백 제공을 담당하게 되면서, 교사는 학습자와 직접적인 상호작용, 흥미로운 수업 설계, 학습 동기 부여 등 더 본질적인 교육 활동에 집중할 수 있게 되었으며, 더 나아가 AI가 분석한 데이터를 바탕으로 학습자에게 더욱 정교한 개별 지도를 할 수 있게 되었다.

---

6 LMS는 온라인에서 학습 콘텐츠를 제공, 관리하고 학습자의 학습 과정과 성취를 추적하고 평가하는 플랫폼이다. 최근에는 AI와 결합해 학습자의 개인화 학습 경로 추천, 자동채점, 학습 데이터 분석 등을 지원하는 지능형 교육 시스템으로 발전하고 있다.

7 Dai, W 외(2023)에서는 ChatGPT가 인간 강사보다 학생들의 성과를 더 유창하고 일관성 있게 요약하고 상세한 피드백을 생성하여 학습자들의 학습 기술 개발에 도움을 준다는 결과를 발표했으며, 경기도교육청에서는 서술형 평가에서 AI와 교사 채점의 일치율이 95% 이상으로 나타난다는 분석 결과를 발표한 바 있다(EBS뉴스, 서·논술형 평가에 AI 써 보니… 교사 역할 더 중요해져, 2025.6.26.).

또한 AI 평가 도구는 학습자의 오류 유형과 반복되는 패턴을 분석하여 각 학습자에게 가장 필요한 맞춤형 학습 자료와 연습 과제를 자동으로 제시한다. 예를 들어, 특정 문법 오류를 반복하는 학습자에게는 해당 문법 개념을 다시 설명하고 관련 연습 문제를 추천하는 식이다. 응시자의 이전 반응(정답 또는 오답)에 따라 다음 문항의 난이도나 유형을 실시간으로 조정하는 평가 방식인 '적응형 평가 시스템(Adaptive Testing)'은 학습자의 응답에 따라 문제의 난이도를 실시간으로 조정함으로써, 학습자가 자신의 수준에 맞는 도전을 경험하며 효과적으로 학습할 수 있도록 돕는다. 이는 학습자의 실제 언어 능력을 더 정확하게 진단하고 개별화된 학습 경험을 제공할 수 있는데, 이러한 적응형 평가 시스템은 듀오링고와 같은 애플리케이션 등에서 확인할 수 있다.

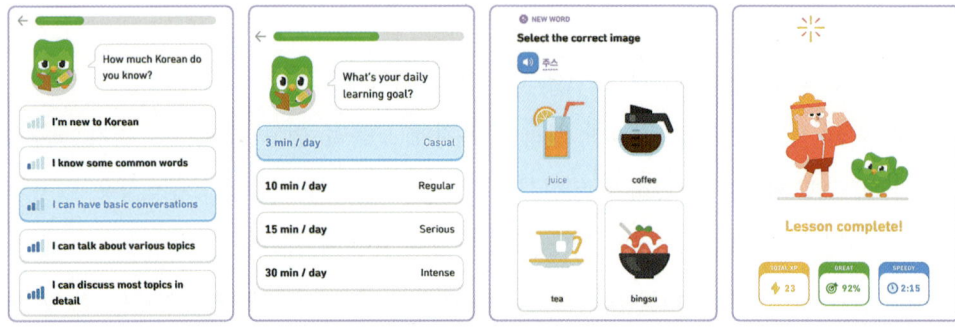

<그림 9-2> 적응형 평가 도구 듀오링고, 한국어 과정

AI는 학습자가 작성한 과제 보고서, 녹음된 음성, 쓰기나 말하기 과제 등을 정교하게 분석하여, 미리 설정된 평가 기준에 맞춰 확률적으로 점수를 산출하고 구체적인 피드백을 제공할 수 있는데, 이는 교실에서 채점의 객관성과 일관성을 높이는 동시에, 모든 학습자에게 동일한 기준을 적용할 수 있게 한다. AI는 우리 교사들이 설계한 평가 기준에 따라 학습자의 쓰기와 말하기 습관, 오류, 패턴 등을 인식하고 분석하여 피드백을 진행하며, 반복 연습을 위한 자료도 제공 가능해 교실에서 교사들의 보조교사 역할을 수행하고 있다.

AI 평가 시스템의 도입은 기술적 진보만을 의미하는 것이 아니라 평가와 관련된 교실 문화 자체를 변화시키고 있다. AI는 실시간 피드백과 지속적 모니터링이 가능하여 전통적인 일회성 총괄평가보다는 지속적인 형성평가로의 전환을 촉진한다. AI를 통해 학습 과정 중 즉각적인 진단과 개별 맞춤형 피드백 제공이 가능해지면서 평가의 목적은 '측정'에서 '학습 지원'으로 근본적으로 변화하고 있다.

더 알아보기

국립국제교육원, 세종학당재단에서는 디지털 기반 한국어 평가를 확대하여 시행하고 있다. **국립국제교육원**이 운영하는 TOPIK 말하기 평가는 컴퓨터를 기반으로 진행되며, 응시자가 화면에 제시된 상황을 보고 정해진 시간 내에 응답을 녹음하는 형식이다. 실제 상황에 근거해 말하기 수행을 응시자 수준에 맞게 평가할 수 있도록 설계되어 있다. 최근에는 평가의 신뢰도와 공정성을 높이기 위한 AI 기반 자동 분석 기능도 일부 도입되고 있다.

세종학당재단도 말하기, 듣기, 읽기, 쓰기를 종합적으로 평가하는 세종한국어평가(Sejong Korean language Assessment: SKA)와 응시자의 수준에 따라 평가 문항의 난이도가 단계별로 조절되는 iSKA를 시행하고 있다.

9.2. AI 평가 원리와 한국어교육 현장에의 적용

9.2.1. AI 평가의 작동 원리

교사와 AI의 평가 결과는 동일할까? AI는 어떻게 평가 결과를 알려줄까? AI 한국어 평가의 핵심은 바로 '디지털 모방'이다. AI는 수십 년간 축적된 교사들의 평가 방법을 데이터로 학습하여, 교사의 판단 과정을 기계적으로 재현한다. 교사들이 학습자의 쓰기 과제를 읽으며 '내용이 충실한가? 문법은 정확한가? 구성이 논리적인가?' 하고 체크리스트로 분석하듯이, AI 역시 미리 설정된 루브릭 기준에 따라 내용, 문법, 어휘, 구성, 유창성을 차례대로 분석한다. 차이점이라면 교사는 경험적으로, AI는 패턴 인식과 확률 계산으로 결론에 도달한다는 것이다.

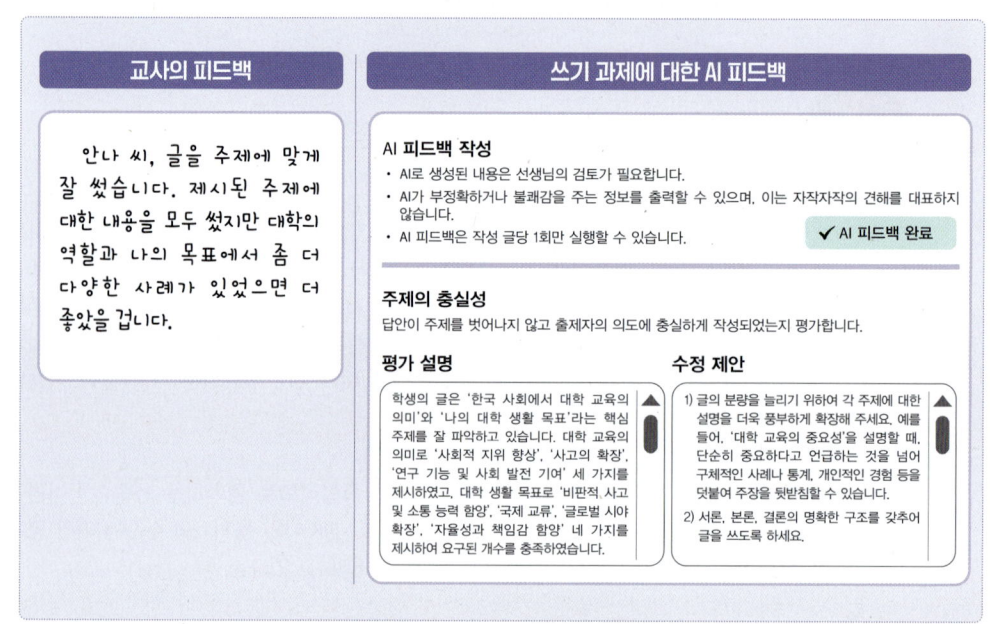

<그림 9-3> 교사와 AI의 피드백

그러나 교사와 AI 평가는 '판단 근거'에서는 차이를 보인다. 교사는 자신의 교수 경험, 수업 중의 맥락, 학습자의 특성을 고려하여 평가를 진행하게 되는데, 이는 우리 교사만이 가질 수 있는 정성적 판단 능력이다. 반면 AI는 방대한 양의 평가 사례를 학습한 뒤, 통계적 패턴을 기반으로 판단을 내린다. 즉 과거에 수집된 대규모의 학습자 답안에서 나타난 채점 결과와 피드백 유형을 분석하여 새로운 문장에 대해 가장 유사한 평가 결과를 예측한다. 이는 사람처럼 '느낌'이나 '상황'이 아닌, 데이터의 통계적 규칙성과

반복성을 기반으로 정량적 평가를 수행한다는 점에서 교사의 평가와 차이가 있다(김지민, 2024; Dai, W et al., 2023).

교사와 AI 평가는 채점 기준의 일관성 면에서도 차이를 보인다. 교사는 평가 시 '종합적 직관', 즉, 내적 기준을 활용할 수 있다. 예컨대 문법 오류가 있더라도 내용이 우수하고 학습과 관련해 유의미한 측면이 있다면 감점을 줄일 수 있다. 이와 달리 AI는 훈련된 모델에 따라 일관된 기준과 알고리즘적 판단을 수행하기 때문에 학습자 특성이나 교실 상황 등에 대한 판단을 하지 않는다.

교사의 평가와 AI 평가는 구조적으로 유사한 판단 흐름을 공유하지만, 경험 기반의 정성적 판단과 데이터 기반의 정량적 예측이라는 면에서 차이를 갖는다. AI는 대규모 데이터, 정교한 알고리즘, 체계적 학습 구조를 통해 교사처럼 평가하고 피드백하려는 지능적 시스템이라고 할 수 있다.

교사에 의한 평가도 동료 교사의 검토나 재평가를 통해 평가의 정확성을 높이는 것처럼, AI 평가 시스템도 신뢰도와 타당도를 확보하기 위해 교사와 AI 채점 결과 간의 비교 분석, 통계적 검증을 하고 있다. 또한, 편향성 검사를 통해 특정 집단에 대한 불공정한 평가가 발생하지 않도록 모니터링과 피드백을 통해 평가 시스템을 개선하고 있다.

9.2.2. 자동채점의 개념과 적용 영역

한국어교육에서 쓰기와 말하기 영역의 평가는 전통적으로 교사의 주관적 판단에 크게 의존해 왔다. 이러한 주관적 평가는 채점자 간 편차를 발생시키고, 일관된 평가 기준을 유지하기 어렵게 만들어 '채점자 간 훈련' 등이 평가에서 중요한 이슈가 되어 왔다.[8] 한편 다수의 학습자를 대상으로 하는 교실 환경에서는 개별 학습자의 쓰기와 말하기 능력을 정확하고 신속하게 평가하는 것이 현실적으로 어려운 과제였다.

AI 기술의 발전으로 자연언어처리와 음성 인식 기술이 급속히 발달하면서, 쓰기와 말하기 영역의 자동채점이 현실적으로 가능해졌으며 효율화되고 있다. 쓰기 영역에서는 AI가 학습자의 텍스트를 분석하여 어휘 사용의 적절성, 문법 정확성, 내용 구성의 논리성, 표현의 유창성 등을 종합적으로 평가할 수 있게 되었고, 말하기 영역에서는 음성 인식 기술을 통해 발음의 정확성, 억양의 자연스러움, 말의 속도와 유창성을 객관적으로 측정할 수 있게 되었다.

쓰기 자동채점 시스템은 미리 설정된 채점 기준을 기반으로 학습자의 작문을 다각도로 분석한다. 어휘 다양성과 적절성을 평가하기 위해 사용된 단어의 빈도와 난이도를 분석하고, 문법적 정확성을 위해 구문 분석과 오류 탐지를 수행한다. 또한 텍스트의 일관성과 응집성을 평가하기 위해 담화 구조를 분석하고, 주제에 대한 이해도와 논리적 전개를 종합적으로 판단한다. 말하기 자동채점의 경우, AI는 학습자의 음성 데이터를 분석하여 다양한 평가 요소를 측정한다. 발음 정확성은 음성학적 특징을 분석하여 표준 발음과의 유사도를 계산하고, 억양과 강세 패턴을 통해 자연스러운 운율을 평가한다. 말의 속도와 유창성은 음성의 연속성과 적절한 휴지(pause) 사용을 통해 측정되며, 전체적인 의사소통 능력을 종합적으로 평가한다.

---

[8] 이러한 문제 때문에 한국어능력시험(TOPIK)을 주관하는 국립국제교육원에서는 말하기, 쓰기 채점자 양성 워크숍 등의 기본 채점 훈련을 진행하고 있다.

이러한 자동채점 시스템의 가장 큰 장점은 일관성과 객관성이다. 교사와 달리 AI는 피로나 개인적 편견에 영향받지 않으며, 동일한 기준을 모든 학습자에게 일관되게 적용할 수 있다. 또한 즉시적인 결과 제공이 가능하여 학습자가 자신의 수행 결과를 실시간으로 확인하고 개선점을 파악할 수 있다.

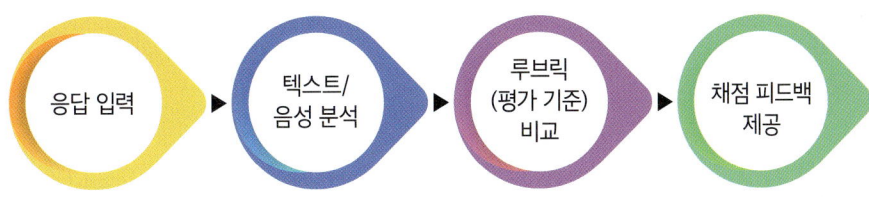

<그림 9-4> 자동채점의 흐름

하지만 자동채점 시스템도 한계가 있다. 창의적이고 독창적인 표현이나 맥락에 따른 적절성 판단에서는 여전히 인간 교사의 전문성이 필요하다. 또한 시스템에 이미 탑재된 채점 기준이 있을 경우, 이를 자유롭게 변경하고자 할 때 어려움이 발생할 수 있다.

이러한 문제 때문에 현재 많은 교육 현장에서는 AI가 1차 채점을 하고, 교사가 2차 검토를 하는 하이브리드 평가 방식을 채택하고 있다. 특히 중등학교, 대학 부설 한국어 교육기관 등의 쓰기 수행평가의 경우[9] 교사들은 평가를 위한 루브릭 설계에 좀 더 중점을 두고 AI 1차 채점에 이어 가벼운 2차 검토를 진행하고 있다.

---

9 초·중등 교육의 이주 배경 청소년들이 쓰기 과제 작성에서 어려움을 겪는 경우가 많아 최근 이들을 위한 쓰기 교육과 피드백에서 AI 평가를 활용하는 경우가 증가하고 있다.

9.2.3. AI 개별 피드백

전통적인 교실 환경에서 교사는 시간과 노력의 한계로 인해 모든 학습자에게 개별적이고 구체적인 피드백을 제공하기 어려웠다. 특히 학습자가 많은 대규모 수업에서는 학습자 개개인의 특성과 학습 수준을 고려한 맞춤형 피드백을 제공하기 어려웠으며, 교사의 주관적 판단에 의존하는 피드백은 일관성 부족과 개인적 편견의 개입 가능성을 내포하고 있었다.

AI 개별 피드백은 교사의 주관성, 일관성 부족, 다수 학습자 대상의 피드백 부재 등과 같은 한계를 극복하기 위해 개발되었다. 이 시스템은 학습자의 수행 데이터를 실시간으로 분석하여 각 학습자의 강점과 약점을 정확하게 파악하고, 이를 바탕으로 개별 맞춤형 피드백을 자동으로 생성한다.

AI 개별 피드백의 핵심 기능 중 하나는 오류 패턴 분석이다. AI는 학습자가 반복적으로 범하는 오류를 구별하고, 이러한 오류의 원인을 분석하여 구체적인 개선 방안을 제시한다. 예를 들어, 학습자가 조사나 특정 발음에서 지속적으로 오류를 일으킨다면, AI가 해당 조사의 의미와 사용, 발음과 억양 등에 대해 설명하고 관련 연습 문제를 추천하는데 이는 정답 제시와 피드백을 동시에 수행하는 것이다.

개별 피드백의 또 다른 중요한 특징은 학습자의 수준과 학습 스타일에 맞춘 맞춤형 접근이다. AI는 학습자의 현재 능력 수준을 정확히 진단하고, 이에 적합한 난이도의 학습 자료와 과제를 제공한다. 또한 학습자가 선호하는 학습 방식(시청각, 활동 등)을 파악하여 가장 효과적인 형태의 피드백을 제공한다. 이는 학습자의 학습 동기를 높이고 학습 효과를 높일 수 있다.

AI는 또한 학습자의 진도와 성취도를 지속적으로 모니터링하여 과정적인 피드백을 제공한다. 학습자가 특정 영역에서 빠른 진전을 보이면 더 도전적인 과제를 제시하고, 어려움을 겪는 영역에서는 기초 개념을 다시 설명하고 보충 학습을 권장한다. 이러한 적응형 피드백은 학습자가 자신의 속도에 맞춰 학습할 수 있도록 돕는다.

마지막으로 AI 개별 피드백의 가장 큰 장점으로 즉각적인 피드백을 들 수 있다. 학습자가 과제를 제출하거나 문제를 해결하는 즉시 피드백을 받을 수 있어, 학습 내용이 기억에 생생할 때 개선점을 파악하고 수정할 수 있다. 이는 학습 효과를 높이는 동시에 학습자의 자기주도적 학습 능력을 기르는 데 도움이 된다.

9.2.4. 한국어교육 현장에서의 AI 평가

한국어교육 현장에서 AI 평가의 도입은 교육을 질적으로 향상시키고, 효율성을 증대하는 데 도움을 주고 있다. AI 평가는 전통적인 평가 방식의 한계를 극복하고, 보다 객관적이고 정확한 평가를 가능하게 하여 교사와 학습자 모두에게 새로운 교육 모델을 보여 주고 있다.

현재 한국어교육 현장의 AI 평가를 위한 도구 개발은 초기 단계라고 할 수 있고,[10] 초·중등 이주배경 청소년 대상의 한국어교육 현장에서는 일부 AI 평가 도구를 사용하고 있다. 최근에는 별도의 평가 도구를 사용하지 않고, GPT 시리즈(OpenAI), Claude(Anthropic), Gemini(Google) 등의 대규모 언어 모델(Large Language Model: LLM)을

---

10 세종학당재단은 세종AI 선생님 학습 애플리케이션에 AI를 연동하는 시스템을 개발하여 시범운영 중이고(2025.08.19.), 대표적인 한국어 숙달도 평가인 한국어능력시험(TOPIK)도 AI 및 디지털 평가로의 확장에 대한 논의가 진행되고 있다.

이용하여 교사 본인이 한국어 평가를 위한 코딩을 직접 하거나, LLM을 이용하여 평가 루브릭에 맞게 평가를 진행하는 경우가 많아지고 있다. 이 경우 가장 핵심적인 것은 평가 루브릭의 정교한 설계라고 할 수 있다.

<그림 9-5> 대표적인 대규모 언어 모델(LLM) 예시

한국어교육의 특성에 맞는 자체 AI 평가 도구가 많지 않고, LLM을 이용한 AI 평가의 진행이 확장되는 것을 고려할 때, 한국어교육 평가에 적합한 AI 평가 도구의 선택에서 신중할 필요가 있다. 예컨대 초급 학습자에게는 명확하고 단순한 피드백이 핵심이므로 평가 기준이 고정된 평가 도구를 사용하는 것이 편리할 것이다. 반면 중급 이상에서는 내용의 논리성과 표현의 다양성까지 평가할 수 있는 ChatGPT나 Claude 등이 더 유용할 것이다.

대학의 정규 교과목에서는 학술적 글쓰기 평가에 특화된 도구가 필요하다. 긴 텍스트 분석에 강한 Gemini나 Claude 등이 적합하며, 학기별 일관성 있는 평가를 위해 표준화된 루브릭 설정이 중요해지고 있다.

한편 쓰기 평가에서는 문법 정확성과 내용 구성을 동시에 분석할 수 있는 도구가 필요하다. 쓰기를 전담하는 전용 디지털 플랫폼들이 이 분야에서 가장 정교한 분석을 제공하지만, 창의적 글쓰기나 자유 주제 작문에서는 ChatGPT나 Claude 등의 유연성이 더 큰 장점이 된다. 말하기 평가의 경우 아직 한국어 특화 평가 도구가 제한적이므로, 음성을 텍스트로 변환한 후 ChatGPT나 Claude 등으로 분석하는 하이브리드 방식이 현실적이다.[11] 어휘와 문법 영역은 정답이 비교적 명확하므로 자동화 정도가 높은 전용 도구가 효과적이다.

한국어교육 현장에서 AI 평가 도구를 효과적으로 활용하기 위해서는 교육 목표와 교실 현장의 여러 여건을 종합적으로 고려하여, 여러 도구를 조합해서 사용하는 전략적 접근도 고려해 볼 필요가 있다.

---

11 ChatGPT에서는 한시적으로 음성 인식과 전사, 루브릭 기반 평가가 가능했으나(25.07), 모델 업그레이드 과정에서 탑재되었던 음성 인식 모델인 Whisper가 빠지게 되어(25.08), 음성 인식과 전사를 별도로 진행하고 평가를 진행하거나, 다른 음성 인식 프로그램을 이용해 음성을 전사하여 ChatGPT로 옮겨 평가를 진행하도록 변경되었다. 다른 LLM 모델에서도 음성 인식과 전사를 지원하지 않는다.

생각해 보기

평가에서는 앞으로 어떤 기술적 진화가 일어날까? 말하기, 쓰기에서 실제 의사소통 능력을 종합적으로 진단하는 멀티모달 평가가 가능해질까?
곧 가능해질 것으로 생각되는 말하기, 쓰기 분야의 멀티모달 평가 요소를 체크해 보자.

말하기
- ☐ 발음의 정확성
- ☐ 억양의 유창성
- ☐ 자연스러운 시선 처리
- ☐ 자연스러운 제스처
- ☐ 청중과의 호응

쓰기
- ☐ 문법의 정확성
- ☐ 어휘의 다양성
- ☐ 글의 논리적 전개
- ☐ 창의성
- ☐ 맥락 적합성
- ☐ 장르의 적합성
- ☐ 주제 전환의 유연성
- ☐ 글 속의 이미지나 도표의 활용 능력

9.3. AI 평가의 수업 활용 방안

9.3.1. AI 도구와 수업 평가 루브릭 연계 설계 전략

AI 평가 도구가 교실에 도입되면 우리 교사의 역할은 어떻게 변화할까? AI 평가 도구의 가능성을 실제 수업에 효과적으로 적용하기 위해서는, 교육 목표와 평가 목표에 맞는 창의적이고 체계적인 평가 루브릭 설계가 필요하다. 이는 AI의 기술적 활용에서 더 나아가 교육 철학과 목표를 반영하는 과정으로 교사의 역할은 여기에서 더욱 중요해진다.

'루브릭(Rubric)'은 학습 성과나 수행을 평가하기 위한 구체적이고 체계적인 평가 도구로, 교사와 학습자가 공유하는 평가 기준과 수행 수준을 명확하게 제시한 피드백 구조를 말한다(김유미, 2024b; 성인경, 2024; 장미정·정미경·박정은, 2024; 최현주, 2025). 교육적, 진단적, 학습 중심적 개념을 중심에 두고 있다고 할 수 있으며 보통 '우수, 보통' 등으로 나타나는 총체적 루브릭과 평가 항목에 따라 자세하고 구체적으로 피드백을 제공하는 분석적 루브릭으로 구분되는데, 한국어교육 분야에서는 분석적인 루브릭을 선호하고 있다.[12] AI 자동평가와 개별화된 피드백이 완성도 있게 진행되려면 무엇보다 교사의 체계적인 평가 루브릭 설계가 필요하다.

AI 평가 루브릭 설계의 첫 번째 단계는 평가 목표를 명확하게 하는 것이다. 한국어교육에서 평가하고자 하는 언어 능력을 구체적으로 정의하고, 이를 측정 가능한 하위 요소들로 세분화해야 한다. 예를 들어, '말하기 능력'을 평가할 때는 '발음, 정확성, 어휘 사용, 문법 정확성, 유창성, 담화 구성 능력' 등으로 세분화하고, 각 요소별로 AI가 객관적으로 측정할 수 있는 기준을 설정해야 한다. 이때 각 평가 요소는 정량적으로 측정 가능해야 하며, AI 알고리즘이 일관되게 적용할 수 있도록 명확하게 정의되어야 한다.

쓰기 평가를 진행할 때도 학습 목표와 성취 수준, 피드백 등을 고려하여 평가 루브릭을 구체적으로 설계해야 한다. 쓰기 평가에서 중요한 '정확성, 유창성, 응집성' 등 평가 항목을 구체적으로 하위 분류하고, 점수나 피드백, 내용 구조 등도 설계하여 구체적인 루브릭에 따라 학습자의 쓰기 과제가 평가될 수 있도록 해야 한다.

한국어 성취 수준이나 한국어 학습 목표에 따라 평가 루브릭이 설계되면 이를 AI 평가

---

12 수행평가인 쓰기에서 한국어능력시험(TOPIK)의 54번 문항이 중요해지면서 일반 한국어교육의 쓰기 평가에서도 분석적 평가를 진행하고 있다.

와 연계하여 진행할 수 있다. 이때 이미 제작되어 있는 AI 평가 도구 중 하나를 선택할 수도 있고, ChatGPT나 Claude와 같은 일반 LLM 모델을 이용하여 평가를 진행할 수도 있다. 다음과 같이 평가 루브릭 기반의 프롬프트를 입력하면 이에 따라 AI가 피드백을 제공한다.

프롬프트

1. 너는 교사야.
2. 아래 3번에 있는 외국인 학생의 글 " "을 읽고, 초급1 학생의 수준에 맞게 평가해 줘. 전체 평가와 루브릭에 따른 세부 평가도 진행해 줘.
3. "안녕하세요, 제 이름은 수자 이라고 합니다, 나는 방글라데시 사람 입니다 방글라데시에서 한국에 일하기 때문에 4년 전에 오셨어요. 나는 한국에서 한국어 많이 배우고 싶은데요. 나는 경희사이버 대학교 한국어 학생입니다 만나서 반갑습니다, 감사합니다"
4. 평가 루브릭은 다음과 같아. '1. 내용의 완성도, 2. 구조, 3. 문법과 어휘의 정확성, 4. 사교성' 이렇게 4개야.
5. 각각 기준에 따라서 5점 만점으로 평가하고, 학습자가 볼 수 있게 피드백도 해 줘.
6. 수정한 글도 제시해 줘.
7. 학생이 피드백을 이해할 수 있도록 추가로 방글라데시어로 피드백을 제시해 줘.

루브릭별 세부 평가 (5점 만점)

평가 항목	점수	피드백
1. 내용의 완성도	4	자기소개에서 이름, 국적, 한국에 온 이유, 현재 소속을 모두 포함했습니다. 다만 문장 연결이 매끄럽지 않아 약간의 수정이 필요합니다.
2. 구조	3	문장 순서가 약간 혼란스럽습니다. "방글라데시에서 한국에 왔어요 → 지금은 학생이에요"처럼 시간 순서대로 정리하면 더 자연스럽습니다.
3. 문법과 어휘의 정확성	2	조사의 사용(은/는, 이/가, 에서, 으로 등)과 시제(왔어요 ↔ 오셨어요)에서 오류가 많습니다. "-기 때문에"의 위치도 수정이 필요합니다.
4. 사교성	5	인사말과 마무리 표현이 자연스럽고 예의 바릅니다. 긍정적인 인상을 줍니다.

<그림 9-6> 평가 루브릭의 프롬프트 입력 화면과 평가 피드백

여기서는 우선 초·중등학교에서 AI 글쓰기 평가 도구 중 하나로 사용하고 있는 '자작자작[13]'을 통해 학습자가 쓴 글을 평가하는 과정을 살펴보자.

---

13 국어 교육 현장에서도 AI를 활용한 쓰기 평가와 피드백에 관심이 높다. 자동 평가와 피드백을

(1) 그룹의 개설과 글감 추가

■ 회원 가입 후 그룹 개설하기, 그룹 속성 입력

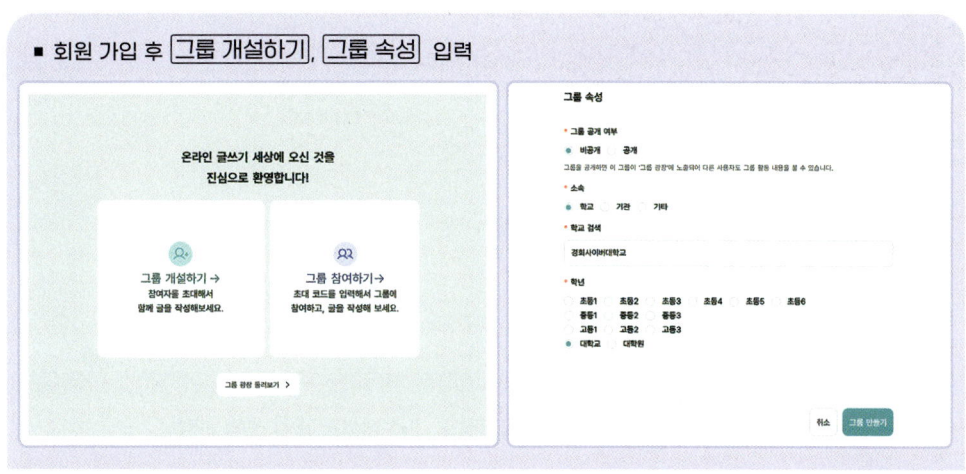

■ 활동 추가 및 글감 추가 메뉴 선택하기

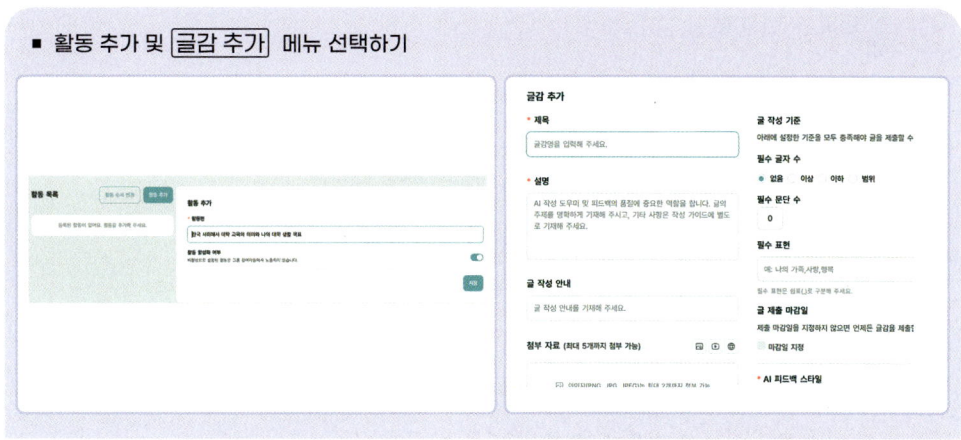

제공하는 키위티(KEEwi-T)와 자작자작 등 현장에서 사용하는 AI 쓰기 플랫폼 중 여기에서는 자작자작을 사례로 들고자 한다. '자작자작'은 학습자의 쓰기 결과를 평가 루브릭에 맞추어 자동 분석하고 교정 피드백을 제공함으로써, 교사의 채점 부담을 줄이고 학습자의 반복 학습을 지원하고 있다. 현재 강원도교육청의 맞춤형 AI 학습 플랫폼 '더아이로'에 서술형 평가 모델로 탑재되었고, 초중고등 교육기관 외에도 부산대, 배화여대 등 대학 글쓰기 교육과 해외 한국어교육기관에서도 채택, 탑재되어 있다.

- 글감 추가 에서 제목과 설명 작성하기, 글 작성 방법, 작성 기준, AI 피드백 스타일과 평가 기준 확인

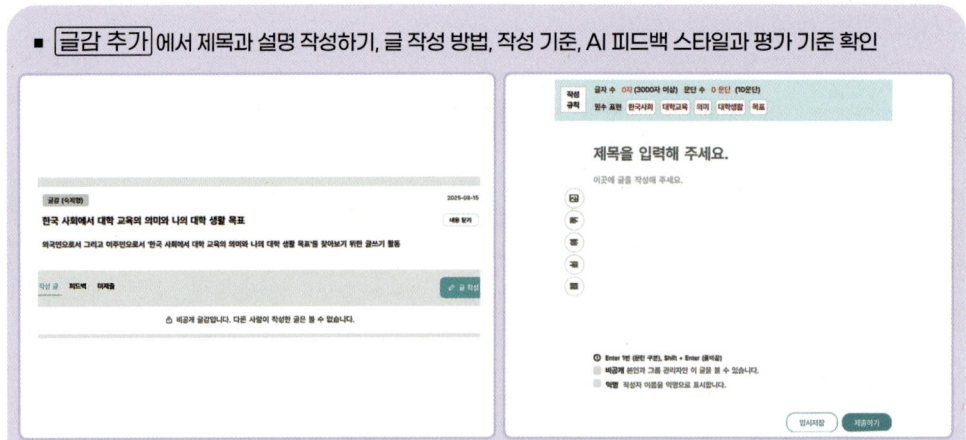

<그림 9-7> AI 쓰기 플랫폼 '자작자작'의 그룹 개설과 글감 선택 과정

(2) 글 작성과 피드백

- 글감 주제에 맞게 글 작성하고 과제 제출하기

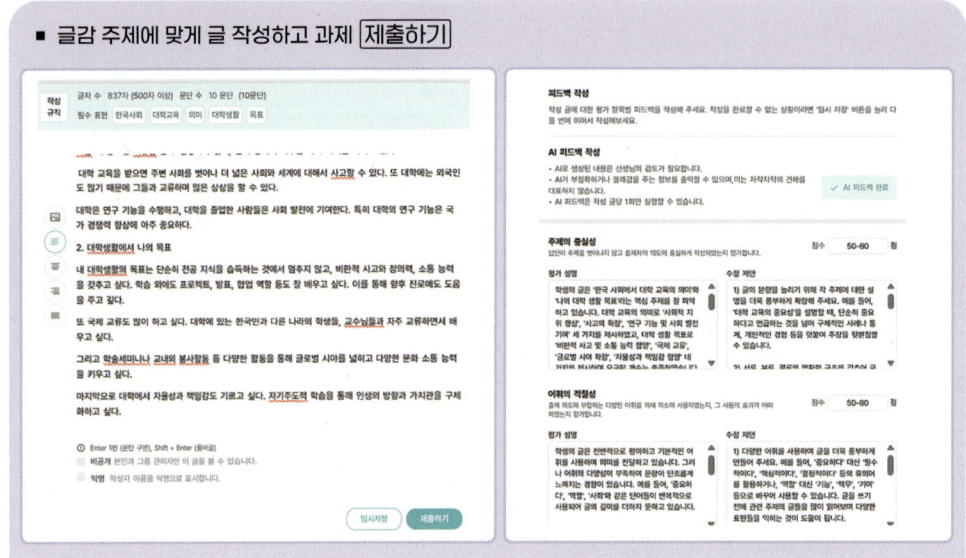

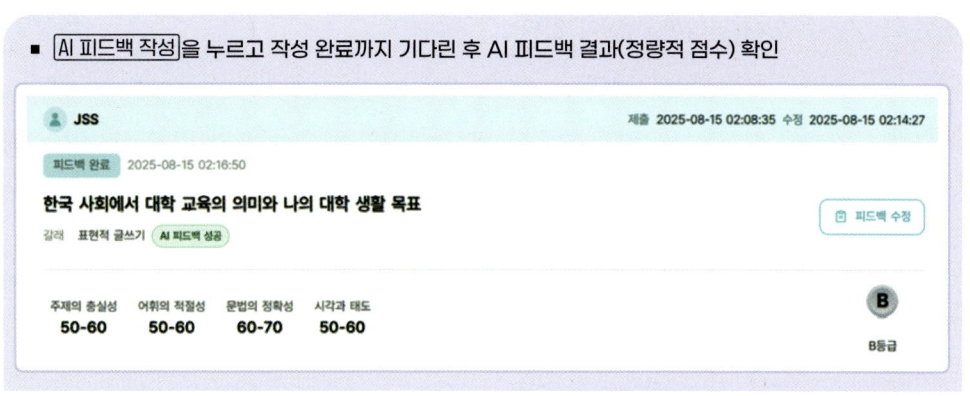

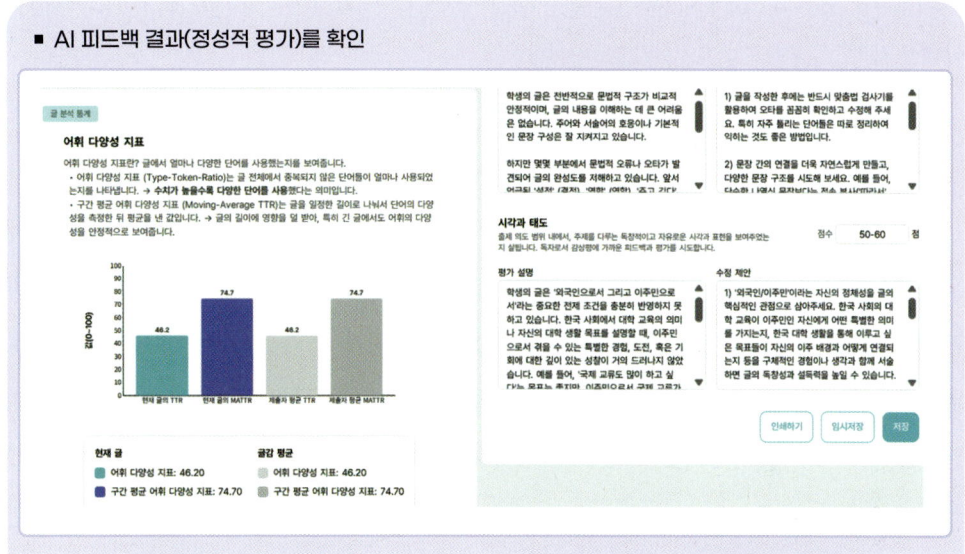

<그림 9-8> AI 쓰기 플랫폼 '자작자작'의 글 작성 방법과 정량, 정성의 피드백 내용

위에서 보는 것처럼 '자작자작'에 탑재된 AI 평가 피드백은 학생의 글에 대해 정해진 루브릭 기준(주제의 충실성, 어휘의 적절성, 시각과 태도)에 따라 평가 점수와 이에 대한 설명을 제공한다. 그리고 글의 수정 방향도 제시하고 있다. 또 '자작자작'에서 설계한 어휘 다양성 지표에 따라 학생이 이 글과 그동안 평균적으로 쓴 글에서의 어휘 다양성 지

표도 확인할 수 있어 편리한 측면이 있다.

그러나 기존에 설계된 AI 평가 기준이 교사 자신의 교수 목표와 일치하지 않아 자유롭게 평가 기준을 변경하고 싶은 경우에는 기존의 AI 평가 도구보다는 ChatGPT나 Claude 등을 이용하는 것이 편리하다. 이 경우에는 먼저 평가 루브릭을 설계한 후, 해당 루브릭에 맞추어 평가가 진행되도록 프롬프트를 계획적으로 작성해야 한다.

이제 AI 평가를 위해 ChatGPT를 이용해 외국인 학습자의 쓰기를 평가하는 과정을 살펴보자.[14]

(1) 평가 루브릭의 설계를 위한 사전 체크

먼저 학습자의 과제를 평가하기 위해 평가 루브릭을 어떻게 구성할 것인지 계획을 세운다. 총체적 평가로 할 것인지 분석적 평가로 할 것인지, 피드백은 어느 수준까지 제공할 것인지를 결정한다. 평가 루브릭을 설계할 때는 평가 영역을 먼저 정하고 영역별로 루브릭을 구성하는 것이 효과적이다. 예를 들어 쓰기 평가 루브릭을 설계한다면 무엇이 필요한지 아래 체크리스트를 바탕으로 생각해 보자.

---

[14] ChatGPT나 Claude 등 생성형 AI를 이용할 때, 무료 회원 가입도 좋지만, 좀 더 나은 교육적 활동을 하기 위해서는 유료 회원 가입을 하는 것이 좋다. 유료 버전에서는 사진이나 문서 파일 등의 추가가 가능하기 때문에 평가 작업을 수월하게 진행할 수 있다. 그리고 생성형 AI 도구들은 버전이나 구독료 등이 자주 바뀌므로 가입 전에 다른 AI와 비교하는 것이 좋고, 성능 개선도 자주 확인해야 한다. 특히 생성형 AI의 '환각 효과'에 대한 보고가 지속되고 있으므로 AI 기반의 평가 결과를 전적으로 믿기보다는 여러 자료를 검토해 단계적 검증을 거치는 것이 좋다.

> **한국어 쓰기 평가 루브릭 설계 체크리스트**
>
> ☐ 평가 목적과 학습 목표가 명확하게 설정되어 있는가?
> ☐ 평가 영역(예 내용, 구성, 표현 등)이 분류되어 있는가?
> ☐ 각 평가 영역별로 세부 평가 준거가 구체적으로 제시되어 있는가?
> ☐ 각 준거별 채점 척도(점수 또는 등급 체계)가 명확히 기술되어 있는가?
> ☐ 등급별 행동 특성이나 성취 수준 예시가 구체적으로 제시되어 있는가?
> ☐ 평가자용 해설이나 채점 안내가 포함되어 있는가?
> ☐ 신뢰성 확보를 위한 점검 절차(예 교차 채점, 기준 점검)가 마련되어 있는가?
> ☐ 학습자 피드백 및 자기평가에 활용할 수 있도록 구조화되어 있는가?
> ☐ 루브릭이 전체적 평가(총체적 루브릭) 또는 영역별 분석적 평가(분석적 루브릭)에 적합한지 점검했는가?
> ☐ 특수 상황(분량 미달, 지각 등)에 대한 점수 조정 규정이 반영되어 있는가?
> ☐ 평가 도구 활용 시 객관적이고 명확한 용어를 사용했는가?
> ☐ 관련 학습 목표와 성취 기준에 대한 연계성이 명시되어 있는가?

(2) 평가 루브릭의 설계와 프롬프트의 작성[15]

평가 루브릭에 대한 세부 예시는 〈표 9-1〉에서 다시 살펴보고, 여기에서는 (1)에서 제시한 초급 1단계 학습자의 간단한 루브릭 설계 내용(등급, 평가 영역, 채점 척도, 학습자 피드백 및 자기 평가, 총체적 루브릭과 분석적 루브릭)을 반영한 프롬프트 작성 사례를 살펴본다.

---

[15] '프롬프트(prompt)'는 AI가 업무를 잘 수행할 수 있도록 인간이 질문, 요청, 명령하는 말을 뜻한다. 프롬프트의 구조가 정교하고, AI가 수행해야 할 역할이 명확해질수록 업무 수행 결과의 질이 달라진다.

> **프롬프트**
>
> 1. 너는 교사야.
> 2. 아래 3번에 있는 외국인 학생의 글 " "을 읽고, **초급1** 학생의 수준에 맞게 평가해 줘. **전체 평가**와 루브릭에 따른 **세부 평가**도 진행해 줘.
> 3. "안녕하세요, 제 이름은 수자 이라고 합니다, 나는 방글라데시 사람 입니다 방글라데시에서 한국에 일하기 때문에 4년 전에 오셨어요, 나는 한국에서 한국어 많이 배우고 싶은데요. 나는 경희사이버 대학교 한국어 학생입니다 만나서 반갑습니다, 감사합니다"
> 4. **평가 루브릭**은 다음과 같아. '1. 내용의 완성도, 2. 구조, 3. 문법과 어휘의 정확성, 4. 사교성' 이렇게 4개야. 교사는 교실 분위기와 학습 목표 등에 따라 창의적인 평가 기준을 마련할 수 있기에 '사교성'이라는 평가 기준을 적용해 보았다.
> 5. 각각 기준에 따라서 **5점 만점**으로 평가하고, **학습자가 볼 수 있게 피드백**도 해 줘.
> 6. **수정한** 글도 제시해 줘.
> 7. 학생이 피드백을 이해할 수 있도록 추가로 **방글라데시어로 피드백**을 제시해 줘.

<그림 9-9> ChatGPT 이용을 위한 쓰기 평가 프롬프트 예시[16]

(3) 생성형 AI(ChatGPT)의 선택

이후 루브릭 평가를 반영한 프롬프트를 ChatGPT 하단의 + 클릭하여 입력한다.

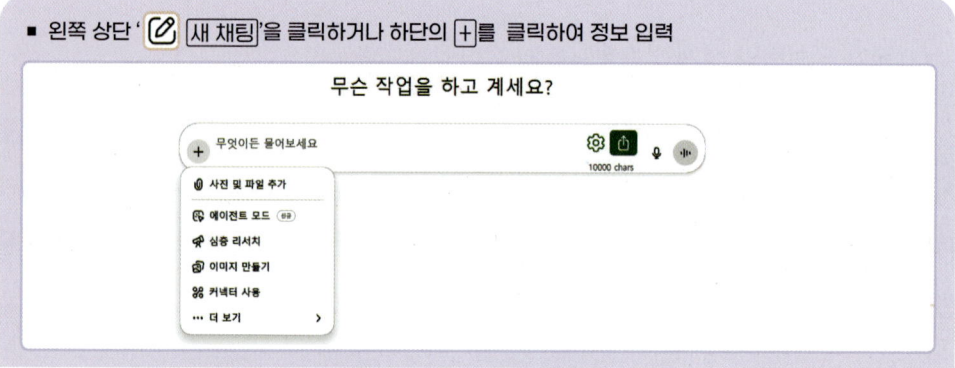

<그림 9-10> ChatGPT의 입력 화면

---

16 교사는 교실 분위기와 학습 목표 등에 따라 창의적인 평가 기준을 마련할 수 있기에 '사교성'이라는 평가 기준을 적용해 보았다.

(4) 프롬프트의 입력 및 평가 루브릭에 따른 AI 평가 결과 확인

평가 루브릭이 반영된 프롬프트를 입력하면 이에 따라 AI 피드백이 산출된다. 피드백 결과가 평가 루브릭을 잘 반영하지 않았거나 교사가 목표한 대로 산출되지 않으면 AI가 명확하게 루브릭을 이해할 수 있도록 프롬프트 내용을 수정하는 것이 좋다.

- **ChatGPT에 작성한 프롬프트를 삽입하고 클릭한다.**

1. 너는 교사야.
2. 아래 3번에 있는 외국인 학생의 글 " "을 읽고, **초급 1 학생의 수준에 맞게 평가해 줘. 전체 평가**와 루브릭에 따른 **세부 평가**도 진행해 줘.
3. "안녕하세요, 제 이름은 수자 이라고 합니다, 나는 방글라데시 사람 입니다 방글라데시에서 한국에 일하기 때문에 4년 전에 오셨어요, 나는 한국에서 한국어 많이 배우고 싶은데요. 나는 경희사이버 대학교 한국어 학생입니다 만나서 반갑습니다, 감사합니다"
4. **평가 루브릭**은 다음과 같아. '1. 내용의 완성도, 2. 구조, 3. 문법과 어휘의 정확성, 4. 사교성' 이렇게 4개야.
5. 각각 기준에 따라서 **5점 만점**으로 평가하고, **학습자가 볼 수 있게 피드백**도 해 줘.
6. **수정한 글**도 제시해 줘.
7. 학생이 피드백을 이해할 수 있도록 추가로 **방글라데시어로 피드백**을 제시해 줘.

다음은 초급 1 수준의 학습자 글에 대한 교사 평가입니다.

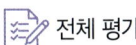 **전체 평가**

이 글은 자기소개라는 주제를 잘 이해하고 있으며, 기본적인 문장 구성 능력을 보여 주고 있습니다. 학습자는 자신에 대한 정보를 간단히 표현하고, 인사 표현("안녕하세요", "감사합니다")을 적절히 사용했습니다. 다만 조사(은/는, 이/가), 어순, 시제, 연결어 사용에서 여러 오류가 있습니다. 한국어 초급 1 수준에서는 자연스러운 오류이지만, 문장의 흐름을 조금 더 자연스럽게 연결하는 연습이 필요합니다.

루브릭별 세부 평가 (5점 만점)

평가 항목	점수	피드백
1. 내용의 완성도	4	자기소개에서 이름, 국적, 한국에 온 이유, 현재 소속을 모두 포함했습니다. 다만 문장 연결이 매끄럽지 않아 약간의 수정이 필요합니다.
2. 구조	3	문장 순서가 약간 혼란스럽습니다. "방글라데시에서 한국에 왔어요 → 지금은 학생이에요"처럼 시간 순서대로 정리하면 더 자연스럽습니다.
3. 문법과 어휘의 정확성	2	조사의 사용(은/는, 이/가, 에서, 으로 등)과 시제(왔어요 ↔ 오셨어요)에서 오류가 많습니다. "-기 때문에"의 위치도 수정이 필요합니다.
4. 사교성	5	인사말과 마무리 표현이 자연스럽고 예의 바릅니다. 긍정적인 인상을 줍니다.

총점: 14점 / 20점 (70점/100점)

> ✅ **교사 피드백 (한국어 예시)**
>
> 　수자 씨, 자기소개를 잘 썼어요!
> 　문장 안에 '은/는', '이/가' 같은 조사를 조금 더 연습하면 문장이 더 자연스러워질 거예요.
> 　예를 들어, "제 이름은 수자입니다.", "저는 방글라데시 사람입니다."처럼 써 보세요.
> 　또 "일하기 때문에 한국에 왔어요."라고 써야 문장이 맞아요.
> 　문장의 순서를 시간 순서대로 써 보면 더 이해하기 쉬운 글이 됩니다.
> 　앞으로도 이런 식으로 자기소개 연습을 계속해 보세요!

> ✍️ **수정된 글 (교사 예시)**
>
> 　안녕하세요. 제 이름은 수자입니다.
> 　저는 방글라데시 사람입니다.
> 　저는 일을 하기 위해 4년 전에 한국에 왔어요.
> 　지금은 경희사이버대학교에서 한국어를 배우고 있습니다. 한국어를 많이 배우고 싶습니다.
> 　만나서 반갑습니다. 감사합니다.

> ✅ **피드백 (방글라데시어 / Bengali)**
>
> সুজা씨, আপনি খুব ভালো লিখেছেন! 😍
> তবে "은/는", "이/가" এর মতো조사 একটু অনুশীলন করলে বাক্য আরও প্রাকৃতিক হবে।
> উদাহরণস্বরূপ, "제 이름은 수자입니다.", "저는 방글라데시 사람입니다." এভাবে লিখলে ঠিক হবে।
> আর "일하기 때문에 한국에 왔어요." বলা সঠিক হবে।
> সময়ের ক্রমানুসারে বাক্য সাজিয়ে লেখা পড়তে আরও সহজ হবে।
> এভাবেই আত্মপরিচয় লেখার অনুশীলন চালিয়ে যান! 😍

<그림 9-11> 프롬프트 입력 및 평가 루브릭에 따른 평가 결과와 피드백

　지금까지 ChatGPT를 활용하여 어떻게 쓰기 영역의 AI 평가를 진행하는지 살펴보았다. AI 평가를 좀 더 효과적으로 하기 위해서는 위의 간단한 평가 기준을 좀 더 세밀한 점수 체계로 구성하는 것이 좋다. 전통적인 5점 척도나 10점 척도도 가능하지만, AI는 정밀한 점수 산출이 가능하므로 100점 체계 등을 활용할 수 있다. 또한 각 평가 요소 간의 가중치를 합리적으로 설정하여, 한국어교육의 목표와 부합하는 종합적인 평가가

이루어지도록 해야 한다. 예를 들어, 초급 수준에서는 정확성에 높은 가중치를 두고, 고급 수준에서는 유창성과 적절성에 더 큰 비중을 둘 수 있다.

이제 말하기 AI 평가에 대해 살펴보자. ChatGPT를 비롯해 Claude, Gemini 등의 LLM을 이용하여 학습자의 말하기를 평가할 경우에 단계적 접근이 필요하다. 말하기는 쓰기에 비해 멀티모달의 특성이 강하다. AI가 음성과 어조에 대해 인식하여 이를 텍스트로 전사한 후, 전사된 텍스트를 기준으로 하여 평가를 진행한다. 말하기 애플리케이션 등이 아니라 ChatGPT를 이용할 경우, Whisper를 별도로 설치하거나 음성 인식 도구인 클로바노트 등을 이용해 별도 전사 처리를 한 후 다음과 같이 평가를 진행한다.

(1) 학습자의 음성 과제 인식 진행

클로바노트를 이용하여 학습자의 음성을 녹음하거나 녹음된 파일을 업로드하여 음성 인식 및 전사 처리를 진행한다.

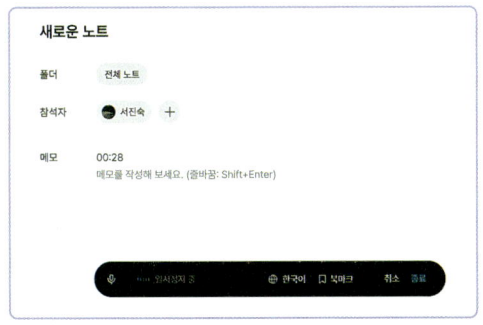 

<그림 9-12> STT 도구인 클로바노트를 활용하여 음성 인식 진행

(2) 말하기 평가 루브릭의 설계

말하기 평가 루브릭은 채점 상세 내용이 잘 설계된 김유미(2024:167)의 논의를 살펴볼 수 있다.

> **프롬프트**
>
> 1. 너는 외국인에게 한국어를 가르치는 교사야.
> 2. 외국인 학생의 말하기를 평가할 거야. 먼저 첨부한 CEFR에 기반한 토픽 말하기 평가 채점 루브릭을 분석해.
> 3. 그리고 첨부한 루브릭에 따라 외국인 학생의 음성 파일을 듣고 평가 결과와 피드백 내용을 생성해 줘.
> 4. 평가는 2개 파일을 업로드한 이후에 진행해 줘.

■ CEFR에 기반한 토픽 말하기 평가 채점 루브릭

평가 항목	평가 점수	채점 상세 루브릭
내용 및 과제 수행	4	과제에 적합한 내용을 풍부하게 표현하고, 조직적으로 담화 구성이 잘 이루어졌으며, 주어진 과제를 충실히 수행함.
	3	과제에 적합한 내용을 명확히 표현하고, 조직적인 담화 구성이 대체로 이루어졌으며, 과제를 적절히 수행함.
	2	과제에 적합한 내용을 파악했으나 설명이 제한적이며, 조직적 구성이 부족하고 과제 수행이 미흡함.
	1	과제에 적합한 내용을 충분히 표현하지 못하고, 조직적 구성이 미흡하며 과제 수행이 매우 부족함.
	0	과제 요구사항을 전혀 수행하지 못하고 자료의 해석이나 분석이 전무함.
언어 사용	4	어휘와 표현이 풍부하고 다양하며, 문법이 정확하여 의도가 명확하게 전달됨.
	3	어휘와 표현이 적절하고 문법 오류가 거의 없어 의사소통에 큰 지장이 없음.
	2	기본적인 어휘와 표현을 사용하나, 문법적 실수가 있어 전달에 일부 제한이 있음.
	1	어휘와 표현이 부족하고 문법적 오류가 많아 의도 전달이 어려움.
	0	언어적 오류가 많아 의사소통이 거의 불가능함.
발화 전달력	4	발음이 정확하고 발화 속도가 자연스러워 청취자가 내용을 명확하게 이해할 수 있음.
	3	발음이 대체로 정확하고 속도가 적절하여 청취자가 무리 없이 이해할 수 있음.
	2	발음이나 억양에 일부 문제가 있어 청취자가 이해하는 데 어려움이 있으며, 속도 조절이 부족함.
	1	발음과 억양이 부정확하여 청취자가 내용을 이해하기 어려움.
	0	발음이 지나치게 부정확하거나 발화가 거의 이루어지지 않아 내용 전달이 전혀 이루어지지 않음.

<그림 9-13> CEFR에 기반한 토픽 말하기 평가 채점 루브릭 예시

(3) 평가 루브릭의 입력과 말하기 평가 결과 확인

ChatGPT에 프롬프트를 입력하고 평가를 진행한다. 그리고 루브릭에 따른 피드백 내용을 확인하고 좀 더 필요한 작업이 있다면 추가 작업을 진행한다.

① 내용 및 과제 수행(0–5점)
- 주어진 과제(자기소개 및 설명)에 맞는 발화를 함.
- 내용은 간단하고 기본 수준이며, 추가적인 세부 정보나 확장성이 부족함.
  👉 3점

② 언어 사용(0–5점)
- 기초 문법 구조(주어+동사+목적어)는 구사 가능하나, 조사(은/는, 이/가, 을/를)와 시제 표현에서 반복적인 오류.
- 어휘 선택은 제한적이며 반복적 사용.
  👉 2점

③ 발화 전달력(0–5점)
- 발음은 전반적으로 이해 가능하나 억양과 강세에서 모국어 영향이 나타남.
- 짧은 문장 단위 발화로 인해 유창성이 낮음.
  👉 2점

📊 총점: 7/15

<그림 9-14> 평가 루브릭에 따른 평가 결과와 피드백

AI 평가 루브릭의 핵심은 평가자인 교사와 AI 간의 일치도를 높이는 것이다. 그리고 다양한 평가 샘플 데이터가 구축된다면, 다국적 학습자를 고려한 루브릭 설계도 고려할 수 있다. 학습자의 모국어 배경에 따라 나타나는 특징적인 오류 패턴을 AI가 적절히 인식하고 평가할 수 있도록 보다 진전된 루브릭을 설계할 필요가 있다. 또한 기존의 대조언어학에서 수집된 정보와 다국적 학습자의 오류 샘플 등을 종합하여 샘플 데이터를 구축한다면, 학습자의 언어, 문화적 배경을 이해할 수 있는 근거를 마련할 수 있으며,

학습자별로 개별화되고 좀 더 정확한 피드백을 제공할 수 있을 것이다.

9.3.2 평가 목적별 AI 활용 방법

한국어교육에서 평가는 그 목적에 따라 배치평가, 진단평가, 형성평가, 총괄평가로 구분되는데, AI를 효과적으로 활용하려면 평가 목적에 따른 활용 전략이 필요하다. 진단평가에서 AI의 활용은 학습자의 현재 능력 수준을 정확하고 신속하게 파악하는 데 중점을 둔다. 기존의 진단평가는 표준화된 시험 문제를 통해 학습자의 전반적인 능력을 측정했다면, AI 진단평가는 적응형 평가 시스템을 통해 보다 정밀한 능력 진단이 가능하다. 학습자의 응답 패턴을 실시간으로 분석하여 문제의 난이도를 조정하고, 강점과 약점을 세밀하게 파악할 수 있다. 이를 통해 교사는 학습자의 개별적 특성을 빠르게 파악하고, 맞춤형 학습 계획을 수립할 수 있다.

형성평가에서 AI의 활용은 학습 과정에서의 지속적인 모니터링과 즉각적인 피드백 제공에 초점을 맞춘다. AI는 학습자의 모든 학습 활동을 실시간으로 추적하고 분석하여, 학습 진도와 이해도를 지속적으로 파악할 수 있다. 이는 전통적인 형성평가의 한계였던 시간적 제약과 주관성 문제를 해결하며, 학습자가 학습 과정에서 즉시 자신의 부족한 점을 파악하고 개선할 수 있도록 돕는다. 또한 학습자의 학습 패턴과 선호도를 분석하여 개별 맞춤형 학습 자료를 제공할 수 있다.

총괄평가에서는 학습 성과의 종합적이고 객관적인 측정에 중점을 둔다. AI는 대량의 평가 데이터를 일관된 기준으로 처리할 수 있어, 공정하고 신뢰성 높은 평가 결과를 제공할 수 있다. 특히 말하기나 쓰기와 같은 주관적 평가 영역에서 AI의 객관성은 평가의 신뢰도를 크게 향상시킨다. 또한 다양한 평가 요소를 종합적으로 분석하여 학습자의 전반적인 언어 능력을 정확히 측정할 수 있다.

AI를 활용해 평가를 진행한다면 평가 목적에 따라 교사의 역할도 달라지게 되는데, 예컨대 진단평가에서 교사는 AI의 분석 결과를 해석하고 학습 계획을 수립하는 역할을 하게 되고, 형성평가에서는 AI가 제공하는 실시간 데이터를 바탕으로 수업을 조정하고 개별 지도를 제공하는 역할을 하게 된다. 그리고 총괄평가에서는 AI의 평가 결과를 검토하고 최종 판단을 내리는 역할을 담당한다.

9.4. AI 평가 시대, 교사의 역할 변화

AI 평가 도구가 도입된 한국어 교실에서 교사는 무엇을 해야 할까? AI가 나날이 발전하고 있지만 교실 맥락에서 평가의 방향을 결정하는 것이나 의미 중심 평가를 진행할 때, 교사의 역할은 여전히 중요하다. 학습자가 사용한 표현이 문법적으로는 정확하지만 문맥상 부적절하거나, 문화적으로 민감한 내용을 담고 있을 때 이를 판단하고 적절한 지도를 하는 것은 인간인 우리 교사만이 할 수 있는 영역이다. 특히 학습자가 한국문화의 민감한 부분을 건드리거나 동료 학습자와 관련된 부적절한 내용을 언급할 때 이러한 부분은 여전히 교실에 있는 교사만이 지도할 수 있다.

더욱 중요한 것은 정의적 영역에 대한 해석과 지원이다. 학습자의 동기 저하, 불안감, 학습에 대한 태도 변화 등을 AI 데이터를 통해 파악할 수는 있지만, 이를 교육적으로 해석하고 적절한 정서적인 지원을 제공하는 것은 교사의 영역이라고 할 수 있다. 교사는 학습자 피드백의 정서적 조율자이자 의미 전달자로서, AI가 제공하는 객관적 정보를 학습자가 수용할 수 있는 방식으로 전달하고 교수·학습 과정과 연결하여 의미 있는 학습 경험으로 설계하는 주체이다.

한국어 평가에서 AI 평가는 아직 시작 단계지만 빠르게 발전하고 있다. 전통적인 평가가 '결과 측정'에 초점을 맞췄다면, AI 시대의 평가는 '학습자의 성장 과정 지원'을 더 중요하게 생각한다. AI가 제공하는 객관적 데이터를 교육적으로 의미 있는 정보로 변환하고, 학습자 개개인의 맥락에서 해석하여 성장을 위한 방향을 제시하는 것은 여전히 우리 교사만이 할 수 있는 고유한 역할이라고 할 수 있다. AI가 강조되는 시대일수록 더욱 중요해지는 것은 결국 우리 교사들의 관계적, 맥락적 판단력이라고 할 수 있다.

생각해 보기

AI 평가 도구가 교실에 도입될 때 교사가 가장 깊이 고민해야 할 문제는 무엇일까? 교실에 다양한 국적의 학습자가 있을 경우, AI가 학습자의 언어 발화를 오류가 아닌 학습자의 모국어나 문화적 특성에 기반한 의사소통 전략의 일환으로 해석할 수 있을까? 한편, 쓰기는 잘하고 말하기는 두려워하는 학습자의 특성을 AI가 해석할 수 있을까? AI가 잘하는 일관된 평가를 넘어서 교사가 앞으로 진행해야 하는 평가는 어떤 형태일까? 학습자의 문화적, 정서적인 면을 고려하는 평가가 되지 않을지 생각해 보자.

AI 평가 도입 시 교사가 고민해 볼 문제
- ☐ AI 평가 결과의 신뢰성
- ☐ AI 평가 결과의 해석 범위
- ☐ 다국적 학습자에 대한 평가 적합성
- ☐ 교사와 AI의 역할 분담
- ☐ 평가 결과의 환류를 통한 루브릭 재설계

AI 평가 결과에 대한 교사의 재해석 영역
- ☐ 학습자의 언어적 배경
- ☐ 학습자의 문화적 배경
- ☐ 특정 언어·문화권에 유리한 평가 해석
- ☐ 특정 시험에서의 학습자 반응
- ☐ 평가 시기에 학습자가 처한 상황

멀티모달 AI를 활용한 콘텐츠 창작과 공유

프로젝트 수업과 공유 플랫폼 활용

언어 학습의 최종 목표는 교실을 넘어 실제 맥락에서 배운 한국어를 사용할 수 있는 능력을 기르는 데 있다. 그러나 제한된 시간과 공간 속에서 학습자들이 그 목표에 도달할 수 있는 가장 효과적인 방법은 무엇일까? 해법은 에듀테크와 프로젝트 기반 수업의 만남에 있다. 이 장은 프로젝트와 에듀테크를 결합해 학습자의 참여와 몰입을 높이고, 배운 한국어가 스토리맵, e-book, 블로그 같은 창의적 산출물로 이어지도록 수업을 설계하는 방법을 안내한다. 교실이라는 닫힌 공간을 벗어나 학습자는 탐색자이자 창작자로 성장하고, 교사는 교실 안팎을 잇는 제작과 공유의 흐름을 주도한다. 이 장을 읽은 뒤, 바로 오늘부터 교실의 경계를 낮추고, 학생의 이야기가 콘텐츠가 되는 수업을 함께 시작할 수 있게 될 것이다.

10.1. 멀티모달 환경과 프로젝트 기반 언어 학습

프로젝트 기반 언어 학습(Project-Based Language Learning: PBLL)은 프로젝트 기반 학습(Project-Based Learning: PBL)의 원칙을 언어 학습에 적용한 것으로 언어 교육의 패러다임이 교사 중심의 하향식 접근에서 학습자 중심의 상향식 접근으로 변화하며 주목을 받게 되었다(Buck Institute for Education, n.d.). 학습자들이 스스로 탐구하고 문제를 해결하며 결과물을 완성하는 과정을 경험한다는 점에서 교사가 전달하는 언어 지식의 일방적인 수용자가 아닌 언어사용자로서 언어 능력을 향상시키고 문화적 이해를 촉진할 수 있는 기회가 된다(Levein, 2004). 또한, 프로젝트에 참여하는 과정에서 학습자는 자율성을 발휘하고 자신감을 키우게 되는데, 이는 결국, 학습 내용에 대한 흥미와 동기 유발로 이어져 학습을 지속해 나갈 수 있는 원동력이 된다(Blumenfeld et al., 1991; Fried-Booth, 2002; Skehan, 1998, Thomas, 2000). 뿐만 아니라, 프로젝트 기반 언어 학습은 협력적 학습을 촉진시켜 여타 소프트 스킬(Soft skills) 개발에도 도움이 된다(조연희, 2025). 즉, 학습자들이 힘을 합쳐 프로젝트를 수행하는 과정에서 협업 능력은 물론이고, 리더십, 의사소통 능력, 문제 해결 능력과 비판적 사고 능력 등을 신장시킬 수 있는 전인적 성장의 계기가 되는 것이다(이정연, 2023; 최유정·류나영, 2018).

특히, 프로젝트 기반 수업은 멀티모달 학습을 실현하기에 매우 적절하다. 의사소통은 텍스트, 이미지, 소리, 공간 구성 등의 다양한 기호 체계가 통합된 방식으로 의미를 전달하는 현상(Kress, 2010)이며, 과학 기술의 발전과 함께 의사소통의 이러한 멀티모달적 특성은 더욱더 강화되어 가고 있다. 이에 발맞추어 언어 학습 또한 더 이상 말과 글을 잘 읽고, 쓰고, 듣고, 말하는 차원에만 머무르지 않고 다양한 표현 양식을 생산해 내고 이해할 수 있는 문식성이 요구된다(Miler·McVee, 2012). 이러한 환경에서 이미지, 음성, 영상, 차트, 지도 등의 여러 모드를 온라인과 오프라인에 걸쳐 자유자재로 활용하는 프로젝트 기반 수업은 학습자들이 실제 의사소통 상황을 반영한, 실제적 언어 사용을 경험할 수 있는 좋은 기회가 된다(이해영, 2000a). 예를 들어, 전자 요리책 제작 프로젝트에서는 텍스트로 된 레시피와 함께 사진, 조리 영상, 음성 해설까지 활용할 수 있어, 하나의 결과물이 다층적 텍스트로 구성된다. 이렇듯 프로젝트 기반 수업을 통해 학습자들은 단순히 언어 지식을 확인하고 규칙을 적용하는 수준을 넘어, 다양한 자원을 창의적으로 선택하고 통합하여 자신만의 메시지를 만들어 내는 능동적 의미 창조자로 성장하게 되는 것이다.

이러한 멀티모달 프로젝트 기반 수업은 날로 발전하는 다양한 에듀테크를 도구 삼아 보다 편리한 실현이 가능해졌다(박현진, 2013; 박환, 2017; 방성원, 2024; 손재은, 2009). 특히, 프로젝트의 결과물이 되는 멀티모달 자료를 생산하고 공유하는 과정에서 디지털 도구는 학습자의 부담을 줄이고 표현의 폭을 넓혀 준다는 장점이 있다. 학습자들은 생성형 AI의 도움을 받아 특별한 기술력 없이도 완성도가 높은 결과물을 생성해 낼 수 있으며, 협업이 요구될 경우, 다양한 공유 및 실시간 소통 기능을 통해 원활하게 작업을 분담하고 조율할 수 있다. 또한, 적절한 에듀테크의 사용은 수행중인 프로젝트는 물론이고 한국어 학습 전반에 대한 흥미와 관심을 높일 수 있다. 교사 또한 프로젝트의 진행 상황을 파악하고 적절한 피드백을 제공하는 과정이 수월해진다. 특히, 교육 목적으로 개발된 일부 도구는 학습관리시스템(LMS)과의 연계를 통해 프로젝트의 계획부터 평가까지 전 과정을 체계적으로 관리할 수 있도록 지원한다. 나아가, 온라인 기반 플랫폼을 통해 학습자들이 수행한 프로젝트를 전세계의 플랫폼 이용자와 쉽게 공유할 수 있다. 프로젝트의 최종 결과물은 인위적인 과제를 넘어 한국어 사용자들에게 실질적 가치를 지닌 자원이 될 수 있으며, 그 과정에서 학습자들은 한국어 사용 공동체에 기여하는 주체적인 언어 사용자로 성장하게 되는 것이다.

이렇듯, 멀티모달 프로젝트 기반 수업과 에듀테크 플랫폼의 결합은 새로운 교육적 가능성을 제시한다. 한국어교육 분야에서도 이미 2000년대 초반부터 온라인 환경을 활용한 수업의 가능성이 논의된 바 있으며, 이는 오늘날 멀티모달 프로젝트 수업으로 이어지는 흐름을 보여 주는 초기 시도라 할 수 있다(이해영, 2000b). 이후, 디지털 도구의 발전에 따라, 보다 다양한 멀티모달 프로젝트 기반 수업이 시도되었다. 예를 들어, 학습자들이 직접 캐릭터와 대사를 설계하여 인사 화행을 주제로 애니메이션을 제작한 사례(《그림 10-1》)는, 창의적 산출물의 제작을 통해 언어 기능을 실제적 맥락에서 체험하도록 한 시도로 주목할 만하다. 또한 위키 기반의 협업 활동을 통해 지역 소개 콘텐츠를 제작한 프로젝트(《그림 10-2》)는, 학습자들이 공동으로 지식을 구축하며 언어를 사회적 실천의 도구로 활용하는 방식을 보여 준다.

<그림 10-1> 애니메이션 제작을 통한 인사화행 교육
(출처: 이화여대 한국학과 교재론 세미나 기말 과제, 정혜선, 이지현, 최정윤, 2016)

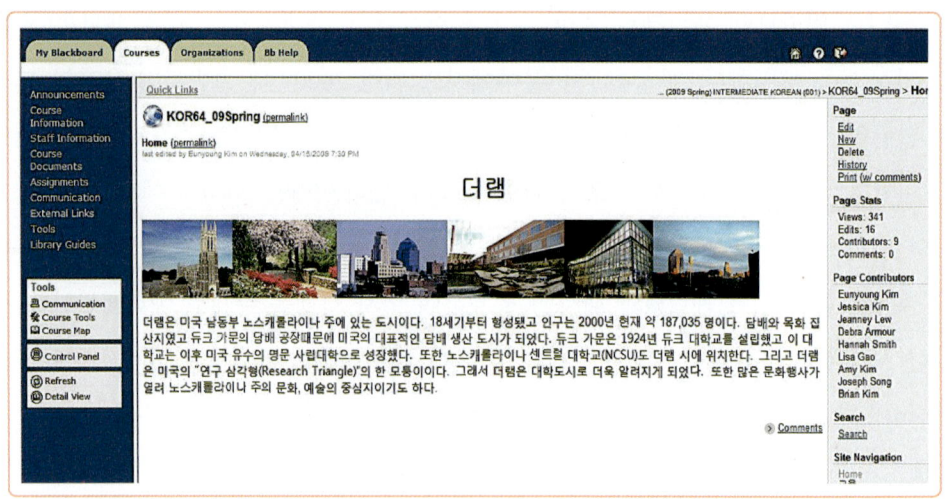

<그림 10-2> 위키 기반 프로젝트 수업으로 배우는 창작 활동(김은영, 2009)

이렇듯 프로젝트를 수행하면서 학습자들은 언어를 교실 안에서만 연습하는 '학습자'에 머무르지 않고, 에듀테크 플랫폼을 통해 실제 사회 속에서 지식을 조직하고 의미를 전달하는 '언어 사용자'로 자리매김하게 되는데, 이러한 경험은 곧 디지털 시민성(Digital citizenship)의 함양으로 이어진다. 프로젝트의 수행 과정이 디지털 문해력, 디지털 안전과 탄력성, 디지털 참여, 디지털 정서 지능, 디지털 창의와 혁신(UNESCO, 2024)의 모든 영역에서의 성장을 가져오는 것이다. 이에 이 장에서는 먼저 프로젝트 기반 수업의 절차를 간략히 논의하고, 이를 바탕으로 StoryMapJS, Book Creator, Google Sites와 같은 에듀테크 플랫폼을 활용한 프로젝트 기반 수업의 사례를 제안해 보고자 한다.

10.2. 프로젝트 기반 수업의 절차

선행연구에 따르면 프로젝트의 절차는 3단계에서 10단계까지 다양하게 제시된다. 예를 들어, 이미혜(2001)는 프로젝트의 구성을 프로젝트 종류와 내용을 선정하는 단계, 자료를 수집하고 검토하는 단계, 언어 기술을 연습하고 구체적인 활동을 준비하는 단계, 프로젝트 활동 단계, 자료를 정리하는 단계, 결과물을 완성하는 단계, 그리고 발표하는 단계의 7단계로 나누어 정리했다.

이러한 단계 구분 중 가장 널리 사용되는 방식은 프로젝트 수행 단계를 기준으로 그 전과 후에 한 단계씩, 총 3단계로 구분하는 것이다(김지혜, 2013; 김현진, 2006, 박선희, 2006; 박환, 2017; 최유정·류나영, 2018; Fried-Booth, 2002). 예를 들어, Fried-Booth(2002)는 교실 내 계획 단계, 프로젝트 수행 단계, 프로젝트 결과물 반추와 모니터링 단계의 세 단계로 구분했다.

각 단계는 다양한 에듀테크 도구와의 결합을 통해 프로젝트 수업의 멀티모달적 특성을 강화할 수 있다. 먼저, 1단계, 프로젝트 수행을 위한 준비 단계에서는 위키피디아, 유튜브 등 온라인 공유 플랫폼을 활용하거나 ChatGPT와 같은 AI도구의 조력을 받아 사진 자료나 동영상을 시청하면서 배경 지식을 쌓고 주제를 시각적으로 탐색할 수 있으며, Padlet과 같은 도구를 활용해 프로젝트의 개요를 시각화할 수 있다. 프로젝트를 수행하는 2단계에서는 텍스트와 이미지, 음성, 지도, 영상 등 다양한 종류의 자원을 활용하여 프로젝트 결과물을 다층적으로 구성할 수 있다. 특히, 프로젝트의 결과물을 작성할 때 Canva, Animaker, CLOVA Dubbing 등과 같이 이 책에서 앞서 소개된 다양한 생성형 에듀테크 도구를 활용하면 학습자들의 창의성이 보다 잘 구현된 완성도 높은 결과물을 생산하는 것이 가능하다. 뿐만 아니라, 소통형 도구는 함께 프로젝트를 수행하는 팀원들 간의 의사소통과 협업에 있어 효율성을 제고하는 방법이 된다. 마지막 3단계에서, 학습자들은 완성한 결과물을 각종 온라인 플랫폼을 통해 공유하는 방식으로 언어 공동체에 기여하는 경험을 할 수 있다. 여러 선행 연구의 구체적인 논의에 기반해 프로젝트 수업의 절차를 정리하면 다음과 같다.

<표 10-1> 프로젝트 수업의 절차

단계		세부 내용	
프로젝트 전	준비	• (배경 지식 및 관련 언어 지식 학습) • 프로젝트 수업 소개 • 프로젝트 종류 및 내용 선정 • 브레인스토밍 및 주제 선정	
	계획	• 과제 활동 내용 및 순서 등 전체 계획 수립 • 자료 수집 방법, 현장 조사 계획 등 세부 계획 수립 • 학습자 역할 분담	
프로젝트 수행	탐구 활동	• 자료 수집 및 탐구	• 토의 및 협력적 의사 결정 • 동료 및 교사 피드백
	자료 분석	• 자료 분석 및 종합	
	결과물 작성	• 프로젝트 결과물 작성	
프로젝트 후	마무리 및 발표	• 발표 준비 및 발표 • 발표에 대한 피드백 및 최종 수정 • 최종본 완성 • 반성과 회고	
	평가	• 평가(동료 평가, 교사 평가, 자기 평가) • 수업 운영에 대한 피드백	

이러한 단계 구분은 절대적인 것이 아니며, 프로젝트의 성격이나 학습자의 상황에 따라 유동적으로 조정될 수 있다. 아울러 평가와 피드백은 특정 단계에 국한되지 않고, 프로젝트 전반에 걸쳐 지속적이고 순환적으로 이루어질 수 있다.

10.3. 에듀테크 도구를 활용한 프로젝트 기반 수업의 실제

10.3.1. 스토리맵을 활용한 경험 재구성 프로젝트

학습자로서 자신의 경험을 공유하는 일은 일견 특별할 것이 없어 보인다. 학습자들

대부분이 수업 시간에 자신의 경험을 바탕으로 말하기 활동에 참여하고 SNS를 통해 사진, 글, 영상 등의 다양한 형태로 불특정 다수와도 자신의 경험을 공유한다. 이 절에서 소개할 프로젝트는 지도와 내러티브를 결합한 스토리맵을 최종 산출하는 프로젝트로, 장소에 기반하여 학습자의 경험을 공유하도록 하는 프로젝트이다.

스토리맵 창작 프로젝트에 활용할 수 있는 여러 에듀테크 플랫폼이 존재하는데, 모두 지도를 적극적으로 활용하는 플랫폼으로, 장소를 순서대로 입력하면 각 장소 사이의 동선을 연결해 주고 그 장소를 소개하는 미디어 매체나 간략한 설명을 추가할 수 있다. StoryMapJS(https://storymap.knightlab.com/), Google My Maps(http://mymaps.google.com), Canva Online Map Maker(https://www.canva.com/create/maps/) 등을 활용할 수 있으며 장소 기반의 프로젝트라는 장점을 살려 여행 경험 및 계획 소개, 동네나 학교 소개는 물론, 드라마나 영화 촬영지 소개, 소설의 배경 및 역사적 사건 정리 프로젝트 등에도 활용할 수 있는 유연성이 있는 도구이다.

이 장에서 소개할 StoryMapJS 역시 지도 기반 스토리텔링 도구로, 시간의 흐름이나 이동 경로에 따라 이야기를 시각적으로 구성할 수 있는 것이 장점이다. 특히, 별도의 프로그램 설치나 유료 결제 없이 가입만 하면 사용할 수 있어 활용도가 높다. 장소를 기반으로 사진, 동영상, 텍스트 등을 첨부하여 시각화할 수 있으며 특히 여행기, 역사적 사건, 인물의 이동 경로 등을 보여 줄 때 효과적이다.

(1) 프로젝트 개요

① **프로젝트 제목**: 지도로 꾸미는 나의 문화 체험 이야기 - 스토리맵 만들기 프로젝트
② **대상 학습자**: 초급 학습자

③ 프로젝트 목표:
- 팀별로 선택한 한국 내 문화 체험 장소를 방문·탐방하고, 그 경험을 바탕으로 스토리맵을 만든다.
- 지도와 경험 나누기 활동을 결합해 방문 장소들을 지도 위에 표시하고 동선을 시각적으로 표현함으로써 공간적 이해를 높인다.
- 사진·동영상 등 자신이 촬영한 멀티미디어 자료를 포함해 다중 문식성을 함양한다.
- 협력적 학습, 토의 및 피드백 과정을 통해 의사소통 능력을 향상시킨다.

④ 프로젝트 결과물: 문화 체험기를 담은 스토리맵

⑤ 사용 도구: StoryMapJS(https://storymap.knightlab.com/)

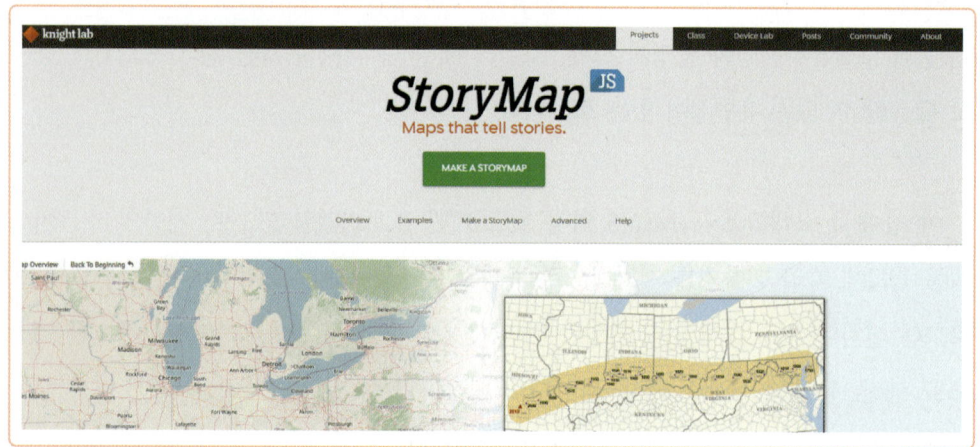

<그림 10-3> StoryMapJS의 메인 화면

⑥ 교사를 위한 StoryMapJS 사용법 안내
- StoryMapJS에 접속한 후 MAKE A STORYMAP 을 클릭한다. 구글 계정을 이용해 로그인한다. 로그인 후, 제목을 입력하는 팝업이 뜨는데 원하는 제목을 입력하고

Create를 클릭한다.

- 하단 이미지에서 (가)로 표시된 Media(미디어) 창을 이용해 스토리맵의 표지에 들어갈 사진을 삽입할 수 있고 (나)로 표시된 오른쪽의 텍스트 입력창에 전체 스토리맵의 제목과 간략한 설명을 입력할 수 있다. (다)의 Background Options 를 클릭하면 표지의 배경색과 배경 이미지를 넣을 수 있다.

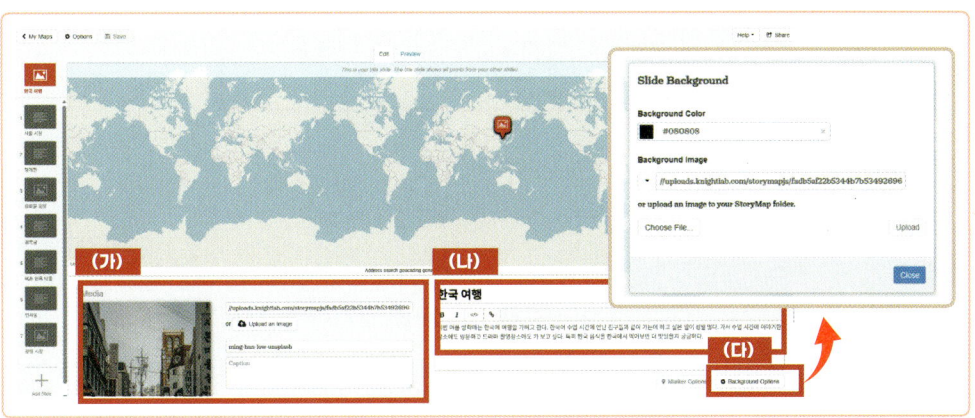

<그림 10-4> StoryMapJS의 편집 화면

- 이미지와 텍스트를 모두 입력한 후 Preview를 클릭하면 〈그림 10-6〉과 같이 표지를 확인할 수 있다.
- 지도 상에 위치를 지정하고 정보를 입력하는 방법을 알아보자. 우선, 편집 화면의 좌측에 있는 +를 클릭해 페이지를 추가한다. 새로 추가된 페이지에는 〈그림 10-5〉와 같이 지도의 위치를 지정할 수 있는 창이 있다. 이 검색창에 추가하고자 하는 장소의 이름이나 주소를 넣어 검색하면 지도 위에 위치 표시 아이콘이 자동으로 생성된다.

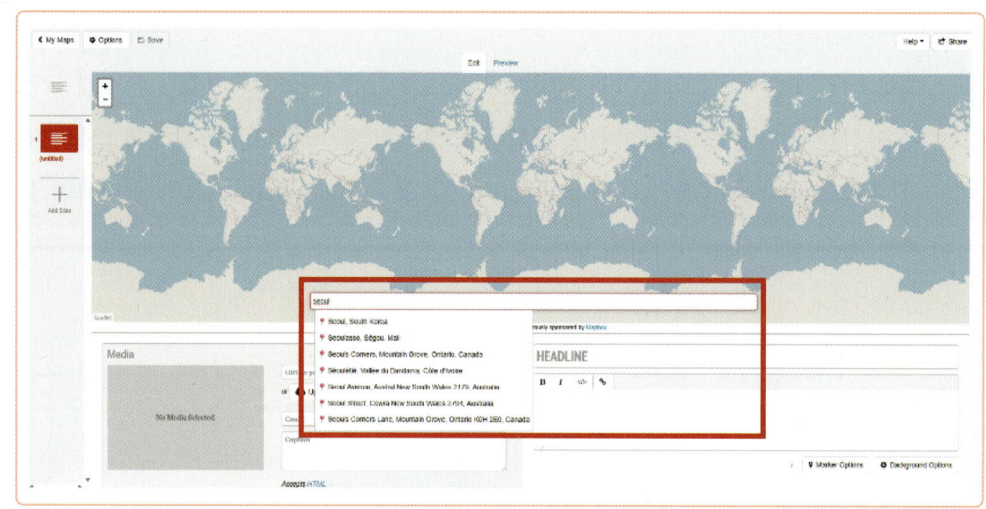

<그림 10-5> StoryMapJS 장소 삽입 화면

- 이후, 표지와 같은 방법으로 이미지와 텍스트를 추가하여 페이지를 구성한다. 장소 하나당 한 페이지씩 생성되며, 왼쪽의 페이지를 직접 드래그해 페이지 순서를 조정할 수 있다. 페이지 순서에 따라 〈그림 10-6〉과 같이 표지 왼쪽에 보이는 지도 위에 동선이 정리된다.
- 화면 우측 상단의 Share 를 클릭하면 나타나는 팝업 화면에서 주소를 복사해 공유할 수 있다.

(2) 프로젝트 수행 절차

① 프로젝트 전 단계

🖋 프로젝트 소개
- 교사는 학습자들에게 프로젝트의 목적과 진행 방식을 소개한다.
- StoryMapJS의 사용법을 간단히 안내하고 스토리맵의 예시를 함께 살펴본다.

- 프로젝트를 함께 수행할 팀을 구성한다.

주제 및 내용 선정

- 학습자들이 방문할 한국내 문화 체험 장소를 직접 선택하도록 한다. 교사는 전통 시장, 박물관, 공원, 사찰 등을 본보기로 제시할 수 있으나 학습자들에게 개인적인 의미가 있는 장소를 스스로 선택하도록 하는 것이 좋다.
- 각 팀별로 모여 방문할 장소 후보를 각각 제안하고, 아래 길잡이 질문을 활용해 토의하며 최종 방문 장소 2-3곳을 결정한다.

길잡이 질문

주제 선정을 돕기 위해 교사가 제시할 수 있는 길잡이 질문에는 어떤 것이 있을까?

- 주변에 가 보고 싶은 문화 체험 장소는 어디인가요?
- 그 장소가 특별한 이유는 무엇인가요?
- 각 장소에서 다음 장소로 어떻게 이동할 수 있을까요?
- 각 장소에서 할 수 있는 활동에는 어떤 것들이 있을까요?

- 교사는 팀별 토의를 관찰하며 적절한 피드백과 안내를 제공한다. 또한, 도움이 될 만한 간단한 배경 정보나 언어 및 문화 지식을 전달할 수 있다.

프로젝트 수행 계획

- 학습자들은 프로젝트 수행을 위한 문화 체험 장소 방문 계획을 수립한다. 언제 어떻게 방문해서 어떤 활동을 할 것인지에 대한 계획을 세운다.

- 교사는 스토리맵의 기행문에 포함할 기본 요소(장소, 동선, 방문 날짜, 느낌 등)를 미리 알려 준다.

② 프로젝트 수행 단계

문화 체험 장소 방문

- 학습자들은 프로젝트 전 단계에서 수립한 방문 계획을 바탕으로 실제로 선정한 장소에 방문하여 계획한 활동을 진행한다. 장소에 따라, 박물관 및 유적지 관람, 쇼핑, 공예 체험, 식사, 카페 방문 등 다양한 활동을 생각해 볼 수 있다.
  ※ 여건상 제약이 있을 경우 VR이나 메타버스를 활용한 가상 탐방으로 진행할 수도 있다.
- 방문한 장소를 잘 보여 주는 사진을 촬영하고 활동 내용을 비디오로 기록한다. 입장권이나 도록 등, 기념이 될 만한 자료나 물품을 수집할 수도 있다.
- 각 장소에 방문하는 동안, 그리고 계획된 활동에 참여하는 동안의 에피소드, 감상 등을 간략히 기록하도록 한다.

스토리맵 구성

- 각 장소에서 수집한 자료를 팀원들이 함께 공유하고 이에 대한 감상을 나눈다. 이때 공유하는 자료에는 사진, 영상, 기념품, 메모, 사전에 수집한 자료 등을 모두 포함한다.
- 팀원 간의 토의를 통해 스토리맵에 넣을 자료와 배치 순서 등을 결정한다.

스토리맵 작성

- 방문한 장소들을 스토리맵에 표시하고, 방문 순서대로 연결하여 동선을 시각화한다.

- 장소별로 간단한 글을 작성한다. 팀원들이 함께 쓰고 서로 의견을 나누며 내용을 다듬는다. 이때, 교사는 학습자들의 한국어 숙달도를 고려하여 각 장소나 활동에 대한 깊이 있는 소개보다는 학습자들의 경험과 감상을 중심으로 글을 작성하도록 안내한다. 예를 들어, 그 장소에는 어떻게 갔고 도착했을 때의 느낌은 어땠는지, 그곳에서 무엇을 보고 경험했으며 가장 기억에 남는 것은 무엇인지 생각해 보도록 한다.
- 직접 찍은 사진과 동영상을 첨부하여 생생한 체험 기록을 만든다.
- 교사는 수시로 작업물을 확인하고 언어 표현, 내용 구성, 미디어 활용 등에 대해 구체적 피드백을 제공하고 학습자들은 팀별 토의와 수정 과정을 반복하여 완성도를 높인다.

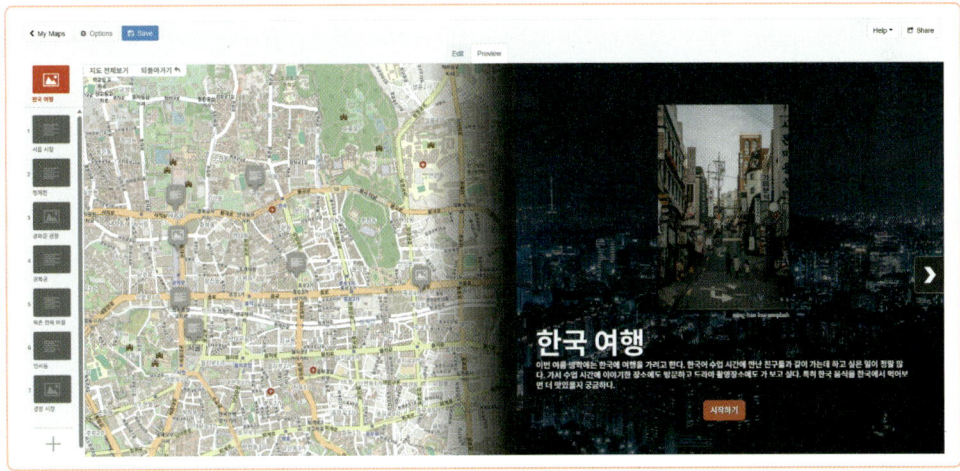

<그림 10-6> StoryMapJS를 이용하여 '한국 여행'을 주제로 작성한 스토리맵의 예

③ 프로젝트 후 단계

✏️ 프로젝트 마무리 및 발표 준비

- 학습자들은 퇴고 작업을 통해 스토리맵의 완성도를 높인다.
- 문화 체험 장소에 방문한 경험과 스토리맵을 공유할 수 있는 발표를 준비한다.

✏️ 발표

- 스토리맵을 소개하는 발표를 진행한 후, 링크 공유를 통해 학습자들이 서로의 스토리맵을 자유롭게 탐색하며, 다양한 장소와 경험을 공유한다.
- 학습자들은 다른 팀의 발표와 스토리맵을 탐색하는 동안 이를 통해 새로 알게 된 내용이 있는지, 스토리맵의 정보와 구성이 내용 이해에 도움이 되었는지, 더 궁금한 점이 있는지 등을 생각해 보고 간단히 메모한다. 이 메모는 이후 동료 평가 시에 활용한다.

✏️ 평가와 공유

- 학습자들은 자기 성찰문을 간단하게 작성하여 프로젝트 경험과 학습 성과를 돌아본다.
  ※ 필요할 경우 자기 성찰문은 영어로 작성하여 보다 풍부하게 구성할 수 있도록 한다.
- 교사는 언어 표현, 내용 구성, 시각 자료 활용 등에 대한 피드백을 제공한다.
- 학습자들은 발표 단계에서 작성한 메모를 활용하여 동료 피드백을 제공한다. 서로 칭찬과 개선 의견을 주고받으며 협력적 학습을 마무리한다.
- 완성된 스토리맵은 학습관리시스템이나 SNS 등에 공유하여 동기를 부여하고 학업 성취감을 높인다.

10.3.2. e-book을 활용한 지식 공유 프로젝트

이 절에서는 학습자들은 자신이 흥미와 관심을 갖고 있는 분야의 지식을 전달하는 지식 전달자이자 전문가로서의 역할을 강조하는 프로젝트를 살펴보고자 한다. 학습자가 직접 선정한 주제에 대해 탐구하고 이해하는 것은 물론, 나아가서는 해당 주제에 대한 다른 사람들의 이해를 돕는 데 그 목적이 있는 프로젝트이다. 학습자들이 지식을 전달하기 위해 보고서, 다큐멘터리, 팟캐스트 등 다양한 매체를 프로젝트의 결과물로 산출할 수 있으나, 여기서는 학습자들이 가지고 있는 지식을 e-book을 통해 공유할 수 있는 프로젝트를 소개하고자 한다. e-book의 형태로 출간할 수 있는 프로젝트는 학습자들의 흥미와 관심사에 따라 다양하게 활용 가능하다. 예를 들어, 요리 잡지, 동화책, 학급 문집, 학교 소개 백서 등 다양한 프로젝트와 연계하여 활용할 수 있다

e-book이나 웹진을 만드는 것은 워드 프로세서나 슬라이드 작성 프로그램만을 가지고도 충분히 가능하다. 다만, Book Creator(https://bookcreator.com/)나 Canva(https://www.canva.com)와 같은 플랫폼을 활용하면 웹디자인 프로그램에 익숙하지 않은 이용자들도 쉽게 완성도 높은 e-book을 만들 수 있으며, 완성된 e-book을 플랫폼을 통해 쉽게 공유할 수 있다는 것도 큰 장점이다.

특히, 이 장에서 주로 소개할 Book Creator는 기본 기능은 무료로 사용할 수 있다. 플랫폼을 통해 제공되는 템플릿(〈그림 10-7〉)을 이용하여 클릭 몇 번으로 e-book을 만들 수 있고, 글, 이미지, 오디오, 비디오 등을 자유롭게 삽입해 처음부터 끝까지 원하는 대로 e-book을 구성할 수 있는 자율성도 있다. e-book의 편집에 필요한 인터페이스 역시 매우 직관적이기 때문에 초보자도 쉽게 사용할 수 있으며, 교육용 플랫폼이기 때문에 협업과 공유에도 매우 용이하다. 교사가 형식/내용적 템플릿을 만들어 공유하면 학습자들이 같은

템플릿을 이용해 e-book을 구성할 수 있어 관리의 용이성 또한 있다. 뿐만 아니라, 완성된 책은 PDF나 ePub 형식으로 내보낼 수 있어 플랫폼 외부로의 공유도 가능하다.

(1) 프로젝트 개요

① **프로젝트 제목**: 맛있는 한 입, 같이 만들어 볼래요? - 요리책 만들기 프로젝트
② **대상 학습자**: 중급 학습자
③ **프로젝트 목표**:
- 자신이 알고 있는 요리법을 소개하는 e-book(또는 웹진)을 만들어, 지식을 전달하는 글쓰기 등 실용적인 쓰기 경험을 갖는다.
- 서로의 요리를 비교하며 한국문화에 대한 이해는 물론 문화적 다양성에 대한 의식을 제고한다.
- e-book 창작 플랫폼을 통해 요리책을 만드는 과정에서 사진·동영상 등 자신이 촬영한 멀티미디어 자료를 포함해 다중 문식성을 함양한다.
- 협력적 학습, 토의 및 피드백 과정을 통해 의사소통 능력을 향상시킨다.

④ **프로젝트 결과물**: e-book 형태의 요리책
⑤ **사용 도구**: Book Creator(https://bookcreator.com/)

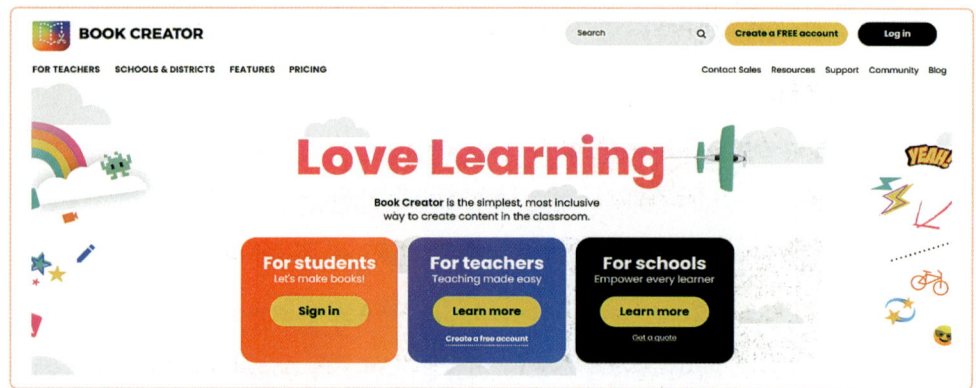

<그림 10-7> Book Creator의 메인 화면과 플랫폼에서 제공하는 각종 템플릿

⑥ 교사를 위한 Book Creator 사용법 안내

- Book Creator에 접속하여 교사용 계정을 생성한다. 계정 생성 과정에서 몇 가지 질문에 답해야 한다. 소속 학교를 묻는 질문에 대해서는 북미 지역 외(Not in the US or Canada)를 선택하면 된다.
- 로그인 후 대시보드에서 My Book 을 선택한다. +새 책 을 클릭하여 새 e-book을 만든다. 빈 책 을 클릭해 처음부터 새로 작성할 수도 있고 템플릿 을 클릭해 플랫폼

에서 제공하는 디자인과 틀을 이용할 수도 있다. 여기서 원하는 새 책의 형식을 선택한다.

- 새 e-book이 생성되고 책에 마우스를 가져다 대면 연필 아이콘 ⊘이 나타나는데, 이 아이콘을 클릭해 편집을 시작한다.

<그림 10-8> Book Creator의 편집 화면

- 템플릿을 선택했을 경우 배경 이미지, 글자 상자 등, 각 영역이 잠겨 있을 수 있는데 잠겨 있는 영역은 클릭 시 자물쇠로 표시된다. 잠금 해제 를 위해서는 마우스 우 클릭 후 잠금 해제를 선택하면 된다. 잠금이 해제되면 영역 테두리에서 자물쇠가 사라지고 다시 마우스 우 클릭 시, 사진을 삭제하거나 편집할 수 있다. e-book의 우측 상단의 연필 아이콘을 클릭하면 사진의 색을 바꾸거나 그 위에 직접 그림을 그릴 수 있는 화면으로 전환된다.

- e-book에 새로이 요소를 추가하려면 화면 우측 상단의 + 를 클릭한다(《그림 10-9》). 첫 번째 탭인 도구 를 클릭하면 사진, 이미지, 문자 등을 추가할 수 있다. 두

번째 탭인 미디어를 클릭하면 페이지별로 템플릿을 새로 넣거나 도형, 아이콘, 파일 등을 삽입할 수 있다. 세 번째 탭인 앱은 Google My Maps나 Canva 등 외부 플랫폼의 자료를 삽입할 수 있다. 각 페이지의 바탕색을 바꾸려면 + 옆의 i를 클릭한다. 각 페이지의 글은 글자를 더블 클릭 후 내용과 색을 변경할 수 있다.

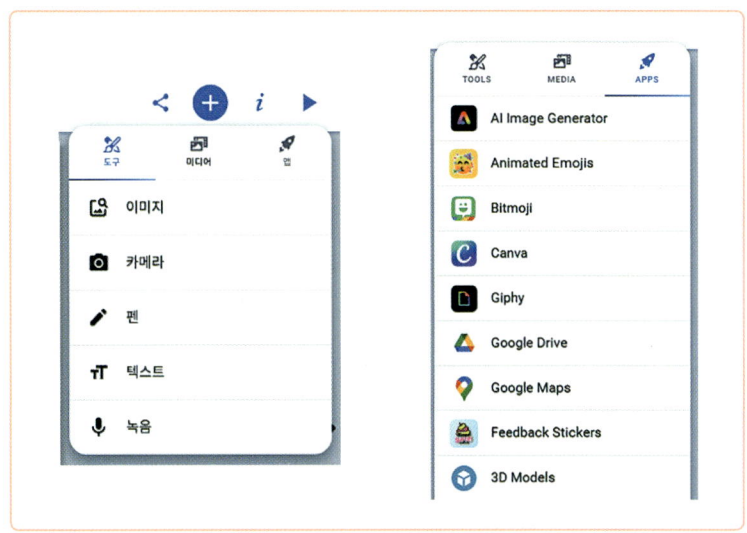

<그림 10-9> Book Creator의 편집 메뉴

편집이 마무리되면 링크 아이콘 <을 클릭한 후, 출판을 클릭해 생성된 e-book의 공유 방법을 결정할 수 있다. 공개 여부 비공개/공개와 재가공(Remixes) 허가 여부 켜기/끄기를 선택한다. 공개를 선택할 경우, 링크나 QR 코드를 통해 다른 사람들과 공유할 수 있다.

(2) 프로젝트 수행 절차

① 프로젝트 전 단계

✏️ **프로젝트 소개**

- 교사는 요리책 만들기 프로젝트의 전체 흐름과 목적을 소개한다. 이때, 요리책의 형태, 구성 예시, 결과물을 Book Creator를 통해 시각 자료로 보여 줄 수 있다. Book Creator 상에서 하나의 도서관을 통해 학급 전체의 학습자들이 공유하게 되므로 같은 주제를 가진 전집으로 만드는 것도 가능하다.
- 학습자들은 팀을 이루어 한국어나 다른 나라 언어로 된 간단한 요리책이나 잡지를 보고, 요리책의 구성과 내용 등에 대해 간단히 익힌다.
- Book Creator의 사용법을 간략히 소개하고 학습자들이 만든 요리책이 학습관리 시스템, SNS, Book Creator 등 여러 플랫폼을 통해 실제로 공유될 수 있다는 점을 설명하여 동기를 부여한다.

✏️ **브레인스토밍 활동**

- 조리법을 설명하는 데 필요한 표현, 맛 표현, 식재료 표현 등을 학습한 뒤, 좋아하는 한국 음식, 맛있게 먹은 한국 음식, 먹어 본 한국 음식 등을 주제로 팀별 토론을 진행한다. 이때 주요 내용은 언제 어디서/어떻게 그 음식을 알게 되었는지/먹어 보았는지, 맛은 어떤지 등 해당 음식에 대한 1차적인 정보에 집중한다.
- 1차 토론 내용을 학급 전체에서 확인한 후, 보다 심도 있는 내용으로 다시 한 번 팀별 토론을 진행한다. 이때, 필요할 경우 그 자리에서 관련 정보를 검색해 볼 수 있도록 한다. 토론의 대상이 되는 한국 음식과 비슷한 자국의 음식이 있는지 비교해 보고 각 음식의 배경이 되는 사회문화적 요소에 대해서도 살펴본다.

- 2차 토론 내용을 학급 전체와 공유한 후, 각 팀에서 하나의 요리를 골라 요리법을 소개한 영상(유튜브, TikTok 등)을 찾아보고 자신의 말로 다시 설명해 본다.

🖊 주제 및 내용 선정

- 학습자들은 브레인스토밍 내용을 바탕으로 팀(3~4인)으로 나뉘어, 어떤 '요리책'을 만들지 이야기하고 주제를 정한다. 팀을 이루어 진행되는 프로젝트이므로 학습자들이 나름의 연관성을 찾아 2-3가지 요리를 선택하도록 한다. (예 비 오는 날 먹으면 좋은 한국 음식 3가지)
- 팀원들이 잘 아는 요리나 추천하고 싶은 요리, 함께 만든 적이 있거나 만들 수 있는 요리, 자국의 요리와 비슷한 요리 등 다양한 관점에서 주제에 대해 생각해 볼 수 있도록 한다. 특히, 한국 음식과의 비교, 문화적 유의성 등을 설명하기 위한 목적에서라면 자국 음식에 대한 내용을 넣도록 하는 것도 가능하다.
- 교사는 난이도나 문화적 적절성, 내용의 다양성 등을 고려하여 피드백을 준다.

🖊 프로젝트 수행 계획

- 학습자들은 역할을 분담하고 프로젝트 수행 계획을 수립한다. 재료 수급이 용이하고 조리가 어렵지 않으면 학습자들이 직접 요리해 볼 수 있도록 한다.
- e-book의 구성도 함께 구상해 본다. 다음은 교사가 길잡이로 제시할 수 있는 요리책의 개요이다.

 **길잡이**

요리책의 개요로 교사가 제시할 수 있는 길잡이

- 음식 소개: 음식의 맛과 재료, 사회 문화적 배경, 타국 음식과의 비교 등을 포괄적으로 다룬다.
- 요리법: 2-3페이지에 걸쳐 재료와 요리법을 소개한다. 가능하다면 학습자가 직접 요리하는 과정을 촬영해서 구성해 보는 것도 좋다.
- 추가 페이지: 필요에 따라 해당 음식을 더 맛있게 먹을 수 있는 방법, 동네에서 사 먹을 수 있는 곳, 해당 음식의 여러 버전 등 관련 내용을 한 페이지 정도 추가할 수 있다.
- 저자 소개: 요리책을 작성한 학습자의 사진과 간단한 소개문을 넣어 만든다.
- 앞표지와 뒤표지: 부담이 되지 않는 선에서 표지를 꾸밀 수 있다.

② 프로젝트 수행 단계

✏️ 요리해 보기 [선택]

- 학습자들은 개인, 또는 팀별로 요리책에 소개할 요리를 실제로 만들어 본다.
- 이때, 재료 준비, 조리 순서, 완성된 음식 등 조리하는 과정을 사진이나 영상으로 기록한다. 또한, 요리책 작성에 활용할 수 있도록 조리 중 느낀 점이나 예상치 못한 상황을 메모해 둔다.
- 팀 내에서 만든 요리에 대해 간단히 공유하고 피드백을 주고받는다.
- 재료 수급과 장소의 제약으로 요리를 실제로 해 보기 어려울 경우, 재료와 조리법에 대한 정보를 인터넷에서 찾는 것으로 대신할 수 있다. 이때, 식당에서 해당 메뉴를 먹어 보는 방식 등으로 부족한 부분을 보충할 수 있다.

🖊 요리책 구성

- 학습자들은 팀별로 Book Creator를 사용해 만들 요리책의 전체 틀을 기획한다.
- 각 요리가 공통 주제 안에서 어떻게 연결될 수 있는지 토의를 통해 정리하고 사진, 영상, 그림 등을 어떻게 배치할지 논의하며 시각적 구성도 함께 고려한다.

🖊 요리책 작성

- 학습자들은 각자가 맡은 요리 페이지를 중심으로 본문 작성을 시작한다. 이때, 팀원 간에 수시로 점검하며, 언어 표현, 문장의 자연스러움, 시각 자료의 선정과 배치 등을 협의한다.
- 교사는 학습자들이 Book Creator의 디자인과 템플릿 기능을 적극 활용하여 프로젝트 수행의 효율성을 제고하고 요리책의 완성도를 높일 수 있도록 지도한다.
- 또한, 교사는 문법적 오류나 어색한 표현에 대해 반복적으로 피드백을 제공하며, 내용의 균형이나 표현의 다양성을 조율한다.

<그림 10-10> Book Creator를 이용해 작성한 김밥을 주제로 한 전자 요리책

③ 프로젝트 후 단계

✏️ 프로젝트 마무리 및 발표 준비

- 팀별로 완성된 요리책은 퇴고 과정을 거쳐 최종적으로 점검한다.
- 프로젝트 과정과 요리책을 소개할 수 있는 발표 자료를 준비하고 발표 연습을 한다.

✏️ 발표

- 팀별로 e-book을 공유하면서 발표를 진행한다. 이때, 학습자들은 추가적으로 슬라이드를 만들어 발표에 활용할 수 있다.
- 발표의 내용은 다음과 같이 구성한다. – 전체 요리책의 구성 소개, 각 요리 소개, 프로젝트 수행 중 느낀 점, 어려웠던 점, 새로이 배운 점 등.
- 교사는 학습자들이 다른 팀의 발표와 요리책을 탐색하는 동안 참고할 수 있는 길잡이 질문을 제시하고, 이후 동료 평가 시에 활용하도록 한다.

 길잡이 질문

발표의 동료 피드백을 위해 교사가 제시할 수 있는 길잡이 질문에는 어떤 것이 있을까?

- 이 팀은 요리책을 어떤 주제로 구성했어요? 주제가 명확하게 전달되었어요?
- 어떤 요리가 가장 인상 깊었어요? 왜요?
- 요리책에서 설명하는 방식이 이해하기 쉬웠어요?
- 사진, 디자인, 책의 전체 구성에서 인상적인 점이 있어요?
- 발표 중 흥미롭거나 새롭게 알게 된 정보와 지식이 있어요?

※ 수업 시간을 할애하여 '요리책 전시회'를 개최하고 서로의 책을 돌아보고 질의응답을 할 수 있는 시간을 갖는 것도 가능하다.

✏️ 평가와 공유

- Book Creator의 강점인 공유 도서관 기능을 이용해 각 학습자가 만든 요리 잡지를 전체 학급에서 공유하도록 한다. 이때, 공유의 범위는 교내 한국 관련 동아리 회원들, 가족, 친구, 인터넷의 불특정 독자 등 수업 밖의 인원으로도 확장할 수 있다.
    ※ 필요에 따라, 프로젝트 활동을 더 확장해 진행할 수 있다. 예를 들어, 다른 친구가 만든 요리 잡지를 따라 요리해 본 후기 나누기, 각 요리 잡지에 추가하고 싶은 페이지 생각해 보기 등이 있다.
- 학습자들은 자기 성찰문을 통해 프로젝트 경험과 학습 성과를 돌아본다.
- 교사는 언어 표현, 내용 구성, 시각 자료 활용 등에 대한 피드백을 제공한다.
- 학습자들은 발표 단계에서 참고한 길잡이 질문과 그에 대한 답을 활용하여 동료 피드백을 제공한다.

<그림 10-11> Book Creator를 이용해 작성한 웹진의 예 (한국 패션)

10.3.3. 블로그를 활용한 이슈 탐구 프로젝트

프로젝트 기반 수업은 학습자들의 언어 학습과 문화 이해뿐만 아니라 문제 해결 능력과 사회 정의에 대한 의식을 고양시킬 수 있다. 이러한 프로젝트들은 학습자들이 글로벌 시민으로서 자신이 속한 사회의 여러 문제에 대해 탐구하고 그 문제를 해결하기 위한 방법에 대해 고민해 보도록 한다.

이슈 탐구 프로젝트에서 탐구와 토론의 대상이 되는 사회 문제는 학습자 스스로 정할 수 있도록 하되, 필요에 따라 교사가 그 범위를 제한해 줄 수 있다. 예를 들어, 기숙사 문제, 학생 식당 음식의 가성비 등 교내에서 학습자들이 실제로 겪고 있는 문제에 집중하도록 할 수도 있고, 환경 문제나 전쟁 문제 등 전 세계의 모두가 함께 협력해서 해결해야 하는 문제로 그 영역을 넓힐 수도 있다. 이 절에서는 현대 한국 사회의 여러 시사 이슈를 주제로 한 프로젝트를 소개하고자 한다.

이슈 탐구 프로젝트 역시, 프로젝트 수행의 최종 결과를 다양한 형태로 산출해 낼 수 있다. 예를 들어, 앞의 절에서 소개한 e-book이나 웹진의 형태로 정리할 수도 있고, 학습자들이 직접 촬영하고 수집한 자료를 편집해 다큐멘터리를 제작하는 것도 가능하다. 이 장에서는 학습자들이 이슈 탐구의 결과를 블로그의 형태로 정리하는 것을 목표로 하는 프로젝트의 예를 소개하고자 한다. 블로그의 경우, 하이퍼링크 기능을 활용해 저자가 생각하는 사고의 흐름에 따라 페이지를 구성할 수 있어 사회 문제에 대한 탐구와 해결을 주제로 하는 프로젝트에 적합한 도구가 될 수 있다. 뿐만 아니라, 블로그의 내용을 언제든지 수정하고 추가할 수 있어서 급변하는 여러 이슈를 정리하기에도 유용한 도구가 된다. 블로그 기능이 있는 플랫폼은 다양하지만, Google Sites(https://sites.google.com/)나 Canva Website Builder(https://www.canva.com/website-builder/)의 경우 여러 명이 같이 작업할 수 있어 협력적 블로그 프로젝트에 특히 더 적합하다.

특히, 이번 프로젝트에서 사용하는 Google Sites는 전문적인 코딩 지식 없이도 웹사이트를 손쉽게 만들 수 있는 도구로 회원 가입 후, 무료로 이용 가능하다. 각 페이지에 사진, 영상, 다른 웹사이트를 업로드하거나 링크할 수 있고 구글 문서, 구글 슬라이드, 구글 이미지, 유튜브 등 구글 도구와의 연동이 원활하여 다양한 형태의 자료를 통합적으로 제시하기에 유용하다.

(1) 프로젝트 개요

① **프로젝트 제목**: 한국 사회 이해하기 – 블로그 제작 프로젝트
② **대상 학습자**: 고급 학습자
③ **프로젝트 목표**:
- 한국 사회의 주요 이슈나 시사 문제에 대한 탐구를 통해 한국어, 한국문화, 한국

사회에 대한 이해를 신장한다.
- 자국 또는 해외의 유사한 상황과 비교하면서 문화적 차이와 공통점을 이해할 수 있다.
- 문제점을 체계적으로 정리하고 해결 방안을 논리적으로 제시하며, 자신의 의견을 글과 발표로 명확히 표현할 수 있다.

④ **프로젝트 결과물**: 한국 현대 사회 탐구 블로그
⑤ **사용 도구**: Google Sites(https://sites.google.com/)

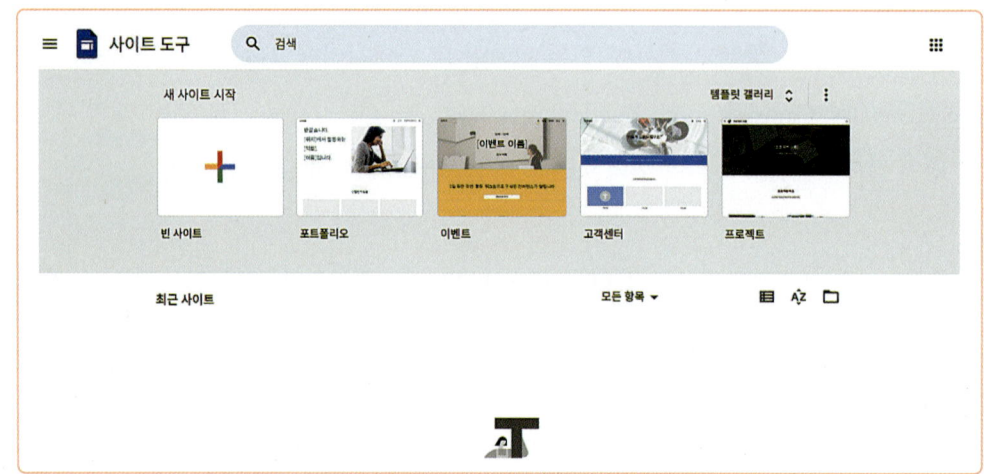

<그림 10-12> Google Sites 첫 화면

⑥ **교사를 위한 Google Sites 사용법 안내**

- 구글에 로그인한 후 우측 상단의 구글 앱 아이콘을 클릭해서 사이트를 선택하거나 링크를 통해 접속한다.
- 〈그림 10-12〉의 첫 화면에서 빈 사이트 를 클릭해 사이트를 생성한 후, 그림 〈10-13〉과 같이 우측의 테마 를 클릭해 전체적인 색과 디자인을 선택한다. 〈그림 10-13〉에서 보이는 검은 영역이 '머리글'인데, 하단의 이미지 를 클릭하면 머리글 이미

지를 변경할 수 있으며 머리글 유형을 클릭해 배경 이미지 유무와 전체 페이지 상 머리글의 크기/비율 등을 조정할 수 있다.

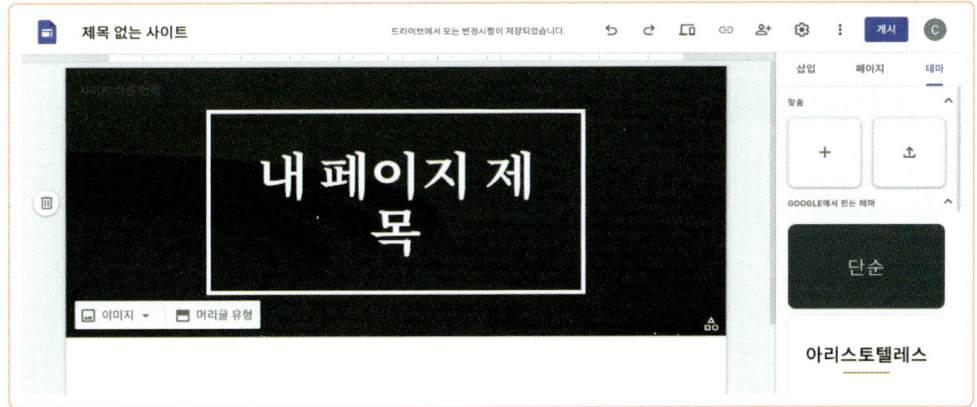

<그림 10-13> Google Sites의 편집 화면

- 화면 좌측의 삽입을 클릭해 현재 페이지의 구성을 정할 수 있다. 〈그림 10-14〉와 같이 콘텐츠 블록을 이용하면 미리 정해져 있는 이미지 및 글의 배치를 골라 사용할 수 있다. 원하는 콘텐츠 블록을 골라 삽입한 후 콘텐츠 블록 내의 +를 클릭하면 이미지, 유튜브 비디오, 구글 달력, 지도 등 다양한 매체 자료를 추가할 수 있다. 특히, 기존에 구글 드라이브에 업로드해 두었던 파일을 바로 연결시킬 수 있으며 이미지의 경우 구글 이미지를 이용해 바로 검색해 넣을 수 있다.

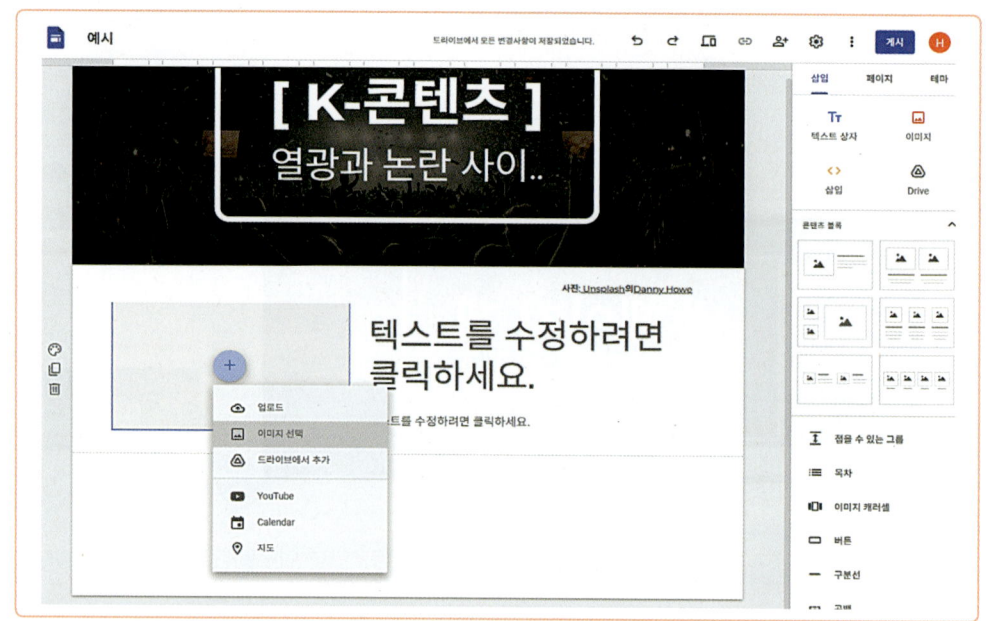

<그림 10-14> 홈 화면 편집 과정

- 작업 중인 페이지의 구성이 마무리되면 페이지를 클릭해 새로운 페이지를 추가한다(《그림 10-15》). 처음에 작업한 페이지는 '홈(Home)'으로 설정되어 있다. 화면의 우측 하단의 +를 클릭하면 새 페이지를 추가할 수 있다.
- 여기서 추가한 새 페이지나 메뉴는 홈으로 지정된 페이지 우측 상단에 클릭할 수 있는 메뉴로 표시된다(《그림 10-15》 참조). 각 페이지 옆에 표시된 점 세 개를 클릭하면 하위 페이지를 추가할 수 있으며 위아래로 드래그해 페이지 순서를 바꿀 수 있다. 이때 바뀐 페이지 순서는 머리글 우측 상단의 메뉴에 실시간으로 반영되어 표시된다.

 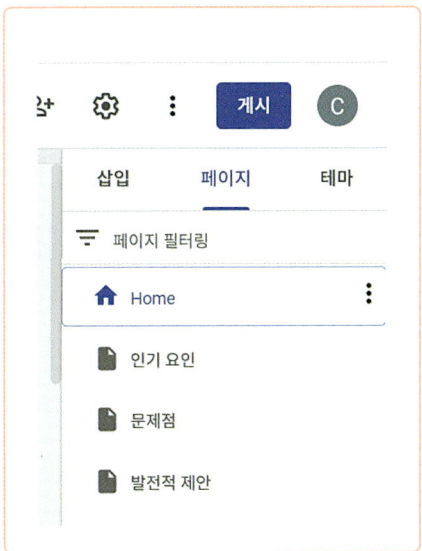

<그림 10-15> 페이지 추가 및 편집 방법

- 화면 우측 최상단(〈그림 10-14〉 참조)의 컴퓨터 아이콘 을 클릭하면 지금까지 완성된 사이트의 모습을 미리보기로 살펴볼 수 있고, 링크 아이콘 은 사이트를 게시한 후에 활성화된다. 사람 아이콘 을 클릭한 후, 이메일 주소를 추가하는 방식으로 공동 작업자를 추가할 수 있다. 편집자 권한을 부여해야 페이지 작성에 참여할 수 있다. 또한 게시 여부를 결정할 수 있다.
- 화면 우측 상단의 게시 를 클릭하면 나타나는 팝업 화면(〈그림 10-16〉)에서 프로젝트 사이트로 접속할 수 있는 주소를 생성한 후, 공개 검색 엔진에서의 표시 여부를 결정하고 게시 를 클릭한다.

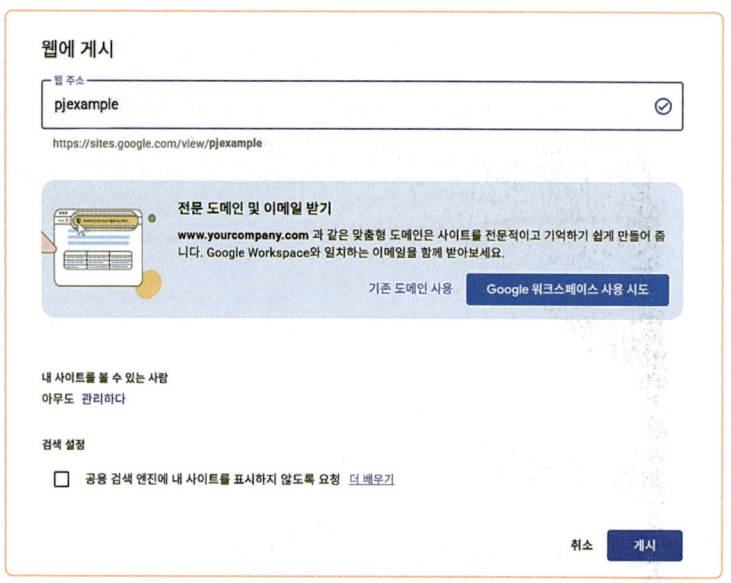

<그림 10-16> 사이트 게시 화면

(2) 프로젝트 절차

① 프로젝트 전 단계

✏️ 프로젝트 소개

- 교사는 협력적 블로그 프로젝트의 전체 흐름과 목적을 소개한다. 이때, 블로그의 주제가 될 만한 이슈들을 간략히 소개할 수 있다.
- 온라인 상에 공개된 블로그를 자유롭게 살펴보며, 블로그의 구조와 특성에 대해 익힐 수 있는 시간을 갖는다.
- Google Sites의 사용법을 간략히 소개하고 완성된 블로그는 인터넷을 통해 교실 밖 한국어 사용자들에게도 공유된다는 점을 상기시켜 프로젝트 수행의 동기를 부여한다.

✏️ 주제 및 내용 선정

- 교사는 뉴스에 자주 등장하는 한국과 관련된 이슈들을 간략히 소개한다. 또한, 수업 시간에 다룬 주제들 중, 프로젝트의 주제가 될 만한 것들을 다시 한번 정리해 준다.
    ※ 주제가 충분히 좁을 경우, 신문 기사 함께 읽기, 뉴스 영상 시청하기, 주제와 관련된 어휘 학습하기 등 해당 주제에 대한 기본적인 정보를 얻을 수 있는 수업을 추가로 진행할 수 있다.
- 학습자들은 지금 한국 사회에서 자주 회자되거나 뉴스에 등장하는 이슈, 자신이 특별히 관심을 가지거나 더 알아보고 싶은 문제 등을 자유롭게 토의한다. 나아가 이 문제를 해결하기 위해 제안할 수 있는 현실적인 방법에 대해서도 알아본 후, 블로그의 주제를 선정한다.

✏️ 프로젝트 계획

- 학습자들은 팀을 이루어 토론을 통해 프로젝트 계획을 세운다. 프로젝트 전체의 계획은 대략적으로 자료 조사 ⋯▶ 자료 분석 ⋯▶ 블로그 작성의 단계를 거칠 수 있도록 지도한다.
- 프로젝트 계획 단계부터 블로그의 개요를 가능한 자세히 짤 수 있도록 교사의 지도가 필요하다. 다음과 같은 길잡이를 제시할 수 있다.

길잡이

블로그의 개요를 짜는 과정에서 교사가 제시할 수 있는 길잡이

- 팀원들과 토론을 통해 가장 알아보고 싶은 현대 한국 사회의 이슈/현안을 하나 고르세요.
- 구체적으로 어떤 문제가 있는지 조사해 보고 간략히 메모해 보세요.
- 이 문제에 대한 사람들의 관심을 촉구하기 위해 어떤 내용을 알리는 것이 중요할까요? 이 문제와 관련된 주요 쟁점 세 가지를 정리하세요.
- 이 문제를 해결하기 위한 방법에는 어떤 것이 있을까요? 우리들이 할 수 있는 일이 있을까요?
- 팀원들과 토론한 내용을 바탕으로 다음의 프로젝트 개요를 정리해 보세요.

　대주제　＿＿＿＿＿＿＿＿＿＿＿＿＿＿＿＿＿＿＿＿＿＿＿＿
　소주제/쟁점　1. ＿＿＿＿＿　2. ＿＿＿＿＿　3. ＿＿＿＿＿
　해결 방안　＿＿＿＿＿＿＿＿＿＿＿＿＿＿＿＿＿＿＿＿＿＿＿＿

- 학습자들은 블로그에 포함시킬 관련 자료(뉴스 기사, 영상 자료, 통계 자료, 해외 사례 등)에 대해서도 구상해 본다.
- 프로젝트 내용에 대한 정리가 마무리되면 프로젝트 실행을 위한 역할 분담을 한다.

② 프로젝트 수행 단계

자료 조사 및 분석

- 학습자들은 먼저 한국 사회 내에서 이 이슈가 어떻게 다뤄지고 있는지 조사하고, 문제의 원인과 현재의 대응 방안을 파악한다. 이를 위해 뉴스 기사, 통계, 정책 보고서, 인터뷰, 다큐멘터리 등 다양한 자료를 수집한다.
- 자국이나 해외의 유사 사례를 찾아 이슈의 양상과 해결 방안 등을 비교한다.

- 팀별로 토의하면서 조사 결과를 구조화하고, 의미 있는 분석 방향을 설정해 나간다. 이 과정에서 교사는 언어적 피드백과 내용 관련 코멘트를 제공한다.

✏️ 해결 방안 모색

- 조사한 내용을 바탕으로 현재 광범위하게 받아들여지고 있는 해결 방안의 효과를 검토한다. 그 과정에서 드러난 한계점이나 문제점을 논의하고, 더 나은 해결 방안을 모색한다.
- 한국어 수업 내의 프로젝트이므로 교사는 다소 비현실적인 부분이 있더라도 학습자들이 창의성을 발휘할 수 있도록 권장한다.
- 해외의 성공 사례를 참고하여 아이디어를 차용하거나 변형할 수도 있다.

✏️ 블로그 작성

- 학습자들은 프로젝트 계획 단계에서 활용한 길잡이를 참고하여 조사한 내용과 해결 방안을 블로그 형식으로 구현한다.
- 정리한 내용을 바탕으로 짧은 글을 작성한다. 이때 학습자들이 작성하는 짧은 글은 Google Sites 내 각 페이지의 주요 내용이 되고, 필요에 따라 설문조사 결과, 관련 다큐멘터리 리뷰, 인터뷰 내용 전사 등 다양한 장르의 글을 수록할 수 있다.
- 각 페이지에는 이미지, 영상, 표, 그래프, 인용 및 링크 등 시각적 자료를 포함해 정보를 시각화한다.
- 초안 작성 후, 팀별로 다른 팀의 블로그를 확인하고 상호 피드백을 주고받는다. 교사는 언어 오류뿐 아니라 표현 방식, 문화적 민감성, 설득력 등의 측면에서도 피드백을 반복적으로 제공한다.

<그림 10-17> Google Sites를 통해 제작한 'K-콘텐츠의 명과 암'을 주제로한 블로그

③ 프로젝트 후 단계

✏️ 프로젝트 마무리 및 발표 준비

- 완성된 블로그는 팀별로 퇴고 과정을 거쳐 완성도를 높인다.
- 수집한 자료, 조사한 내용, 블로그 콘텐츠를 바탕으로 간결한 발표 자료를 구성하고, 발표 역할을 분담한다.

✏️ 발표

- 각 팀에서 제작한 블로그를 공유한 뒤, 발표를 진행한다. 이때, 학습자들은 추가적으로 슬라이드를 만들어 발표에 활용할 수 있다.
- 발표의 내용은 각 팀에서 선택한 현안 소개, 문제의식, 현황, 문제점, 해결 방안,

프로젝트 수행 중 느낀 점, 어려웠던 점, 새로이 배운 점 등을 중심으로 구성한다.
- 교사는 학습자들이 발표 내용을 들으면서 발표의 주제가 현재 한국 사회에서 얼마나 심각한지, 사회적, 문화적, 경제적 배경은 무엇인지, 유사한 해외 사례가 있는지, 해결 방안에 대한 의견은 무엇인지 함께 고민해 보도록 한다.

평가와 공유

- 학습자들은 프로젝트를 마무리하며 프로젝트 전반에 대한 자기 평가를 실시한다. 배운 점, 어려웠던 점은 물론이고 프로젝트 수행 과정에서 자신의 기여나 앞으로의 개선점에 대해 자유로이 의견을 개진할 수 있다.
- 교사는 언어 표현, 내용의 논리적 구성, 시각 자료 활용 등에 대한 피드백을 제공한다.
- 학습자들은 발표 단계에서 느낀 점을 바탕으로 동료 피드백을 제공한다.
- 교사는 필요에 따라 블로그의 공개 검색 엔진에서의 표시 여부를 결정한 후 이를 '게시'하여 성과 확산을 도모한다.

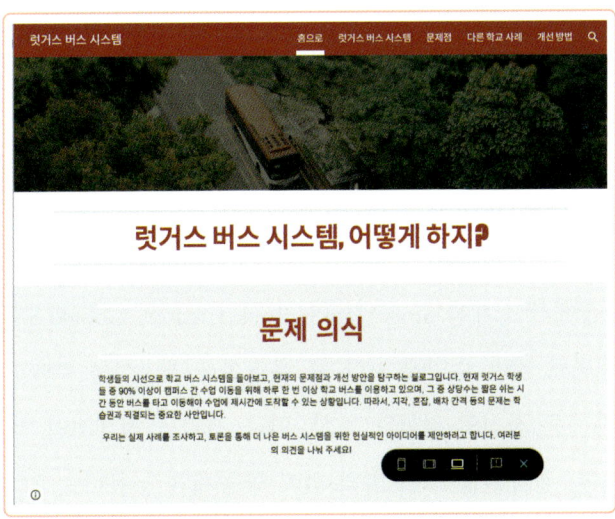

<그림10-18> Google Sites를 이용해 완성한 블로그의 예 (교내 버스 시스템 개선 방안)

<그림 10-19> Google Sites를 이용해 완성한 블로그의 예 (지구 온난화 문제)

10.4. 에듀테크가 이끄는 프로젝트 기반 수업의 미래

이 장에서는 에듀테크 도구를 효과적으로 활용한 세 가지 프로젝트 기반 수업의 사례를 소개하였다. 프로젝트 기반 수업은 학습자 중심의 수업 방안으로 이들의 탐구와 협력을 촉진하며, 학습자들이 실제적인 언어 사용자로서 기능하도록 한다는 점에서 교육적 효과가 큰 수업 형태이다. 학습자들은 프로젝트를 수행하는 과정에서 자신의 경험을 생생하게 공유하고, 지식과 정보를 효과적으로 조직해 전달하는 것은 물론, 실생활의 문제를 깊이 탐구하고 해결하기 위해 노력한다. 그 과정에서 비판적 사고 능력과 문제 해결 능력의 신장에도 긍정적인 역할을 한다.

이에 더해, 이 장에서 소개한 StoryMapJS, Book Creator, Google Sites와 같은 에듀테크 플랫폼은 프로젝트 기반 수업에 보다 큰 유연성과 개방성을 부여한다. 이러한 플랫폼을 통해 학습자들은 자신의 경험과 지식, 탐구 결과를 창의적인 방식으로 구성하고 시각화할 수 있으며, 결과물을 교실 밖의 언어 공동체와 공유하는 과정에서 언어 학습자에서 한 사람의 언어 사용자로 정체성을 확장하게 된다. 이는 단순한 과제 수행을 넘어 지식과 정보를 능동적으로 조직하고 생산하는 경험으로 이어지며, 테크놀로지 사용에 대한 행동 규범을 의미하는 디지털 시민성의 함양에도 긍정적인 역할을 한다.

이렇듯 학습자의 흥미와 자율성을 높이고 실제적 맥락에서의 언어 사용을 촉진하는 프로젝트 기반 수업과 기술을 활용해 창의적 결과물을 제작·공유할 수 있는 에듀테크 플랫폼의 결합은 디지털 네이티브 세대의 학습자들이 한국어를 깊이 이해하고 능동적으로 사용할 수 있도록 돕는 유용한 교육적 도구가 될 것이다.

생각해 보기

프로젝트 기반 학습과 에듀테크의 만남은 학습자들에게 실제적인 언어 사용의 장을 제공한다. 그러나 테크놀로지 의존, 윤리적 책임, 문화적 민감성에 대한 고민은 교사와 학습자가 함께 풀어야 할 숙제로 남는다. 아래 질문들을 중심으로 논의의 출발점을 마련해 보자.

- 수업에 프로젝트 기반 학습을 적용한다면, 어떤 주제가 학습자들의 흥미와 실제적 언어 사용을 가장 효과적으로 이끌어 낼 수 있을까?
- 에듀테크 플랫폼을 활용할수록 테크놀로지 의존도는 높아질 수밖에 없다. 이때의 한계와 위험은 어떤 것이 있고, 교사로서 어떻게 대비해야 할까?
- 학습자가 만든 결과물을 온라인에 공개하고 공유할 때, 교사와 학습자가 고려해야 할 윤리적 책임에는 어떤 것들이 있을까?
- 다문화·다중언어 학습자 집단에서, 프로젝트 주제를 선정할 때 문화적 민감성을 어떻게 확보할 수 있을까?
- 프로젝트 활동이 학습자들의 실제 사회 참여로 이어지게 하려면 어떤 설계 요소가 필요할까?

멀티모달 AI를 활용한 문학 수업

문학 속 인물이 학습자들의 시점과 감각으로 다시 살아나고, 이야기의 흐름이 학습자의 상상에 따라 다채롭게 펼쳐질 수 있도록 이끄는 수업! 이제는 문학 수업도 감상과 수용을 넘어 학습자들이 창의적으로 작품을 재구성할 수 있도록 설계되어야 한다. 이러한 수업에서 학습자는 비로소 수업의 주체가 된다. 이때 창의적 활동을 돕는 유용한 도구가 되어 주는 것이 바로 멀티모달 인공지능이다. 에듀테크 도구와 생성형 인공지능의 도움으로 학습자들은 자신의 상상력을 오디오 그림책, 웹툰, 노래, 동영상 등으로 구현할 수 있게 되었고, 창작한 작품을 편리한 방법으로 공유할 수 있게 되었다. 이 장에서는 에듀테크 도구와 생성형 인공지능을 활용해 학습자가 주체적이고 창의적으로 문학작품을 재구성하며 그 결과를 함께 나눌 수 있는 수업 방법에 대해서 안내한다.

11.1. 한국 문학교육에서 멀티모달 AI 활용의 필요성

우리 삶 전반에 큰 영향을 미치고 있는 다양한 생성형 인공지능 도구들이 교육 현장에도 큰 변화를 불러오고 있다. 이러한 도구들은 교사의 수업 준비 부담을 경감시키는 동시에, 학습자의 적극적인 참여와 주도적인 학습을 촉진할 수 있다는 점에서 주목할 필요가 있다. 한국어교육에서도 말하기나 쓰기와 같은 기능 교육에서는 이미 ChatGPT와 같은 텍스트 기반의 생성형 인공지능을 활용한 교수·학습 방법이 활발히 모색되고 있으나 한국문학을 포함한 문화교육 분야에서는 관련 연구와 사례를 찾아보기가 쉽지 않다. 그러나 과학 기술의 가속화와 교육 혁신의 흐름 속에서 에듀테크의 역할은 앞으로 더욱 중요해질 것이므로 문화교육 분야에서도 관련 기술을 적극 수용하여 적용할 필요가 있다.

그동안 한국어교육에서 문학 텍스트는 문학 자체에 대한 이해뿐 아니라 한국어 및 한국문화를 이해하는 데 유용한 자료로 활용되었다. 특히 문학에는 한국의 사회와 역사, 한국인의 생활, 가치, 정서, 세계관 등이 잘 반영되어 있어(윤영, 2019:769) 문화교육에 유용하다. 시를 비롯한 서정 장르는 한국인의 정서와 한국어의 상징 등을 이해하는 데 유용하며, 특정 시공간을 배경으로 다양한 인물들의 이야기가 펼쳐지는 서사 장르는 한국의 역사, 사회, 정치 등 한국의 문화적 맥락을 간접적으로 체험할 기회를 제공한다는 점에서 가치가 있다. 한국의 가요와 영화, 드라마 등 한국의 대중문화가 여전히 전 세계적으로 인기를 끌며 한류를 견인해 가고 있으나 최근에는 한국문학 또한 주목을 받고 있으며, 특히 2025년에 한강 작가가 노벨문학상을 수상하면서 세계인의 관심이 더 높아졌다. 그리고 문학에 대한 이러한 관심은 한국어 학습자의 증가로 이어지고 있다.

그러나 문학을 외국인 학습자에게 가르치는 것은 쉽지 않다. 교사는 작품 속 작가의 독특한 문체와 고도의 상징적 어휘, 작품의 의미 등을 학생들이 이해할 수 있도록 이끌어야 할 뿐만 아니라 다양한 교수 방법을 통해 학생들의 흥미를 유지하면서 적극적인 참여를 유도해야 하기 때문이다. 특히 디지털 정보화 시대의 도래로 다양한 정보를 손쉽게 얻을 수 있게 된 최근에는 문학을 가르치는 데 있어서도 내용보다는 방법, 즉 '어떻게 가르칠 것인가'를 더 고민하게 되었다. 이에 본 장에서는 멀티모달 인공지능을 활용하여 문학에 대한 이해를 심화시키면서 학습자의 창의적 활동 및 학습자 간 상호작용을 높일 수 있는 방법을 제안해 보고자 한다. 특히 텍스트, 이미지, 음성, 영상 등을 통합적으로 다룰 수 있는 멀티모달 인공지능이 문학작품의 감상과 해석, 그리고 감상 후 창조와 표현 활동에서 구체적으로 어떻게 활용될 수 있는지 다양한 사례를 통해 살펴보고자 한다.

더 알아보기

문학교육에서 인공지능은 어떤 역할을 할 수 있을까? 다음은 문학교육에서 인공지능의 역할과 특징, 구체적인 적용을 보여 주는 예이다.[1]

역할		정의	특징	주의점	문학교육 적용
조력자	AI 멘토	작업에 피드백 제공	구체적이고 균형 잡힌 피드백 제공 가능	피드백에 오류의 가능성이 있으므로 비판적으로 검토	자신이 읽거나 쓴 작품에 대해 **피드백 요청**
	AI 튜터	지도, 교육적 안내 제공	직접이면서 개인화된 지도에 매우 효과적	불균형적 지식기반을 가지고 있어 혼란의 위험 존재	문학 이론과 역사 등 **궁금한 것 질문**
협력자	AI 팀원	협력적 지능 높임	다른 관점을 제공하며 팀의 기능 개선	혼란과 오류의 가능성이 있으며 다른 팀원과의 충돌 가능성도 존재	함께 작품 **토론**, **협업해** 새로운 작품 창작
	AI 학생	설명을 받음	가르침을 통해 강력한 학습을 경험	혼란과 논쟁이 학습의 이점을 저해할 가능성 존재	자신이 읽거나 쓴 문학작품 설명

탐구/ 창작자	AI시뮬 레이터	연습 기회 제공	지식을 적용하고 전이하는 데 도움	부적절한 충실도 가 있을 수 있으므 로 주의	문학작품의 상황 과 인물 **체험**
	AI도구	작업 수행에 도움	동일 시간 내에 더 많은 것을 달 성하는 것 가능	사고를 대신하는 수단이 아닌 기술 적 작업을 보조하 는 도구로 활용	문학작품 **분석**, **창작**에 도움

실제 문학 수업 과정 중, 인공지능은 여러 역할을 넘나들며 작품 이해와 창작에 도움을 줄 수 있다.

11.2. 문학 수업에서 학습자의 창의적 활동을 돕는 AI 도구

멀티모달 인공지능 도구들은 작품 감상 후 기존 작품을 재구성하거나 새로운 작품을 창작할 때 많이 활용될 수 있다. 문학교육의 목표가 단순히 작품에 대한 이해에 그치는 것이 아니라 포괄적 의미에서 창작까지를 포함한다고 했을 때(김지혜, 2024) 다양한 인공지능 도구들은 학습자의 창의성과 주도적 참여를 끌어내는 데 유용하다. 본 절에서는 문학 수업 시 학습자의 창의적 활동을 유도할 수 있는 대표적인 활동 및 그러한 활동을 돕는 멀티모달 인공지능 도구의 예를 구체적으로 제시해 보도록 하겠다. 이때 AI는 조력자와 협력자, 그리고 창작자의 역할을 두루 담당하며 학습자를 도울 수 있다.

---

1 여기에서는 노대원(2023: 46~47)이 제시한 7가지 접근법 중 AI코치를 뺀 6가지를 인공지능의 역할로 구성한 후 다시 유사한 역할을 묶어 세 가지로 구분하였다. AI코치의 역할, 즉 '학생의 학습 과정을 살피고 전략을 개선하도록 돕는 역할'은 실제 수업에서 교사가 담당하는 것이 더 적절하다고 판단하여 삭제하였다.

11.2.1. 생성형 AI를 활용한 이야기 다시쓰기

소설이나 전래동화 등 서사 작품을 감상한 후 학습자의 창의적 활동을 끌어낼 수 있는 대표적인 활동으로 이야기 '다시쓰기'를 들 수 있다. 다시쓰기는 이야기 전체, 혹은 이야기의 일부분이나 결말 등을 다시 쓰는 방법이 있으며 이는 교실 상황과 수업 시간, 원작의 분량 등을 고려해 결정할 수 있다. 설화와 같은 구전 서사는 이야기 전개도 단순하고 작품의 길이도 길지 않아 이야기 전체를 다시쓰기 하는 데 상대적으로 부담이 덜할 것이다. 단편소설 역시 이야기 전체를 다시 쓰는 것이 가능하나 중·장편 소설의 경우는 학습자 수준이나 수업 상황을 고려하여 다시쓰기의 범위를 정하되 시간에 여유가 없다면 결말 다시쓰기 활동을 진행하는 것도 흥미로운 활동이 될 것이다. 다시쓰기 활동은 이야기를 재구성하는 과정에서 원작을 다시 검토, 확인하게 되는데 이를 통해 원작에 대한 이해를 심화시킬 수 있으며 새롭게 이야기를 창작하는 과정에서 학습자의 상상력과 창의력을 제고시킬 수 있다.

특히 다시쓰기 활동에 생성형 인공지능을 활용할 경우, 창작에 대한 학습자의 심리적 부담뿐 아니라 시간적 부담도 줄일 수 있다. 또한 1차로 완성된 다시쓰기의 결과물은 다양한 생성형 인공지능 도구를 통해 그림책, 웹툰, 동영상 등으로 다채롭게 재창작될 수 있는데 이러한 활동이 학습자의 흥미와 관심을 끄는 데에도 유용하다. 다음은 권대훈·구세연·김지인 외(2023:176)를 참고로 한국어교육 현장에 맞게 재구성한 생성형 인공지능 활용 다시쓰기의 단계와 주요 활동 내용이다.

<표 11-1> ChatGPT와의 상호작용을 바탕으로 한 다시쓰기의 단계와 활동

단계	주요 활동	
사전 준비	• 팀 편성 • ChatGPT 프롬프트 입력 방법 및 결과물의 특성 이해	
〈다시쓰기〉 기획	• 어떤 제목, 주제, 내용을 담은 이야기로 만들 것인지 논의 • 어떻게 이야기를 구성할 것인지 논의	
	• ChatGPT와 상황 설정 진행	인물, 주요 사건, 공간/시간 설정
이야기 협상 및 재구성	• 프롬프트 입력을 위한 기본 서사 설정	A → B → C (→ D) → 결말
	• ChatGPT와 협업해 이야기 재구성	프롬프트 작성/입력, ChatGPT 제안 선택, 이야기 협상 반복
이야기 창조	• 학습자의 다시쓰기 기획 의도에 맞춰 정리 • 이야기 창작 완성	
결과물 공유	• 발표 및 평가: 프레젠테이션, 동료평가 및 피드백, 자유 토론 • 교수 강평, 피드백 등을 반영한 최종 결과물 제출 및 공유	

(1) 생성형 인공지능 결과물의 특징 및 유의점 안내

본격적으로 다시쓰기 활동을 진행하기 전, 학습자들에게 ChatGPT와 같은 생성형 인공지능을 활용하여 자료를 구성할 때는 세심한 주의가 요구됨을 주지시킬 필요가 있다. 우선, 양질의 자료를 얻기 위해서는 무엇보다 프롬프트를 최대한 구체적이고 자세히 입력해야 함을 안내한다. 그리고 ChatGPT가 제공한 자료가 사실과 다르며 부정확할 수도 있으므로 관련 자료를 검증, 수정, 보완하는 작업이 반복되어야 함을 알려준다.

ChatGPT가 생성한 부정확한 정보는 환각(hallucination)이라는 문제점으로 나타난다. 이는 ChatGPT와 같은 생성형 인공지능이 사실과 다른 정보를 마치 사실인 것처럼 생성하여 사용자를 혼동시키는 현상을 말하는 것으로, 학습자들이 이를 유의해야 함을 강조한다. 다만 이러한 환각 현상은 사실 여부를 판단해야 할 때는 위험하나 상상력을 바탕으로 문학을 새롭게 창조할 때는 적절히 활용될 수 있음(권대훈·구세연·김지인 외, 2023: 171)을 함께 안내하도록 한다. 즉 학습자들이 문학작품과 관련된 배경지식을 확인하고 작품의 내용을 이해할 때는 생성형 인공지능이 제공하는 자료가 환각이 아닌지 주의해 가며 검증해야 하나 작품 감상 후 이를 재구성하거나 새롭게 창작할 때는 환각의 염려에서 벗어나 좀 더 자유롭게 인공지능을 활용할 수 있다는 것이다.

환각 외에도 인공지능에 지나치게 의존해서는 안 됨을 주지시킬 필요가 있다. 다양한 인공지능은 문학의 이해와 창조에 도움을 주는 조력자로 활용될 수 있으나 모든 활동의 주체자는 학습자 자신이 되어야 함을 강조해야 한다. 작품을 재창조할 때도 모든 것을 인공지능에 맡기는 것이 아니라 적극적 협상을 통해 창조물을 완성할 수 있도록 해야 한다. 다시쓰기 활동에서도 처음부터 모든 것을 ChatGPT가 완성하도록 하는 것이 아니라 전체 설계를 학습자가 짜되 그것을 구체화하는 데 인공지능의 도움을 받아 완성하도록 한다. 실제 수업 진행 시에는 학습자가 해야 하는 부분, 그리고 인공지능의 도움을 받거나 인공지능과 협력해야 할 부분을 교사가 명확하게 안내해 주는 것이 필요하다.

(2) 이야기의 협상과 재구성을 통한 다시쓰기 결과물 완성

팀을 편성하고 ChatGPT의 특성과 유의점을 확인한 후에는 어떤 주제와 제목, 내용으로 이야기를 구성할 것인지 팀원과 함께 기획한 후 ChatGPT와 이야기 협상을 진행하면서 이야기를 재구성해 나간다. ChatGPT와의 이야기 협상은 '학습자의 프롬프트 작성 및 입력 – ChatGPT의 제안 – 학습자의 선택'으로 이루어진다. 다음은 전래동화 〈해와 달이 된 오누이〉를 현대의 상황을 배경으로 이야기를 재구성하기 위해 ChatGPT와 이야기 협상하는 과정을 보여 주는 예이다.

<표 11-2> 프롬프트 입력과 ChatGPT5의 제안을 보여 주는 예

	ChatGPT5와의 이야기 협상 중 일부
프롬프트	전래동화 〈해와 달이 된 오누이〉를 바탕으로 짧은 웹소설을 만들려고 해. 기존 전래동화의 흐름을 유지하면서 현대를 배경으로 공포 스릴러 이야기를 만들어 보려고 해. * 공포의 대상은 호랑이에서 좀비로, 피신/구조는 하늘에서 옥상으로, 오누이를 구해 주는 도구는 밧줄에서 구지가 노래로 바꿀 거야. * 주제는 권선징악, 지혜에서 생존을 위한 지혜는 그대로 하고 기억의 전승을 추가하려고 해. ※ 원작 동화에서 아이들이 문을 열어주지 않고 호랑이가 엄마인지 확인하는 대화, 나무 위에서 호랑이와 나누는 대화가 있는데 이를 좀비와 아이들이 나누는 대화로 바꾸려고 해. 지혜로 위기를 모면하는 대화의 예를 2개 정도 제안해 줄래?
ChatGPT의 답변	요청하신 조건을 반영해 원작 해와 달이 된 오누이의 구조를 살리면서 현대 공포 스릴러로 각색한 지혜로운 대화 예시 두 가지를 정리해 드릴게요. **대화 예시 1 기억으로 확인하기** 상황: 좀비가 문밖에서 "얘들아, 엄마야. 문 열어라."라고 말하며 접근한다. 아이들은 엄마인지 아닌지 확인하기 위해 질문한다. 지훈(오빠): "엄마라면 기억하실 거예요. 오늘 아침에 우리한테 뭐 먹으라고 했죠?" 좀비: "…따뜻한 죽…" 지수(여동생, 속삭이며): "아니야! 오늘은 미역국이라고 했잖아." 지훈: "당신은 우리 엄마가 아니야." 포인트 → 원작의 "엄마 손 보여 달라"를 대신해 세세한 기억을 시험하는 질문으로 정체를 간파하는 장면. **대화 예시 2 가르침으로 시험하기** 상황: 문이 쾅쾅 울리며 좀비가 더 강하게 들어오려 한다. 아이들은 엄마가 평소 강조했던 말을 던져서 시험한다. 지훈: "그럼 엄마가 항상 우리한테 뭐라고 했는지 말해 봐요." 좀비: "…울지 말라고 했지…" 지수: "아니야! 엄마는 항상 '낯선 사람 따라가지 마'라고 했어!" 지훈: "그래, 당신이 바로 그 낯선 사람이야." 포인트 → 원작에서 나무 위로 올라갈 때 아이들이 지혜롭게 위기를 넘기는 구조를 반영. 여기서는 '엄마의 가르침(기억의 전승)'을 무기로 삼아 위기를 극복하는 순간을 연출. 두 장면 모두 원작의 긴장 구조를 현대적으로 변용하면서, 기억과 지혜가 생존의 열쇠라는 메시지를 강화할 수 있습니다.

위의 예와 같이 원작 〈해와 달이 된 오누이〉에서와 마찬가지로 지혜로운 대화로 위기를 모면하는 오누이의 상황을 웹소설에 넣기 위해 프롬프트로 대화 예시를 2개 요구했으나 ChatGPT가 만들어 준 대화는 다소 억지스럽고 맥락이 부자연스러움을 볼 수 있다. 따라서 이야기를 재구성할 때 완성도를 높이기 위해서는 ChatGPT와의 반복적인 협상 과정이 꼭 필요함을 확인할 수 있다. 다만 새로 만들고자 하는 이야기의 사건과 구조가 복잡할 경우, 협상 또한 지나치게 길어질 수 있으므로 수업 시간을 고려해 이야기 전개와 구조에 제한을 둘 필요가 있다. 즉 이야기 전체의 분량을 한 페이지, 혹은 읽었을 때 3분 정도가 되도록 사건과 이야기 구조를 단순화하도록 학생들에게 안내할 필요가 있다.

ChatGPT와의 반복적 협상을 통해 이야기를 재구성한 후에는 처음의 기획 의도에 맞게 내용을 정리하여 이야기를 완성하도록 한다. 다시쓰기로 이야기를 완성한 후에는 이를 동영상 콘텐츠로 재창조하는 활동을 진행할 수 있다. 다음은 동영상 제작 생성형 인공지능 'Vrew'를 활용해 〈해와 달이 된 오누이〉의 다시쓰기 내용을 동영상으로 제작한 예이다.

<그림 11-1> '다시쓰기'한 내용을 Vrew를 통해 동영상으로 제작하는 과정 및 결과

위와 같이 다시쓰기 내용을 텍스트로 입력하면 이야기의 분위기에 어울리는 배경 음악과 함께 이미지, 목소리, 자막 등이 자동으로 생성된다. 텍스트를 입력하면 짧은 시간에 동영상이 자동으로 생성된다는 점에서 위의 도구는 장점이 있다. 그러나 동영상 속 등장인물의 얼굴이 일관되게 나오지 못하고 장면마다 다르게 구현된다는 문제점도 있다. 그러나 다시쓰기의 결과물을 시각과 청각으로 구체화하여 흥미롭고 생생하게 전달한다는 점에서 이러한 멀티모달 인공지능 도구들은 의미가 있다.

11.2.2. 디지털 책 제작 도구를 활용한 오디오 그림책 창작

여기에서는 원작을 감상한 후 진행할 수 있는 창조 활동으로 오디오 그림책 만들기를 알아보고자 한다. 오디오 그림책의 내용은 원작의 이야기 중 핵심적인 내용을 학습자들이 간추려 구성할 수도 있고, 앞에서 진행한 다시쓰기의 결과물을 활용할 수도 있다.

오디오 그림책을 제작하기 위해서는 먼저, Midjourney나 Stable Diffusion web UI, DALL-E 등과 같은 이미지 생성 인공지능 도구에 프롬프트를 입력하여 이야기의 각 장면에 해당하는 삽화를 만든다. 이후 Book Creator, MiriCanvas, Canva 등 디지털 책 제작 도구를 활용해 이미지와 글을 편집하여 책을 완성한다. 특히 Book Creator는 페이지별로 오디오를 직접 녹음하여 삽입할 수 있고 '책 넘기기' 형식을 갖추고 있어 오디오 그림책 제작에 최적화되어 있다.

다음은 〈해와 달이 된 오누이〉 이야기를 〈오누이 탈출기〉라는 현대적 이야기로 '다시쓰기' 한 후 Book Creator를 통해 오디오 그림책을 만드는 과정을 보여 준다. 그림과 글뿐만 아니라 오디오 기능을 활용하여 내용을 녹음하는 활동을 통해 학습자들이 말하기를 연습할 수도 있다.

- 표지와 본문 제작하기

    (만들어둔 이미지 업로드, 텍스트 입력)

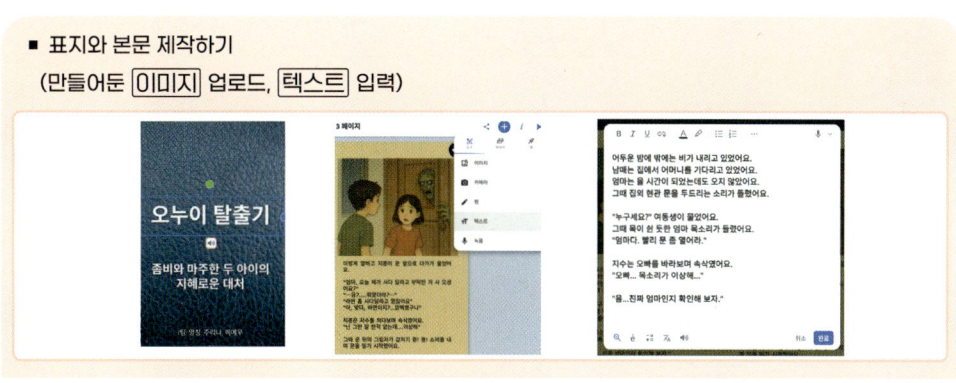

- 오디오 녹음 후 책 읽어주기 실행 및 공유하기

    (녹음 선택 후 직접 녹음, 완료 후 아이콘 본문에 배치, 읽어주기 클릭, 전자책으로 다운로드 클릭)

- 결과물 중 일부

<그림 11-2> Book Creator로 오디오 그림책을 창작하는 과정 및 결과물

 **더 알아보기**

학습자들이 Book Creator를 통해 책 만들기 활동을 하려면?

Book Creator에서 학습자들이 책 만들기 활동을 하기 위해서는 교사가 코드를 생성하여 공유해야 한다. 코드 생성 절차를 알아보자.

1단계 교사 계정 생성: Book Creator에 교사 계정으로 가입
- 접속: Book Creator.com, Google, Microsoft 계정 등으로 로그인 가능

2단계 라이브러리 생성
- 교사 대시보드에서 [Create a new library] 버튼 클릭
- 학급별 라이브러리를 만들어 학생들이 책을 제작할 수 있는 공간 제공

3단계 초대 코드 생성
- 생성한 라이브러리 상단에서 [Invite Code] 버튼 클릭
- 자동으로 생성된 초대 코드를 복사하여 학생에게 알려주거나, QR 코드로 공유

4단계 학생 참여 방법
- Book Creator에서 Student 계정으로 로그인
- 메뉴에서 [Invite Code Join a library] 선택 후, 받은 초대 코드 입력, QR 코드나 링크로도 접속 가능

5단계 편집 권한 부여
- 교사가 [Share] → [Collaborate] 권한을 켜면 학생들이 책을 만들고 편집하는 것 가능
- 필요에 따라 학생별로 편집 권한 관리 가능

이 과정을 거치면 학생들은 교사의 라이브러리 안에서 오디오북, 그림책, 글쓰기 활동 등을 자유롭게 할 수 있다.

 **생각해 보기**

소설이나 설화를 학습할 때 진행할 수 있는 멀티모달 인공지능 활용 창작 활동에는 또 무엇이 있을까?

소설이나 설화 등을 학습한 후 이야기의 내용을 바탕으로 새롭게 책 표지를 창작하거나, 책을 영화로 만든다고 가정하여 영화 포스터를 만드는 활동을 진행할 수 있다. 또한 수업 시간에 배운 원작이나 다시쓰기로 구성한 내용을 바탕으로 웹툰을 만들 수도 있다. 하나의 활동을 택해 다음의 질문에 답해보고 창작 활동을 해 보자.

- ☐ 어떤 창작 활동을 하고 싶어요?
- ☐ 어떤 단계로 진행하면 좋을까요?
- ☐ 이때 어떤 인공지능 도구를 활용하면 좋을까요?
- ☐ 창작 과정 중 유의해야 할 점이 있을까요?

※ 아래는 앞에서 제시한 다시쓰기 내용을 웹툰으로 만든 예이다. 첫 번째는 Tooning을 활용해 만든 웹툰의 한 장면이고 두 번째 그림은 ChatGPT5로 만든 것이다. 그리고 세 번째는 Canva로 이미지를 생성한 후 ChatGPT로 말풍선을 넣어 웹툰의 한 장면을 완성한 예이다. 웹툰을 만드는 방법은 12장에서 자세히 다루고 있으므로 그 장을 참고해 보자.

11.2.3. 생성형 인공지능을 활용한 패러디 시 창작

패러디는 베끼거나 따오거나 바꾸면서 원작 텍스트 재의미화 그 자체를 '즐기는' 것이며, 어떻게 베끼고 따오고 바꾸는가에 의해 문학적 성패가 좌우된다(정끝별, 2017). 교육적 측면에서 패러디는 창작에 대한 부담을 한결 가볍게 해주기 때문에 학습자들의 동기 유발을 쉽게 유도할 수 있어 실질적으로 교육 현장에서의 적용이 용이하다는 장점이 있다(주재환, 2021:207).

시 교육에서 많이 활용되는 패러디는 원작 시에서 형식, 구조, 어휘, 주제 등을 일부 차용하거나 변형해 새로운 의미나 느낌을 만들어 낸다. 그러나 패러디도 창작에 해당하므로 학습자들에게 패러디 시를 바로 쓰도록 하는 것은 부담이 될 수 있다. 따라서 본격적으로 패러디 시를 쓰기 전, 원작 시와 패러디한 시의 예를 보여 주어 차이를 확인하고 나누는 시간을 갖도록 한다. 이후 원작 시에서 어휘, 혹은 문장의 일부를 교체 연습하게 한 후 시 전체를 패러디하도록 이끈다. 패러디 시 쓰기 수업 모형은 다음과 같이 구성할 수 있으며 그 과정에서 생성형 인공지능의 도움을 받을 수 있다.

<표 11-3> 패러디 시 창작 수업 모형(주재환, 2021:214를 참고하여 변형)

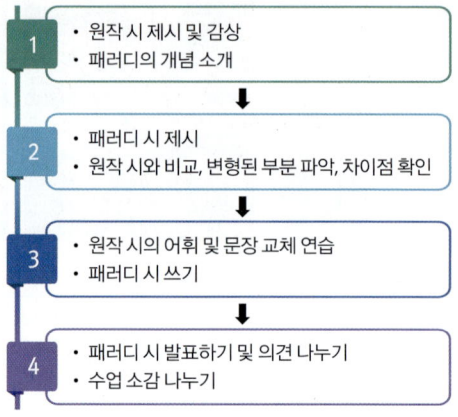

먼저 두 번째 활동, 즉 원작 시를 패러디한 시를 제시하여 비교하는 활동을 진행할 때 생성형 인공지능을 활용하여 패러디 시를 제공할 수 있다. 다음은 정지용의 시 〈유리창 1〉과 이를 생성형 인공지능이 패러디한 시이다.

<표 11-4> 원작 시와 생성형 인공지능이 패러디한 시의 예

정지용의 〈유리창 1〉	ChatGPT4가 생성한 패러디 시 〈핸드폰〉
유리(琉璃)에 차고 슬픈 것이 어른거린다 열없이 붙어 서서 입김을 흐리우니 길들은 양 언 날개를 파다거린다. 지우고 보고 지우고 보아도 새까만 밤이 밀려나가고 밀려와 부딪히고, 물 먹은 별이, 반짝, 보석처럼 박힌다. 밤에 홀로 유리를 닦는 것은 외로운 황홀한 심사이어니, 고흔 폐혈관(肺血管)이 찢어진 채로 아아, 늬는 산(山)ㅅ새처럼 날아갔구나!	휴대폰 화면에 차고 슬픈 것이 어른거린다 말없이 앉아 푸른 불빛을 바라보니 차단된 메시지창엔 아무것도 뜨지 않고 지우고, 켜고, 또다시 닫아도 멍한 내 눈엔 네 마지막 말이 계속 붙잡힌다 손끝으로 문자를 쓰는 건 떠나보낸 후회에 닿고픈 마음이어니, 아아, 너는 읽지 못한 말들 속으로 사라졌구나

정지용의 〈유리창 1〉은 아들을 잃은 아버지의 슬픔, 그리고 죽은 아들에 대한 그리움을 절제된 언어로 표현한 시이다. 생성형 인공지능이 패러디한 시는 원작 시의 형식과 구조를 유지한 채 제목, 소재와 주제, 내용 등을 바꾸었음을 볼 수 있다. 이러한 예를 통해 학습자들은 원작 시와 패러디 시의 차이점을 비교하면서 자연스럽게 패러디 시 쓰기 방법을 이해할 수 있다. 위의 예를 통해 패러디의 방법을 확인한 후에는 원작 시의 일부를 빈칸 처리하여 단어나 문장을 바꿔 보는 연습을 진행해 볼 수 있다. 아래는 생성형 인공지능의 도움을 받아 패러디 연습용 자료를 구성한 것이다.

> **패러디 연습용 「유리창 1」 (최종 버전)**
>
> (_____)에 차고 (_____) 것이 어른거린다.
> 열없이 붙어서서 (_____) 흐리우니
> 길들은 양 (_____)을 파다거린다.
> 지우고 보고 지우고 보아도
> 새까만 (_____)이 밀려나가고 밀려와 부딪히고,
> 물 먹은 별이, 반짝, (_____)처럼 박힌다.
> 밤에 홀로 (_____)을 닦는 것은
> 외로운 황홀한 심사이어니,
> 고운 폐혈관이 찢어진 채로
> 아아, 너는 (_____)처럼 날아갔구나!
>
> **패러디 포인트**
> - **대상**: 유리 → 거울, 스마트폰, 강물, 창문
> - **감정**: 슬픈 → 기쁜, 무서운, 따뜻한, 쓸쓸한
> - **행동/상징**: 입김 → 한숨, 노래, 바람
> - **공간/배경**: 밤 → 파도, 도시, 교실, 숲
> - **비유/상징물**: 보석 → 불빛, 눈송이, 꽃잎
> - **마지막 비유**: 산새 → 버스, 바람, 고양이, 나비

<그림 11-3> ChatGPT의 도움을 받아 완성한 시 패러디 연습 활동지

이렇게 연습한 후 자신이 쓰고 싶은 주제, 주요 소재, 사용하고 싶은 표현 등을 메모한 후 실제 패러디 시 쓰기 활동을 진행한다. 이때 자신이 완성한 시를 ChatGPT와 같은 생성형 인공지능에 보여 주어 반응을 확인 후 수정을 거쳐 완성한다.

11.2.4. 멀티모달 인공지능을 활용한 <시화> 창작

시를 학습한 후 시에 대한 느낌과 감상을 자신만의 그림으로 표현하거나 시를 창작한 후 자신의 시에 어울리는 그림을 삽화로 넣는 활동도 진행할 수 있다. 이때 그림을 그리는 인공지능 도구는 앞에서 제시한 바와 같이 Midjourney, Stable Diffusion, DALL-E, 혹은 ChatGPT 등을 활용할 수 있으며 이미지를 만든 후에는 Canva를 활용해 텍스트를 삽입할 수 있다.

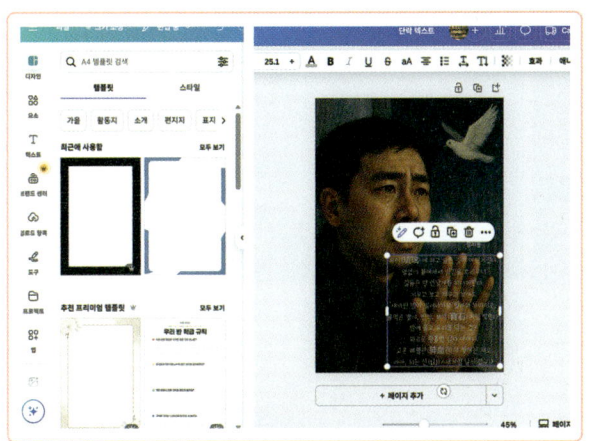 

<그림 11-4> 정지용의 시 '유리창 1' 감상 후 DALL-E로 그린 그림을 Canva로 만든 시화

위와 같이 학습자들이 시를 감상한 후 그 작품에 어울리는 그림을 만들어 시화를 완성하는 활동을 할 수 있으며, 나아가 시 감상 후 학습자가 직접 시를 창작해 그 시에 어울리는 그림을 생성형 인공지능을 통해 완성한 후 작품을 게시하는 활동도 진행할 수 있다.

아래는 시조 학습 후, 학습자들이 자신이 창작한 시조에 어울리는 그림을 생성형 인공지능을 통해 만든 후 시화로 완성한 예이다. 학생들이 만든 시화를 Padlet에 올려 작품을 소개하고 이야기를 나눠 보는 활동을 하거나 가장 잘 만든 시화에 하트를 누르게 한 후 하트를 가장 많이 받은 학생의 작품을 소개하는 활동 등을 할 수 있다.

<그림 11-5> 시조 학습 후 학생들이 만든 시화[2]

11.2.5. 음악 생성 AI를 활용한 노래 창작

한국 시를 감상한 후, 혹은 원작 시를 패러디한 후에는 그 시의 느낌과 분위기에 맞게 생성형 인공지능을 활용해 노래를 만들거나 뮤직비디오를 만들어 공유하는 활동을 진행해 볼 수 있다. 다음은 정지용의 시 〈유리창 1〉을 인공지능이 패러디한 위의 시 〈핸드폰〉을 가지고 음악 생성 인공지능 SUNO를 활용해 노래로 만든 예이다. 시를 입력하고 음악 스타일을 선택하면 짧은 시간에 새로운 노래를 만들어 주며 만들어진 노래는

---

2 짧은 형식의 정형성을 갖춘 시조는 외국인 학습자들이 다양한 주제로 작품을 창작하는 데 용이하다.

MP4로 다운로드를 할 수 있다.

<그림 11-6> 음악 생성 인공지능 SUNO를 활용해 패러디 시를 노래로 만든 예

원작 시로 노래를 만들어 비교하는 활동도 가능하다. 같은 시라고 하더라도 어떤 느낌으로 노래를 만들고 싶은지는 학습자마다 다를 수 있으므로 각자의 취향으로 노래를 만든 후 비교하는 활동을 진행해 보는 것도 학습자의 흥미를 끌 수 있다.

생각해 보기

현대 시나 고전 시가를 학습할 때 진행할 수 있는 멀티모달 인공지능 활용 창작 활동에는 또 무엇이 있을까?

운율이 있는 시와 시조 등의 경우 8장에서 제시한 TTS(Text-to-Speech) 기반 오디오 제작 방법을 참고하여 〈시 낭독과 운율 체험〉 활동을 해 볼 수 있다. 다음의 질문을 바탕으로 창작 활동을 해 보자.

- ☐ 어떤 작품을 대상으로 이 활동을 해 보고 싶어요?
- ☐ 어떤 단계로 진행하면 좋을까요?
- ☐ 이때 어떤 인공지능 도구를 활용하면 좋을까요?
- ☐ 창작 과정 중 유의해야 할 점이 있을까요?

지금까지 문학작품 감상 후 단계에서 활용할 수 있는 멀티모달 인공지능 기반의 다양한 창조 활동에 대해 살펴보았다. 위의 활동은 한국문학에 대한 이해와 감상의 수준을 넘어 학습자가 주도적으로 원작을 재해석하고 새로운 콘텐츠로 창조하도록 이끈다. 또한 재해석과 창조 활동 중에 원작을 다시 확인하는 과정을 반복적으로 수행하게 되는데 이를 통해 원작에 대한 이해를 심화할 수 있다.

11.3. 자료 공유 및 교사의 수업을 돕는 AI 도구

11.3.1. 상호작용과 자료 공유를 돕는 에듀테크 도구

문학 수업에서는 작품에 대한 배경지식이나 감상 등 개인의 생각을 에듀테크 도구를 통해 편리하게 나눌 수 있다. 또한 팀별로 재구성하거나 창조한 콘텐츠도 이러한 도구를 통해 공유하고 발표, 평가를 진행할 수 있다.

본격적으로 작품을 감상하기 전, 배울 작품에 대한 배경지식을 나누는 활동, 혹은 작품의 제목이나 등장인물을 소개한 후 내용을 추측해 보는 활동을 진행할 수 있다. 그리고 작품의 이해를 위해 미리 학습해야 할 핵심 단어 등을 제시하는 활동도 유용하다. 이때 학습자의 동기를 유발하고, 서로 간의 생각과 의견, 배경지식 등을 공유, 확인해 볼 수 있는 도구로 Mentimeter나 Padlet을 활용할 수 있다.

길잡이 질문

문학작품을 본격적으로 감상하기 전 교사가 제시할 수 있는 질문에는 어떤 것이 있을까?

공통 질문
- 작품의 제목을 보고 떠오르는 단어를 써 보세요.
- 작품의 제목을 보고 어떤 내용일지 추측해 봅시다.

전래동화나 소설 등 서사문학의 경우: 관련 정보를 짧게 검색해 보게 한 후
- 어떤 내용의 이야기일까요?
- 이 이야기가 흥미로울까요? 어떤 부분이 궁금합니까?
- 등장인물 중 가장 관심 있는 인물은 누구입니까?

고전 시가나 현대 시 등 서정 문학의 경우: 검색 없이 그냥 시를 빠르게 읽게 한 후
- 시의 분위기나 느낌이 어떻습니까? 한 단어로 표현해 볼까요?
- 시에서 말하는 사람, 즉 화자는 어떤 사람인 것 같습니까?

다음은 〈해와 달이 된 오누이〉의 동화책 표지 그림을 여러 개 보여 주고 이야기의 주요 등장인물인 호랑이의 특징과 성격을 학습자들이 추측하여 자유롭게 Mentimeter를 통해 적게 해 본 예이다.

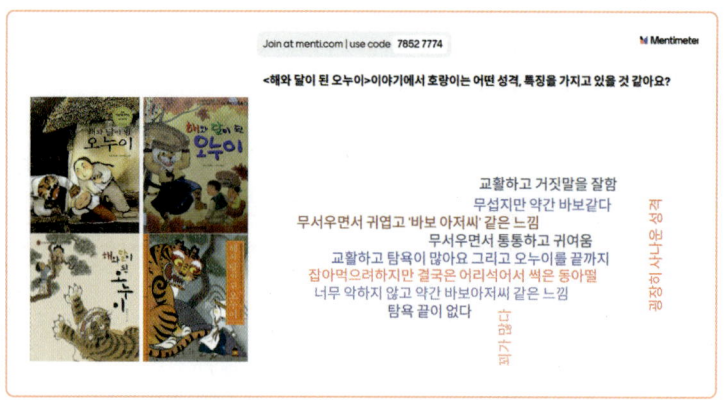

<그림 11-7> Mentimeter로 생각 공유하기(전래동화)

수업 마무리에는 수업에 대한 소감과 생각을 학생들이 Padlet에서 자유롭게 나누는 활동을 진행할 수 있다. 이렇게 익명으로 자신의 생각을 자유롭게 나누는 활동을 통해 서로 간의 생각을 공유할 수 있다.

<그림 11-8> Padlet으로 수업에 대한 소감 나누기

11.3.2. 생성형 AI를 활용한 텍스트 재구성 및 자료 창작

(1) AI를 활용한 문학 텍스트 재구성

교사가 문학 수업을 진행할 때 가장 먼저 고민하는 것은 바로 어떤 작품을 어떻게 제시해야 하는가이다. 특정 작품을 선정한 후에는 이를 제시하는 데 있어 몇 가지 고려해야 할 사항이 있다. 단편소설이나 시의 경우는 작품의 분량이 길지 않으므로 전문을 제시할 수 있을 것이나 중·장편 소설의 경우는 제한된 시간 안에 다 다룰 수 없으므로 특정 부분만 발췌하여 학습하도록 하거나 혹은 전문을 학습하도록 하되 일부는 과제를 통해 읽어 오게 할 수도 있을 것이다. 그리고 두 경우 모두 작품 속 어려운 어휘나 표현 등은 학습자 수준을 고려하여 어휘에 주석을 달거나 쉬운 어휘로 대체하는 등의 방법을 고려해야 한다. 이런 경우, 생성형 인공지능을 활용할 수 있으나 원작의 문체와 작가의 의도를 헤치지 않아야 하므로 조심스럽게 접근해야 한다.

한편, 설화와 같이 작가가 특정되지 않고 구전되어 내려오는 작품의 경우는 길이나 내용을 재구성하는 데 상대적으로 부담이 적다. 이때 텍스트는 생성형 인공지능의 도움을 받아 재구성할 수 있다. 다만 생성형 인공지능은 내용의 일부를 빼기도 하고 어떤 부분은 잘못된 내용으로 구성하기도 하므로 지속적인 피드백과 검증을 통해 텍스트를 재구성해야 한다. 다음은 〈해와 달이 된 오누이〉 민담을 중급 학습자 수준으로 재구성하기 위해 ChatGPT와 나눈 대화 중 일부이다.

혹시 한국의 민담 〈해와 달이 된 오누이〉를 알아?

네, 잘 알고 있는 한국의 대표적 민담이에요! 이야기를 간단히 정리해 드릴게요.

응. 중급 정도의 외국인 학습자들에게 제공하려고 해. 스토리가 생략되지 않으면서도 너무 어렵지 않게 내용을 구성해 줄래?

물론이죠! 중급 수준의 한국어 학습자를 대상으로 한 〈해와 달이 된 오누이〉 이야기 텍스트를 다음과 같은 기준으로 재구성해 드릴게요.

<그림 11-9> 문학 텍스트를 구성하기 위해 ChatGPT와 나눈 대화

이후 몇 번의 조정을 통해 ChatGPT가 구성해 준 텍스트는 다음과 같다.

해와 달이 된 오누이 (중급 학습자용)

옛날 옛날, 깊은 산 속에 어머니와 오누이가 살고 있었습니다.
오빠와 여동생은 아직 어렸고, 어머니는 매일 장을 보러 마을에 가셨습니다.
어느 날, 어머니는 떡을 바구니에 담아 시장에 갔다가 돌아오는 길에 무서운 호랑이를 만났습니다.
호랑이가 말했습니다.
"떡 하나 주면, 너 안 잡아먹지!"
어머니는 무서워서 떡을 하나 주었습니다.
하지만 호랑이는 또 말했습니다.
"떡 하나 더 주면, 또 안 잡아먹지!"
어머니는 남은 떡을 모두 주었지만, 결국 호랑이에게 잡아먹히고 말았습니다.

호랑이는 어머니의 옷을 입고, 어머니인 척 하며 집으로 갔습니다.
문을 두드리며 말했습니다.
"얘들아, 문 열어라. 엄마다."

오누이는 목소리가 이상하다고 생각했습니다.
"엄마, 목소리가 왜 그래요?"
"감기에 걸렸단다."
"그럼 손을 보여 주세요."
호랑이가 손을 내밀자, 손에 털이 많고 너무 커서 이상했습니다.
오누이는 문을 열지 않고, 여동생과 함께 몰래 뒷문으로 나가, 마당의 큰 나무 위로 올라갔습니다.
잠시 후, 호랑이는 집 안에 들어가 오누이가 없는 것을 보고 밖으로 뛰쳐나갔습니다.
주위를 찾다가, 큰 나무 위에 있는 오누이를 발견했습니다.
호랑이가 말했습니다.
"얘들아, 내려오너라."
오누이는 말했습니다.
"기름을 바르고 올라오세요."
호랑이는 손에 참기름을 바르고 나무를 오르려 했지만, 미끄러져 떨어졌습니다.
그러자 여동생이 말했습니다.
"이번에는 도끼로 나무를 찍고 올라오세요."
호랑이는 도끼로 나무를 퍽퍽 찍으면서 올라왔습니다.
점점 가까이 다가오자, 오누이는 겁이 나서 하늘을 향해 기도했습니다.
"하느님, 저희를 살려 주세요! 새 줄을 내려 주세요!"

하늘에서 튼튼한 줄이 내려왔고, 오누이는 그 줄을 타고 하늘로 올라갔습니다.
호랑이도 하늘을 보고 기도했습니다.
"하느님, 저도 줄을 주세요!"
그러자 하늘에서 썩은 줄이 내려왔습니다.
호랑이는 그 줄을 타고 올라가다가,
줄이 끊어져서 땅에 떨어져 죽고 말았습니다.

<그림 11-10> 여러 번의 프롬프트 입력 후 ChatGPT5가 구성한 중급 수준의 민담 텍스트

위와 같이 학습자 수준에 맞게 텍스트를 재구성하여 수업에 활용할 수도 있고, 학습자들이 적극적으로 이야기를 구성해 볼 수 있도록 줄거리 흐름에 맞게 그림을 만들어 제시할 수도 있다. 예를 들어 생성형 인공지능에 작품의 내용을 순서대로 입력하여

8~10컷 정도의 이미지를 생성해 달라고 요구할 수 있다. 그러나 ChatGPT와 같은 생성형 인공지능은 한국문화에 대한 지식이 충분하지 않아 여러 번의 수정 작업을 거쳐야만 한다. 실제로 연구자가 내용을 입력한 후 생성된 그림에는 어머니가 결혼 안 한 처녀처럼 길게 땋은 머리를 하고 있었고, 오누이 중 오빠의 경우 현대인처럼 짧은 커트 머리로 제시되기도 하였다. 이와 같은 오류가 빈번하게 발생하므로 지속적인 검증과 수정 과정을 거쳐 학습자료를 구성해야 한다. 다음은 연구자가 ChatGPT4를 통해 구성한 〈해와 달이된 오누이〉의 이야기를 담은 그림이다.

<그림 11-11> ChatGPT4에 내용을 하나씩 입력하여 만든 그림

살펴본 바와 같이 수업 전에 생성형 인공지능의 도움을 받아 학습할 문학 텍스트를 재구성할 수 있다.

(2) AI를 활용한 학습자 주도의 문학 감상 방법

작품을 감상할 때도 교사의 일방적인 설명보다는 학습자가 주도적으로 내용을 이해할 수 있도록 이끌어야 한다. 특히 고전문학에는 현재 잘 사용되지 않는 어휘가 나오며 작품의 배경도 외국인 학습자들에게는 낯설 수 있다. 이때 인공지능을 활용해 학습자들이 작품을 감상할 수 있도록 안내한다. 작품의 분량이 많은 경우 개인 혹은 소그룹으로 읽어야 할 분량을 나누어 준 후 각자 자기에게 주어진 분량에 대해 AI와 논의해 가면서 작품을 1차로 감상하게 한다. 이후 각자 맡은 부분에 대해 서로 나누게 함으로써 작품 전체를 이해하게 하고 마지막으로 교사와 함께 작품의 내용과 주제, 인물의 특징 등에 대해 확인하는 시간을 갖는다. 작품 감상 시 교사가 제시해 줄 길잡이 질문의 예는 다음과 같다.

길잡이 질문

문학작품을 감상할 때 교사가 제시해 줄 수 있는 질문에는 어떤 것이 있을까?

- 작품 속 어휘 중 어려운 어휘와 그 어휘의 의미는 무엇입니까?
- 작품의 시간적 배경과 공간적 배경은 각각 어떻게 됩니까?
- 작품 속 등장인물의 특징과 성격은 어떻습니까?
- 자신에게 주어진 분량에서 주요 사건은 무엇입니까?
- 작품을 읽으면서 이해가 안 되는 부분이나 궁금한 점이 있습니까?
- 작가가 말하고 싶은 것, 작품의 주제는 무엇입니까?
- 작품 중 가장 기억에 남는 장면이나 글은 무엇입니까?
- 작품에서 알 수 있는 한국의 문화, 혹은 새롭게 알게 된 한국의 문화는 무엇입니까?

예를 들어 시를 감상할 때 자신이 잘 모르는 어휘나 표현을 ChatGPT에 물어 본 후 친구들과 이해한 내용을 나누는 활동을 진행해 볼 수 있다.

<표 11-5> ChatGPT를 통해 작품 이해에 필요한 어휘와 표현 확인[3]

질문 1	'길들은 양 언 날개를 파다거린다'에서 '길들은'은 무슨 뜻이야?
	아주 좋은 질문이에요. 정지용 시의 "**길들은 양 언 날개를 파다거린다**"에서 ** '길들은' **이라는 표현은 현대어로 보면 ** '길들여진' **의 의미로 이해할 수 있습니다. 다시 말해, 어떤 대상이 훈련되거나 익숙해졌다는 뜻이에요.
질문 2	'산(山)ㅅ새처럼'에서 산 옆에 ㅅ은 무슨 뜻이야?
	아주 예리한 질문입니다! "산(山)ㅅ새처럼"에서 **'ㅅ'**은 **옛날 문법**에서 쓰이던 **관형격 조사**입니다. 지금의 말로 하면 '**산의 새**' 또는 ** '산에 사는 새' **라는 뜻이에요.
질문 3	좋은 질문이에요! ** "고흔 폐혈관이 찢어진 채로" **에서 나오는 ** '고흔' **은 현대어로는 거의 쓰이지 않지만, 이는 ** '고운' **의 옛말입니다. ☑ 고흔 = 고운 • 고운: 아름답고 섬세한, 부드럽고 여린 상태를 뜻함

모르는 부분은 인공지능의 도움을 받아 개별적으로 감상하고 이후 팀별로 상호작용하면서 작품에 대한 감상을 나눈다. 그리고 교실 전체에서 작품에 대한 이해를 확인하고 교사가 설명을 보충해 주도록 한다.

---

[3] 정지용의 〈유리창 1〉을 감상하는 과정에서 모르는 어휘와 표현을 ChatGPT4를 통해 확인하는 예이다.

(3) 작품의 내용을 확인하는 게이미피케이션 기반 퀴즈

작품에 대한 분석 및 감상을 마친 후에는 게임이나 퀴즈를 통해 이해 정도를 확인하도록 한다. 이때 다양한 게이미피케이션 도구를 활용해 학습자의 참여를 높이도록 한다. 퀴즈도 교사가 일방적으로 준비하는 것보다는 학습자가 문항 구성에 참여하도록 한다. 예를 들어 팀별로 자신들이 담당한 부분에서 3~5개의 문제를 내도록 할 수 있는데 이러한 방법은 학습자가 수업의 주체가 되게 한다는 점에서 긍정적이다. 또한 학습자들이 문항 구성을 위해 작품을 다시 살펴보는 과정에서 원작에 대한 이해를 심화시킬 수 있다. 학생들이 제출한 문항은 교사가 다시 정리하여 메타버스 기반 퀴즈 플랫폼이나 다양한 게이미피케이션 도구를 통해 학생들이 게임처럼 퀴즈를 풀 수 있도록 한다.[4]

<그림 11-12> 메타버스 플랫폼(ZEP QUIZ) 및 QuizN을 통해 작품에 대한 이해 확인

---

4   5장 게이미피케이션에 제시된 여러 퀴즈 앱을 활용하여 문제 풀이를 진행할 수 있다.

(4) 결과물에 대한 평가 진행

수업을 마무리하는 단계에서는 학습자가 창작한 결과물을 평가하고 소감을 나누는 활동을 진행할 수 있다. 이때 평가는 교사평가, 자기평가, 동료평가, 팀원 상호평가, 설문, 심층 인터뷰 등 다양한 방식으로 진행할 수 있다. 결과물 발표 시 참고할 수 있는 평가 항목은 다음과 같다(권대현, 2023: 185 참고).

<표 11-6> 작품 창작 후 발표 평가에 활용될 수 있는 평가 항목의 예

	평가 항목의 예
1	사전 조사와 자료 준비 정도
2	원작에 대한 이해 정도
3	창작의 독창성과 참신성
4	멀티모달 인공지능의 활용, 협업 정도
5	발표 조의 의도와 결과물의 완성도
6	현대적 가치와 새로운 주제 의식
7	발표 태도 및 자세

발표 때 동료평가를 진행할 경우 Mentimeter를 활용하면 실시간으로 학습자들의 점수를 확인할 수 있다는 장점이 있다.

11.4. AI시대, 한국 문학교육과 교사의 역할

이 장에서 제시한 멀티모달 인공지능 활용 문학 수업 방법들은 원작에 대한 이해를 심화시키는 동시에 학습자가 감상의 수용자에 머무르지 않고, 창작과 공유의 주체자로 나아가도록 돕는다. 예컨대, 소설을 학습한 후 인공지능과 함께 다시쓰기 활동을 진행하고 그 결과물을 동영상이나 오디오 그림책으로 재구성하는 활동, 혹은 시를 학습한 후 인공지능과 함께 패러디 시를 창작하고 이를 멀티모달 인공지능 도구를 활용해 그림과 노래 등으로 재창조하는 과정에서 학습자는 단순한 독자를 넘어 창작자로 자리매김하게 된다. 이러한 경험은 학습자의 자율성과 창의성을 강화할 뿐 아니라, 새로운 시대적 맥락 속에서 문학을 새롭게 경험하게 하며 학습자의 문학적 감수성과 비판적 해석 능력을 확장하고 심화하는 역할을 한다.

물론 인공지능을 활용할 때는 유의점도 있다. 객관적인 정보와 원하는 결과물을 얻기 위해서는 비판적 태도를 견지해야 하며 검증과 수정의 과정을 반복해야 한다. 교사는 인공지능의 가능성과 한계를 명확히 인식하고, 학습자들에게 활용 시 유의점을 구체적으로 안내하여 이들이 적절히 활용할 수 있도록 이끌어야 한다.

앞으로 인공지능 도구들은 시대의 흐름과 과학 기술의 발전 속에서 변화를 거듭할 것이다. 어떤 것들은 사라지고 일부는 성능이 업그레이드될 것이며, 한편에서는 더 뛰어난 도구들이 새롭게 등장할 것이다. 중요한 것은 어떤 도구를 사용하는가가 아니라, 그 도구를 어떤 목적과 방법으로 활용하는가이다. 인공지능과 문학교육의 융합은 문학 수업에 단순히 기술을 적용하는 것을 의미하지 않는다. 학습자가 떠올린 문학적 상상력을 글, 영상, 그림, 음악 등 다양한 형태로 실현하여 문학의 경험을 확장하는 것, 그것이 둘의 진정한 융합이라 할 수 있다. 이러한 융합은 학습자에게 텍스트에 대한 다층적 이해와 창조적 표현의 가능성을 동시에 제공한다. 문학교육에서 인공지능이 단순한 도구를 넘어 한국문화교육의 지평을 넓히고 학습자의 사고와 창의성을 키우는 중요한 기반이 되기 위해서는 교사의 실천적 노력과 성찰이 뒷받침되어야 할 것이다.

드라마와 웹툰으로 배우고 나누는 한국문화

한국 문화 콘텐츠의 위상은 날로 높아지고, 교육적 중요성도 동시에 커지고 있다. 학습자들은 K-팝, 드라마, 웹툰 등 다양한 한국 문화 콘텐츠를 자신만의 방식으로 창작하고 공유하며, 능동적 생산자로 자리매김한다. 창작과 공유의 요구는 일상으로, 그리고 교실로 자연스럽게 이어진다. 수업 활동으로 학습자의 창작 요구를 어떻게 충족할까? 우리는 무한한 창작 가능성을 제공하는 AI에 주목한다. 이 장에서는 생성형 인공지능을 사용한 한국 문화 콘텐츠 학습 활동을 제안하고, 적용 절차와 유의점을 함께 살핀다. 교사는 설계자이자 촉진자로서 맥락에 맞는 과제를 제시하고, 결과물이 교실 밖의 소통으로 자연스럽게 이어지도록 돕는다. 이 장을 읽은 뒤 오늘 교실에서 가볍게 시작해 보자. 학습자를 창작자로 세우는 첫걸음이다.

12.1. 멀티모달 수업 속 드라마와 웹툰

한국의 대중문화는 전 세계적인 주목을 받고 있다. 특히 K-팝과 함께 K-드라마는 '한류'로 불리는 한국 대중문화의 세계적 인기를 견인하고 있는 주역이다. 글로벌 미디어 분석 기관인 앰페어 애널리시스(Ampere Analysis)의 2025년 4월 발표에 따르면 〈오징어 게임〉의 인기에 힘입어 한국 드라마와 영화는 2023년부터 현재까지 넷플릭스에서 미국 콘텐츠에 이어 두 번째로 가장 많이 시청되었다고 한다.

특히 최근 주목할 만한 흐름은 드라마와 웹툰의 만남이다. 〈김비서가 왜 그럴까〉, 〈모범택시〉, 〈선재 업고 튀어〉(원작 웹툰명 〈내일의 으뜸〉), 〈스위트홈〉, 〈여신강림〉, 〈이태원 클라쓰〉, 〈지금 우리 학교는〉 등의 인기 드라마는 모두 웹툰을 원작으로 제작된 드라마다. 웹툰을 원작으로 한 드라마가 성공하면 원작 웹툰도 새롭게 주목을 받는다. 반대로 〈이상한 변호사 우영우〉처럼 드라마가 인기를 얻으면서 같은 이야기가 웹툰으로 제작되는 경우도 있다. 이렇게 웹툰과 드라마는 서로 영역을 넓히며 한류 콘텐츠의 중요한 부분이 되고 있다.

한류 콘텐츠는 이제 단순히 보는 것에 그치지 않는다. 팬들은 단순히 시청자가 아니라 적극적인 참여자가 되고 있다. 자발적으로 번역 자막을 만들고, 팬픽을 쓰거나 리액션 영상을 제작하면서 작품을 자신만의 방식으로 다시 해석한다. 그 과정에서 원작은 새로운 콘텐츠로 다시 태어나고, 창작자와 팬이 함께 어우러진 참여형 문화생태계가 만들어진다. SNS와 온라인 커뮤니티는 이를 더욱 빠르게 확산시킨다. 따라서 한류는 한국에서 세계로 퍼져 나가는 일방적인 흐름을 넘어, 전 세계인이 함께 어우러져 참여하고 교류하는 문화의 장이 되고 있다.

이러한 흐름은 교육 현장에도 새로운 가능성을 열어 주고 있다. 예를 들어, 한류 콘텐츠 중에서 드라마와 웹툰은 한국의 사회적 맥락을 자연스럽게 담고 있어 한국어 학습자들에게 큰 흥미를 불러일으킨다. 실제로 한국어·한국문화교육에서는 드라마와 웹툰을 수업 자료로 활용하는 시도가 점점 늘어나고 있다. 이와 같이 한류 콘텐츠가 수업의 자료가 될 때, 비판적 분석, 창의적 표현, 상호 소통의 매개체로 확장돼야 한다는 인식도 점차 강화되고 있다(윤영, 2020).

1장에서 살펴봤듯이 이제는 멀티모달 인공지능이 한국어·한국문화교육에 새로운 바람을 불러올 것이다. 텍스트, 이미지, 음악, 영상까지 자유롭게 다룰 수 있는 AI는 문학 작품이나 드라마, 웹툰을 더 다층적으로 경험하고 창조할 수 있는 길을 열어 준다. 그 길에서 한류 콘텐츠는 단순히 수업 자료로 활용되는 것을 넘어서, 창조와 공유의 정신을 실천할 수 있는 소재가 될 것이다. 한류 콘텐츠와 멀티모달 인공지능이 만나면, 한국문화교육은 단순한 지식 전달의 역할을 넘어서게 된다. 학습자는 단순한 교육 소비자가 아니라, 스스로 창작하고 다른 이와 함께 배우고 나누는 주체로 거듭날 수 있다. 따라서 본 장에서는 학습자들이 AI 도구를 활용하여 직접 한국 문화 콘텐츠를 창조하고 공유하는 방식의 한국문화 수업 활동을 제안하고자 한다.

12.2. 드라마로 배우고 나누는 한국문화

12.2.1. 드라마와 한국어·한국문화교육

드라마는 한국인이 사용하는 일상 구어체 언어, 인간관계와 사회관습 등 살아 있는 언어와 문화를 생생하게 담고 있다. 언어적 요소는 물론, 가족 관계, 직장 생활, 일상문화, 가치관 등 다양한 문화적 요소를 비교적 자연스럽게 보여 주기 때문에, 학습자가 교재 속의 한국어에서 벗어나 실제 생활 속 언어와 문화를 함께 접하고 이해하는 데 매우 효과적이다.

이에 최근에도 (웹)드라마를 활용한 화용 교육 방안(이민경, 2022; 장지영·박진철, 2020), 속담과 관용어 교육 방안(송대헌, 2020, 윤은미·우인혜, 2017), 대중문화 교육 방안(전하나, 2024) 등이 한국어·한국문화교육 방안으로 제안되었다. 나아가, 드라마 더빙 활동 과제(이혜경, 2019)나 소그룹별 웹드라마 제작 과제(천영순·이찬규, 2024)처럼 학습자의 참여를 중심에 둔 과제 활동 기반의 교육 방안도 제시되었다. 이와 같은 학습자 주도의 더빙 및 드라마 제작 과제는 학습자들이 드라마를 통해 단순히 언어문화적인 지식을 수용하는 것을 넘어, 능동적으로 의미를 창조하고 이를 타인과 공유할 수 있게 한다는 장점이 있다.

나아가, 이러한 활동은 AI와 결합될 때 학습자의 창의성과 표현력이 더욱 확장될 수 있다. 예를 들어, 천영순·이찬규(2024)가 제안한 웹드라마 제작 과제에 AI를 접목할 경우를 생각해 보자. AI를 활용해 드라마의 대사 초안을 생성하고, 장면을 시각화할 수 있는 이미지·영상 자료를 제작한 후, TTS 기술을 활용하여 적절한 목소리로 전문적 더빙을 하는 방식으로 학습자의 창의적 사고와 표현을 보다 효과적으로 지원할 수 있게 된다. 또한 AI를 활용한 드라마 OST 창작 활동도 고려해 볼 수 있다. 예컨대 AI 작사·작곡 도구를 활용해 학습자가 직접 드라마의 분위기와 내용에 어울리는 주제곡을 제작할 수 있는 것이다. 이러한 멀티모달 활동은 학습자의 한국문화 표현력 및 디지털 창조력의 향상을 선사해 줄 것이다.

12.2.2. 드라마 OST와 뮤직비디오 창작

12.2.1.에서 드라마가 언어와 문화를 동시에 접할 수 있는 효과적인 자료로서 교육 현장에서 활용 가치가 크다는 점을 살펴보았다. 또한 드라마 활용 수업에서 AI가 사용될 수 있음을 생각해 보았다. 이제 이러한 논의를 바탕으로 12.2.2.에서는 실제 수업에서 AI와 드라마를 어떻게 활용할 수 있을지 구체적인 방안을 제시하고자 한다.

제시하는 활동은 〈드라마로 배우는 한국어〉와 같은 수업에서 활용할 수 있다. 예를 들어, 대학에서 15차시의 〈드라마로 배우는 한국어〉 수업이 개설되었다고 했을 시, 드라마의 장면을 중심 텍스트로 하여 말하기, 듣기, 읽기, 쓰기의 한국어 기능을 배우고 해당 내용을 반복하여 연습하는 기존의 교육 모형으로 수업을 진행하고, 이 중 세 개의 차시 정도를 학습자 주도의 과제 프로젝트 활동으로 구성하는 것이다. 또는, 천영순·이찬규(2024)가 제시한 방식처럼 정규과정에서 매 수업의 일정 시간[1]을 팀 활동 시간으로 할애하여, 학습자가 최종적으로 1–2분 분량의 드라마 OST와 뮤직비디오를 만들어 내는 방식으로 운영하여도 될 것이다.

학습자는 AI와 함께 OST를 만들면서 한국어 및 음악 표현력을 키우고, 이를 영상과도 결합하여 다양한 문화 콘텐츠 창작 방식을 이해하고 활용할 수 있게 된다. OST 제작은 SUNO, Mureka 등의 AI 음악 생성 도구를 활용할 수 있으며, 뮤직비디오 제작은 Sora, Veo 등의 AI 영상 생성도구나 이미지 생성도구를 활용할 수 있다. 최종적으로 영상과 음악을 합성하고 편집하여 뮤직비디오로 만드는 작업 역시 AI 기반의 영상 생

---

[1] 대학 부설 한국어교육기관에서 11주 과정(주 5회/1일 4차시/1차시 50분) 중 3주 동안 진행되었고, 3주 동안 4차시 수업 중 마지막 차시의 30분을 웹드라마 만들기 활동으로 안배하였다.

성 및 편집 도구인 CapCut 등에서 진행할 수 있다. 이외에도 다른 AI 도구를 사용할 수 있지만, 여기에서는 대표적으로 이 책의 6장에서 살펴본 SUNO를 비롯하여, Sora와 CapCut으로 활동을 진행하는 방법을 소개하고자 한다.

(1) 활동 개요

제목: 내가 만들어 보는 드라마 OST와 뮤직비디오

<표 12-1> '내가 만들어 보는 드라마 OST와 뮤직비디오' 활동 개요

대상	한국어 중·고급 학습자
학습 목표	드라마 장면의 감정과 분위기를 이해한 후, AI 음악 도구를 활용하여 장면에 어울리는 OST 음악을 창의적으로 제작하고 이를 영상과 합성하여 드라마 뮤직비디오를 제작할 수 있다. 이를 통해 문화 콘텐츠 창작력, 표현력, 디지털 리터러시를 함께 기른다.
준비물	디지털 기기: 태블릿, 노트북 또는 데스크탑 컴퓨터 AI 도구 접속 계정 헤드셋 또는 이어폰
결과물	1–2분 분량의 드라마 OST와 뮤직비디오
사용 도구	SUNO, Sora 또는 DALL·E, CapCut

(2) 활동 설계

① 드라마 OST 보고 듣기

- 현재 수업에서 학습하고 있는 드라마의 OST를 함께 들어본다. 예를 들어, K-WAVE 한국어(세종학당재단)에 수록된 드라마 〈도깨비〉로 드라마 수업을 진행하고 있다면 〈도깨비〉에 수록된 OST를 함께 감상한다.

유튜브 채널 <King Sejong Institute foundation>
EP 05. 또 만나러 올 거니까 | K-WAVE Korean
두 사람이 이별하는 장면에 쓰인 슬픈 음악

유튜브 채널 <King Sejong Institute foundation>
EP 06. 여기서부터 저기까지 | K-WAVE Korean
두 사람이 편의점에서 데이트하는 장면에 쓰인 경쾌한 음악

- OST가 흐르는 드라마의 장면을 시청한 후, 음악이 특정 장면에서 어떤 역할을 하는지, 시청자에게 어떤 감정을 전달하는지 함께 이야기한다.
- 이어서, 드라마 OST가 뮤직비디오 형식으로 창작된 영상을 함께 시청한다. 유튜브에서 '드라마의 제목 + 뮤직비디오'를 검색하면 다양한 콘텐츠가 나오는데, 교사는 이 중에서 적절한 하나를 선택하여 보여 준다. 그리고 AI를 활용하여 새로운 음악과 영상 장면을 창작하여 이와 같은 방식의 뮤직비디오를 만들 것임을 설명한다.

② 새로운 OST 구상 및 창작

- 학습자는 팀별 논의를 통해 어떤 OST를 만들지 결정한다. 드라마의 어떤 장면에서 쓰일 수 있으며, 시청자에게 어떤 감정을 전달하는 음악인지 충분히 논의한다. 교사는 SUNO 사용법을 시연한다.
- 팀별로 SUNO에 접속하여 로그인한다. Simple 또는 Custom 을 선택한다. Simple 은 만들려는 음악을 간단하게 묘사한 후, 음악의 특징/장르 등을 입력하면 금방 음악을 만들어 준다. 혹은 Inspiration 에서 제시되어 있는 장르나 분위기를 클릭하여 입력할 수도 있다. 예를 들어, Simple 에서 <그림 12-1>처럼, 'Describe your song'에 "전지전능한 능력을 가진 도깨비가 인간 여자와 사랑에 빠졌을 때, romantic, soft pop"이라고 프롬프트를 준 후 밑의 Create 를 누르면 음악이 생성된다.

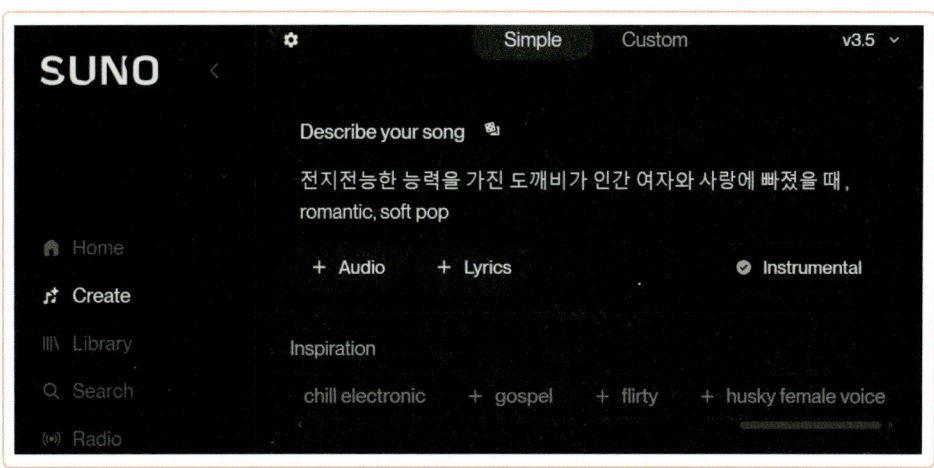

<그림 12-1> SUNO에서 음악을 생성하는 작업 화면

- 원하는 스타일의 음악이 나오지 않았다면 프롬프트, 장르, 분위기 등을 다르게 넣어 다시 만든 후, 생성한 음악들을 듣고 비교한다. 〈그림 12-2〉는 SUNO가 만든 "전지전능한 능력을 가진 도깨비가 인간 여자와 사랑에 빠졌을 때"를 표현하는 다양한 음악 생성물들이다. 팀별 논의를 거쳐 가장 적절한 음악을 선택한다. 최종 결정된 음악은 점 세 개 아이콘을 클릭하여 파일로 받는다.
- Simple 에서 창작했을 시, 〈그림 12-2〉의 가사는 별도의 작업 없이 자동으로 생성되었다. 수업 특성에 따라 학습자가 직접 작사하게 만들 수도 있다. 이때는 Custom 으로 작업하게 하면 된다. Custom 을 선택하면 가사를 직접 쓸 수도 있고, 오디오를 직접 올릴 수도 있다.

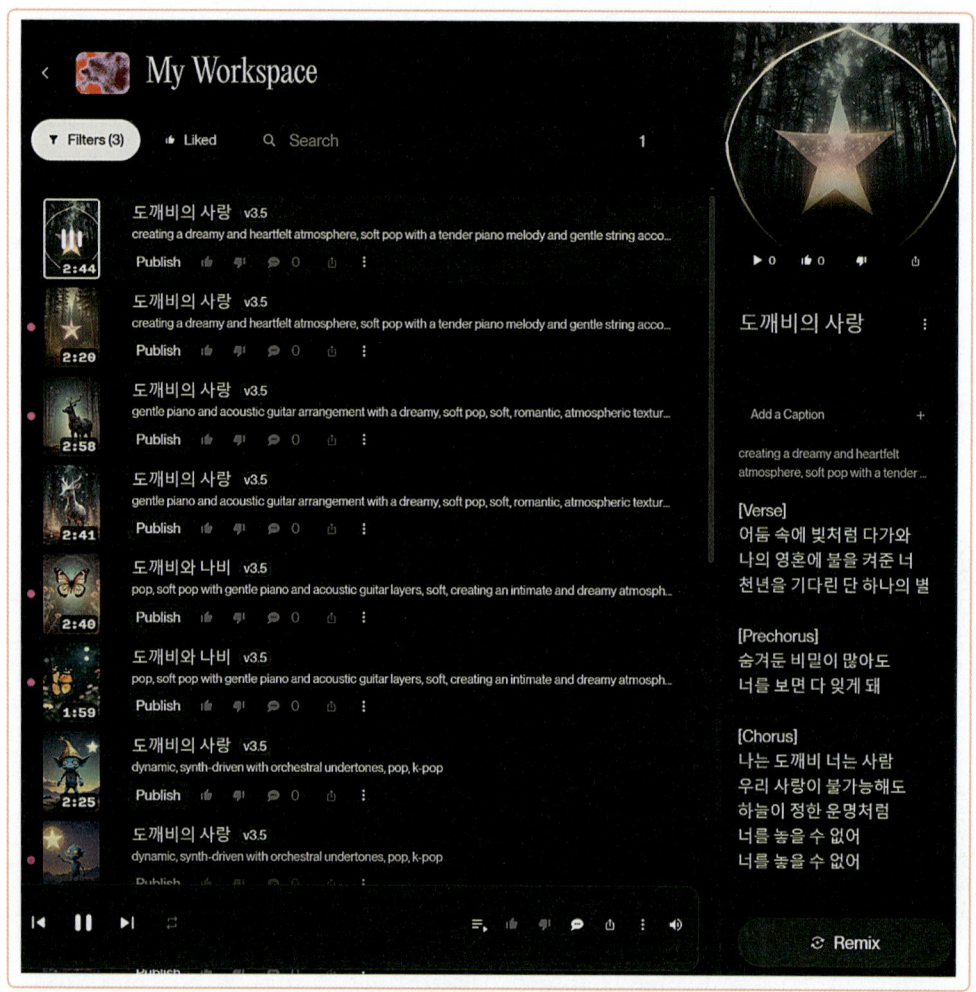

<그림 12-2> SUNO(Simple)에서 생성한 음악

③ 뮤직비디오 장면 구상 및 창작

- 학습자는 자신이 만든 새로운 OST에 드라마의 어떤 장면이 어울릴지 논의한 후, 이를 글로 기록해 놓는다. 기록한 것이 영상 생성 시 입력하는 프롬프트의 텍스트가 된다.

- 뮤직비디오에 들어갈 영상 장면을 Sora로 생성한다. 현재 Sora에서는 5초-10초 길이의 영상을 생성할 수 있다. 즉, 최대 10초 동안은 캐릭터의 동일성이 보장된다. 뮤직비디오에 들어갈 영상을 여러 개 만들어서 파일로 준비한다.

 **더 알아보기**

> Sora나 Veo와 같은 영상 생성 AI 도구는 유료로 결제해야 사용할 수 있기 때문에 교실에서 활용하기 쉽지 않을 수 있다. 이 경우에는 이미지를 생성하는 방법으로 대체한다. 즉, 드라마의 장면 스틸컷을 학습자가 원하는 다양한 그림 스타일(사진, 수채화, 애니메이션 등)로 이미지 생성하여(6장 참조) 파일로 다운로드 받은 후, 다음 단계에서 이 스틸컷 이미지들을 연결해서 뮤직비디오로 만드는 것이다.

④ 드라마 뮤직비디오 창작: OST 음악과 영상/이미지의 합성

- 팀원과 협력하여 ②번에서 창작한 OST와 ③번에서 만든 영상 또는 이미지를 CapCut에서 합성하여 뮤직비디오로 만들게 한다. CapCut은 인공지능 기반 동영상 편집 도구이며, 무료로도 충분히 많은 기능을 활용할 수 있어서 교실에서 사용하기 용이하다. [다운로드] 혹은 [온라인에서 사용해 보기]를 선택하여 사용할 수 있다.

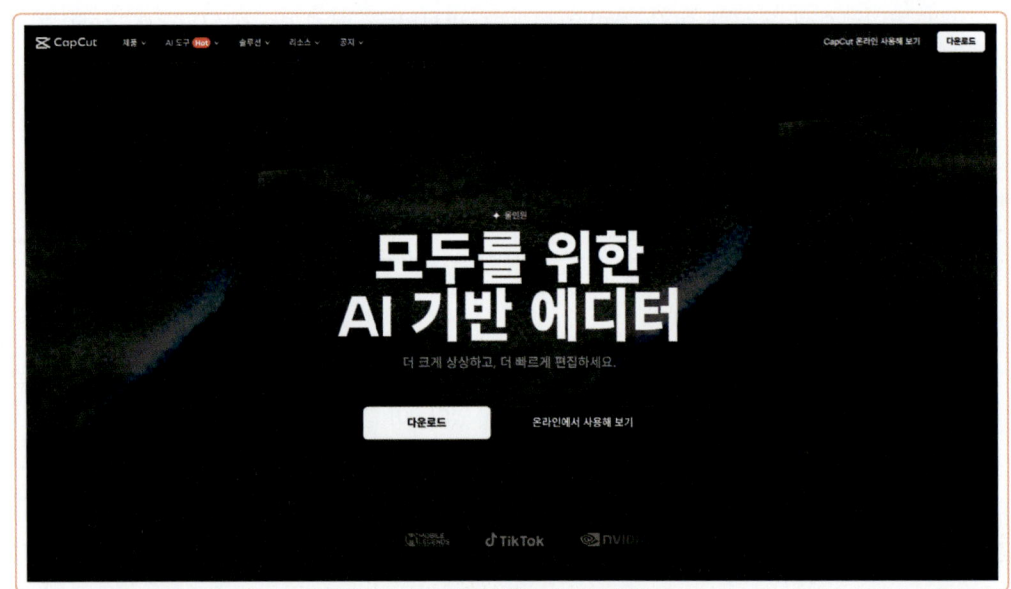

<그림 12-3> CapCut 시작 화면

- 이미지와 음악을 합성하여 드라마 뮤직비디오를 만들 수도 있다. 영상은 무료로 만들기 어렵기 때문에 이 방법을 추천한다. 〈그림 12-4〉는 DALL·E에서 드라마 〈도깨비〉의 남자 주인공(공유)과 여자 주인공(김고은)이 함께 행복한 시간을 보내는 장면을 지브리 스타일로 그려 달라고 요청한 그림들이다. 실제 드라마에서 유명한 몇몇 장면들을 그려 달라고 한 것이다. 이와 같은 그림을 여러 장 충분히 준비하면 드라마 뮤직비디오를 풍성하게 만들 수 있다.

프롬프트: 드라마 〈도깨비〉의 남자 주인공(공유)과 여자 주인공(김고은)이 서로 사랑스럽게 마주보고 있는 장면을 지브리 스타일로 그려 줘.

프롬프트: 두 사람이 오대산 월정사 전나무 숲길을 걷는 장면도 그려 줘. 겨울이고 눈이 많이 왔어.

프롬프트: 두 사람이 캐나다 퀘백에서 맛있는 프랑스 음식을 먹으며 데이트하는 장면도 그려 줘.

<그림 12-4> DALL·E에서 생성한 드라마 도깨비를 주제로 한 지브리 풍의 그림

- 이어서 학습자는 팀원과 협력하여 이 장면들을 가지고 CapCut에서 뮤직비디오를 만든다. 이를 위해 먼저 교사는 CapCut 사용법을 시연한다. CapCut에 접속하여 로그인한 후, 〈그림 12-5〉와 같은 시작 화면에서 좌측 상단의 새로 만들기를 클릭하거나 새 동영상을 클릭하면 작업이 시작된다. 유튜브, TikTok, Instagram 등 최종 결과물을 업로드할 플랫폼에 적합한 영상 비율(16:9, 9:16, 1:1)을 선택할 수도 있다.

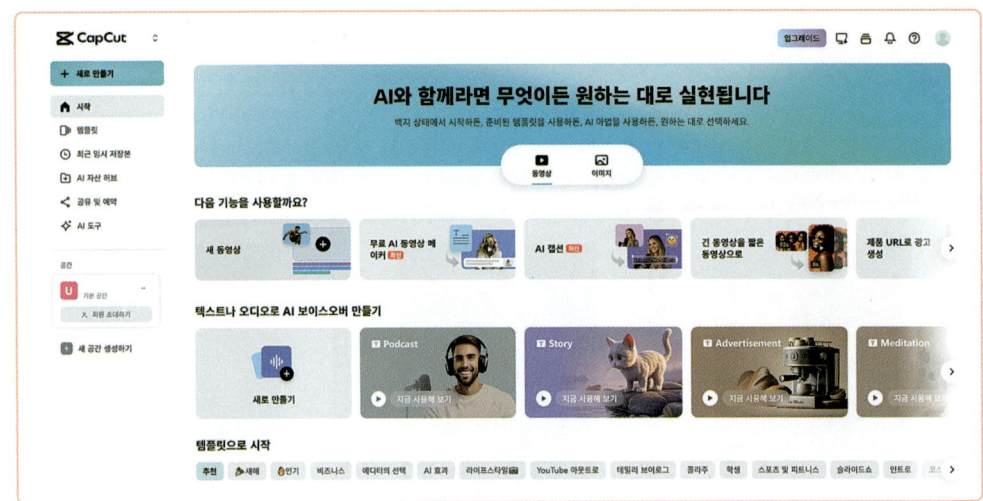

<그림 12-5> CapCut 로그인 후 영상 만들기

- 새로 만들기 또는 새 동영상 을 클릭한 후 나오는 화면(<그림 12-6>)에서 좌측 상단의 업로드 를 클릭하면 사용자가 직접 생성한 음악, 이미지, 동영상 등을 올릴 수 있다. 성공적으로 업로드되면 업로드 버튼 아래쪽에 자신이 만든 콘텐츠가 나타난다. 이를 클릭하면 화면 가장 하단의 타임라인 작업창에 콘텐츠가 배치된다. 이미지를 타임라인 작업창에 넣으면 기본적으로 5초 동안 지속이 되며, 마우스로 드래그하여 시간을 줄이거나 늘릴 수 있다. 음악 또한 드래그하여 지속 시간을 조정할 수 있다.

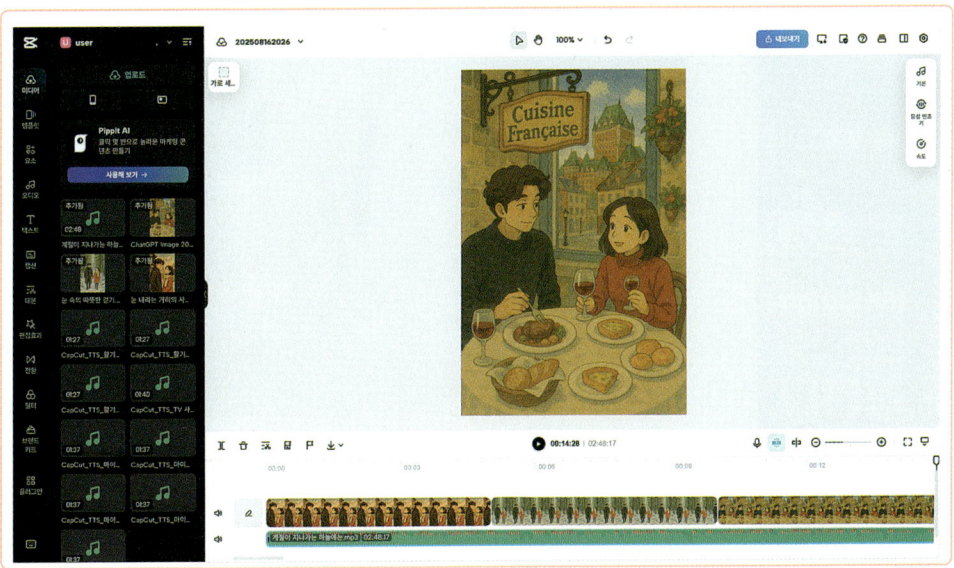

<그림 12-6> CapCut에서의 영상 편집 장면

- 영상을 더 다채롭게 하기 위해서는 가장 왼쪽에 수직으로 제시되어 있는 여러 기능을 활용해도 좋다. 이미지에 텍스트 와 캡션 을 추가할 수도 있고, 편집효과 , 필터 , 전환 을 통해서 특수한 시각적 효과를 추가할 수 있다. 〈그림 12-7〉은 편집효과 중에서 카드 팝업 을 넣은 것이다. 카드 팝업 이 적용되면서 화면이 포토 카드처럼 제시되는 효과가 포함되었다. 이와 같은 절차로 드라마 뮤직비디오 편집이 완성되면 위의 내보내기 를 클릭하면 된다. 파일로 받을 수도 있고, 유튜브, TikTok, Instagram, Facebook 등의 플랫폼에 바로 공유할 수도 있다.

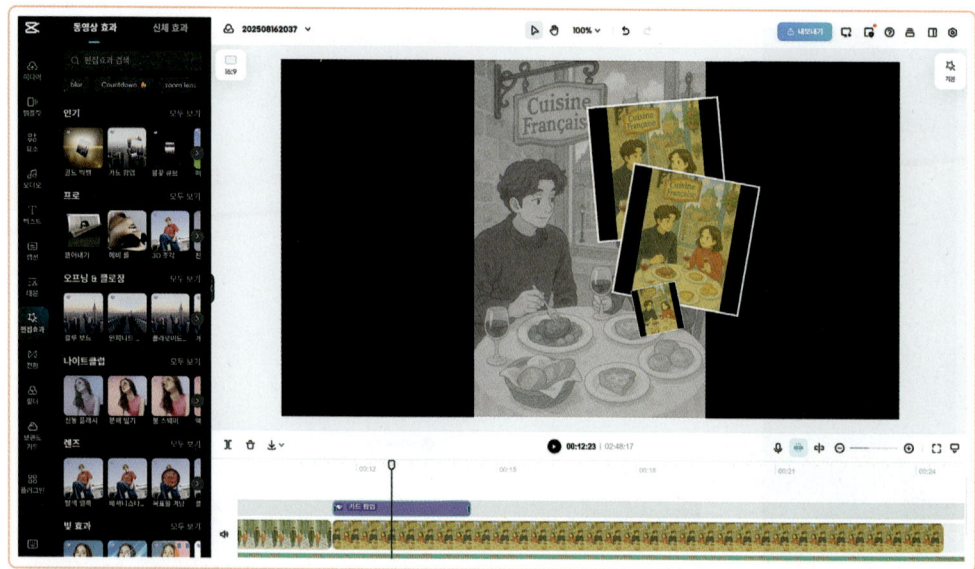

<그림 12-7> CapCut에서의 영상 편집 중 효과 넣기

⑤ 드라마 뮤직비디오 발표

- 제작한 드라마 뮤직비디오를 팀별로 발표한다.
- 뮤직비디오의 제작 의도와 주제를 간단히 설명한다.

⑥ 피드백 정리 및 공유

- 다른 팀의 작품을 감상하며 피드백을 나눈다.
- 원할 경우, 팀원과 상의하여 뮤직비디오 작품을 유튜브에 올려 전 세계의 한국 드라마 팬들과 함께 공유하고 댓글을 통해 소통한다.

 **더 알아보기**

작품의 공유를 위해 Google Sites와 연동하는 방법도 있다(10장 참조). Google Sites가 제공하는 홈페이지 제작 기능을 통해 '우리가 만든 한국 드라마 뮤직비디오'라는 주제의 가상공간을 제작하여 팀별로 만든 동영상을 게시·공유할 수도 있다.

한편, 드라마와 AI를 활용한 한국어·한국문화 수업에서 OST 뮤직비디오 제작 외에도 다음과 같은 활동을 시도할 수 있다.

포스터 만들기

드라마의 핵심 장면이나 주제를 바탕으로 홍보용 포스터를 제작한다. 영화나 드라마 포스터 형식으로 제목, 문구, 등장인물 등을 구성하며, 학습자는 이미지 생성 AI를 활용해 결과물을 완성한다. 영화 수업에서도 추천하는 활동이다.

대본 이어 쓰기

드라마의 특정 장면에서 이야기를 멈추고 학습자가 직접 대본을 이어 쓰도록 한다. 이후 완성된 대본을 TTS 기능이 탑재된 AI(8장 참조)를 활용하여 라디오 드라마를 만들거나, 짧은 영상으로 구현해 볼 수 있다.

12.3. 웹툰으로 배우고 나누는 한국문화

12.3.1. 웹툰과 한국어·한국문화교육

'웹툰(Webtoon)'은 '웹(Web)'과 '카툰(Cartoon)'의 합성어로, 2000년대 초반 한국에서 인터넷 기반의 만화가 활성화되며 사용되기 시작한 용어이다. 웹툰은 기존의 만화와 달리, 디지털 화면에 적합한 방식으로 한 컷씩 수직 배치되는 레이아웃과 멀티미디어 효과가 추가된 매체적 특징을 가지고 있으며, "일본의 '망가'나 '아니메'처럼 한국 고유의 디지털만화 장르"(김영찬, 2024)로 전 세계에 유통되고 있다.

한국의 웹툰 산업은 한국 문화 콘텐츠의 세계적인 인기와 함께 성장하고 있으며, 〈2024 웹툰 산업 실태조사〉(문화체육관광부·한국콘텐츠진흥원)에 따르면, 2023년 웹툰 산업의 규모는 최초로 2조 원을 넘어섰다. 산업의 규모가 커짐에 따라 웹툰은 더욱 다양한 장르와 주제로 창작되고 있다. 이처럼 다양하게 창작되는 한국의 웹툰에는 한국의 사회문화를 반영하는 콘텐츠가 풍부하게 포함되어 있을 뿐만 아니라 생생한 구어체의 한국어도 담겨 있다.

한국어·한국문화교육에 있어서도 웹툰을 활용한 교육 방안이 일부 선행연구에서 논의되고 있다. 웹툰 〈며느라기〉를 활용한 한국어 거절 화행 수업 방안(이보라, 2021), 〈바리공주〉를 활용한 한국어·한국문화교육 방안(김명희, 2018; 박성, 2021), 〈정년이〉를 활용한 상호문화 교육 방안(이가연·박현주, 2025) 등과 같이 특정 웹툰을 교육자료로 활용하는 방안이 제시되었고, 김태환(2020)은 여러 웹툰에서 선별한 컷을 활용해 학습자들이 한국어 과거 회상 표현('-던', '-았/었던')을 학습할 수 있는 방안을 제안하였다.

이제 이러한 웹툰 활용 교육은 AI와 만나 멀티모달 학습 경험으로 확장될 수 있다. 그림과 글, 그리고 문화적 상상력이 어우러진 AI 기반 웹툰 창작 활동은 학습자에게 즐거운 학습 경험을 줄 수 있다. 또한 학습자가 웹툰의 소비자에서 창작자로 나아갈 수 있는 기회를 제공한다. 본 장에서 추구하는 한국문화 수업의 목표인 '창조와 공유' 정신을 바탕으로, 학습자가 웹툰을 매체로 한국문화를 배우는 것을 넘어 직접 창조할 수 있게 된 것이다.

12.3.2. 한국 속담 네 컷 만화 창작

12.3.1.을 통해 한국의 주요 문화 콘텐츠인 웹툰이 한국어·한국문화교육을 위한 교육자료로 사용되고 있음을 확인하였다. 또한 AI를 활용한다면 학습자가 수업에서 직접 웹툰을 창작할 수도 있음을 상상해 보았다. 이러한 논의를 바탕으로 12.3.2.에서는 실제 수업에서 학습자가 AI의 도움으로 웹툰을 창작하는 방식의 교육 방안을 제시하고자 한다. 한국 속담 만화 만들기와 상호문화 주제의 웹툰 만들기 활동을 지금부터 소개하겠다.

한국 속담은 한국인의 가치관, 사고방식, 생활양식을 압축적으로 담고 있다. 짧지만 함축적인 표현 속에는 세대와 지역을 넘어 전해 내려온 역사적 맥락과 사회적 관습이 깃들어 있어, 이를 이해하는 과정은 곧 한국문화를 깊이 있게 배우는 과정이 된다. 속담을 학습하면 언어적 지식을 확장할 뿐 아니라, 한국어 화자의 생각과 표현 방식을 자연스럽게 체득할 수 있다.

국어교육 및 한국어교육에서 속담은 대부분 시각적 자료와 함께 제시되고 있다. 그림이나 사진, 간단한 만화 컷을 활용하면 속담의 의미를 보다 직관적으로 파악할 수 있고, 학습자의 흥미와 기억 지속력도 높아지기 때문이다. 이러한 시각 자료는 속담이 사용되는 상황을 구체적으로 보여 주며 맥락 기반의 이해를 가능하게 한다.

만약 속담을 네 컷 만화 형식으로 재구성한다면, 학습자는 속담의 의미와 상황적 쓰임을 시각적 이야기로 구체화할 수 있다. 네 컷 만화는 짧은 분량 안에서 기승전결을 구성해야 하므로, 속담이 등장하는 상황과 인물의 반응을 압축적으로 담아내는 데 적합하다. 무엇보다 학습자가 직접 줄거리를 구상하고 장면을 선택하는 과정에서, 학습의 주체로서 적극적으로 참여하게 된다. 이는 단순한 수동적 암기에서 벗어나, 학습자가 속담을 '자신의 이야기'로 재창조하는 경험을 가능하게 한다.

속담은 한국어교육과 한국문화교육 모두에서 폭넓게 활용되는 학습 주제이므로, 네 컷 만화를 활용한 재구성 활동은 두 영역에서 모두 효과적으로 사용할 수 있다. 간단하게 이미지를 만드는 것이기 때문에 개인 활동 또는 팀별 활동으로도 모두 가능하며, 다양한 이미지 생성 AI 도구를 활용해서 시도할 수 있다. 먼저 교사의 강의로 속담을 학습한 뒤 이를 네 컷 만화 형식으로 재구성하는 방식을 제안한다. 속담은 국립국어원(2015) 『한국어 교육 어휘 내용 개발(4단계)』에 제시된 107개 중에서 선택하거나, 교실 상황에 맞춰 자유롭게 선정할 수 있다. 학습한 속담 중 일부를 학습자가 직접 선정해 스토리를 만들고, 배운 내용을 재구성하는 창의적 활동으로 발전시킬 수 있다.

(1) 활동 개요

제목: 네 컷 속의 한국 속담

<표 12-2> '네 컷 속의 한국 속담' 활동 개요

대상	한국어 중·고급 학습자
목표	한국 속담의 의미와 쓰임을 이해하고, 네 컷 만화 형식으로 창의적으로 표현한다. AI 도구를 활용해 속담을 시각화하며 한국어 표현력과 문화 이해를 높인다.
준비물	디지털 기기: 태블릿, 노트북 또는 데스크톱 컴퓨터 AI 도구 접속 계정 속담 목록, 스토리보드
결과물	네 컷 속담 만화
사용 도구	DALL·E

(2) 활동 설계

① 속담 이해 및 예시 확인

- 먼저 교사가 교육 내용으로 선정한 속담의 의미를 설명하고, 실제 사용 예문과 대화를 제시한다. 속담이 생겨난 배경이나 관련 문화 요소를 간단히 소개한다.
- 활동을 위한 준비 단계로서 네 컷 만화의 기승전결 구조를 설명하며, 교사가 직접 준비한 예시나 AI로 만든 시범작을 감상한다. 학습자가 이미지 생성 프로그램에 익숙하지 않을 경우, 이에 대한 설명과 시연을 충분하게 제공한다.

② 이야기 창작 및 상황 설정

- 네 컷 만화로 제작할 속담을 앞서 배운 속담 중에서 선택하거나, 학습자가 직접 속담을 찾아서 고를 수도 있다.
- 선택한 속담이 사용될 수 있는 구체적인 상황을 구상한다. 학습자의 사고력과 창의력을 높이기 위해, 이 단계에서는 AI의 도움 없이 네 컷 만화의 기승전결 구조에 맞춰 간단한 스토리보드를 작성한다.
- 가능하다면 스토리보드 작성 전, 직접 네 컷 만화를 손으로 그려보는 것도 좋다. 작성한 스토리보드의 내용이 적합한지 점검한다.

③ AI 프롬프트 작성 및 이미지 생성

- 스토리보드의 내용에 기반하여 각 컷을 구체적으로 묘사하는 프롬프트를 입력한다.
- DALL·E에 프롬프트를 입력해 네 컷 이미지를 제작한다.

 **더 알아보기**

<그림 12-8>은 DALL·E로 제작한 한국 속담 "하룻강아지 범 무서운 줄 모른다"의 네 컷 만화의 예시이다. 왼쪽 그림은 최초 생성본으로, 두 번째 컷에서 대사의 주체가 바뀌는 오류가 있고 네 번째 컷에서도 등장인물과 대사에 오류가 발견된다.

이러한 문제를 수정하기 위해 네 차례의 수정 작업을 거친 결과가 오른쪽 그림이다. 그러나 한글 철자에 오류가 생기는 현상은 여전히 개선되지 않았다. 이는 AI가 텍스트를 이미지로 인식하기 때문에 발생하는 빈번한 오류로, 현재로서는 그림판, 파워포인트, 포토샵, 캔바 등의 프로그램을 활용해 편집하는 방법을 권장한다. 또는 텍스트 없이 이미지만 생성한 후, 별도로 글자를 넣는 방법도 있다.

<그림 12-8> DALL·E로 제작한 한국 속담 네 컷 만화

④ 네 컷 만화 수정 및 완성

- 속담이나 대사의 한글이 잘 구현되지 않는 경우에는 그림판, 파워포인트, 포토샵, 캔바 등의 프로그램을 활용해 편집한다. 또는 아래 〈그림 12-9〉처럼 대사 없이 그림만 있는 네 컷 만화를 제작을 요청하여 받은 후, 그림판의 텍스트 도구를 사용하여 대사를 넣는 수정 작업을 할 수 있다.

<그림 12-9> 그림판에서 수정하는 화면

⑤ **작품 발표**

- 완성된 네 컷 만화를 발표한다.
- 제작 의도와 속담의 의미를 간단히 설명한다.

⑥ 피드백 정리 및 공유

- 발표를 통해 서로의 작품을 감상하고 속담 사용의 적절성, 상황 설정, 창의성을 중심으로 피드백을 주고받는다.
- 받은 피드백을 반영해 장면이나 대사를 수정한다.
- Padlet 등 온라인 공유 플랫폼에 게시한다.

 더 알아보기

10장에서 제시한 프로젝트 수업 방안을 참조하여 공유를 확장할 수 있다. 예를 들어, Book Creator를 활용하여 학습자가 만든 만화를 엮어서 '한국 속담 네 컷 만화'라는 주제로 e-book을 만들거나, Google Sites를 활용하여 교실에서 만든 만화를 볼 수 있는 홈페이지/블로그를 제작하는 것이다.
한편, 작품의 발표 및 피드백을 다음과 같은 활동으로 대체 및 확장할 수 있다.

속담 퀴즈 활동

⑤번과 ⑥번을 퀴즈 방식으로 진행할 수도 있다. 개인 또는 팀별로 진행하며, 자신(팀)이 만든 속담 만화를 제시하고, 다른 사람(팀)이 해당 속담을 맞추는 형식이다. 퀴즈를 가장 많이 맞춘 사람(팀)에게는 '속담왕'의 칭호를 부여한다.

12.3.3. 상호문화 주제의 웹툰 창작

이제 웹툰과 AI를 활용한 두 번째 활동을 알아보자. 웹툰을 활용한 한국문화 수업에서 상호문화적인 활동이 가능한 주제의 웹툰 에피소드를 읽고 이해한 후, 이를 AI의 도움과 함께 자신의 경험과 생각으로 재창작해보는 활동이다. 한국문화교육이 보편적으로 추구하는 상호문화주의적인 철학에 기반한 수업에서 시도해 보기 좋을 것이다. 이 활동을 통해 학습자는 AI와 협업하여 웹툰에 적절한 대사를 작성함으로써 한국어 표현력을 신장하고, 문화적으로는 상호문화주의적인 시각을 기를 수 있다.

웹툰을 만드는 AI 툴은 다양하게 시도해 볼 수 있다. 예를 들어, 인공지능 기반 웹툰 기업에서 개발된 TooToon, Deeptoon, Tooning, 망고툰 등은 웹툰 제작을 지원한다. 기획부터 제작까지 AI와 협업하여 전문적인 수준의 결과물을 완성할 수 있다. 유료 버전에서 더 많은 기능을 제공하지만, 회원 가입 시 지급되는 보상이나 기본 크레딧을 활용하면 무료로도 일정 범위 내에서 사용 가능하기 때문에 수업에서도 충분히 사용해 볼 수 있다.[2]

(1) 활동 개요

제목: 웹툰으로 만드는 한국문화

<표 12-3> '웹툰으로 만드는 한국문화' 활동 개요

대상	한국어 중·고급 학습자
목표	한국 웹툰의 에피소드를 통해 특정 문화적 주제를 이해하고, 자신의 문화적 경험과 시각을 반영해 장면을 재구성함으로써 상호문화적 감수성과 한국어·한국문화 표현력을 함께 기른다. AI와의 협업을 통해 디지털 창의력을 발휘하고, 다양한 문화적 배경을 존중하며 소통하는 태도를 배운다.

---

[2] 예를 들어 Tooning에서는 2025년 8월 17일 기준, 무료 요금제 사용 시 웹툰을 생성할 수 있는 작업 생성 개수는 3개, 작업 페이지 수는 10장, 업로드 파일 용량은 50MB을 제공한다.

준비물	• 디지털 기기: 태블릿, 노트북 또는 데스크톱 컴퓨터 • AI 도구 접속 계정 • 웹툰 감상 자료(한국 웹툰 중 상호문화적 주제가 담긴 에피소드) ※ 세종학당재단에서 기획·제작한 웹툰인 〈밈과 외국인 친구들의 한국이야기〉는 관련 수업에서 활용하기 좋은 교육자료이다. 세계 여러 나라의 세종학당 이야기뿐만 아니라, 외국인 학습자의 한국 체험 사연을 각색하여 만든 다양한 에피소드도 포함하고 있기 때문이다. 군대, 홍대, 지하철, 소개팅, 회식, 배달문화 등 다양한 주제의 한국문화와 관련된 내용을 찾아볼 수 있다. 이외에도, NAVER 웹툰에서 무료로 제공하는 〈일상견문록〉과 〈우당탕탕 한국어 선생 생존기〉에는 상호문화주의적 주제의 에피소드가 많아서 활용하기에 좋다.
결과물	상호문화 주제의 웹툰
사용 도구	Tooning

(2) 활동 설계

① 웹툰 감상 및 문화적 주제 분석

- 교사가 선정한 상호문화주의 주제의 웹툰 에피소드를 감상하고, 그 속에 나타난 문화적 요소를 함께 파악한다.
- 웹툰의 주제와 문화적 메시지를 팀별로 토의·토론한다. 예를 들어, 〈그림 12-10〉은 세종학당재단의 웹툰 〈밈과 외국인 친구들의 한국 이야기〉 에피소드 중에서 '지하철 타는 사람들'의 일부로, 싱가포르 출신 학습자가 한국 지하철에서 만난 한국문화를 보여 주고 있다. 노약자석, 화장하는 사람, 물건을 파는 상인, 러시아워 등 한국 지하철의 풍경을 외국인의 시선으로 묘사한 것이다.

<그림 12-10> <밈과 외국인 친구들의 한국 이야기> 중 '지하철 타는 사람들'의 일부[3]

② 자신의 문화와의 비교 및 아이디어 구상

- 학습자 자신이 한국에서 겪은 웹툰 속 상황과 비슷한 경험이나 사례를 떠올리고 팀별로 서로 이야기 나눈다.
- 학습자 본인 나라의 문화 맥락 속에서 외국인은 어떤 생경함을 느낄지 상상해 보고 이야기 나눈다.
- 이야기 나눈 것을 바탕으로, 원작을 변형하거나 확장할 수 있는 새로운 이야기와 대사를 구상한다.
- 웹툰 제작 전, 구상한 내용을 기승전결 구조로 정리해 간단한 스토리보드를 작성

---

[3] <밈과 외국인 친구들의 한국이야기> 중 '지하철 타는 사람들 2화'(출처: 누리세종학당, 기획·제작: 세종학당재단, 글·그림: 퍼니이브)의 내용 일부를 발췌한 것이다. 원본은 실제 웹툰처럼 수직 구성으로 제시되어 있다.

한다.

③ AI와 협업하여 웹툰 창작

- AI 도구를 활용해 팀별로 웹툰을 창작하도록 안내한다. 웹툰을 만드는 여러 툴 중에서 Tooning은 교사 인증(유치원 및 초·중·고등학교 교사)을 받으면 교육용 Pro를 무료로 사용할 수 있으며,[4] 무료 플랜으로도 충분히 제작 가능하다. 사용법이 어렵지 않아 한국문화교육용으로 사용하기에도 적합하므로 사용을 추천한다. 교사는 Tooning에 접속하여 직접 웹툰을 만드는 것을 시연함으로써 학습자가 충분히 사용법을 숙지할 수 있도록 돕는다.
- 학습자는 팀과 협업하여 그림과 대사를 넣어 웹툰을 제작한다.
- 웹툰을 제작하려면 시작 화면의 상단 메뉴바에서 투닝 에디터로 들어가면 된다.

- 투닝 에디터에 들어가면 〈그림 12-11〉과 같은 작업 화면이 나온다. 왼쪽의 세로 툴바에는 템플릿, 텍스트, 말풍선, 요소, 효과, 배경, 사진, 업로드, 드로잉, 내 보관함, 실험실 등 웹툰 제작에 필요한 다양한 기능이 있으며, 무료 버전에서도 충분히 활용할 수 있다.

---

[4] 투닝 시작 페이지의 상단 메뉴에서 투닝〉요금제〉교육 요금제로 들어가서 선생님 인증 서류를 제출하면 된다. 인증 시 유료기능을 무료로 제공한다.

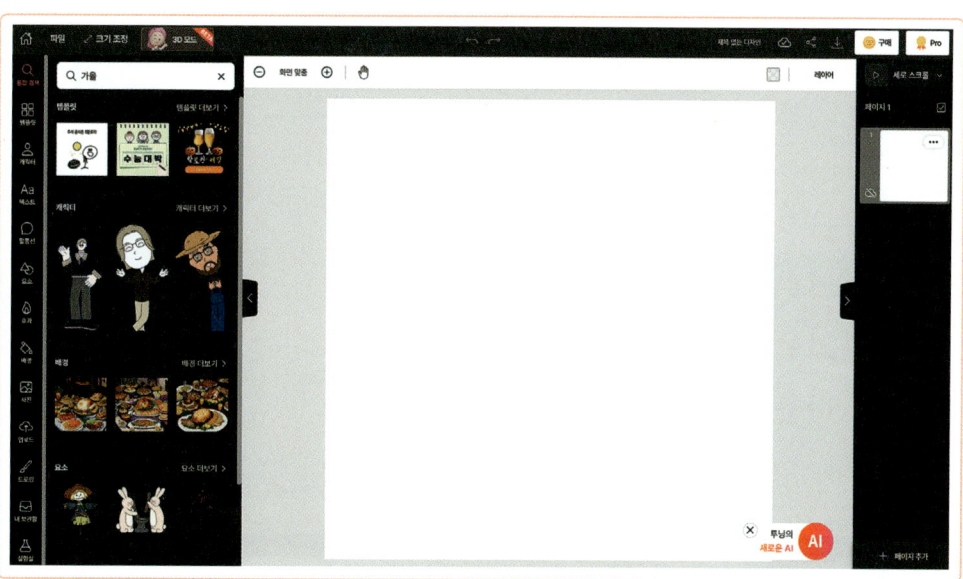

<그림 12-11> 투닝 에디터 시작 화면

- 투닝 에디터 에서 제시되는 첫 번째 빈 화면은 웹툰의 표지로 제작하면 좋다. 먼저 왼쪽 세로 툴바에서 캐릭터 를 선택하여 스토리에 적절한 캐릭터를 선택하여 화면에 배치해 보자. 캐릭터를 클릭하면 〈그림 12-12〉와 같이 분홍색 테두리와 여러 기능이 화면에 보인다. 크기와 위치 등을 조정할 수 있으며, 얼굴 표정과 자세를 선택할 수 있다. 캐릭터를 삭제하려면 우측 상단에 있는 휴지통 을 클릭하면 된다.

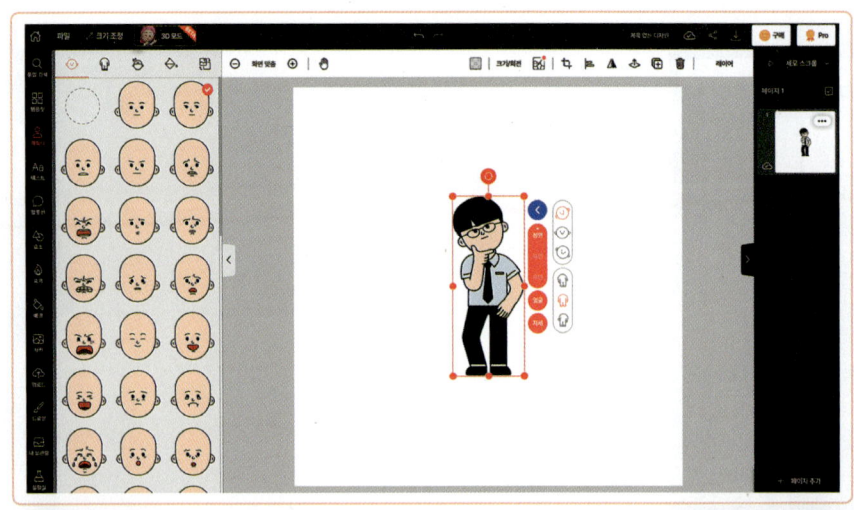
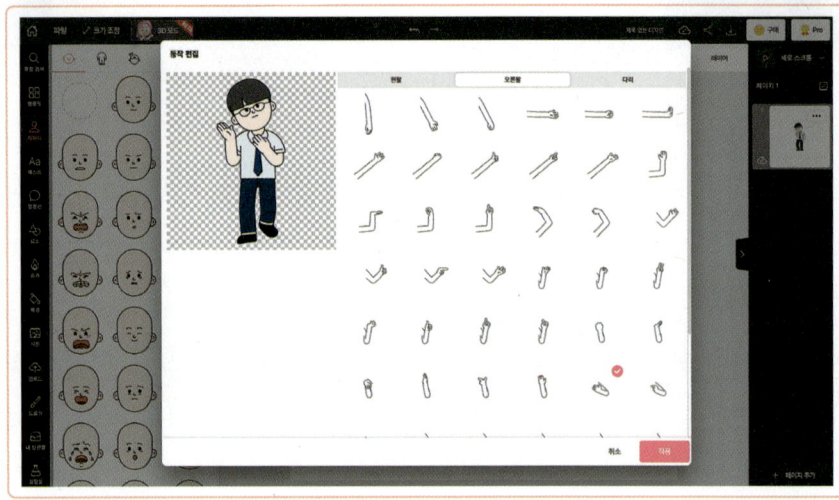

<그림 12-12> 투닝 에디터 캐릭터 설정 화면

- 캐릭터를 설정한 후 텍스트와 말풍선을 클릭하여 웹툰에 필요한 글을 넣을 수 있다. 텍스트에서는 다양한 폰트와 디자인의 글을 넣을 수 있고(유료에서는 효과음도 제공), 말풍선에서는 기본, 속마음, 큰 목소리, 구름, 인용, 전화, 효과 등 웹툰

에 사용되는 다양한 말풍선의 디자인을 제공하고 있어, 상황에 적절한 것을 선택할 수 있다.

<그림 12-13> 투닝 에디터 텍스트 및 말풍선 설정 화면

- <그림 12-14>는 세종학당재단의 <밈과 외국인 친구들의 한국 이야기>처럼, 외국

인 학생이 한국에서 겪었을 법한 에피소드를 상상하여 Tooning에서 가상으로 만든 웹툰 〈이열치열 한국생활〉의 표지 화면이다.

<그림 12-14> Tooning으로 제작한 가상 웹툰의 표지

- 표지를 만든 후 우측 하단의 +페이지 추가 를 누르면 다음 컷을 계속해서 생성할 수 있다.5 컷에 따라 등장인물의 표정과 동작을 바꿔 상황에 맞게 묘사함으로써 웹툰에 생동감을 더할 수 있다. 캐릭터 외에도 상황에 적절한 사물을 넣고 싶으면 요소 를 활용하면 좋다. 요소 에는 검색의 기능도 있어서 찾고 싶은 사물을 직접 입력하여 넣을 수도 있다. 이처럼 캐릭터, 요소, 배경 등 제공되는 이미지를 이용하면 어렵지 않게 웹툰을 제작할 수 있으며, 교사가 사용법을 시연하면 학습자들도 쉽게 따라 할 수 있을 것이다.

---

5 무료로 사용할 경우 10컷까지 만들 수 있기 때문에 이를 염두에 두고 만드는 것이 좋다.

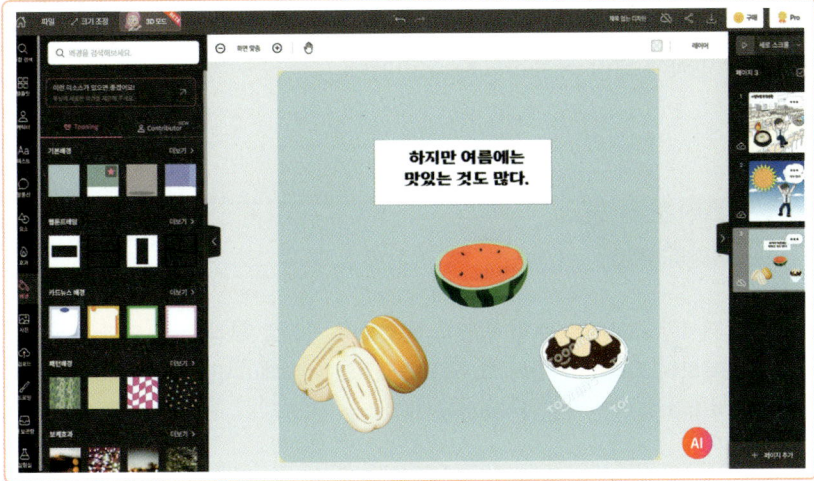

<그림 12-15> Tooning으로 제작한 가상 웹툰의 내용

④ 작품 발표

- 완성된 웹툰을 발표한다.
- 문화적 차이, 창작 의도, 장면 내용 등을 설명한다.

⑤ 피드백 정리 및 수정
- 발표 후에는 서로의 작품을 감상하며 피드백을 나눈다.
- 받은 피드백을 바탕으로 대사나 장면을 수정해 최종본을 완성한다.
- 웹툰 최종본이 완성되면 우측 상단의 아이콘을 클릭하여 링크를 공유하거나, 파일(JPG, PNG, PDF, PPTX 등)로 다운로드 받을 수 있다.

⑥ 공유
- Padlet 등 온라인 공유 플랫폼에 결과물을 게시한다.
- 완성한 작품이 만족스럽다면 이를 SNS 등에 게시해 더 널리 공유하도록 장려한다. 또한 웹툰이 다양한 언어로 번역·배포되는 것처럼, 만든 작품을 모국어나 영어 등으로 번역해 널리 공유하도록 장려한다.

 더 알아보기

10장에서 제시한 프로젝트 수업 방안을 참조하여 공유를 확장할 수 있다. Google Sites를 활용하여 학습자가 만든 웹툰을 볼 수 있는 홈페이지를 제작하거나, Book Creator를 활용하여 웹툰 모음 e-book을 제작하는 것이다.

12.4. 콘텐츠 크리에이터 학습자

본 장에서는 한국 드라마와 웹툰을 기반으로 한 멀티모달 한국문화 수업 활동을 소개하였다. 여기서 제안하는 활동은 생성형 AI를 적극 활용하여 학습자의 참여를 극대화하였으며, 창작 과정을 수업의 중심에 두고 있다. 그림을 그리거나 음악을 만드는 실력이 부족해도, 아이디어만 있으면 한국 문화 콘텐츠의 창작자가 되어 보는 경험을 할 수 있다. 학습자들은 한국문화 수업과 연계한 활동에서 인공지능, 교사, 동료와 협업하여 드라마 뮤직비디오를 제작하고 웹툰까지 창작함으로써 문화 이해와 표현, 창작 활동을 모두 아우르는 통합적 학습을 경험하게 된다.

AI 도구의 활용은 학습자에게 새로운 방식의 문화 생산 경험을 제공하며, 시각적·청각적 콘텐츠를 결합한 멀티모달 표현 능력을 자연스럽게 향상시킨다. 이 과정에서 학습자는 더 이상 한국문화의 수동적 수용자가 아니라, 자신의 문화적 배경과 경험을 반영하여 콘텐츠를 재해석하고 재창조하는 '콘텐츠 크리에이터'로서의 역할을 경험하게 된다. 나아가, 웹툰 속 문화적 장면을 자기 경험에 비추어 창작하는 활동은 상호문화주의적 교육철학에 기반하여 다양한 문화의 시각을 이해하고 비교하게 한다. 학습자는 이를 통해 자신의 문화를 되돌아보고 타문화를 존중하며, 글로벌 시민으로서의 역량을 기를 수 있을 것이다.

새로운 방식의 교실 활동은 디지털 네이티브 세대의 특성과 요구에 부합하며, AI라는 최신 기술과 연계되어 미래형 한국어·한국문화교육의 방향성을 제시한다. 교육 현장에서는 이와 같은 활동들을 수업 목표와 학습자 수준에 따라 융통성 있게 변형하여 적용할 수 있을 것이다. 이를 통해 한국어와 한국문화에 대한 이해를 넓히고, 상호문화적 소양과 디지털 리터러시, 창의성을 고루 기를 수 있는 의미 있는 교육적 실천이 이루어지기를 바란다.

생각해 보기

인공지능을 활용한 창조와 공유의 교육적 실천에 대한 질문

학습자 주도의 창조 활동이 중심이 된 수업에서는 학습자의 적극적인 참여가 수업을 성공으로 이끄는 핵심 동력이 된다. 그러나 학습자의 성격 특성에 따라 창조 활동이 부담감으로 작용하기도 한다. 또한 AI 기술 활용에 익숙하지 않은 학습자에게는 디지털 기반의 수업이 낯설고 어려울 수 있다. 문화 콘텐츠 선정 시 학습자의 흥미 차이도 존재한다. 이처럼 다양한 학습자들이 소외되지 않기 위해서는 어떤 점들을 고려해야 할까? 디지털 기반의 문화 수업은 어떤 맥락에서 효율적으로 실행될 수 있을까? 아래 질문을 중심으로 토론해 보자. 이 밖에도 중요한 토론 주제와 질문도 추가로 생각해 보자.

- ☐ 인공지능을 활용한 창조 활동 중심의 교수 설계에서 UDL(Universal Design for Learning)을 어떻게 구현할 수 있을까요?
- ☐ 학습자들이 수업에서의 '창조와 공유'의 실천을 통해 얻게 되는 것은 무엇일까요? 즉 이와 같은 수업의 궁극적인 교육목표는 무엇일까요?
- ☐ 이와 같은 수업에서 강조되는 교사의 역할은 무엇일까요?

참고 문헌

강병규(2023). 인문학의 시선으로 보는 챗GPT와 문학, 〈푸른사상〉 45호, 푸른사상사. 26쪽~39쪽.

강소영(2024). 한국어교육에서 챗GPT 활용 방안 연구-한국문화 수업의 교육 자료 제작을 중심으로-, 〈국제어문〉 103집, 국제어문학회. 373쪽~403쪽.

강수환·김주리(2025). 디지털 교실환경 유형과 학생의 학교생활 -OECD 국가 비교를 중심으로-, 〈비교교육연구〉 35권 1호, 한국비교교육학회. 55쪽~91쪽.

강아라미(2025). 학문 목적 한국어 쓰기 피드백을 위한 맞춤형 ChatGPT 설계 연구, 〈이중언어학〉 99호, 이중언어학회. 1쪽~34쪽.

강옥주(2023). 반짝 유행일까 새로운 대세일까 프롬프트 엔지니어링의 허와 실. 테크리포트. https://www.techlibrary.co.kr/techlibrary/294307

강우규(2023). 생성형 AI를 활용한 고전소설 교육방안 모색, 〈돈암어문학〉 44호, 돈암어문학회. 35쪽~69쪽.

강주영(2024). 웹드라마를 활용한 한국 일상 문화 및 가치관 교육 방안, 〈한국엔터테인먼트사업학회논문지〉 18권 1호, 한국엔터테인먼트사업학회. 61쪽~81쪽.

고혜민·조현용(2023). 한국어교육에서의 대면-비대면 하이브리드 러닝을 활용한 수업 방안 연구, 〈이중언어학〉 91호, 이중언어학회. 1쪽~41쪽.

공하림·김윤희(2022). 한국어교육 전공 학습자의 메타버스 활용 수업에 대한 만족도 조사 및 요구 분석 연구, 〈인문사회21〉 13권 5호, 인문사회21. 3603쪽~3618쪽.

국립국어원(2015). 『한국어 교육 어휘 내용 개발(4단계)』. 서울: 국립국어원.

권대훈·구세연·김지인·박지원·이명현(2023). ChatGPT를 활용한 고전서사 리텔링 학습 사례 연구-학습자와 ChatGPT의 상호작용을 중심으로-, 〈국제어문〉 99집, 국제어문학회. 167쪽~195쪽.

권미경(2022). 메타버스 플랫폼을 활용한 한국문화교육의 가능성 고찰, 〈교육문화연구〉 28

권 3호, 교육문화학회. 177쪽~197쪽.

권미경(2023). 챗GPT 활용 한국문화교육 방안 탐색, 〈국제한국언어문화학회 학술대회 발표집〉, 국제한국언어문화학회. 160쪽~173쪽.

권민지(2023). 음성인식 프로그램 '네이버 클로바노트'를 활용한 한국어 학습자의 자가 발음 평가 사례 연구, 〈외국어로서의 한국어교육〉 69호, 연세대학교 언어연구교육원 한국어학당. 1쪽~35쪽.

권영숙(2021). 비대면 학습환경에서의 독일어 교육을 위한 교수자 및 학습자 상호작용기반 협업플랫폼 구축 –구글 클래스룸과 패들렛 기반–, 〈선교와신학〉 55호, 장로회신학대학교 세계선교연구원. 7쪽~31쪽.

권은미·강문구(2019). 구글클래스룸 활용 과정중심평가, 〈영어어문교육〉 25권 4호, 한국영어어문교육학회. 61쪽~78쪽.

권종산·우탁(2013). 한국어 교육을 위한 게임화 방법론 연구, 〈한국게임학회 논문지〉 13권 1호, 한국게임학회. 61쪽~74쪽.

권태현(2024). ChatGPT를 활용한 쓰기 채점 및 피드백 방안–프롬프트 전략을 중심으로–, 〈새국어교육〉 141호, 한국국어교육학회. 7쪽~42쪽.

권혜진·김민선(2024), 동화 오디오북 섀도잉을 활용한 결혼이민여성 대상 초분절음 교육 방안, 〈국제어문〉 103집, 국제어문학회. 405쪽~439쪽.

김명희(2018). 웹툰 「바리공주」를 활용한 한국어 문화 교육 연구, 〈한글학회지〉 322호, 한글학회. 939쪽~974쪽.

김명희·한지원·유영의(2023). 인공지능(AI) 기반 맞춤형 학습 적용 수업의 효과 및 참여자 인식에 대한 연구, 〈교육문화연구〉 29권 1호, 인하대학교 교육연구소. 137쪽~159쪽.

김민경·심지연·류선숙(2022). 메타버스 기반의 교양한국어 교과목에 대한 외국인 유학생들의 인식 연구, 〈교양교육연구〉 16권 6호, 한국교양교육학회. 183쪽~195쪽.

김민선(2024). 이미지 생성 AI 삽화 활용에 대한 한국어 교원의 인식 연구, 〈이중언어학〉 98호, 이중언어학회. 93쪽~125쪽.

김민우(2025). 『생성 AI를 활용한 나만의 콘텐츠 만들기』(개정판). 서울: 영진닷컴.

김보현(2024). 생성형 AI 기반 에듀테크의 한국어교육 적용 가능성과 쟁점–대학 한국어 교사의 인식과 생성형 AI의 특성을 중심으로, 〈교양교육연구〉 18권 6호, 한국교양교육학회. 291쪽~307쪽.

김상균(2017). 『교육, 게임처럼 즐겨라: 게이미피케이션 & 게임 리터러시 전문서』(개정판).

서울: 홍릉과학출판사.

김서영·임병빈·김정희(2020). Google Classroom 기반 디지털 수업이 중학생의 영어 듣기 능력에 미치는 영향, 〈영어어문교육〉 26권 2호, 한국영어어문교육학회. 41쪽~63쪽.

김선영(2022). 온라인 교양한국어 수업에서의 구글 클래스룸 활용에 대한 학습자 만족도 연구, 〈한국학연구〉 80호, 고려대학교 세종캠퍼스 한국학연구소. 5쪽~29쪽.

김성조(2024). 인공지능(AI)을 활용한 한국어교육 방안 연구, 〈외국어로서의 한국어교육〉 75호, 연세대학교 언어연구교육원 한국어학당. 33쪽~58쪽.

김소영·윤영(2025). 일반목적 한국어 학습자를 위한 한국문화교육 현황 및 개선 방안 연구, 〈리터러시연구〉 16권 1호, 한국리터러시학회. 317쪽366쪽.

김숙향(2024). 생성형 AI 챗봇을 활용한 문학연구의 가능성과 한계-ChatGPT-4.o 기반 장대(張岱) 챗봇 '대화(岱話)'의 제작과 적용 사례-, 〈中國學論叢〉 85호, 한국중국학회. 289쪽~322쪽.

김영순·안경화·원미진·오장근·윤영(2017). 학습자 변인과 한국언어·문화 교육, 〈언어와 문화〉 13권 2호, 한국언어문화교육학회. 216쪽~234쪽.

김영찬(2024). 웹툰의 시각적 표현 요소와 구성에 대한 연구-웹툰의 매체적·시각적 특징을 중심으로, 〈한국디자인리서치〉 19권 4호, 한국디자인리서치학회. 682쪽~695쪽.

김원석·장한결(2023). 『된다! 생성형 AI 사진 & 이미지 만들기』. 서울: 이지스퍼블리싱.

김유미(2024a). 토픽 말하기 평가 5번 문항에서 피드백 프롬프트의 설계 및 효과 검증: 생성형 AI 활용 사례를 중심으로, 〈한국어문교육〉 49호, 고려대학교 한국어문교육연구소, 161쪽~194쪽.

김유미(2024b). 학습 피드백 도구로서 ChatGPT를 활용한 TOPIK 말하기 연습 모형 개발 및 효과 탐색, 〈외국어로서의 한국어교육〉 74호, 연세대학교 언어연구교육원 한국어학당. 57쪽~86쪽.

김은영(2009). 위키(WIKI) 기반의 한국어 프로젝트 수업: 한국어 중급 교실에서의 지역 가이드북 만들기, 〈AATK 14th Annual Conference and Workshop at University of Washington 발표요지집〉, American Association of Teachers of Korean.

김응열(2025). 대학가 'AI 과제 전쟁'…"자필로 쓰라", GPT 판별기까지 등장 [단독], 〈이데일리〉, 2025년 7월 8일자.

김장식·조윤경(2025). 한국어 학습자를 위한 GPTs 챗봇 개발 연구: 사과 화행 인접쌍 생성을 중심으로, 〈한국과 세계〉 7권 1호, 한국국회학회. 811쪽~833쪽.

김지민(2024). 『대학 논증적 글쓰기에 대한 인간과 ChatGPT의 평가 비교』. 이화여자대학교 석사학위논문.

김지애·오선경(2024). 외국인 대학원생의 논문 작성 과정에 나타난 ChatGPT와의 상호작용 연구, 〈이중언어학〉 97호, 이중언어학회. 39쪽~69쪽.

김지혜(2023). 생성형 인공지능을 활용한 소설 창작 교육의 가능성, 〈어문연구〉 51권 4호, 한국어문연구학회. 373쪽~401쪽.

김진희(2024). 디지털 전환 시대에 한국어교육학이 나아갈 방향 탐색-강현화 외(2023)과 에듀테크 연구 동향을 중심으로, 〈언어사실과 관점〉 62호, 연세대학교 언어정보연구원. 347쪽~371쪽.

김참이(2023). 게임 요소 기반 디지털 학습 프로그램을 활용한 초급 한국어 교수·학습 방안 연구-카훗(Kahoot!)의 게임화 요소 분석과 수업 사례를 중심으로, 〈한국어교육연구〉 20호, 한국어교육연구학회. 1쪽~22쪽.

김태완·정윤우·조형준·남택진(2021). 어린이 원격 교육을 위한 원격조종 아바타 활용 하이브리드 교실, 〈한국HCI학회 학술대회 논문집〉 2022권 2호, 한국HCI학회. 585쪽~588쪽.

김태환(2024). 웹툰을 활용한 과거 회상 표현 교수 학습 방안 연구: '-던', '-았/었던'을 중심으로, 〈한국어교육연구〉 22호, 한국어교육연구학회. 27쪽~56쪽.

김현주(2022). 온라인 한국어 교육 연구 동향 분석, 〈어문논총〉 41호, 전남대학교 한국어문학연구소. 89쪽~108쪽.

김현진(2006). 프로젝트 수업의 구성 방안 연구, 〈한국어교육〉 17권 1호, 국제한국어교육학회. 101쪽~131쪽.

김형민(2023). 한국어교육에서 대화형 AI 챗봇 적용 가능성 탐색: 고급 한국어 학습자와 ChatGPT의 상호작용 분석을 중심으로, 〈우리어문연구〉 76호, 우리어문학회. 261쪽~292쪽.

노영(2019). 구글 클래스룸을 활용한 학습에서 학습자 만족에 영향을 미치는 요인에 관한 연구, 〈고객만족경영연구〉 21권 4호, 한국고객만족경영학회. 71쪽~89쪽.

노채환(2021). 포스트 코로나 시대의 한국어교육-온라인 수업에 대한 학부 유학생들의 인식을 바탕으로-, 〈한중인문학연구〉 72호, 한중인문학회. 1쪽~23쪽.

노채환(2023). 비실시간 온라인 한국어 수업에서 교육기술 도구를 활용한 상호작용 사례 연구, 〈반교어문연구〉 63호, 반교어문학회. 209쪽~235쪽.

문도식(2016). 스마트폰과 음성합성을 활용한 영어 말하기 과제의 개발과 평가, 〈한국인터넷방송통신학회 논문지〉 16권 5호, 한국인터넷방송통신학회. 13쪽~20쪽.

민유미(2025). 한국어 불평 화행 학습 보조 도구로서의 ChatGPT 활용 가능성에 관한 연구, 〈학습자중심교과교육연구〉 25권 10호, 학습자중심교과교육학회. 357쪽~382쪽.

박선희(2006). 영화를 활용한 한국어 고급반 프로젝트 수업-공동 영화평 쓰기, 영화 가이드북 제작, 영화 제작 프로젝트의 상호작용을 중심으로-, 〈이중언어학〉 30호, 이중언어학회. 179쪽~207쪽.

박성(2021). 한국 전통문화교육에서 웹툰의 활용 방안 연구, 〈국어교육연구〉 48호, 한국국어교육연구학회. 101쪽~131쪽.

박소연(2024). 가상현실(VR)을 활용한 상호문화 수업 모형 설계와 적용-정원 및 풍경화 비주얼 리터러시를 중심으로-, 〈한국언어문화학〉 21권 4호, 국제한국언어문화학회. 63쪽~89쪽.

박수연·최예슬(2024). 증강현실(AR) 캐릭터를 활용한 한국어 말하기 수업 사례 연구, 〈언어사실과 관점〉 62호, 연세대학교 언어정보연구원. 291쪽~314쪽.

박은미(2025). 메타버스 플랫폼을 기반으로 한 상황 몰입 한국어 말하기 수업 설계와 효용성에 관한 연구, 〈우리말연구〉 82호, 우리말학회. 133쪽~165쪽.

박은희(2025). 에듀테크 플랫폼 '띵커벨'을 활용한 외국인 유학생 대상 한국어 수업 방안 및 적용, 〈한남어문학〉 46권 2호, 한남대학교 한남어문학회. 183쪽~207쪽.

박종호(2023). 대학 영화교육에서의 구글 클래스룸 활용에 대한 연구, 〈한국콘텐츠학회논문지〉 23권 12호, 한국콘텐츠학회. 207쪽~217쪽.

박진철(2021a). 인공지능(AI)을 활용한 한국어 듣기 교육 자료 제작 연구-음성합성기술(TTS) 활용을 중심으로, 〈이중언어학〉 82호, 이중언어학회. 61쪽~84쪽.

박진철(2021b). 학문 목적 한국어 말하기 수업에서의 음성합성기술(TTS) 활용 사례 연구-'발표하기' 과제를 중심으로-, 〈한국어교육〉 32권 3호, 국제한국어교육학회. 141쪽~160쪽.

박찬·변문경·이지은(2022). 『에듀테크 트렌드: 메타버스 편』. 서울: 다빈치BOOKS.

박현정·심상민(2017). 실감형 한국어교육 콘텐츠 개발을 위한 소고, 〈국제한국어교육〉 3권 1호, 국제한국어교육학회. 177쪽~200쪽.

박현진(2013). 한국어 고급 학습자를 대상으로 한 다큐멘터리 제작 프로젝트 수업 연구, 〈한국어교육〉 24권 4호, 국제한국어교육학회. 61쪽~93쪽.

박환(2017). 동영상 제작 과제를 활용한 프로젝트 수업 연구-고급 학습자를 대상으로-, 〈한국언어문화학〉 14권 2호, 국제한국언어문화학회. 27쪽~50쪽.

방성원(2024). 온라인 프로젝트학습을 활용한 한국어 교재 분석 및 개발 중심의 수업 사례 연구, 〈한국언어문화학〉 21권 1호, 국제한국언어문화학회. 57쪽~93쪽.

배재원·이승연(2016). 문화교육을 위한 한국어 교사 교육 방향 연구-한국어 교사 대상 포커스그룹 인터뷰를 중심으로, 〈한국문화연구〉 31호, 한국문화연구학회. 223쪽~258쪽.

백재파(2018). 영상매체를 활용한 한국어 교육의 효과: 웹드라마를 중심으로, 〈한국어문화교육〉 11권 2호, 한국어문화교육학회. 61쪽~83쪽.

백지연(2025). 대학생의 영어 말하기 능력 평가를 위한 AI 플랫폼 활용 루브릭 개발 연구, 〈영어영문학연구〉 67권 2호, 한국중앙영어영문학회. 313쪽~331쪽.

서재이·안선주·최정일(2022). 비대면 교육 환경에서의 온라인 협업 툴 사용의도에 영향을 미치는 요인에 관한 연구, 〈한국경영학회 통합학술발표논문집〉, 한국경영학회. 1522쪽~1542쪽.

서희(2025). 『ChatGPT 기반 다시 쓰기 모형 개발을 위한 실행연구: 초급 한국어 학습자를 중심으로』. 경희사이버대학교 문화창조대학원 석사학위논문.

성인경(2024). 루브릭을 활용한 한국어 학습자의 화용 능력 평가 연구 -요청화행 평가를 중심으로, 〈한국어교육〉 35권 3호, 국제한국어교육학회. 31쪽~58쪽.

손재은(2009). 한국어 교육에서 멀티미디어를 활용한 프로젝트 수업 연구, 〈이중언어학〉 39호, 이중언어학회. 147쪽~169쪽.

송대헌(2020). 한국어 학습자를 위한 드라마 〈도깨비〉 속 관용표현 교육 방안 연구, 〈한국엔터테인먼트산업학회논문지〉 14권 5호, 한국엔터테인먼트산업학회. 181쪽~191쪽.

송창경(2022). 포스트 코로나 시대 중도입국 학생을 위한 한국어(KSL) 교육의 쟁점 및 과제-디딤돌 학교 교사 대상 포커스 그룹 인터뷰를 중심으로-, 〈국어교육연구〉 50호, 서울대학교 국어교육연구소. 445쪽~487쪽.

심수연(2024a). 『생성형 AI 이미지 향상을 위한 비교 방법론』. 박사학위논문, 중앙대학교 대학원.

심수연(2024b). 생성형 AI를 활용한 이미지 향상 연구-챗GPT와 미드저니 사례를 중심으로-, 〈커뮤니케이션디자인학연구〉 86호, 한국커뮤니케이션디자인학회. 22쪽~33쪽.

심지연·류선숙·김민경(2023). 메타버스 기반 한국어 수업의 설계 원리 및 적용 사례 연구, 〈어문연구〉 116호, 어문연구학회. 331쪽~359쪽.

양은별·류지헌(2021). 메타버스 학습환경에서 동료와 교사 아바타가 학습실재감과 시각적 주의집중에 미치는 효과, 〈교육정보미디어연구〉 27권 4호, 한국교육정보미디어학회. 1629쪽~1653쪽.

양은영(2023). 생성형 AI의 개발 및 이용에 관한 규제의 필요성-대규모 언어모델에 기반한 대화형 인공지능 서비스(LLMs AI)를 중심으로-, 〈성균관법학〉 35권 2호, 성균관대학교 법학연구소. 293쪽~325쪽.

오선경(2023). 에듀테크 기반 한국어교육에 대한 우즈베키스탄 학습자의 경험과 요구 분석, 〈Journal of Korean Culture〉 63호, 고려대학교 한국언어문화학술확산연구소. 99쪽~127쪽.

왕연(2010). 외국어로서의 한국어교육에서 문화교육 연구 동향 분석, 〈언어와 문화〉 6권 3호, 한국언어문화교육학회. 201쪽~238쪽.

우탁·안계윤·윤수진(2011). 기능성게임의 새로운 가능성, 〈한국멀티미디어학회지〉 15권 2호, 한국멀티미디어학회. 17쪽~23쪽.

유건수·이상재(2024). 생성형 AI를 활용한 비판적 글쓰기 교수학습 방법 모색-대학 교양 글쓰기 강의 운영 사례를 중심으로-, 〈어문연구〉 52권 2호, 어문연구학회. 227쪽~262쪽.

유지연·유훈식(2021). 챗봇을 통한 스마트러닝 한국어교육의 학습 효과: 학습자 인식을 중심으로, 〈멀티미디어 언어교육〉 24권 2호, 한국멀티미디어언어교육학회. 82쪽~105쪽.

윤관기(2024). 생성형 AI인 'Text to Music'을 집단탐구모형에 적용한 음악 창작지도 설계 방안, 〈음악교육연구〉 53권 1호, 한국음악교육학회. 143쪽~164쪽.

윤영(2013). 한국어교육에서 학습자의 능동적 참여를 위한 문학교육 방법 연구-반응 중심 문학교육의 비판적 수용을 바탕으로-, 〈언어와 문화〉 9권 2호, 한국언어문화교육학회. 215쪽~243쪽.

윤영(2014). 한국어교육에서 고전설화를 활용한 '효'의 가치 교육 방안 연구:『삼국유사』「孝善」편의 효행 설화를 중심으로, 〈외국어로서의 한국어교육〉 40호, 연세대학교 언어연구교육원 한국어학당. 207쪽~243쪽.

윤영(2019). 한국어교육에서 고전설화를 활용한 '효'의 가치 교육 방안 연구:『삼국유사』「孝善」편의 효행 설화를 중심으로, 〈교육문화연구〉 25권 1호, 교육문화학회. 769쪽~792쪽.

윤영(2020). 한국어 학습자의 영화 리터러시 능력 함양을 위한 수업 모형 연구, 〈문화교류와 다문화교육〉 9권 1호, 다문화교육학회. 51쪽~80쪽.

윤영·권미경·김정훈·박진철·장지영·최지영(2024). 메타버스 기반 한국어 말하기 수업 모형 개발 연구-〈메타버스 세종학당〉 수업 모형을 중심으로-, 〈다문화사회와 교육연구〉 16호, 다문화사회와 교육연구학회. 181쪽~215쪽.

윤은미·우은혜(2017). 한국드라마를 활용한 한국 속담 교육 연구-드라마〈꽃보다 남자〉에서의 한국어 대사를 중심으로-,〈한국어교육학회 학술지〉110호, 한국어교육학회. 213쪽~245쪽.

이가연·박현주(2025). 학부 유학생을 위한 상호문화교육 방안 연구-웹툰「정년이」속 설화를 중심으로,〈우리말글〉104호, 우리말글학회. 121쪽~153쪽.

이경(2024). 한국어 수업에서의 에듀테크 활용에 대한 한국어 교사들의 경험과 인식 연구,〈청람어문교육〉98호, 청람어문교육학회. 187쪽~223쪽.

이남호·이찬규(2024). ChatGPT를 활용한 자기주도적 대화 연습 모형 개발,〈화법연구〉63호, 한국화법학회. 87쪽~124쪽.

이남호·차준우(2023). 한국어 학습자의 대화 능력 향상을 위한 대화 생성형 인공지능 활용 가능성 연구,〈배달말〉72호, 배달말학회. 53쪽~90쪽.

이민경(2022). 한국어교육에서의 웹드라마를 활용한 문화 및 화용 교육 방안-〈오피스워치 시즌1〉을 중심으로,〈문화와융합〉44권 3호, 인문사회예술융합학회. 77쪽~105쪽.

이민경·김현진·배재원·정누리·오유영·박옥경·황윤정·최효원(2024).『새 이화 한국어 2-1』. 서울: Epress.

이보라(2021). 웹툰을 활용한 여성결혼이민자 대상 한국어 거절 화행 수업 방안 연구-〈며느라기〉를 활용한 사례를 중심으로,〈한국어교육〉32권 4호, 국제한국어교육학회. 163쪽~192쪽.

이보라·이선영(2023). 음성인식 텍스트 변환 프로그램을 활용한 한국어 말하기 자가 피드백 수업 사례-초급 단계의 외국인 학부생을 대상으로,〈우리어문연구〉77호, 우리어문학회. 537쪽~570쪽.

이바른·최은경(2022). 메타버스(Metaverse)를 활용한 초급 한국어 말하기 교육 방안-메타버스 플랫폼 ZEP을 중심으로-,〈문화와융합〉44권 10호, 한국문화융합학회. 99쪽~115쪽.

이선(2020). 예비교사들의 온라인 교육실습에 대한 인식과 경험에 대한 연구,〈교육실습연구〉2권 2호, 공주교육대학교 글로벌인재교육센터. 27쪽~41쪽.

이선빈(2024). 메타버스를 활용한 학문 목적 한국어 학습자의 발표 교육 연구,〈한국어교육〉35권 4호, 국제한국어교육학회. 99쪽~132쪽.

이선중·황성은(2024). 한국어 쓰기 전략 교육을 위한 생성형 AI 활용 연구,〈어문연구〉121호, 어문연구학회. 463쪽~489쪽.

이유경(2022). 외국인을 위한 한국문화교육 연구의 현황과 과제, 〈한국어교육〉 33권 4호, 국제한국어교육학회. 263쪽~300쪽.

이윤빈(2025). 대학생의 창안형 프롬프트 유형에 따른 챗GPT 작성 논증 텍스트의 문제 분석 - 내용·구조·표현 3축 루브릭 기반 유형화를 중심으로, 〈작문연구〉 65호, 한국작문학회. 105쪽~144쪽.

이윤서·노채환(2025). 예비 한국어 교사의 테크놀로지 인식 연구, 〈한국언어문화학〉 22권 1호, 국제한국언어문화학회. 263쪽~285쪽.

이은경·이원희(2024). 코로나 이후 온라인 및 인공지능 활용 한국어 교육 연구 현황에 대한 탐색적 고찰-영어 교육과의 비교를 중심으로-, 〈언어와 문화〉 20권 1호, 한국언어문화교육학회. 219쪽~248쪽.

이정연(2023). 블렌디드 러닝을 활용한 한국어 프로젝트 수업 모형 개발 연구, 〈외국어교육연구〉 37권 2호, 한국외국어대학교 외국어교육연구소. 55쪽~78쪽.

이종기·이병원(2021). Q방법을 활용한 구글클래스룸 학습자의 인식 유형화와 정보시스템 요인에 관한 연구, 〈로고스경영연구〉 19권 4호, 한국로고스경영학회. 19쪽~36쪽.

이주란(2020). 코로나19 시기 비대면 한국어 수업의 양상 연구, 〈화법연구〉 49호, 한국화법학회. 57쪽~87쪽.

이해영(2000a). 인터넷의 활용과 한국어 개별화 수업 설계, 〈멀티미디어 언어교육(Multimedia Assisted Language Learning)〉 3권 1호, 한국멀티미디어언어교육학회. 264쪽~286쪽.

이해영(2000b). 프로젝트 활동을 활용한 한국문화 학습, 〈Foreign Languages Education〉 7권 2호, 한국외국어교육학회. 409쪽~434쪽.

이해영(2001). 한국어 학습용 웹사이트의 분석, 〈Foreign Languages Education〉 8권 2호, 한국외국어교육학회. 285쪽~314쪽.

이해영(2024a). 한국어 교육과 한국문화 교육이 꿈꾸고 맞닿는 지평의 확장, 〈국제한국언어문화학회 제38차 추계학술대회 발표논문집〉, 국제한국언어문화학회. 11쪽~27쪽.

이해영(2024b). 생태계의 도래와 미래를 여는 한국어교육, 〈이중언어학회 제49차 전국학술대회 발표논문집〉, 이중언어학회. 17쪽~32쪽.

이해영·김수현·정혜선(2020). 국외 한국어 교원의 교육 및 연구 역량 제고를 위한 역량 중요도-역량 향상도 분석, 〈이중언어학〉 78호, 이중언어학회. 149쪽~172쪽.

이해영·박선희·정진(2019). 실시간 화상강의로 진행된 팀티칭통역 수업에 대한 인식과 통역 능력, 〈Multimedia-Assisted Language Learning〉 22권 4호, 한국멀티미디어언어교육학회. 256쪽~274쪽.

이해영·방성원·이정란·김은영·박기영·김민선·박선희·배재원·이미향·하지혜·정진·이민경(2021).『손에 잡히는 한국어 교육학 개론』. 서울: 도서출판 하우.

이해영·이정란·황선영(2021). '해외 초중등학교 한국어 교육과정'의 사회언어적·화용적 능력 범주 특징과 구조, 〈한국언어문화교육학회 제32차 전국학술대회 발표논문집〉. 422쪽~429쪽.

이해영·정혜선(2020). 실시간 다대면 온라인 한국어 강의에서 모국어 사용 여부와 숙달도에 따른 차이, 〈한국언어문화학〉 17권 2호, 국제한국언어문화학회. 129쪽~149쪽.

이해영·정혜선(2021). 태국인 한국어 교원 대상 바이크로너스 강의에서의 학습자 몰입도와 만족도 연구: 실재감·학습전략과의 상관관계를 중심으로, 〈학습자중심교과교육연구〉 21권 20호, 학습자중심교과교육학회. 805쪽~820쪽.

이해영·정혜선(2022). 메타버스 활용 한국어교육에 대한 교사 인식과 교육적 적용 연구, 〈문화와융합〉 44권 6호, 한국문화융합학회. 125쪽~144쪽.

이해영·하지혜·정혜선(2018). 매체 효능감과 실재감이 실시간 온라인 한국학 강좌 수강 만족도에 미치는 영향, 〈한국언어문화학〉 15권 3호, 국제한국언어문화학회. 87쪽~210쪽.

이현아·김주희·김미연·이유나·전승우(2021). 예비 교원을 위한 디지털 역량 교육의 방향성 연구, 〈공주대학교 예비교사 교육연구〉 1호, 국립공주대학교 교직부. 117쪽~145쪽.

이혜경(2019). 한국어 구어 능력 향상을 위한 대중매체 수업 방안 연구-드라마 시청과 더빙 활동의 상호작용을 중심으로, 〈한국어교육〉 30권 3호, 국제한국어교육학회. 197쪽~226쪽.

장미정·정미경·박정은(2024). 중급 외국인 학부생 대상 대학 보고서 수업에서의 학습자 중심 루브릭 활용 사례 연구, 〈외국어로서의 한국어교육〉 75권, 언어연구교육원 한국어학당. 193쪽~224쪽.

장준영(2023). 사이버대학교 예비 한국어 교사의 메타버스 ZEP을 활용한 원격교육 인식에 관한 연구, 〈인문사회21〉 14권 3호, 인문사회21. 4097쪽~4110쪽.

장지영(2021). 포스트 코로나 시대의 한국어 쓰기 수업을 위한 LMS 활용 사례 연구-구글 클래스룸을 중심으로-, 〈한국언어문화학〉 18권 2호, 국제한국언어문화학회. 279쪽~306쪽.

장지영(2022a). 에듀테크 기반 초급 한국어 수업에서의 게이미피케이션(Gamification) 활용 방안 연구-단기 과정 유학생을 대상으로-, 〈우리어문연구〉 74호, 우리어문학회. 705쪽~733쪽.

장지영(2022b). 하이브리드 교육 환경에서의 학문 목적 한국어 토론 수업을 위한 메타버스 활용 방안 연구-스페이셜(Spatial)을 중심으로-, 〈이중언어학〉 89호, 이중언어학회. 193쪽~222쪽.

장지영(2024). 생성형 AI를 활용한 학문 목적 한국어 토론 수업 방안 연구: 가네의 수업사태와 STCPR을 기반으로, 〈한국어교육〉 35권 2호, 국제한국어교육학회. 133쪽~157쪽.

장지영·박진철(2020). 웹드라마를 활용한 한국어 화용 수업 방안 연구, 〈인문과학연구〉 67호, 단국대학교 인문과학연구소. 91쪽~112쪽.

장지영·박진철(2024). 메타버스 기반의 의사소통적 한국어 말하기 과제 개발 연구, 〈이중언어학〉 95호, 이중언어학회. 177쪽~207쪽.

전하나(2024). 한국어 학습자를 위한 대중문화 교육 방안 탐색-드라마 〈이태원 클라쓰〉를 중심으로, 〈다문화사회와 교육연구〉 16호, 다문화사회와 교육연구학회. 269쪽~294쪽.

정끝별(2017). 『패러디』. 서울: 모악.

정보배(2024). 생성형 AI를 활용한 고전문학 교육방안 연구-가전(假傳) 갈래의 이해와 창작을 중심으로-, 〈문화와융합〉 46권 2호, 한국문화융합학회. 97쪽~112쪽.

정선주(2021). 디지털 멀티모달 스토리텔링: 학습자 인식에 대한 이해, 〈Journal of Convergence for Information Technology〉 11권 3호, 중소기업융합학회. 174쪽~184쪽.

정유진·서은숙(2022). 메타버스 활용 사회통합프로그램(KIIP) 수업 설계 및 운영 방안 연구-4단계 '한국어와 한국문화' 과정을 중심으로-, 〈다문화콘텐츠연구〉 41호, 중앙대학교 문화콘텐츠기술연구원. 311쪽~331쪽.

조민경·김소영·윤영(2024). 메타버스 활용 한국어 수업에 대한 교사 인식 연구-메타버스 교육 전·후 교사의 인식 변화를 중심으로, 〈교양교육연구〉 18권 2호, 한국교양교육학회. 23쪽~42쪽.

조수진·김태나·강승혜(2021). 한국어교육에서 다중언어 능력 및 다중문화 능력의 개념과 적용, 〈언어와 문화〉 17권 3호, 한국언어문화교육학회. 89쪽~114쪽.

조연휘(2025). 수업 참여도 향상을 위한 학습자 주도형 수업 사례 연구-일본어를 활용한 프로젝트 기반 활동을 중심으로-, 〈일어일문학〉 106호, 대한일어일문학회. 41쪽~54쪽.

주재환(2021). 패러디 시를 활용한 한국어교육 방안 연구, 〈한성어문학〉 45호, 한성어문학회. 201쪽~222쪽.

천시우시우·최은경(2020). 실감형 콘텐츠를 활용한 초급 한국어 교육 방안-대학부설 한국어교육기관의 교재를 중심으로, 〈교육문화연구〉 26권 2호, 인하대학교 교육연구소. 837쪽~864쪽.

천영순·이찬규(2024). 한국어교육에서 소그룹 과제 중심 교육 방안 연구-웹드라마 제작과정을 중심으로, 〈영주어문〉 56호, 영주어문학회. 491쪽~525쪽.

최세훈(2024). 실감형 콘텐츠(VR)를 활용한 한국문화 체험학습의 설계와 적용, 〈한국어교육〉 35권 1호, 국제한국어교육학회. 133쪽~158쪽.

최원경(2020). AI챗봇을 활용한 초등영어 과정중심 말하기 평가: 가능성과 한계, 〈초등영어교육〉 26권 1호, 한국초등영어교육학회. 131쪽~152쪽.

최유정·류나영(2018). 프로젝트 기반의 한국어 교육-북트레일러 제작 수업 및 학습자 반응 연구, 〈외국어로서의 한국어교육〉 49호, 연세대학교 언어연구교육원 한국어학당. 249쪽~272쪽.

최지영(2023). 대학원 유학생의 학술적 글쓰기에서의 인공지능 챗봇 활용 사례 연구, 〈국제어문〉 98집, 국제어문학회. 607쪽~639쪽.

최현주(2025). 『한국어 쓰기 과제의 루브릭 기반 자기평가 활용에 관한 실행연구』. 경희사이버대학교 문화창조대학원 석사학위논문.

추가영·주수언(2023). 메타버스 플랫폼을 활용한 외국인 대학생의 한국어 교육 프로그램 효과성 분석, 〈문화와융합〉 45권 4호, 한국문화융합학회. 97쪽~108쪽.

하명정(2020). 구글 미트와 연동한 구글 클래스 수업에 대한 학습자 인식, 〈문화와융합〉 42권 10호, 한국문화융합학회. 223쪽~252쪽.

한국콘텐츠진흥원(2025). 『2024 웹툰 산업 실태조사』. 세종: 한국콘텐츠진흥원. https://welcon.kocca.kr/ko/info/trend/1954626

한민철(2023). 『챗GPT 교사 마스터 플랜』. 서울: 책바세.

한혜민·조영미(2021). 실시간 온라인 수업에서 패러디 시 쓰기를 활용한 한국어문화 교수-학습 방안 연구, 〈외국어교육연구〉 35권 1호, 한국외국어대학교 외국어교육연구소. 1쪽~16쪽.

호창수(2023). 生成 AI 技術의 文學教育的 活用 可能性-'ChatGPT'를 중심으로-, 〈어문연구〉 51권 4호, 어문연구학회. 431쪽~459쪽.

황영아·신종호(2025). AI 기반 말하기 앱의 효과성 분석과 대학 교양 영어에서의 활용 가능성 탐색 -비교과 프로그램 운영 결과를 중심으로, 〈교양교육연구〉 19권 3호, 한국교양교육학회. 53쪽~72쪽.

황정재(2023). 알파고에서 챗GPT까지 AI 기술의 발전과 미래, 〈FUTURE HORIZON〉 55호, 과학기술정책연구원. 34쪽~37쪽.

Kapp, K. M.(2016). 『게이미피케이션, 교육에 게임을 더하다』(권혜정 옮김). 서울: 에이콘

출판사.

Linzi Cheng·김성주(2025). 메타버스를 활용한 한국어 읽기/쓰기 통합 교육의 가능성 고찰, 〈학습자중심교과교육연구〉 25권 13호, 학습자중심교과교육학회. 507쪽~526쪽.

Accenture. (2019). *Waking up to a new reality: Building a responsible future for immersive technologies.* G20 Young Entrepreneurs' Alliance.

Anis, M., & Khan, R. (2023). Integrating multimodal approaches in English language teaching for inclusive education: A pedagogical exploration. *Universal Journal of Educational Research*, 2(3), 241–257.

Anwar, M. S., Yang, J., Frnda, J., Choi, A., Baghaei, N., & Ali, M. (2025). Metaverse and XR for cultural heritage education: Applications, standards, architecture, and technological insights for enhanced immersive experience. *Virtual Reality*, 29(2), 1–29.

Belanger, F., & Jordan, D. H. (1999). *Evaluation and implementation of distance learning: Technologies, tools and techniques.* Hershey, PA: IGI Global/Idea Group Publishing.

Blumenfeld, P. C., Soloway, E., Marx, R. W., Krajcik, J. S., Guzdial, M., & Palincsar, A. (1991). Motivating project-based learning: Sustaining the doing, supporting the learning. *Educational Psychologist*, 26(3–4), 369–398.

Buck Institute for Education. (n.d.). *What is project-based learning (PBL)?* Retrieved from http://www.bie.org/about/what_pbl

Carpenter, S. K., & Olson, K. M. (2012). Are pictures good for learning new vocabulary in a foreign language? Only if you think they are not. *Journal of Experimental Psychology: Learning, Memory, and Cognition*, 38(1), 92–101.

Cho, Y.-M., Lee, H. S., Schulz, C., Sohn, H., & Sohn, S.-O. (2020). *Integrated Korean: Intermediate 1* (3rd ed.). Honolulu, HI: University of Hawaii Press.

Council of Europe. (2020). *Common European Framework of Reference for Languages: Learning, teaching, assessment – Companion volume.* Strasbourg: Council of Europe Publishing. https://rm.coe.int/common-european-framework-of-reference-for-languages-learning-teaching/16809ea0d4.

Council of Europe. (2001). *Common European Framework of Reference for Languages: Learning, teaching, assessment.* Cambridge: Cambridge University Press. https://rm.coe.int/1680459f97.

Dai, W., Lin, J., Jin, H., Li, T., Tsai, Y., Gašević, D., & Chen, G. (2023). Can large language models provide feedback to students? A case study on ChatGPT. In *Proceedings of the 2023 IEEE International Conference on Advanced Learning Technologies (ICALT)* (pp. 323–325). IEEE.

Deterding, S., Dixon, D., Khaled, R., & Nacke, L. (2011). From game design elements to gamefulness: Defining "gamification." In *Proceedings of the 15th International Academic MindTrek Conference: Envisioning Future Media Environments* (pp. 9–15).

Fried-Booth, D. L. (2002). *Project work* (2nd ed.). Oxford: Oxford University Press.

Hatmanto, E. D., Pratolo, B. W., & Intansari, M. (2023). Metaverse magic: Unveiling the pedagogical potential and transformative effects on intercultural communication in English language teaching. *English Language Teaching Educational Journal*, 6(1), 15–32.

Johnson, D. W., & Johnson, R. T. (1996). Cooperation and the use of technology. In D. H. Jonassen (Ed.), *Handbook of research on educational communications and technology* (pp. 785–812). London: Macmillan.

Kapp, K. M. (2012). *The gamification of learning and instruction: Game-based methods and strategies for training and education*. San Francisco, CA: Pfeiffer.

Keegan, D. (1995). *Distance education technology for the new millennium: Compressed video teaching*. Hagen: ZIFF, Zentrales Institut für Fernstudienforschung.

Kost, C. R., Foss, P., & Lenzini, J. (1999). Textual and pictorial glosses: Effectiveness on incidental vocabulary growth when reading in a foreign language. *Foreign Language Annals*, 32(1), 89–97.

Kress, G. (2009). *Multimodality: A social semiotic approach to contemporary communication*. London: Routledge.

Levine, G. S. (2004). Global simulation: A student-centered, task-based format for intermediate foreign language courses. *Foreign Language Annals*, 37(1), 26–36.

Miller, S. M., & McVee, M. B. (2012). *Multimodal composing in classrooms: Learning and teaching for the digital world*. New York: Routledge.

Mootoosamy, K., & Aryadoust, V. (2024). Transitioning from communicative competence to multimodal and intercultural competencies: A systematic review. *Societies*, 14(7), 1–26.

OECD. (2023). *OECD Digital Education Outlook 2023: Towards an Effective Digital Education Ecosystem*. OECD Publishing. https://doi.org/10.1787/c74f03de-en

OECD. (2024). *Recommendation of the Council on Artificial Intelligence (OECD/LEGAL/0449)*. OECD Legal Instruments. https://legalinstruments.oecd.org/api/print?ids=648&lang=en.

OECD–Education International. (2023). *Opportunities, guidelines and guardrails on effective and equitable use of AI in education*. OECD Publishing. https://www.oecd.org/content/dam/oecd/en/about/projects/edu/smart-data-and-digital-technology-in-education/Opportunities%2C%20guidelines%20and%20guardrails%20for%20effective%20and%20equitable%20use%20of%20AI%20in%20education.pdf/_jcr_content/renditions/original./Opportunities%2C%20guidelines%20and%20guardrails%20for%20effective%20and%20equitable%20use%20of%20AI%20in%20education

Picciano, A. G. (2002). Beyond student perceptions: Issues of interaction, presence, and performance in an online course. *Journal of Asynchronous Learning Networks*, 6(1), 21–40.

Reddy, V. M., Vaishnavi, T., & Kumar, K. P. (2023, July 19). Speech-to-text and text-to-speech recognition using deep learning. In *Proceedings of the 2nd International Conference on Edge Computing and Applications (ICECAA)* (pp. 657–666). IEEE.

Sala, N. (2021). Virtual reality, augmented reality, and mixed reality in education: A brief overview. In *Current and prospective applications of virtual reality in higher education* (pp. 48–73). IGI Global.

Salen, K., & Zimmerman, E. (2004). *Rules of play: Game design fundamentals. Cambridge*, MA: MIT Press.

Simonson, M. (2002). Policy and distance education. *The Quarterly Review of Distance Education*, 3(2), v–vii.

Skehan, P. (1998). *A cognitive approach to language learning*. Oxford: Oxford University Press.

The Korea Times. (2025, April 16). Korean content ranks second globally on Netflix, surpassing UK and Japan. Retrieved from https://www.koreatimes.co.kr/entertainment/shows-dramas/20250416/korean-content-ranks-second-globally-on-netflix-surpassing-uk-and-japan

Thomas, J. W. (2000). *A review of the research on project-based learning* (pp. 1–45). San Rafael, CA: The Autodesk Foundation.

Tomlinson, C. (2005). Grading and differentiation: Paradox or good practice? *Theory into Practice*, 44(3), 262–269.

Tran, T. Q., Duong, T. M., & Nguyen, D. T. H. (2023). The use of edtech apps in English language learning: EFL learners' perspectives. *Theory and Practice in Language Studies*, 13(5), 1115–1123.

Trivedi, A., Pant, N., Shah, P., Sonik, S., & Agrawal, S. (2018). Speech to text and text to speech recognition systems – A review. *IOSR Journal of Computer Engineering*, 20(2), 36–43.

UNESCO. (2021). *Recommendation on the ethics of artificial intelligence*. UNESCO. https://unesdoc.unesco.org/ark:/48223/pf0000381137

UNESCO. (2023). *Guidance for generative AI in education and research*. UNESCO. https://unesdoc.unesco.org/ark:/48223/pf0000386693

UNESCO. (2024). *Global citizenship education in a digital age: Teacher guidelines*. UNESCO. https://unesdoc.unesco.org/ark:/48223/pf0000388812

Zhang, X., Chen, Y., Hu, L., & Wang, Y. (2022). The metaverse in education: Definition, framework, features, potential applications, challenges, and future research topics. *Frontiers in Psychology*, 13:1016300.

찾아보기

가상현실 168
객관성 301, 306, 330
게이미피케이션 25, 133, 134, 135, 136, 137, 138, 148, 149, 151, 160, 165, 403
과제 78, 81, 85, 86, 88, 90, 94, 95, 110, 124, 125
교실의 변화 77, 79

네 컷 만화 423, 424, 425, 426, 427

다시쓰기 378, 379, 380, 382, 384, 404
다언어주의 19
다중언어 능력 19
다중언어·다중문화 레퍼토리 19
다중언어주의 19
대규모 언어 모델 236, 313, 314
대규모 언어모델에 기반한 대화형 인공지능 서비스 196
대중문화 407, 409
데이터 의존성 234
동시성 22

드라마 17, 406
디지털 네이티브 234, 373
디지털 루브릭 303
디지털 리터러시 411, 439
디지털 스토리텔링 35
디지털 시민성 39, 338, 373
디지털 플래시 카드 149
딥러닝 269

랭킹 시스템 133
레벨업 133
루브릭 130, 300, 311, 323, 328
뤼튼 197, 236, 258, 259, 260
뤼튼테크놀로지스 197

망고툰 429
맞춤형 학습 236, 242, 306
매개 19, 20, 21, 23, 35
매체 자기 효능감 36
멀티모달 16, 196, 221, 233, 234, 316, 335, 336, 337, 339

멀티모달 역량 19, 20
멀티모달 인공지능 393
멀티모달 프로젝트 336, 337
메타버스 22, 34, 35, 39
메타버스 세종학당 114, 115, 160, 161
메타버스 플랫폼 403
무료 계정 140
문식성 335, 342, 350
문학 감상 400
문화 콘텐츠 408, 410, 411, 422
뮤지아 원 214
뮤직비디오 410, 411, 412, 414, 415, 416, 417, 419, 439
미리캔버스 197
미리클 197
미션 133, 135, 136, 151, 159, 160
민담 397, 399

바이크로너스 22
반응 46, 47, 48, 49, 52, 64, 65, 66, 70, 73
방탈출 게임 136, 148, 160, 161, 162
배지 133, 135
보드게임 148
보상 체계 133
블렌디드 러닝 22, 79
블로그 360, 361, 362, 366, 367, 368, 369, 370, 371, 372

비계 242, 267
비디오 생성 AI 196
비실시간 수업 80, 125

사회적 행위자 18
상호문화 422, 423, 428, 429, 430, 439
상호작용 44
생성형 인공지능 30, 32, 33, 194, 406
섀도잉 229, 230, 231, 234, 278
세종학당 AI 선생님 257
세종한국어평가 307
소통 47, 48, 49, 52, 56, 64
속담 409, 423, 424, 425, 426, 427, 428
숏폼 231, 234
수업안 44, 70, 72
수행평가 301, 302, 303, 311, 317
스마트 교실 79, 128
스타일 태그 214, 216
스토리 라인 134
스토리맵 31, 340, 341, 342, 343, 344, 346, 347, 348
시나리오 기반 챗봇 245, 257
시화 32, 33, 390, 391, 392
실감형 콘텐츠 25, 26
실시간 수업 78, 81, 96, 98, 113, 125
실재감 36

아숙업 197
언어 모델 269
언어사용역 19
업스테이지 197
에듀넷 티클리어 179, 181
에듀테크 16, 18, 20, 22, 23, 31, 38, 41, 42, 44,
    45, 46, 47, 52, 53, 63, 66, 67, 68, 70,
    72, 73, 74, 128, 136, 137, 149, 165,
    336, 337, 338, 339
역할 게임 133, 136, 160
역할극 237, 254, 255, 256
오디오 그림책 32, 383, 384, 385, 404
온라인 공유 플랫폼 339
온라인 교실 78, 79, 80, 81, 128
옴니모달 234
웹툰 17, 33, 41, 162, 407, 408, 421, 422, 423,
    428, 429, 430, 431, 432, 433, 434, 436,
    437, 438, 439
유도 쓰기 260, 262, 264
유럽공통참조기준 18
유럽평의회 18
유료 계정 50, 140
유튜브 49, 63, 65, 67, 69, 231, 417, 419, 420
음성 인식 269, 287, 290, 294, 297, 304, 310,
    315, 327
음성 처리 269, 270, 271, 298
음성 합성 304

음성 AI 196
음악 생성 AI 196, 213, 214, 217, 219, 234, 392
음향 모델 269
이미지 생성 AI 195, 196, 197, 198, 203, 205,
    206, 207, 208, 209, 210, 211, 212, 234
인터넷 기반 평가 303
인터페이스 138

자가 피드백 288, 294
자기 주도성 150
자기주도 학습 237
자동채점 302, 303, 304, 305, 309, 310, 311
재해석 197
적응형 평가 시스템 306, 330
전사 290, 291, 292, 295, 296, 297, 298
전통적 교실 75
증강현실 168
지필고사 302
진단평가 301, 302, 330, 331
진정성 20

창의성 409, 428, 439
창작 47, 50, 52, 58, 69, 407, 408, 409, 410,
    412, 413, 414, 415, 422, 423, 425, 428,
    432, 437, 438, 439
채점 301, 302, 303, 304, 305, 306, 308, 309,
    310, 311, 323, 327

챗봇 28, 29, 250, 251, 252, 254, 255, 256, 258, 260, 261, 262, 263, 264, 265, 266
총괄평가 307, 330
출결 관리 95, 96, 112, 113
측정 302, 307, 310, 317, 330, 332

컴퓨터 기반 평가 303
코드 AI 196
콘텐츠 195, 196, 199, 213, 221, 231, 233, 234
콘텐츠 크리에이터 438, 439
퀘스트 136
퀴즈 47, 48, 52, 53, 54, 55, 63, 65, 66, 67, 68, 70, 72, 73
크리에이티브마인드 214
클로바노트 327

텍스트 생성 AI 196
텍스트 재구성 397

팟캐스트 35
패러디 시 388, 389, 390, 393, 405
평가 300, 301, 302, 303, 304, 305, 306, 307, 308, 309, 310, 311, 313, 314, 315, 316, 317, 318, 321, 322, 323, 324, 325, 326, 327, 329, 330, 332
프로젝트 기반 수업 31
프로젝트 기반 언어 학습 335

프롬프트 41, 196, 197, 198, 199, 200, 201, 203, 204, 205, 206, 207, 208, 209, 210, 211, 212, 213, 215, 221, 223, 226, 232, 234, 239, 240, 243, 246, 249, 250, 252, 255, 261, 263
플랫폼 35, 38, 149, 194, 198, 222
플립 러닝 22
피드백 46, 47, 48, 49, 52, 53, 63, 64, 65, 66, 67, 68, 69, 73, 147, 235, 239, 300

하이브리드 교실 79
학습관리시스템 305, 336, 348, 354
학습 동기 237
학습 설계자 128
학습 유형 236, 242
학습 지원 307
한국 문화 콘텐츠 406, 408, 422, 439
한국어 교실 79, 114, 115, 128
한국어능력시험 301, 310, 313, 317
한류 콘텐츠 407, 408
협업 46, 47, 48, 49, 51, 52, 56, 64
형성평가 150, 301, 307, 330, 331
혼합현실 168
확장현실 168
환각 379, 380
활동 45, 46, 49, 50, 51, 52, 54, 56, 58, 64, 65, 66, 67, 68, 69, 70, 71, 72, 73, 421, 428, 440

acoustic model 269

Adaptive Testing 306

Adobe 197

Animaker 23, 24, 50, 52, 58, 62, 64, 66, 68, 69, 73

AR(Augmented Reality) 168

AskUp 197

Assemblr EDU 181

Augmented Reality 168

authenticity 20

bichronous 22

Bing Image Creator 197, 198, 207, 208, 210, 211, 212

blended learning 22

Book Creator 338, 349, 350, 351, 352, 353, 354, 357, 359, 360, 372, 384, 385, 386, 428, 438

Canva 51, 52, 63, 64, 65, 66, 67, 68, 69, 70, 73, 97

CapCut 411, 415, 416, 417, 418, 419, 420

CBT(Computer Based Testing) 303

CEFR(Common European Framework of Reference for Languages) 18

ChatGPT 22, 195, 197, 198, 201, 204, 208, 209, 210, 212, 222, 236, 244, 245, 246, 247, 252, 253, 255, 256, 259, 260, 263, 265, 304, 305, 314, 318, 322, 324, 326, 327, 329, 375, 379, 380, 381, 382, 390, 397, 398, 399, 401, 402

ChatGPT-5 201, 205, 208, 209, 210, 244

Classum 183

Claude 313, 314, 318, 322, 327

CLOVA Dubbing 29, 30, 274, 275, 276, 277, 282

ClovaNote 289, 290

Comic Life 52

Computer Based Testing 303

Council of Europe 18, 19

Craiyon 197

DALL·E 411, 416, 417, 424, 425, 426

DALL-E2 203

DALL-E3 198, 203

deep learning 269

Deeptoon 429

DeeVid AI 221

Delightex 182

Diffit 53, 68, 70

Digital Citizenship 39

Digital Rubric 303

e-book 31, 349, 350, 351, 352, 353, 355, 358,

361

Edpuzzle 53, 63, 65, 66, 67, 69

EDUNET T-Clear 179

Facebook 419

Firefly 197, 198, 199, 200, 207, 210, 211, 212

Fliki 221

Flip 51, 52, 64, 66, 69, 73

flipped learning 22

Flux Krea 197

Gamification 133

Gather 183, 190

Gemini 27, 245, 263, 313, 314, 327

generative AI 236

Google 202, 214, 221

Google Classroom 24, 25, 78, 81, 82, 83, 84, 86, 88, 90, 95

Google DeepMind 214

Google Gemini 202

Google Labs 202

Google Meet 96

Google Sites 31, 32, 338, 361, 362, 363, 366, 371, 372, 421, 428, 438

GPT 313

GPT-4o(Beta) 198

GPTs 246

HeyGen 221, 222

IBT(Internet Based Testing) 303

Instagram 417, 419

Instagram Reels 231

Kahoot! 22, 25, 26, 47, 48, 52, 56, 63, 64, 65, 66, 68, 70, 136, 137, 138, 139, 153

KLING 221

language model 269

Large language Models conversational A.I. 196

Learning Management System 305

learning style 236

LLM(Large Language Model) 236, 313, 314, 315, 318, 327

LMS(Learning Management System) 78, 81, 305

Luma 221

Mangoboard 52, 67

media self-efficacy 36

mediation 20

Mentimeter 46, 47, 52, 53, 56, 63, 65, 66, 68, 69, 70, 72, 73, 219, 284, 394, 395, 396, 404

Microsoft 197, 210

Microsoft365 97, 99, 100, 101, 104, 105, 127

Microsoft Corporation 197

Microsoft Teams (MS Teams) 97, 98, 99, 100, 103, 106, 110, 112, 113

Midjourney 197

MiriCanvas 51, 52, 63, 65, 66, 67, 69, 70, 197

miricle 197

Miro 46

Mixed Reality 168

Mizou 254

mode 19

MR(Mixed Reality) 168

MS Teams 51, 97, 98, 99, 100, 103, 106, 110, 112, 113

Multilingualism 19

multimodal 17, 19

multimodal competence 19

Mureka 410

MUSIA ONE 214

Nano Banana 202

Notta 290, 291, 292

Novel AI Image generator 197

OECD 37, 38

Office365 97

Omni-modal 234

OpenAI 198

OST 409, 410, 411, 412, 414, 415, 421

Padlet 22, 46, 49, 52, 56, 64, 65, 66, 67, 68, 69, 70, 72, 73, 284, 391, 394, 396, 428, 438

PBLL(Project-Based Language Learning) 335

PBL(Project-Based Learning) 335

PIN 147, 157

Pixton 50, 52, 64, 66, 68, 69

Playgroundai 197

plurilingual competence 19

Plurilingualism 19

plurilingual & pluricultural repertoire 19

Poe 254

PowerPoint 210

presence 36

QR 145, 147, 155, 157

quest 136

Quizlet 46, 48, 52, 69, 70, 137

QuizN 52, 63, 64, 65, 66, 68, 70, 72, 137, 150, 151, 152

register 19

RPG(Roll playing game) 133

Rubric 303, 316

self-feedback 288

Shadowing 229, 278

short-form 231

SKA(Sejong Korean language Assessment) 307

Skype for Business 97

Slido 46, 48, 52, 63, 65, 66

SNOW 178, 179

SNS 195, 231, 234

social agent 19

Sora 221, 222, 410, 411, 415

Spatial 169, 183, 187, 190, 191

Stable Diffusion 197

StoryMapJS 338, 341, 342, 343, 344, 347, 372

SUNO 213, 214, 215, 216, 218, 219, 220, 410, 411, 412, 413, 414

synchronous 22

Synthesia 221

Technological Pedagogical and Content Knowledge 165

TikTok 231, 417, 419

Tooning 33, 429, 430, 432, 436, 437

TooToon 429

TOPIK(Test of Proficiency in Korean) 301, 310, 313, 317

TPACK(Technological Pedagogical and Content Knowledge) 165

TTS(Text-to-Speech) 269, 298, 299, 304

TypeCast 272, 274, 286

UCC 23

udio 214

UNESCO 37, 38

Upstage 197

URL 139, 145, 147, 155

User Interface Design 215

UX(User Experience) 214

Veo 410

Veo 3 27, 221, 224, 231, 232, 233

Vimeo 49

VR(Virtual Reality) 168, 169, 170, 172, 173, 174, 175, 176, 181, 190, 191

Vrew 221, 226, 227, 228, 229, 230, 231, 382, 383

Watch2Gether 49, 52, 56, 58, 63, 65, 67, 69

whisk 197, 202

Word Cloud 48, 52, 53, 54, 63, 65, 66, 69, 72

Wordwall 46, 52, 137

Wrtn 197

Wrtn Technologies 197

XR(eXtended Reality) 168, 169

ZEP 113, 114, 115, 117, 118, 124, 125, 126, 183, 190, 191

ZEPETO 178, 179, 190

ZEP QUIZ 403

Zoom 78, 98

에필로그

/ 이해영 /

변화하는 학습 환경 속에서 교실도 달라지고, 우리의 준비도 달라져야 한다는 걸 알고 있었다. 마음은 앞섰지만, 실천은 쉽지 않았다. 그래서 '함께 공부하는 마음'으로 에듀테크와 교육용 AI를 좋아하는 저자들이 모여 이 책의 집필을 시작했다. 이 책은 '함께 준비하는 교실'을 향한 작은 실천에서 출발했다. 우리 저자들이 그랬듯이 독자 여러분의 교실에서도 이 책이 변화의 작은 시작점이 되기를 바란다.

/ 윤영 /

교육자인 우리는 늘 더 효율적인 교수·학습 방법, 학습자가 중심이 되어 몰입할 수 있는 수업 방법을 찾는다. 최근 내가 마주한 과제는 '다양한 생성형 인공지능 도구들을 어떻게 하면 수업에서 주체적이고 창의적으로 활용할 수 있을까'였다. 이번 집필 과정은 그 방법을 찾는 흥미롭고도 도전적인 여정이었다. 집필을 마친 지금, 나는 인공지능이 수업에 활력을 불어넣고 학습자의 창의적 활동을 이끄는 데 유용함을 더욱 분명히 깨닫는다. 나의 수업은 조금씩 달라질 것이며 이 여정은 앞으로도 계속될 것이다. 독자 여러분도 동행해 주기를 바라며 이 책이 새로운 수업을 향한 여러분의 여정에 작은 길잡이가 되기를 바란다.

/ 서진숙 /

온·오프라인을 오가며 여러 선생님들과 AI 기술을 함께 배우고 현장에 적용해 보는 시간들이 정말 즐거웠다. AI 기술이 하루가 다르게 발전하면서 원고를 몇 번이고 다시 쓰고 토론해야 했지만, 그 과정에서 하나만큼은 변하지 않는다는 걸 깨달았다. 바로 '무엇을 어떻게 평가할 것인가'를 결정하는 것은 여전히 교사의 몫이라는 점이었다. 이 책을 읽는 분들도 우리와 같은 마음으로 교사의 중요성을 재확인했으면 한다.

책을 집필하는 동안 자료를 찾고 동료 집필진들과 원고를 검토하면서 많은 것을 배울 수 있었다. 그 과정에서 얻은 생각과 경험을 바탕으로 이번 학기에는 AR 기술을 활용한 말하기 활동과 AI 노래 제작을 수업에 시도해 보려고 한다. 이 작은 실험이 단순한 시도로 끝나는 것이 아니라, 수업에 새로운 흐름을 불어넣고 학습자들에게도 색다른 반응을 이끌어내는 계기가 되기를 바란다. 나아가 이러한 시도가 비슷한 고민을 하는 현장 교사들에게 작은 참고가 되고, 앞으로의 수업을 구상하는 데 실질적인 도움이 되기를 기대한다.

최지영

좋은 선생님들과 함께 호흡을 맞춘 집필 여정은 모두가 힘을 모아 하나의 왕국을 세워 나가는 협동 퀘스트 게임처럼 흥미진진하고 감동적이었다. 게임의 요소를 활용해 수업에 즐겁게 몰입하는 방법을 탐험한 라운드에서, 나는 '배움'과 '기쁨'이라는 아이템을 획득했다. 이제 다음 라운드는 독자 여러분의 차례다. 이 책이 여러분의 수업에도 영감이 되어, 더 많은 배움의 재미를 발견하는 즐거운 모험이 되기를 바란다.

노채환

미지의 AI 플랫폼들을 탐색하며 교수·학습의 새로운 가능성을 확인하는 시간은 참으로 설레고 소중한 여정이었다. 다양한 AI 도구들을 직접 부딪혀 보며 때로는 놀라고, 때로는 실망도 하면서 그중 가장 교육적으로 의미 있는 것들을 선별해 다루고자 했다. 소개한 AI 도구들의 활용 방법을 직접 경험해 보시길 권한다. 글로 만나는 것과 실제로 손에 쥐고 활용해 보는 것은 전혀 다를 것이다. 익숙하지 않을지라도, 그 여정은 충분히 새롭고도 즐거운 경험이 될 것이다.

김민선

/ 정혜선 /

교실에서 새로운 것을 시도할 때 얻는 설렘과 성취감은 언제나 다음을 기대하게 했다. 이번 집필 과정은 그런 감정과 동시에 가져왔던 많은 고민들이 나만의 것이 아님을 깨닫고, 한국어교육의 미래를 꿈꾸는 여러 선생님들과 함께하는 여정임을 확인하며 한 발 더 나아갈 수 있는 힘을 얻은 소중한 시간이었다. 이 책은 한국어교육의 혁신적 미래를 고민해 온 분들이 마음을 모아 완성한 결과물이다. 한 번쯤 시도해 볼 만한 아이디어와 경험이 독자 여러분의 수업을 더 다채롭고 의미 있게 만드는 데 보탬이 되기를 바란다.

/ 노아실 /

빠르게 변화하고 발전하는 디지털 환경 속에서 고군분투하는 한국어 교사들의 고민과 노력을 함께 나누고자 하는 마음으로 집필에 참여했다. 디지털 도구들은 처음에는 낯설고 복잡하게 느껴질 수 있지만, 교실의 지루함을 깨고 수업을 더욱 효과적으로 만드는 든든한 무기가 될 수 있다. 이 책이 교실 현장에서 실질적인 길잡이가 되어 한국어 수업을 한층 더 다채롭고 생동감 있게 채우는 데 도움이 되기를 바란다.

/ 김선영 /

한국어를 가르치면서 교실이라는 공간이 어떻게 변화되고 있는지를 인식할 수 있었고 새롭게 요구되는 수업의 방식도 개발해 보고 도구도 활용해 보는 시작점이 되었다. 이번 집필을 계기로 시공간을 넘나드는 한국어 교실의 한 장면을 제안할 수 있음에 무한한 기쁨과 감사함을 느낀다. 이 책이 한국어교육이 미래 지향적으로 성장하는 데 있어, 또 하나의 마중물이 되기를 기대한다.

이 책을 쓰는 과정은 프로젝트 기반 수업과 에듀테크의 접목이 지닌 가능성과 과제를 성찰하는 여정이자, 동시에 많은 고민을 안겨준 시간이기도 했다. 집필을 마친 지금도 여전히 채워가야 할 부분이 많지만, 이 책은 변화하는 한국어 교육 환경을 위한 더 깊은 탐구와 실천의 시작점이 되었다. 이 책에서 다룬 다양한 시도와 사례가 많은 교실에서 구체적인 실천으로 이어지고, 그 과정에서 학습자들은 교실을 넘어 다양한 장면에서 한국어를 자유롭게 활용하고 더 넓은 세상과 만날 수 있게 되기를 바란다.

/ 전희정 /

이번 집필은 AI가 학습자의 창의적 상상력을 확장하는 데 얼마나 큰 힘이 되는지 다시 확인한 시간이었다. 한국문화를 새롭게 해석하고 표현하는 과정에서, 지식의 습득을 넘어 배움의 즐거움과 의미가 함께 자라날 수 있다는 것을 깨달았다. 나를 포함한 우리 저자들의 이러한 시도가 학습자의 삶과 미래에도 창조의 원동력으로 이어지기를 바란다.

/ 권미경 /

코로나로 학생들을 직접 만날 수 없던 시절, 준비 없이 새로운 수업 환경과 각종 기술을 맞닥뜨려 당황했던 기억이 있다. 끝없이 발전하는 에듀테크 도구와 AI 앞에서 같은 고민을 반복하지 않으려 집필에 참여했다. 어떻게 하면 기술을 교실로 들여오고, 기술을 넘어 소통으로 나아갈 수 있을까? 같은 길을 걷는 동료 교사들에게 이 책이 작은 답이 되기를 바라는 마음이다.

/ 백영경 /

저자 소개

이해영

- 현 이화여자대학교 국제대학원 한국학과 교수, 호크마교양대학장
- 전 세종학당재단 이사장
  전 이중언어학회장, 편집위원장
  전 이화여자대학교 한국문화연구원장, 국제처장, 외국어교육특수대학원장, 언어교육원장
  전 미국 Rutgers, The State University of New Jersey 방문교수
- 『한국어 담화 교육』(공저, 2025)
  『문화와 맥락으로 배우는 말 너머의 한국어 77』(공저, 2025)
  『손에 잡히는 한국어교육학 개론』(공저, 2021)
  『외국인 학습자들의 한국어 담화·화용 연구 1』(공저, 2018)
  『알 듯 알 듯 한국어 대화법 77』(공저, 2018)

윤영

- 현 호남대학교 글로벌한국어교육학과 부교수, 한국어교육센터장, 인문사회과학연구소장
  현 한국어문화교육학회 회장, 한국언어문화교육학회 부회장, 한국리터러시학회 부회장
- 전 이화여자대학교 대학원 한국어학과 강사
  전 서울대학교 언어교육원 한국어 강사
- 『우리의 삶, 모두의 리터러시』(공저, 2025)
  『한국어 교육자를 위한 문화교육 방법과 실천』(공저, 2024)
  『한국어 교육자를 위한 문화교육의 이론과 쟁점』(공저, 2024)
  『세종한국문화1, 2』(공저, 2025)
  『결혼이민자를 위한 세종학당 한국어1, 2』(공저, 2019)

/ 서진숙 /

- 현 경희사이버대학교 한국어문화학부 부교수, 글로벌자율학부장, 교육혁신본부장
  현 국제한국어교육학회 재무이사
- 전 경희대학교 국제교육원 객원교수
  전 체코 Charles University 초빙교수
  전 국제한국어교육학회 연구이사, 전 이중언어학회 홍보이사
- 『경희한국어 첫걸음』(공저, 2019)
  『경희한국어 초급1 문법, 듣고 말하기, 읽고 쓰기』(공저, 2019)
  『경희한국어 초급2 문법, 듣고 말하기, 읽고 쓰기』(공저, 2019)

/ 최지영 /

- 현 숭실대학교 베어드학부대학 조교수
- 전 이화여자대학교 연구 교수, 전 전남대학교 학술연구교수
  전 국제한국어교육학회 편집이사, 한국어문화교육학회 이사
- 『문화와 맥락으로 배우는 말 너머의 한국어 77』(공저, 2025)
  『외국인 대학원생을 위한 학술 발표와 토론』(공저, 2023)
  『외국인 대학원생을 위한 한국어 논문 작성법』(공저, 2022)

/ 노채환 /

- 현 사이버한국외국어대학교 한국어학부 부교수
  현 국제한국언어문화학회, 이중언어학회, 한국언어문화교육학회 연구이사
- 전 한국외국어대학교 한국어문화교육원 강의전담 강사
  전 일본 니가타현립대학 국제지역학부 객원 준교수
- 『한국어 교육문법의 지도법』(2023)
  『위기와 성찰의 뉴노멀 시대』(공저, 2022)
  『베트남인을 위한 비즈니스 한국어, 입문활용』(공저, 2019)
  『베트남인을 위한 비즈니스 한국어, 초급』(공저, 2019)
  『베트남인을 위한 비즈니스 한국어, 중급활용』(공저, 2019)

저자 소개

김민선

- 현 서울신학대학교 교양교육원 초빙교수
- 전 이화여자대학교 언어교육원 한국어교육부 전임강사
  전 미국 The University of Utah Asia Campus 한국어과정 강사
  전 중국 북경대학교 한국언어문화학과 강사
- 『손에 잡히는 한국어 교육학 개론』(공저, 2021)
  『신경전 한국어 6』(공저, 2025)
  『이화한국어 3-1, 3-2』(공저, 2011)
  『이화한국어 Workbook 3-1, 3-2』(공저, 2011)

정혜선

- 현 태국 Chulalongkorn University 한국어학과 전임강사
- 전 서강대학교 한국어교육원 대우전임강사
- 『한국어 담화교육』(공저, 2025)
  『문화와 맥락으로 배우는 말 너머의 한국어 77』(공저, 2025)

노아실

- 현 미국 Harvard University 동아시아언어문명학부 전임강사
- 전 태국 Silpakorn University 한국어학과 KF 객원교수
  전 경희대학교 국제교육원 한국어 강사
- 『한국어 ภาษาเกาหลี 6』(공저, 2018)

김선영

- 현 고려대학교 글로벌비즈니스대학 글로벌학부 한국학전공 초빙교수
- 전 서경대학교 인성교양대학 강사
  전 고려대학교 한국어센터 강사
  전 서강대학교 한국어센터 강사
- 『세종글마실-첫걸음』(공저, 2025)
  『영화진흥백서 2008-2012』(공저, 2014)
  『지역극장 현황과 지원방안』(공저, 2013)
  『KOREAN CINEMA 2010』(에디터, 2014)

전희정

- 현 미국 Rutgers, The State University of New Jersey 아시아언어문화학과 강의 전담 조교수
- 전 서울대학교 언어교육원 한국어 강사
- 『Integrated Korean - High Advanced 1』(공저, 2025)
  『Integrated Korean - High Advanced 2』(공저, 2025)
  『Integrated Korean - Accelerated 1 Workbook』(공저, 2020)
  『Integrated Korean - Accelerated 2 Workbook』(공저, 2020)

권미경

- 현 동국대학교 이주다문화통합연구소 연구초빙교수
- 전 국민대학교 교양대학 강사
  전 이화여자대학교 언어교육원 한국어교육부 강사
- 『세종한국문화 1, 2』(공저, 2025)
  『한국어 교육자를 위한 문화교육의 방법과 실천』(공저, 2024)

백영경

- 현 홍콩 The University of Hong Kong 현대언어문화학부 한국학 전공 전임강사
  전 서강대학교 한국어교육원 객원강사
- 『해외 초·중등 한국어 B2+』(공저, 2022)
  『해외 초·중등 한국어 B2+ 익힘책』(공저, 2022)
  『해외 초·중등 한국어 B2+ 교사용 지침서』(공저, 2022)

미래를 여는
한국어 교실:

AI로 확장되는
에듀테크
교수·학습의 혁신